Multikulturalität und Multiethnizität
in Mittel-, Ost- und Südosteuropa

Ernst-Peter Brezovszky
Arnold Suppan
Elisabeth Vyslonzil
(Hrsg.)

# Multikulturalität und Multiethnizität

## in Mittel-, Ost- und Südosteuropa

PETER LANG
Frankfurt am Main · Berlin · Bern · Bruxelles · New York · Wien

Die Deutsche Bibliothek - CIP-Einheitsaufnahme

Multikulturalität und Multiethnizität in Mittel-, Ost- und
Südosteuropa / Peter Brezovszky ; Arnold Suppan ; Elisabeth
Vyslonzil (Hrsg.). - Frankfurt am Main ; Berlin ; Bern ;
Bruxelles ; New York ; Wien : Lang, 1999
ISBN 3-631-35162-3

Gedruckt mit freundlicher Unterstützung
des Österreichischen Bundesministeriums
für auswärtige Angelegenheiten

Covergestaltung: Marianne Maresch, Wien

Photo-Credits: Burghauptmannschaft, Wien

Öl-Gemälde, Großer Redoutensaal, Hofburg, Wien:
Josef Mikl

Gedruckt auf alterungsbeständigem,
säurefreiem Papier.

ISBN 3-631-35162-3
© Peter Lang GmbH
Europäischer Verlag der Wissenschaften
Frankfurt am Main 1999
Alle Rechte vorbehalten.

Das Werk einschließlich aller seiner Teile ist urheberrechtlich
geschützt. Jede Verwertung außerhalb der engen Grenzen des
Urheberrechtsgesetzes ist ohne Zustimmung des Verlages
unzulässig und strafbar. Das gilt insbesondere für
Vervielfältigungen, Übersetzungen, Mikroverfilmungen und die
Einspeicherung und Verarbeitung in elektronischen Systemen.

Printed in Germany 1 2  4 5 6 7

# Inhalt

Vorwort
*Ernst Peter Brezovszky*
Die „Wiener Deklaration über Multikulturalität und Multiethnizität in
Mittel-, Ost- und Südosteuropa". Ein Dokument und seine Geschichte     9
*Summary*     14

Einleitung
*Arnold Suppan*
Multikulturalität und Multiethnizität in Mittel, Ost- und Südosteuropa     17
*Summary*     19

*Ali Kazancigil*
Multiculturalism: A Democratic Challenge for Europe     21
*Resümee*     33

## KULTUR

*Wolfgang Geier*
Multiethnische und multikulturelle Konfliktlagen im östlichen und
südöstlichen Europa     37
*Summary*     55

*Andrei Corbea-Hoisie*
Zur deutschsprachigen Kultur der Bukowinaer Juden     57
*Summary*     62

*Jiří Musil*
Conflict Potential of Multiculturalism     63
*Resümee*     70

# SPRACHE

*Christo Choliolčev*
Über die Sprachsituation in Europa — 73
*Summary* — 75

*Martin Forstner*
Die Europäische Union als Problem der Translationsindustrie — 77
*Summary* — 88

*Christian Galinski*
The Terminology Market and the Terminology Infrastructures in Europe — 91
*Summary* — 105

# RELIGION

*Michael Staikos*
Zur Rolle der Orthodoxie in Mittel-, Ost- und Südosteuropa — 111
*Summary* — 115

*Emanuel Turczynski*
Orthodoxie und der Westen. Von erkämpfter, oktroyierter
und gewachsener Toleranz — 117
*Summary* — 121

*Peter Salner*
Die Stellung der Juden in einer Majoritätsgesellschaft am Beispiel der
Slowakei im 20. Jahrhundert — 123
*Summary* — 136

*András Reuss*
Protestantismus im multiethnischen und multikulturellen mittleren,
östlichen und südöstlichen Europa — 139
*Summary* — 142

*Martin Forstner*
Das EU-Dogma der „kulturellen Vielfalt" und seine Auswirkungen auf
die Religionen im allgemeinen und auf den Islam in Europa
im besonderen — 145
*Summary* — 168

*Wolfdieter Bihl*
Der christlich-islamische Dialog     171
*Summary*     181

## MEDIEN UND IMAGES

*Jaroslav Střítecký*
Images     185
*Summary*     191

*Andreas Oplatka*
„Images" und „Medien"     193
*Summary*     196

*Helmut Kletzander*
„Heimat, fremde Heimat" – ein Erfolgsmodell für die mediale
Unterstützung des Zusammenlebens ethnischer Gruppen     199
*Summary*     203

*Klaus Roth*
Das Bild des „Anderen" in der bulgarischen Popularliteratur     205
*Summary*     214

## GESELLSCHAFT

*Hanna Suchocka*
Multiculturalism and Multiethnicity in Central, Eastern and Southeastern
Europe     219
*Resümee*     232

*Carmen Schmidt*
Die rechtliche Situation der Minderheiten in den baltischen Staaten am
Beispiel Estlands     235
*Summary*     244

*Zsuzsa Széman*
The Transformation Process in Hungary     247
*Resümee*     267

*Rubin Zareski*
Societal Changes in Transition Economies. The Case of Macedonia 269
*Resümee* 275

POLITIK

*Stanislav J. Kirschbaum*
The Democratic Process and Political Culture in Central Europe.
The Historical Dimension 279
*Resümee* 302

*Urs Altermatt*
Plädoyer für die Staatsbürger-Nation in einem multikulturellen Europa 305
*Summary* 321

*Wiener Deklaration zu Multikulturalität und Multiethnizität in Mittel-,
Ost- und Südosteuropa, 30. September 1998* 323
*Vienna Declaration on Multiculturalism and Multiethnicity in Central,
Eastern and South-Eastern Europe, September 30th, 1998* 329
*Declaration de Vienne sur le multiculturalisme et la multiethnicité dans
les pays d'Europe centrale et orientale et dans les pays des Balkans, le 30
septembre 1998* 335

*Verzeichnis der Mitarbeiter* 341

# Vorwort

Ernst-Peter Brezovszky

## Die „Wiener Deklaration über Multikulturalität und Multiethnizität in Mittel-, Ost- und Südosteuropa". Ein Dokument und seine Geschichte

Wenige Begriffe wirken in der politischen Debatte des ausgehenden zwanzigsten Jahrhunderts ähnlich polarisierend wie Multikulturalität und Multiethnizität. Für die einen ein Wunderheilmittel, das gleichsam das Schillersche/Beethovensche Ideal „Alle Menschen werden Brüder" in die politische Realität übersetzen soll. Für zahlreiche Menschen freilich das genaue Gegenteil, nämlich die Wurzel von Ängsten und Aggressionen. Hier steht die Sorge im Zentrum, Multikulturalität könnte der Anfang vom Ende der eigenen Identität sein.

Überhaupt handelt es sich wohl um eines der beunruhigendsten Phänomene des Zeitalters der Globalisierung, in welch hohem Ausmaß die dadurch herbeigeführte – scheinbare oder tatsächliche – internationale Vereinheitlichung von Lebensweisen einen Identitäts-Wahn zu fördern scheint, der weltweit eine neue Welle von Nationalismus und Fremdenfeindlichkeit zumindest mitbewirkt hat.

Vor dem Hintergrund dieser Ausgangssituation muß die Politik ansetzen, die sich mit den Ängsten, Wünschen und Bedürfnissen der Menschen auseinanderzusetzen hat und sich nicht auf einen intellektuellen Standpunkt zurückziehen kann, der die emotionale Komponente menschlichen Zusammenlebens außer Acht läßt.

Gerade im Zusammenhang mit der europäischen Erweiterungsdebatte kommt diesen konkreten Fragen besondere Bedeutung zu. Verständnislose Kommentare, wonach doch sämtliche wirtschaftliche Eckdaten die perfekte Logik und Sinnhaftigkeit der Erweiterung belegen, zahlreiche Menschen dem Ideal eines größeren Europas jedoch trotzdem negativ gegenüberstünden, läßt genau diesen Aspekt außer Acht: man kann den Menschen einen fundamentalen Paradigmenwechsel nicht mit der Keule statistischer Argumente aufzwingen, sie müssen die Sinnhaftigkeit selbst erkennen und erfühlen. Politik kann hier nicht als permanent dozierender Oberlehrer agieren. Es muß mit den Mitteln der Politik vielmehr der ständige und fortgesetzte Dialog auf der faktischen wie auch der emotionalen Ebene aufrechterhalten werden, damit die Menschen nicht durch jene Demagogen aufgehetzt werden, die statt dieses Dialogs die Verhetzung der Menschen mit Lawinen von negativen Stereotypen zum Prinzip erheben.

Diese Überlegungen standen ganz am Anfang jener Konferenz, die anläßlich der österreichischen EU-Präsidentschaft Experten aus 25 europäischen Staaten in Wien zusammenführte und in die Erarbeitung und Annahme einer „Wiener Deklaration zu Multikulturalität und Multiethnizität in Mittel-, Ost- und Südosteuropa" mündete.

Wie in zahlreichen Fällen zu beobachten, stand auch bei diesem Projekt am Beginn des Weges ein Mißerfolg. Im Jahr 1996 wurde ich erstmals im Vollzugsausschuß der österreichischen nationalen UNESCO-Kommission auf ein Forschungsprojekt aufmerksam gemacht, das diese wichtige Thematik behandeln sollte, jedoch während mehrerer Jahre nicht wirklich zustande gekommen war.

Daß wir innerhalb des österreichischen Außenministeriums genau zu dieser Zeit auf der Suche nach interessanten Themen waren, die wir anläßlich des österreichischen Ratsvorsitzes in der Europäischen Union besonders betonen wollten, könnte man als ersten glücklichen Zufall beim Zustandekommen einer Konferenz bezeichnen, die sich schließlich als Veranstaltung mit reich gegliederten Folgewirkungen herausstellen sollte. Als weitere glückliche Koinzidenz erwies sich die doppelte Funktion eines Mannes, der sich zu einer Schlüsselfigur des Unternehmens entwickeln sollte. Karlheinz Mack, der als Vorsitzender des Fachausschusses für Geisteswissenschaften der österreichischen UNESCO-Kommission wirkte, hatte in einem intensiven Arbeitsleben im Rahmen des Österreichischen Ost- und Südosteuropa-Instituts zahlreiche Kontakte in die Region knüpfen können. Gemeinsam entwickelten wir in wenigen Wochen ein erstes Grundkonzept, welche Faktoren ein EU-Präsidentschaftsprojekt „Multikulturalität und Multiethnizität" prägen sollten.

Mehrere Grundüberlegungen wurden formuliert:
1. Die Erweiterungsdebatte im Rahmen der Europäischen Union fokussiert zu stark auf rein ökonomische Faktoren. So wichtig ein Vergleich des gemeinschaftlichen Rechtsbestandes („acquis communautaire") mit jenem der Beitrittskandidaten auch ist: die Erweiterungsdebatte wird auch von zahlreichen Elementen geprägt werden, die sich nicht auf Tatsachen und Zahlen reduzieren lassen.
2. Auch in diesen Bereichen, die oft einer Darstellung durch „facts and figures" nicht vollständig zugänglich sind, sollten keinesfalls vage, nichtssagende Pseudo-Ergebnisse akzeptiert werden. Angestrebt werden sollte ein Ergebnis, das zugleich als Wegweiser für einen künftigen „follow-up"-Prozeß dienen sollte.
3. Um eine solche „road-map" zu erreichen, war von Beginn an klar, daß ein besonders präzises Konferenz-Layout erforderlich sein würde. Auf welche Faktoren sollte man sich anläßlich der Konferenz konzentrieren?

4. Die Materie schien weiters wie geschaffen, um eine Zusammenarbeit zwischen Österreich, der Europäischen Union und der UNESCO anzustreben. Die österreichische EU-Präsidentschaft wollte damit auch an Hand eines konkreten Beispiels deutlich machen, daß eine solche Zusammenarbeit sinnvoll und ergiebig sein kann.

In Anbetracht der Fülle an potentiellen Themen für unsere Hauptkonferenz entschloß ich mich, eine internationale Vorkonferenz anzustreben, die hervorragende Experten aus zahlreichen Staaten für einen Tag nach Wien führen sollte. Zielvorgabe: Die Entwicklung eines präzisen und konzisen Konzepts für die internationale Konferenz.

An dieser Stelle traten drei Persönlichkeiten in das Geschehen ein, die für den Erfolg des Projekts höchst bedeutend werden sollten. Der Präsident des Österreichischen Ost- und Südosteuropa-Instituts, Arnold Suppan, seine dynamische Mitarbeiterin Elisabeth Vyslonzil sowie der damalige Leiter des Büros für internationale Beziehungen der Stadt Wien, Gesandter Wolfgang Petritsch. Petritsch wurde bald darauf zum österreichischen Botschafter in Belgrad ernannt und im Jahr 1998 zusätzlich zum EU-Sonderbeauftragten für den Kosovo. Im Juli 1999 wurde Petritsch als EU-Kandidat durch das „steering board" des im Dayton-Abkommen begründeten „Peace Implementation Council" zum Hohen Repräsentanten für Bosnien und Herzegowina ernannt.

In diesem kleinen Kreis wurde die Internationale Vorkonferenz erdacht, die am 17. April 1997 im Oratorium der geschichtsträchtigen Österreichischen Nationalbibliothek stattfand und durch den Generalsekretär im Bundesministerium für auswärtige Angelegenheiten, Botschafter Albert Rohan, eröffnet wurde.

Die Hoffnung, die wir in diese Vorkonferenz gesetzt hatten, erfüllte sich. In einer achtstündigen, intensiven Diskussion einigten sich vierzig Teilnehmer auf die besondere Bedeutung folgender Themen für eine internationale Konferenz:
– Kultur
– Sprache
– Religion
– Medien/Images
– Gesellschaft
– Politik

Die Struktur der Wiener EU-Konferenz war somit geschaffen. Die Arbeit für die Tagung konnte beginnen.

Die folgenden Monate waren primär der Aufgabe gewidmet, zu den ausgewählten Themen Referenten zu suchen, die möglichst viele Gesichtspunkte dieser vielschichtigen Problematik aufzeigen sollten. Sehr bewußt ersuchte ich unsere wissenschaftlichen Partner des Österreichischen Ost- und Südosteuropa-Instituts, die Auswahl zu treffen und mischte mich in die fachlichen Fragen nicht ein. Sehr wohl definierte ich jedoch bereits in diesem Stadium ein Ziel, das wir uns alle gemeinsam setzen sollten, um auch einen effektiven „follow up"-Prozeß der Konferenz zu ermöglichen:

Die Erarbeitung und Verabschiedung einer „Wiener Deklaration" die die wichtigsten Aussagen der Tagung festhalten und in komprimierter Form darstellen sollte.

Bald hatten wir ein geeignetes Konferenz-Format erarbeitet, das die Erarbeitung unseres ambitionierten Zieles ermöglichen sollte. Jedem der sechs Themenfelder sollte ein österreichischer Wissenschaftler vorsitzen, ein renommierter Experte aus einem anderen Land sollte eine „key-note-speech" halten, vier bis sechs weitere Experten aus ganz Europa sollten durch Impulsreferate weitere Anregungen für eine lebendige Diskussion liefern. Als Ergebnis wünschten wir uns nicht einen „Schulenstreit" im elfenbeinernen Turm, sondern hochqualifizierte Beiträge, die für die praktische Umsetzung geeignet sein sollten. Fachliche und regionale Vielfalt der Meinungen waren dabei zwei klare Kriterien.

Parallel zur Kontaktnahme mit den Experten, die durch die Generalsekretärin der Konferenz, Elisabeth Vyslonzil, erfolgte, gelang es uns, als Veranstaltungsort den Großen Redoutensaal der Wiener Hofburg zu organisieren, jenen historischen Ort also, an dem auch der Europäische Rat von Wien stattfinden würde. Somit sollte auch der „genius loci" sichergestellt werden.

Anläßlich der Konferenz entwickelte sich zu jedem Thema eine äußerst engagierte, manchmal durchaus heftige Debatte. Die Vielschichtigkeit und manchmal auch Brisanz der kulturellen Vielfalt Europas wurde dabei schnell deutlich.

Kulturelle Vielfalt nicht nur als Bereicherung des Kontinents, die sie zweifellos auch darstellt, sondern in vielen Fällen auch kulturelle Vielfalt, die als Barriere zwischen Menschen steht, die Emotionen zwischen Menschen aufzuwühlen in der Lage ist. Samuel Huntingtons These vom Zusammenprall der Zivilisationen muß gerade auch in Mittel-, Ost- und Südosteuropa kritisch untersucht werden, notwendige Schlußfolgerungen sind rechtzeitig zu ziehen.

In welcher Weise wirkt Kultur völkerverbindend, wie entstehen andererseits jene fatalen Mechanismen, die unterschiedliche Kulturen zu Ursache und Mittel des Hasses werden lassen, der im extremen Fall bis zur Besessenheit werden kann, den anderen auslöschen zu wollen. Das Klischee von der Kultur als großartigem Mittel der Freundschaft zwischen den Menschen, selbst in Fällen, wo die Politik schon versagen mag, dieses vielen liebgewordene Trugbild läßt sich jedenfalls nicht mehr aufrecht erhalten.

Die Notwendigkeit eines intensivierten Dialogs der Religionen war ein weiterer wichtiger Punkt, der während der Konferenz deutlich gemacht wurde. Eine Welt, die zunehmend wieder auf der Suche nach Mystik und Werten ist, die über die – freilich auch notwendige – Trivialität rein materiellen Denkens hinausgeht, eröffnet den Religionen eine neue große Chance, als positives gesellschaftspolitisches Phänomen in Erscheinung zu treten. Andrerseits kann diese Entwicklung auch genau das Gegenteil bewirken, nämlich ein engstirniges „Sich-selbst-genug-sein", das diese Chance auf Dialog nicht nur verwirkt, sondern geradezu ins Gegenteil verkehrt.

Die Sprache, die oft genug auf ihre Rolle als reines Kommunikationsmittel reduziert werden soll, stellt gleichfalls einen „Wert an sich" dar, der tief in die Bereiche von Identität, Selbstverständnis und Ausdrucksformen der Menschen reicht. Auch hier versuchte die Konferenz, Aspekte herauszuarbeiten, die weit über rein utilitaristische Argumentationen hinausgehen. Ein Europa kultureller und sprachlicher Vielfalt muß sich auch als ein komplexes und manchmal kontroversielles Europa verstehen und diese Tatsache zu akzeptieren lernen. Das bedeutet aber im Bereich realer Politik, daß den Menschen die Angst vor der Kontroverse genommen werden muß. Gefährlich ist nicht der Gegensatz als solcher, sondern die Phobie vor dem Anderen.

Im Bereich der Medien stellten drei hervorragende Journalisten ihre Expertise zur Verfügung, die ein weit über interessante Theorie hinausreichendes praktisches Element einbrachten. Der Redakteur der schweizerischen Tageszeitung „Neue Zürcher Zeitung", Andreas Oplatka, stellte in einem Referat zum Thema „Images und Medien" fest, in Printmedien aufgebaute Feindbilder gehörten in Ost- und Südosteuropa zum Alltag. Er sieht eine Möglichkeit, nachbarschaftlicher Feindseligkeit entgegenzutreten, darin, Intellektuellen in großen ost- und westeuropäischen Blättern ein Forum für Gedankenaustausch zu bieten. Aggressivität gegenüber dem Fremden, so betont er, beruht oft auf schlichter Unkenntnis.

Ein ähnliches Konzept präsentierte der Leiter der Minderheitenredaktion im österreichischen Fernsehen (ORF), Helmut Kletzander. Anläßlich der Konferenz präsentierte er das von ihm kreierte Format „Heimat, fremde Heimat", das jede Woche etwa 150.000 Sehern mit audiovisuellen Mitteln das Fremde als positive Kraft begreifbar machen will. Ost- und Südosteuropäischen Fernsehanstalten wurde das konkrete Angebot unterbreitet, „know-how" bei der mediengerechten Aufbereitung des Themas „Das Fremde" erhalten zu können.

Der Chefredakteur der österreichischen Tageszeitung „Der Standard", Gerfried Sperl, erklärte sich seinerseits bereit, eine abschließende Podiumsdiskussion zu moderieren, die den österreichischen Außenminister, Wolfgang Schüssel, die polnische Justizministerin und ehemalige Premierministerin Hanna Suchocka, den Kabinettschef von EU-Kommissar Oreja, Daniel Calleja, sowie die beiden österreichischen EU-Parlamentarier Ursula Stenzel und Hannes Swoboda zusammenführte, um die Ergebnisse der Wiener Konferenz zu diskutieren.

Im Bereich „Gesellschaft" wurde die Bedeutung der Herausbildung einer leistungsfähigen und breiten Zivilgesellschaft betont. Der Direktor des „Management of Social Transformation"-Programms der UNESCO, Ali Kazancigil, erläuterte Grundzüge seines „MOST"-Programms, das die Schaffung der praktischen Voraussetzungen für „good governance" als einen Schlüsselbereich seiner Aufgabenstellung sieht. Die Ermunterung und Stärkung privater Initiativen sowie das Entstehen und die Einbindung von Nichtregierungsorganisationen (NGOs) wurde generell als wesentliches Element bei der Festigung der Zivilgesellschaft betont.

Im Bereich der Politik wurde als wesentliche Aussage festgehalten, daß politische Systeme die kulturelle Vielfalt widerspiegeln und berücksichtigen müssen. Eine vielfältige Parteienlandschaft, die das Spektrum gesellschaftlicher Vielfalt zum Ausdruck bringt, trägt gerade dadurch zur gesellschaftlichen Stabilität bei. Je mehr eine kulturell pluralistische Gesellschaft Gestalt annimmt, desto mehr wird die Entkoppelung zwischen politischer Staatsbürgerschaft auf der einen Seite, kultureller und ethnischer Identität auf der anderen, praktische Notwendigkeit.

Das vorliegende Buch ermöglicht es noch einmal, zahlreiche spannende Gedankengänge im Detail nachzuvollziehen, die anläßlich der Wiener Konferenz dargelegt wurden. Im Namen der Herausgeber danke ich sehr herzlich dem Peter Lang-Verlag, der diesen Titel in sein anspruchsvolles Verlagsprogramm aufgenommen hat. Dank gebührt aber insbesondere auch jedem einzelnen, der diesem schwierigen und komplexen Thema intensives Nach- und in vielen Fällen auch Vordenken gewidmet hat. Wir hoffen, daß mit diesem Band ein weiterer Beitrag zu einer Debatte geleistet werden kann, die für die Zukunft Europas von elementarer Bedeutung sein wird.

Wien, im Juli 1999

**Summary**

Multiculturalism and Multiethnicity must be seen as concepts which bring about polarisation in the political debate of the outgoing Twentieth Century. Many people see these ideas as fundamental for a peaceful living together in an ever smaller world. Many others, though, regard them as a source for fear and aggression. Politics must handle such a discussion of basic importance both on an intellectual and on an emotional level. The aim must be to keep up a vivid discussion to avoid a situation where people get incited by negative stereotypes.

The Vienna Conference on Multiculturalism and Multiethnicity in Central, Eastern and South-eastern Europe which was organised on the occasion of the Austrian EU-presidency and led to the elaboration and adoption of a Vienna Declaration on the Conference issue wanted to contribute to an interdisciplinary debate which was based on the following ideas:
- The European enlargement debate cannot be based exclusively on economic facts and figures.
- Nevertheless, issues which cannot be expressed by economic factors must still not lack precision of results capable for implementation.
- The conference participants should concentrate on certain key issues rather than discuss every single aspect of interest in the given context.
- European Union and UNESCO should be brought together through the project to show once more how useful co-operation in specific areas can be.

The Vienna Conference finally focused on six topics: Culture, Religion, Language, Media, Society and Politics. The debate very soon demonstrated the many facets involved in discussing cultural pluralism.

Cultural Pluralism does not only mean the enrichment for Europe which is usually quoted in this respect. It can equally be the source of hatred which can even reach the fatal obsession to extinct the other.

An intensified dialogue between religions will be necessary to meet the current challenges of a globalised world bringing people of different cultural and religious backgrounds ever closer together.

Language must not only be seen as an important means of communication, it is at the same time an important value in itself, symbolising people's identities.

Media could and should play a most important role in combating negative stereotypes.

A stable and large civil society will be essential for the future of multicultural societies. Private initiatives and the active involvement of Non-Governmental Organisations are among the top priorities.

Political party systems must reflect and respect cultural pluralism. Political citizenship on one hand, cultural and ethnical identities on the other, must not be interlinked any more.

This book presents many interesting thoughts and conceptions on the issue of Multiculturalism and Multiethnicity. Thereby the editors hope to contribute to a debate which will continue to be of the highest importance for the future of a Europe living together in peace.

# Einleitung

Arnold Suppan

## Multikulturalität und Multiethnizität in Mittel-, Ost- und Südosteuropa

Am Ende des 20. Jahrhunderts, nach einem Jahrhundert mit zwei Weltkriegen, mehreren Genoziden und vielen Vertreibungen und Zwangsumsiedlungen, schickt sich Europa an, eine neue Lebensform zu finden, die auch humanere Lösungen für Multiethnizität und Multikulturalität einschließt. Blicken wir lediglich 90 Jahre zurück, so erkennen wir im östlichen und südöstlichen Europa noch eine Vielzahl ethnischer Gemengelagen – von Ostgalizien, der Bukowina und Bessarabien, über Siebenbürgen, die Vojvodina, das Kosovo und Makedonien bis nach Österreichisch-Schlesien, Istrien und Südtirol. Von Schriftstellern und Wissenschaftern ausführlicher beschrieben sind die ethnisch-sprachlichen Mischungen von Wilna und Lemberg, Czernowitz und Odessa, Klausenburg, Temesvar und Neusatz, Prag und Preßburg, Triest, Skopje und Sarajevo. Im Verlauf von 90 Jahren haben die meisten der genannten Regionen und Städte ihre Multiethnizität und Multikulturalität verloren, sind den oft gewaltsamen Weg der ethnischen und kulturellen Homogenisierung gegangen. Die Geschichte des 20. Jahrhunderts lehrt also, daß das östliche und südöstliche Europa in wesentlich größerem Maße von nationalen Abgrenzungs- und Ausgrenzungsproblemen betroffen war, als die Länder westlich der Linie Stettin – Karlsbad – Triest.

Die Übernahme des homogenisierenden westlichen Nations- und Nationalstaatsmodells hat östlich der Oder, der Moldau und des Isonzo insgesamt zu schärferen Nationalitätenkämpfen geführt, da der spätere Nationsbildungsprozeß meist gegen eine fremdnationale oder supranationale Herrschaft durchgesetzt werden mußte. Darüber hinaus wurde die Nationalstaatsbildung als wesentlichstes Element der gesellschaftlichen Emanzipation betrachtet. Wie der polnische Historiker Krzysztof Pomian leider zu Recht bemerkt, ist die „Geschichte Europas die seiner Grenzen ... es ist also eine Geschichte der Konflikte." Viele Schlachtfelder durchziehen daher die Landschaften Mittel-, Ost- und Südosteuropas: das Marchfeld und Tannenberg (Grunwald), Mohács und der Weiße Berg, Austerlitz und Leipzig, das Amselfeld und Varna, das Isonzotal und Ostgalizien, Warschau und Budapest, Vukovar und Sarajevo. Von Beginn an waren es die Abgrenzung gegen den Nachbarn, die Feindschaft und der Kampf, wodurch die europäischen Nationen vermeintlich zu sich selbst fanden. Aber die wiederholten gewalttätigen Auseinandersetzungen haben paradoxerweise auch Nähe geschaffen – und war es nur insoferne, als die Nationen ständig einander brauchten, um eine Idee von der eigenen Identität zu haben. Daraus entstand diese unentwirrbare Mischung von Haß und Bewunderung, Ablehnung und Anlehnung.

Am Ende des 20. Jahrhunderts erkennen und analysieren wir das mörderische Gemetzel, den zerstörerischen und selbstmörderischen Wahnsinn, die ungeheure Barbarei, die im Namen totalitärer Ideen begangen wurde und noch immer wird. Zweifellos gehörte dies leider zu den Hauptsignaturen unseres Jahrhunderts. Unterschätzen wir daher nicht die Schreckensbilder aus der Zeit unserer Großeltern und Eltern, sie sind noch immer in den Tiefen unseres Gedächtnisses präsent – wie es nicht zuletzt der „Bruderkrieg" im ehemaligen Jugoslawien bewies. Im serbisch-albanischen Konflikt um das Kosovo ist darüberhinaus die verheerende Mischung von nationaler Ausgrenzung, ehtnisch-kultureller Ablehnung und totalem Herrschaftsanspruch auf das Territorium zu erkennen.

Die politische „Wende" der Jahre 1989/91 führte in Mittel-, Ost- und Südosteuropa auch zur Bildung neuer „Nationalstaaten", die freilich neben der jeweiligen „Titularnation" von zahlreichen Nationalitäten und kleineren Minderheiten bewohnt werden. Andererseits entsteht westlich der Oder und der March eine völlig neue Form von Einheit und Zusammenleben, von Multikulturalität und Multinationalität. Freilich erfordert es Mut und Phantasie, sich eine Zukunft mit identitätsstiftendem Patriotismus und ohne zerstörerischen Chauvinismus zu denken. Immerhin ist auch schon auf gelungene Lösungsansätze hinzuweisen, wie das neue deutsch-französische, deutsch-polnische oder italienisch-österreichische Verhältnis.

Im Erweiterungsprozeß der Europäischen Union werden neben den politischen, wirtschaftlichen, sozialen und rechtlichen Anforderungen der 15 Mitgliedsstaaten und ihrer Gesellschaften auch die Erwartungen der Beitrittswerber zu berücksichtigen sein – nicht nur die der die Anträge stellenden und über den Beitritt verhandelnden Politiker und Beamten, sondern auch die der ihre Gesellschaften repräsentierenden Intellektuellen. So wird nachhaltige Unterstützung bei der wirtschaftlichen Transformation und beim Aufbau einer modernen Bürgergesellschaft ebenso erwartet wie bei der Stabilisierung der demokratischen Ordnung und der nationalen Sicherheit. Freilich sehen die Nationen Ostmittel- und Südosteuropas auch die Chance einer Stärkung der eigenen nationalen Identität und ihrer Kultur. Dazu könnte ein intensiverer geistiger Austausch, ja auch eine gewisse Konkurrenz mit den Traditionen der bisherigen Mitgliedsländer durchaus beitragen und zu einer fruchtbaren Bereicherung in der geistig-kulturellen Dimension führen.

Der damalige Kommissionspräsident Jacques Santer hob schon 1995 in einem Vortrag im Europäischen Kollegium in Warschau hervor: „Meiner Ansicht nach gehören Identität, Unabhängigkeit, Solidarität und Hoffnung zu den Schlüsselwörtern der Renaissance der polnischen Nation. Die selben Begriffe gehören jedoch – und das ist kein Zufall – zu den Grundbegriffen des europäischen Gebildes. Es sind die gemeinsamen Werte, die uns tagtäglich beim Bau unseres gemeinsamen Hauses die Richtung weisen..."

Freilich, bei allen gesellschaftlichen Prozessen erfolgen Veränderungen in der Mentalität einer Gesellschaft am langsamsten. Daher ist auch die Zweiteilung des Kontinents gerade im Bereich der Mentalitäten noch keineswegs überwunden. Aus diesem Grund sollte der Annäherungsprozeß in beiderlei Richtung nicht mit politischen, wirtschaftlichen und sozialen Schockmaßnahmen erzwungen werden. Hiebei ist auch die Transformationsfähigkeit der verschiedenen Generationen zu berücksichtigen. Nur bei Bewahrung verschiedener nationaler und regionaler Spezifika ist auch der Systemwechsel „in den Köpfen" ohne schmerzliche Konflikte durchzuführen. Andererseits dürfen nicht einseitige Mythen und Stereotypen weiter gepflegt werden, weder Frustration noch Selbstüberschätzung führen weiter.

Letzten Endes ist die Erweiterung der Europäischen Union ein gesamtgesellschaftliches Projekt, in dem einer umfassenden Politik die Führungsrolle zukommt. Es geht um die Eliminierung von sozialen Risiken, um mehr Stabilität und Sicherheit auf dem europäischen Kontinent. Dazu kann ein größeres Maß an gegenseitiger Wertschätzung der anderen Kulturen, Sprachen, Traditionen und Religionen Wesentliches beitragen, ebenso mehr Achtung und Einhaltung der Menschen- und Minderheitenrechte. Schließlich ist der ausschließlich friedliche Dialog zwischen den europäischen Völkern und die Verankerung neuer moralischer Orientierungen ein ganz wichtiges Fernziel.

Der tschechische Präsident Václav Havel spricht in diesem Zusammenhang „von der Notwendigkeit, viel nachhaltiger als bisher das zu enthüllen und zu benennen, was uns verbindet, statt das, was uns trennt". Darin sollten auch wir eine wesentliche Herausforderung des kommenden Jahrhunderts sehen.

**Summary**

At the end of the 20th century, after two world wars, times of genocide and mass-expulsions, Europe is on the way to find better solutions of co-existence, including the aspects of multiculturalism and multiethnicity. Just 90 years ago especially Central, Eastern and South-eastern Europe was an ethnically extremely mixed region. Due to the above mentioned historical changes most of the cities like Lviv, Černivcy, Odessa, Prague, Bratislava, Trieste or Sarajevo lost their multicultural and multiethnic character undergoing harmful ethnical and cultural homogenisation.

East of the borderline Szczecin – Karlovy Vary – Trieste, nationality conflicts were much more ardent than in western Europe, because the process of nationbuilding had to be accomplished against foreign national rule, and was considered to be an important element of emancipation. Thus „... the history of Europe is a history of its borders ... and also a history of conflicts" (K. Pomian). Paradoxically all the cruel fights and battles not only led to hatred and enmity among the national groups but also created a certain kind of closeness, a strange, inseparable mixture of rejection and admiration.

The enlargement of the European Union has political, economical, social and legal implications and consequences, but we have to see also the vast opportunities and chances for a strengthening of intellectual and cultural exchange. Nevertheless the process of change of mentality within a certain society mostly is a very slowly one. In this respect the social approach should be achieved also carefully and not by a political, economical or social shocktherapy.

Last but not least the enlargement of the European Union is to be seen within a socially joint project, where social risks have to be eliminated to stabilise the European continent. More appreciation of foreign cultures, languages, religions and traditions can contribute to a greater security as well as the fostered respect for human and minority rights. Václav Havel, president of the Czech Republic, in this respect once mentioned, that we should stress much more the common interests between peoples than the diversities.

Ali Kazancigil

# Multiculturalism: A Democratic Challenge for Europe

*Introduction*

Currently, only some 10% of countries can reasonably be described as ethnically homogenous[1]. Understandably, multiculturalism has become a common policy concern in all parts of the world, and Europe is no exception in this respect. Such a concern is, however, relatively recent on our continent, as compared, for example, to traditional immigration countries such as the USA, Canada, or Australia.

At least three reasons can be identified, to explain the interest in multiculturalism. Firstly, there is the "rediscovery" of ethnic and cultural identities, which are mobilized and claim recognition. Secondly international migrations from developing and transition countries to the West have been on the increase, due to economic reasons, but also to ethnic conflicts. And thirdly, as a result of the collapse of the Communist regimes of 1989, and the subsequent democratic transition in Central Europe, national and ethnic minority issues surfaced again, after having been neglected for 50 years. This led to violent conflicts, such as in ex-Yugoslavia and to tensions in other countries of the region.

The multicultural and multi-ethnic character of European societies results, on the one hand, from the long-existing, often officially recognized, minority groups, made up of indigenous Europeans, and on the other hand, the more recent immigrant communities, mostly of non-European origin, even if migrants from Central and South-Eastern Europe have considerably increased recently in Western European countries. Migrant communities are not formally considered as minorities, except in the Netherlands where they are recognized as such. These two categories require different responses in terms of multicultural policies.

Multiculturalism is also a concern at the level of the European Union. The emergence of a new political space in Europe, beyond the nation-states, triggers debates concerning the older national, regional, linguistic and religious identities, as well as a newly emerging European identity. Since it is very unlikely that the various national identities in Europe which have been shaped over the centu-

---

[1] *R. Väyrinen*: Towards a Theory of Ethnic Conflicts and Their Resolution, Occasional Paper N°6, Kroc Institute, Notre Dame, Notre Dame University, 1994.

ries, can be eliminated, the new European identity would be, by definition, a multicultural one.

## Multiculturalism: Democratic Policies for Managing Diversity

The concept of multiculturalism requires clarification, since it is given different meanings in different contexts.

Firstly, the term refers to a factual situation, designating the different ethnic, linguistic and religious communities which co-exist in a society. This is the *demographic-descriptive* usage of the concept. The second usage is *programmatic-political*, in which multiculturalism refers to policies designed to manage ethnic diversity. The third usage is *ideological-normative*; it refers to models about the place which should be given to groups with different ethnic and cultural identities. On the basis of the recognition of diversity, it advocates that the rights of individuals to express publicly their specific identities be associated with their participation in, and adherence to, constitutional norms and commonly shared values prevailing in the society. This is seen as beneficial both to individuals and to society, in as far as it reduces the risks of ethnic conflict based on social inequality and political discrimination[2].

Mutlicultural policies, and the extent to which they are successful in coping with heterogeneity, as well as creating a favourable institutional and policy environment for fostering participation of ethnic and immigrant communities are major tests for modern democracies[3]

Opposed to such positive assessments, there are critical views which consider that multicultural policies have a potential to foster divisive conflicts. These views are supported by the considerable resurgence of inter-ethnic conflicts throughout the world. For example, multicultural policies in the USA, such as "affirmative actions" and the inclusion of alternative "ethnic perspectives" into history and literature curricula, are seen as undermining the unity of the American state and society and the foundational principle of *E Pluribus Unum*[4]. Also

---

2 This typology is borrowed from *Christine Inglis*: Multiculturalism: New Policy Responses to Diversity. Paris, UNESCO, MOST Policy Papers N°4. 1996.

3 See the special issue of the *International Social Science Journal*, N°156, June 1998, on "Social Transformations: Multicultural and Multi-Ethnic Societies", and particularly, S. Vertovec, "Multicultural policies and modes of citizenship in European Cities". This issue is based on the work carried out in the MOST programme (see below note 16).

4 *A. Schlesinger*: The Disuniting of America: Reflections on a Multicultural Society. New York, Norton, 1992.

in Europe, critics of multiculturalism, especially in France, fear that such policies end up by splitting society into potentially conflicting communities, by taking cultural identities from the private sphere where they should belong, to the public sphere, thereby creating further obstacles to their integration.

In fact, the theoretical basis of such critics of multiculturalism (which are not to be confused with xenophobic and racist attitudes), mainly come from the assumption associated with modernity, that there is a historical movement from *Gemeinschaft* towards *Gesellschaft*, as formulated by the German sociologist Ferdinand Tönnies, and that in industrial societies, ethnicity, along with kinship and other status-based forms of social differentiation, will be replaced by social class as the driving force in social organization, as argued by the founding figures of sociology such as Durkheim, Weber and Marx. Such assumptions are still shared by many policy-makers, even in large immigration countries such as Australia, Canada and the USA, not to speak of the European countries, and influence their views concerning cultural and ethnic diversity. The facts, however, show that, while social class analyses have not lost their validity, modernity has not eliminated ethnicity, which has made a strong come-back in recent decades.

The current strength of identity mobilization, and the fact that the migrants which were invited to come and work in Europe in the 1960s, are here to stay, and probably will increase in proportion and in absolute numbers, unless there is a drastic change in the current low European fertility rates, renders multicultural policies a necessity in democratic European societies.

Therefore, feasible policy options appear to relate to various forms and degrees of multiculturalism (whether this term is used or not is irrelevant), depending on the historical traditions and institutional structures of European nation states which are quite different. The central criteria, around which each European nation is to formulate and implement multicultural policies would probably be a balance, considered to be acceptable, between the constitutional principles and values which all the minorities are to respect and the extent to which the ethnic, linguistic and religious identities of different communities are to be recognized, and their public expression legitimized. It is this policy mix, between a universalist definition of citizenship (all citizens are equal before the law, regardless of their origin and creed) and a "politics of recognition" as regards their specifics which constitute the core of multiculturalism. The latter concept was proposed by Charles Taylor, who defines it as a democratic defence of cultural

---

For a positive view on the US multicultural policies, see *N. Glazer:* We Are All Multicultural Now. Cambridge, Mass. Harvard University Press, 1997.

diversity, in a universalistic perspective[5]. Such a recognition has important consequences in public policy, in terms of political, social and economic participation of ethnic communities. Such a participation is the most powerful factor of integration.

Beyond ideological-normative debates, multiculturalism is about policy-making and problem-solving. Below is a selected list of multicultural policy issues, which illustrates the complexities with which such policies are to cope.

*Selected Multicultural Policy Issues*[6]

Ethnic Minority Languages
- Freedom to use the language
- The teaching of the ethnic language and its use as a medium of instruction in schools
- The existence of radio, television and print media in the ethnic language
- The use of the ethnic minority language in other institutional areas including health, welfare services, and the legal system
- The availability of interpreters and the provision of information in translation in the ethnic minority language

National Language
- Access to instruction in the national language for children and adults

Religion
- Freedom of worship and ability to observe religious rituals and practices
- Institutional structures which are compatible with a religion's tenets

Education
- Equality in educational attainment
- Curriculum which incorporates the perspectives and experience of ethnic minority students

Employment
- Access to employment without discrimination
- Recognition of existing qualifications and experience
- Access to training opportunities

Health and Welfare Services
- Access to information on the operation of the health and welfare system
- The delivery of these services in a way which takes account of the ethnic minority's cultural patterns

Housing
- Access to appropriate housing without discrimination

Racism/Discrimination
- An absence of racism
- An absence of discriminatory

---

5 *Ch. Taylor*: Multiculturalism and the Politics of Recognition. Princeton, Princeton University Press, 1992.
6 Source: Christine Inglis, op. cit.

e.g. in the legal system, education
Legal Status/Citizenship
- Situation of non-citizen residents
- Access to nationality of the country of permanent residence
- Availability of dual nationality
- Existence of a special status for ethnic minority group
- Freedom of association among ethnic group members and the right to form their own social organizations
- Freedom of cultural expression

practices
National Identity
- The place of the ethnic minority in the national identity
Political Representation and Autonomy
- Involvement of ethnic minority group in policy making
- The opportunity for the minority to take responsibility for making decisions relevant to its concerns.

*Multiculturalism in Europe*

Multiculturalism in Europe presents a number of differences between the long-established democracies of Western Europe and the countries from Central and South Eastern Europe, which are in the process of democratization. Another distinction is between multiculturalism at the level of national-states and at that of the European Union.

*Multiculturalism in Western European countries*

Countries such as Italy, Spain, Belgium and Switzerland have institutionalized territorial (regions, cantons), ethnic or linguistic pluralism, including devolution of power. National minority issues have generally been given sustainable solutions, with the exception of Ireland (where the prospects for the settlement of communitarian conflict are reasonable) and the violence maintained by the ETA in the Basque region of Spain. In others, such as France, Germany, Great Britain, the Netherlands or Austria, multiculturalism refers to the existence of immigrant communities, the central issue being to take into account their specific identities in the public sphere[7]. It addresses the needs of migrants with long-term residence, and policies adopted to integrate them.

Post-war immigration of contract labour to Western Europe involved some 30 million people, one of the major migratory movements in history. After the

---

7 *R. Kastoryano*: "Introduction: Multiculturalisme: une identité pour l'Europe". In: *R. Kastoryano* (ed.): Quelle identité pour l'Europe? Le multiculturalisme a l'épreuve. Paris, Presses de Sciences Po, 1998.

fall of the Iron Curtain, there was also a considerable inflow of migrants from Central and Eastern Europe, especially in Germany. A sizeable proportion of them settled in various countries, to become permanent residents, and they are now in their second and third generations. Resident migrants have legitimate needs and demands, duties and rights vis-à-vis the host societies. They are participants in social and economic life. They have also a claim in participating in political life, even for those who have not become citizens of the host country, but are long-term residents, at least at the municipal level, and possibly at the national level, for certain issues which have direct influence on their lives, such as housing programmes, employment issues, urban rehabilitation actions, educational provisions or cultural policies.

In reality, the extent to which they have access to public decision-making concerning issues which affect them varies considerably across Europe, depending on the structure of the nation-state and the extent to which regional, ethnic and linguistic specifics are recognized. Limited access to, or exclusion from participatory processes challenge the concept of citizenship, which should be questioned in terms of the possibility of taking into account the ethnic heterogeneity or plurality, while preserving constitutional unity. New concepts are proposed, such as "multicultural citizenship"[8] or "post-national membership", the latter referring to the adoption of norms and rights associated with the person or the place of residence, and not with legal citizenship[9]. Such attempts aim at broadening citizenship, to refer to a corpus of individual rights, duties and activities relevant to the expression of their interest in public decision-making in areas influencing their lives and activities. The impact of policies and legal provisions governing citizenship and naturalization on the integration of ethnic minorities and on ethnic relations cannot be exaggerated.

As already underlined above, citizenship provisions, incorporation patterns and membership rights affecting foreign workers show differences between European countries[10]. Restrictions to access to citizenship are significant factors of the marginalization of the economically and socially contributing ethnic groups. Yet, there are powerful legal and cultural obstacles. In Germany, for example, naturalization of long-term foreign residents (increasing numbers being third generation) is hampered by the principle of *jus sanguinis* and the refusal to accept dual citizenship. In other countries, such as France, the acquisition of nationality is seen as a means of integration. A wide-spread cultural obstacle is

---

8 W. *Kymlica*: Multicultural Citizenship. Oxford, Clarendon Press, 1995.
9 Y. *Sosyal*: Limits of Citizenship: Immigrants in Europe. Chicago, Chicago University Press, 1995.
10 See *idem*, for a typology on these policies, in several European countries.

what is considered, by some, to be a "civilizational incompatibility" between migrant residents of Islamic faith and the European culture.

Another difference concerns the recognition in the public sphere of foreign groups either as communities or as individuals. France refuses to accept the concept of national, regional, linguistic or religious "minorities", but recognizes individuals. However, the latter are free to organize themselves as a community at the private level, under the law for associations, to cultivate their special identities and cultures. By contrast, the Netherlands and Germany favour the collective representation of identities.

*Multiculturalism in Central and South-Eastern European Countries*

In these regions of Europe, traditionally, there have not been significant migrant groups of recent origin. Thus, multiculturalism concerns here the cultural rights of long established national minorities, as well as ethnic communities such as the Rom. Linguistic and religious diversity is reflected throughout the countries in the region, with some strong inter-ethnic violence and tensions[11].

In ex-Yugoslavia, violent conflicts started in 1991, within two years after the fall of the Berlin Wall, between Serbia and Croatia and, in 1992, in Bosnia-Herzegovina. Nowadays, ethnic conflict is going on in Kosovo. Further southeast, examples of other on-going conflictual situations are between the Greek majority and Turkish minority in Cyprus, and in Turkey, where there is the problem of the cultural rights of the Kurds, complicated by the existence of a separatist Kurdish guerrilla movement (PKK). Other examples of national minority problems, among others, concern the Hungarian minority in Romania and Slovakia, and the Russian minority in the Baltic States, as well as periodical outbursts of tension regarding the Turkish minority in Western Thrace (Greece). However, such tensions did not lead to open conflict. Risks have not disappeared, but in a number of cases either a mutually acceptable solution was found, such as the peaceful separation of the Czech and Slovak Republics, or ethnic tensions eased, through appropriate international agreements concerning the Hungarian minorities, or measures in Bulgaria, where the Turkish minority now enjoys improved conditions and respect for their rights.

A lot of effort and improvement intervened in the legal field in favour of the rights of minorities, since the democratic transition started, following 1989. The recent Hungarian law is a good example of a very elaborate system of constitu-

---

11 D. *Ronen:* The Challenge of Ethnic Conflict, Democracy and Self-Determination in Central Europe. London, Frank Cass, 1997.

tional protection that can be offered to minorities[12]. In addition to such legal protection in its internal law, Hungary has concluded bilateral treaties on reciprocal minority issues with Ukraine, Slovenia, Croatia, Romania and Slovakia. For its part, Poland signed such treaties with Germany, Czechoslovakia (now the two successor states are bound by this treaty), Ukraine, Belarus, Latvia and Russia. The *Pacte de stabilité en Europe*, adopted in 1995 in Paris, on the initiative of the European Union and particularly France, provided a pan-European normative framework for such bilateral agreements and for guaranteeing state frontiers as well as minority rights. Other countries are also moving towards adopting more democratic legal norms concerning their minorities: for example, Latvia is in the process of modifying the legal provisions which stripped a large proportion of Russians (who became a "minority", after the independence of the Baltic countries) living in the country from their citizenship rights.

During this phase of exit from communism and transition to democracy, there were claims towards formulating the problems of multiculturalism more in terms of collective rights of national communities, rather than in terms of the rights of the individuals belonging to such minorities. However, the dominant trend in this field has been to opt for an individualistic approach. Starting from the end of World War II, the lessons from the failures of the League of Nations were drawn, and the protection of individuals was based on a universalist conception of human rights, and the principle of non-discrimination for all, instead of the collective definition of "minorities", with specific rights. The work done on such issues in the context of the Conference on Security and Co-operation in Europe (CSCE), notably the meeting of the Expert Group on national minorities, in July 1991, in Geneva, at the United Nations with the "Declaration on the Rights of Persons Belonging to National or Ethnic, Religious and Linguistic Minorities", adopted by the General Assembly in 1992 (Res.47/135), and the Council of Europe, with the Framework Convention (1994) chose to place the question of securing minority rights in an individualistic framework of human rights and democracy. In fact, in the post-1989 period, in the particular context of the Central and South-Eastern Europe, the concept of minority rights was discussed in relation to human rights and democratization processes. As Central and South-Eastern European countries start a long process of negotiations towards membership in the E.U., it is likely that such a concept of individual cultural rights will continue to prevail over a communitarian approach.

However, the formulation and implementation of concrete policies which would complement these legal instruments are still to come in most cases. What

---

12 *E. Decaux:* "Les nouveaux cadres du droit des minorités nationales en Europe", in *R. Kastoryano*, op.cit.

is at stake would be to avoid other situations such as ex-Yugoslavia, where it will probably take decades to overcome ethnic conflicts. Preventive arrangements and measures are of the highest importance, one successful experience in preventive diplomacy being the action of the European High Commissioner for National Minorities, instituted by the Organization for Security and Co-operation in Europe (OSCE).

While the risks of fragmentation and aggravation of minority problems in this part of Europe cannot be neglected, the prospects of its incorporation into the EU would have the same beneficial effect as the process of integration had in Western Europe, which has made progress towards a common space and is looking towards a common citizenship, even if cases like the Basque and Northern Ireland have shown a disturbing resilience.

*Multiculturalism and the European Union*

European integration is first and foremost an economic process, but it also gradually institutes a common political and judiciary space. The shape of the future European political formation and society is as yet unknown. It is highly unlikely that a European nation-state will emerge. Some of the basic elements of the nation-state, such as a common territory, language and culture, are all missing in the EU. One possible scenario is that European political formation will be a configuration of co-sovereignty, between the EU and the pre-existing nation-states, in which various powers and functions would be shared at different degrees, according to areas under consideration[13]. However, there are also other scenarios, which maintain that through the common jurisdiction elaborated by the European Court of Justice and a common jurisprudence, which is independent from the international law, as well as the supranational impact on the member states of the policies, decisions (European Directives) and actions of the Community institutions, the progression of Europe towards a supranational type of government is irreversible[14].

Whatever the case may be, multicultural issues are there to continue and are to be taken care of at the EU level. Since Europe will always be multi-ethnic and multicultural, there will have to be extensive and pro-active European multicultural policies, aiming at generating a common European political culture and

---

13 A. *Kazancigil*: "A prospective view on the European nation-state". In: *J. Iivonen* (ed.):The Future of the Nation-State in Europe. Aldershot (UK), Edward Elgar, 1993.
14 A. S. *Sweet et J. A. Caporaso:* "La cour de justice et l'intégration européenne". In: Revue française de science politique, vol. 48, N°2, April 1998.

citizenship which would co-exist with the national identities, citizenships and political cultures.

In the European Union, it is mainly the presence of resident migrants (as well as, of course, illegal immigration) belonging to "non-European cultures" which is at the centre of debates. It should also be added that the integration of those migrants of non-European origin who have acquired European citizenship is far from being achieved in a satisfactory manner.

The 1992 Maastricht Treaty gave the European Union some prerogatives in matters of immigration and established a process towards European citizenship, mainly through the right for nationals of EU member states residing in another EU country to vote and be elected in municipal and European elections. It should be noted that, even before this Treaty, some countries, such as Denmark and the Netherlands, had granted foreign residents, from the EU *and* from non-EU countries the right to vote in municipal elections.

However, EU institutions have restricted legal ground to take action as regards the rights of residents from third countries. This is still mostly reserved for the member states. Through the Schengen Agreement, a single space was created, amongst 11 out of the 15 member states, for the free circulation of European citizens only. It should be noted that frontier controls between Schengen countries have now been lifted also for non-European residents. Granting special rights for circulation or in elections to the "citizens of the Union", even for legitimate reasons (that of bringing Europe closer to the individuals and furthering the idea of a European identity), reinforces the differences of status between European citizens and non-European residents[15].

So far, instead of transferring competence to EU institutions, the member states have preferred to develop intergovernmental co-operation, such as the Schengen arrangement. The European Parliament expressed itself in favour of granting non-European foreigners the right to vote in local elections (Vetter Report), without any result. The European Commission has long been trying to promote a common legal status for non-European residents, based on the idea that recognition of the identities of migrants would help their integration, as well as improve representation of their interests, through the establishment of consultative committees.

So, the more liberal multicultural proposals come from the EU. As the "Europe without frontiers" gradually takes shape, it is necessary more than ever to harmonize their immigration policies, and particularly the conditions for the residence of foreigners, including their cultural rights, at the European level.

---

15 V. *Guiraudon*: "Multiculturalisme et droit des étrangers dans l'Union européenne". In: *R. Kastoryano*, op.cit.

Whether governments will agree to this or whether they would prefer to continue along the intergovernmental mode will be seen in the forthcoming years. Indeed, according to the Treaty of Amsterdam, within five years following its ratification by the EU member states, the European Council is to introduce a majority voting procedure on immigration matters, instead of the current rule of unanimity.

In the meantime, there is a tendency towards growing fragmentation of the status and rights each European country accords foreigners. Through differentiated restrictions, for instance between different categories of refugees, a sort of stratification in the status of foreigners is in the process of emerging. Even amongst the European countries known as being more favourably inclined to multiculturalism, there are divergent attitudes. For example, the UK and some Scandinavian countries resist, for different reasons, the idea of harmonizing legislation against racism and discrimination, the former because of a different legal tradition (*common law*) and the latter because they are afraid that common European policies, based on compromise, will lower the quality of their multicultural policies.

*Conclusion*

Ethnic and cultural diversity, its democratic governance, as well as ethnic conflict prevention is one of the major challenges in the world[16]. Further develop-

---

16 In recognition of this major challenge, a major area of UNESCO's international research and policy programme "Management of Social Transformations" (MOST) is multiculturalism, ethnic conflict prevention and international migrations. The following international projects are currently implemented with the participation of, and a dialogue between, researchers and practitioners, with the double goal of arriving at a more precise identification and understanding of such issues and formulating policy proposals for the use of public authorities, civil society organizations, as well as the communities concerned:
1. "Multicultural policies and modes of citizenship in the European Cities" (MPMC). Co-ordinator: Prof. Rinus Pennix, IMES, Amsterdam, The Netherlands;
2. "Managing Cultural, Ethnic and Religious Diversity in Central Europe". Co-ordinator: Prof. Anton Pelinka, Institut für Konfliktforschung, Vienna, Austria;
3. "Monitoring of Ethnicity, Conflict and Cohesion in the Newly-Independent States" (ex-USSR). Co-ordinator: Prof. Valery Tishkov, Institute of Ethnology and Anthropology, RAS, Moscow, Russia;
4. "Asia-Pacific Migration Research Network" (APMRN). Co-ordinator: Prof. Stephen Castles, University of Wollongong, Australia;
5. "Comparative Monitoring and Evaluation of Ethnic Conflicts in Africa" (Ethno-Net Africa). Co-ordinator: Prof. Paul Nkwi, Pan African Association of Anthropology, Yaoundé, Cameroon;

ment of fair and effective multicultural policies in Europe are a necessity for ethical and practical reasons.

On the first question, European democratic political culture is based on democracy, secularism and human rights. The recognition of the specific identities and particular problems of national minorities and migrant communities, and policies to ensure that they enjoy citizenship rights, participation in public decision-making in areas which affect them, as well as the economic and social life are amongst the requisites of European political culture. They have become a sort of test case in assessing the quality of democratic regimes.

From a practical point of view, since the long-term resident non-European migrants are in Europe to stay, the sooner they are integrated, the better, and multiculturalism is the more effective way of achieving it. What Europe has to agree on is the appropriate mix between the recognition of various cultural identities and the universal principle of equality of rights, between diversity and unity.

Multicultural policies will no doubt continue to be developed within the nation states. However, the gradual transfer of competences concerning multicultural policies to the European Union, and particularly the majority, instead of unanimity rule on immigration issues, within the European Council of Ministers, is eminently desirable in a long-term perspective. Indeed, the European integration process has naturally been coping with a plurality of identities, languages, cultures and traditions from the start. It is the result of a strong will, a freely taken long-term strategic decision of the member states of the continent to build jointly an integrated Europe. Thus, the integration of non-European migrants would be better achieved at the Union level, at a distance from the heated and sometimes demagogic national debates about immigration issues. Furthermore, a fundamental element of the European integration process is the decision to renounce the use of violence for the settlement of disputes between nations. This makes the European Union the best institutional framework for ethnic conflict prevention, particularly for the Central and South-Eastern European countries.

---

6. "Democratic Governance in a Multi-Cultural and Multi-Ethnic Society: A Swiss-Kyrgyz Democracy Training Project". Co-ordinator: Paul de Guchteneire, MOST Secretariat, UNESCO, Paris, France.
For more information on these projects please consult the MOST Clearing House at http://www.unesco.org/most

**Resümee**

Angesichts der Zunahme der Identitätsfindungen der vergangenen Jahre und der anhaltenden Migrationsbewegungen aus Entwicklungs- und Schwellenländern, ist Multikulturalismus zu einem der wichtigsten politischen Themen in Europa geworden. Nach dem Zusammenbruch des Kommunismus in Osteuropa traten Minderheitenprobleme wieder verstärkt ans Tageslicht. Sie führten zu Spannungen und Gewaltausbrüchen in diesem Teil des Kontinents, insbesondere im ehemaligen Jugoslawien, und lösten ihrerseits weitere Migrationsbewegungen aus. Als Ergebnis dieser Vorgänge erfahren die Länder der Europäischen Union einen Zuwachs an kultureller Diversität.

Multikulturalismus läßt sich als eine Menge politischer Leitlinien definieren, die es ermöglichen, mit ethnischen und kulturellen Heterogenitäten innerhalb einer Gesellschaft auf demokratischem Wege umzugehen. In der Europäischen Union entwickelten sich solche politischen Leitlinien zu multikulturellen Fragen allerdings hauptsächlich auf nationaler Ebene. Durch den Maastrichter Vertrag erhielten die Institutionen der EU zwar einige Kompetenzen bezüglich der Regelung von Immigrationsangelegenheiten, hauptsächlich aber werden diese Fragen nach wie vor auf der Ebene zwischenstaatlicher Zusammenarbeit, wie beispielsweise im Schengener Abkommen, behandelt. Der Amsterdamer Vertrag hingegen sieht vor, daß innerhalb von fünf Jahren nach seiner Ratifizierung durch die EU Mitgliedsstaaten der Europäische Rat ein Verfahren der Mehrheitsentscheidung zu Immigrationsfragen einzuführen hat, anstatt das bisherige Verfahren der Einstimmigkeit beizubehalten. Dadurch eröffnen sich Wege zu einer gemeinschaftlichen europäischen Multikulturalismus- und Immigrationspolitik – ein in höchstem Maße wünschenswerter Erfolg auf diesem die Nationalgrenzen überschreitenden Gebiet.

# Kultur

Wolfgang Geier

# Multiethnische und multikulturelle Konfliktlagen im östlichen und südöstlichen Europa

Die Regionen Ost-, Ostmittel- und Südosteuropas sind von konfliktträchtigen, komplexen und komplizierten ethnischen und sprachlichen, kulturellen und religiösen Konstellationen ungleich stärker geprägt oder beeinflußt als die des mittleren, westlichen, nördlichen und südlichen Europa. Multi- oder Poly-Ethnizität und -Kulturalität, verbunden mit koexistentiellen oder kontroversiellen sprachlichen und religiösen Situationen sind wesentliche Kennzeichen grundlegender, wesentlicher Unterschiede und Gegensätze zwischen dem 'Westen' und dem 'Osten' Europas. In den gegenwärtig erkennbaren Lagen sind die Gefahren weiterer, erneuter gewaltsamer Entladungen ethnischer, sozialer, kultureller, religiöser, nationaler Konfliktpotentiale vor allem durch ihre ideologischen und politischen Instrumentalisierungen noch wesentlich größer als die Möglichkeiten friedlicher Lösungen.

Diese komplexen und komplizierten, zwischen Verschärfung und Entspannung oszillierenden Konstellationen sind Ergebnisse jahrhundertelanger geschichtlicher Verläufe, die insgesamt für den 'Osten' andere Ursachen, Merkmale und Folgen aufweisen als für den 'Westen' Europas[1]: Besonderheiten der Verbindungen von (vorwiegend slawischen) Ethnogenesen, frühfeudalen Staatenbildungen, griechisch-orthodoxen oder römisch-katholischen Christianisierungen, damit verbunden der Entstehung eines 'inneren' Antemurale Christianitatis; imperiale Fremd- und Vorherrschaften, verheerende Kriege und verhängnisvolle Friedensschlüsse, gewaltsame Trennungen und unsinnige Teilungen, beispiellose Ethno- und Genozide, wesentlich anders verlaufende Herausbildungen kultureller, nationaler Identitäten und politischer, staatlicher Souveränitäten sowie anderer sozioökonomischer und soziokultureller Strukturen und Institutionen haben diese den 'Osten' vom 'Westen' Europas unterscheidenden Gegensätze und Gemengelagen erzeugt.

Ethnische, demographisch-sozialstrukturelle, sprachliche, religiös-konfessionelle, im Ganzen ethno-sozio-kulturelle Faktoren hatten und haben in der Vergangenheit und Gegenwart, in der Sozial- und Kulturgeschichte Ost-, Ostmittel- und Südosteuropas im Vergleich zu analogen Prozessen in west- und mitteleuro-

---

1 Vgl. *W. Geier:* Zeitbrüche im Osten. Ansätze vergleichender sozial- und kulturwissenschaftlicher Forschungen. Wiesbaden 1995.

päischen Regionen – anders verursachten und erscheinenden Konfliktpotentialen wie beispielsweise im Baskenland – ein anderes Gesicht und Gewicht, langandauernde und tiefgreifende Wirkungen.

Die gegenwärtigen multi(poly)ethnischen und -kulturellen Konfliktlagen in Ost-, Ostmittel- und Südosteuropa sind, einschließlich ihrer langen Vorgeschichte, wesentlich Ergebnisse historischer Verläufe und politischer Ereignisse dieses Jahrhunderts: der Balkankriege 1912/13 und des Ersten Weltkrieges, in seiner Folge des Zusammenbruchs von vier die Geschichte dieser Regionen prägenden Imperien; der Pariser Vororteverträge von 1919/20, der Friedensschlüsse zwischen den baltischen Freistaaten und Polen mit Sowjetrußland zwischen 1918 und 1921; der Entstehung der Komintern und der UdSSR 1918/22; des Hitler-Stalin-Paktes 1939, des Ersten und Zweiten Wiener Schiedsspruches 1938/40; der Festlegungen von Teheran, Jalta, Potsdam 1943/45 sowie der dazwischen liegenden Moskauer Abmachungen (prozentuale Aufteilung Südost- und Ostmitteleuropas) vom Oktober 1944 zwischen Churchill und Stalin; der Konferenzen und Friedensverträge von Paris und London nach 1945; schließlich des Zusammenbruchs des sozialistischen Lagers um die UdSSR (der multiethnischen und -kulturellen Gebilde UdSSR, SFRJ, ČSSR) und der Entstehung einer vollkommen veränderten Staatenwelt.

Diese über lange Zeiträume entstandenen Konfliktlagen werden in der Gegenwart nicht schlechthin nur durch den historisch beispiellosen politischen Zusammenbruch eines Weltsystems, sondern vielmehr durch die grundlegenden, tiefgreifenden sozialen und kulturellen Umbrüche in den von diesem System über sieben beziehungsweise vier Jahrzehnte geprägten Gesellschaften in Ost-, Ostmittel- und Südosteuropa verschärft. In der Rußländischen Föderation, der Belarus und der Ukraine, in Bulgarien, Albanien und anderen Ländern können die gegenwärtigen Zustände der politischen und staatlichen Strukturen und Institutionen kaum anders als anomisch, der gesellschaftlichen als noch überwiegend amorph beschrieben werden. Sie werden durch die in sie eingeschlossenen ethnischen und sozialen, sprachlichen und kulturellen, teilweise religiös-konfessionellen beziehungsweise kirchlichen (etwa quasi-schismatische Zustände in der bulgarischen und in der ukrainischen orthodoxen Kirche)[2] Auseinandersetzungen weiter verstärkt, erhalten andere entsprechende Färbungen und Wirkungen.

Mit diesen Zusammen- und Umbrüchen einerseits wie den Bestrebungen um Osterweiterungen der EU und NATO andererseits entstehen neue politische,

---

2 Vgl. *W. Geier*: Zur Lage in einigen Ostkirchen – Bulgarische, Ukrainische, Russische und Serbische, Rumänische, Makedonische Orthodoxe Kirche. In: *W. Geier, E. Kalbe, H. Politt* (Hrsg.): Osteuropa in Tradition und Wandel. Leipzig. Halbjahresband 1/1999.

ökonomische und militärische Gegebenheiten, deren Wirkungen auf die genannten Regionen ebenso ungewiß sind wie Antworten auf Fragen, ob sich die ökonomischen und politischen Folgen dieser Erweiterungen auch in Vertiefungen oder Verschärfungen bestehender multiethnischer und multi-kultureller Unterschiede und Gegensätze äußern oder welche anderen Wirkungen zu erwarten sind. Insgesamt erfordern die grundlegenden Veränderungen in Ost-, Ostmittel- und Südosteuropa umfassende, vor allem vergleichende sozial- und kulturwissenschaftliche Untersuchungen und Klärungen der multiethnischen und multikulturellen Gegebenheiten sowie ihrer historischen und aktuellen politischen Ursachen wie Folgen.

Solche komparativen Analysen der Phänomene *Multiethnizität und Multikulturalität im östlichen und südöstlichen Europa* sind heutzutage weder umfangreich institutionalisiert und organisiert noch hinsichtlich der Einverständnisse über die disziplinären oder gar transdisziplinären methodischen Vorgehensweisen selbstverständlich.

Aus dem amerikanisch-englischen Wissenschafts- und Sprachraum wurden Begriffe wie *Multikulturalität* und *Multikulturalismus* nach Europa transportiert. Sie waren und sind mit entweder kulturrevolutionistischen oder kulturrelativistischen Deutungen ebenso überlastet wie mit ideologischen und politischen Verwendungen. Während jedoch *Multikulturalität* immerhin noch empirisch erfaß- und erklärbare ethno-sozio-kulturelle Sachverhalte oder Zustände (einschließlich ihrer demographischen, sprachlichen, religiösen und anderen Komponenten) bezeichnet, umfaßt *Multikulturalismus* utopische, meistens neokulturrelativistische Konzepte. Diese Unterschiede und Unvereinbarkeiten zwischen wissenschaftlichen Ansätzen und ideologisch-politischen Standpunkten sind zu beachten, wenn transdisziplinäre Untersuchungen multi(poly)ethnisch, -kulturell, -religiös/konfessionell geprägter Regionen im östlichen und südöstlichen Europa angeregt werden.

Es gibt weitere Schwierigkeiten für das Zustandekommen übergreifender, vergleichender sozial- und kulturwissenschaftlicher Forschungen zu den genannten Konfliktlagen, deren Ergebnisse als Handreichungen für Politik gelten könnten: Verständigungen über das Verhältnis von Ethnos und Demos im Zusammenhang mit universal-, national- oder regionalgeschichtlichen Konzepten, über west- und osteuropäische Unterschiede in den Entstehungen von Sprach-, Kultur- und Staatsnationen sind schwierig. Geschichtliche Vorläufer wie gegenwärtige Erscheinungen der Begründungen kultureller, nationaler Identitäten (früherer 'Bewegungen des nationalen Erwachens, nationaler Wiedergeburten' und deren heutiger Rekonstruktion und Reklamation zur Legitimierung kulturell-nationaler Identität und politisch-staatlicher Souveränität) werden von meinungsbildenden wissenschaftlichen Personen und Institutionen im deutschen und englischen

Sprachraum a priori und in toto als Nationalismen, Chauvinismen oder Rückfälle in Tribalismen bezeichnet. Dies ist historisch, wissenschaftlich und politisch unsachlich; mit Konzepten und Programmen (west)europäischer Integration und Regionalisierung sollte gegen die oben genannten (ost)-europäischen Bestrebungen nicht so argumentiert werden, daß diese lediglich noch als beschränkte nationalistische, anachronistische Verwirrungen erscheinen. Das betrifft auch die Verwendung von historisch-wertenden, pejorativ verwendeten Bezeichnungen wie (kleine) 'geschichtslose' Völker. Angesichts solcher Schwierigkeiten oder Vorurteile wäre erneut zu klären, wer heute eigentlich aus welchen Gründen welches Europa in welchen Gestaltungen, mit welchen Mitteln will, in welchem Verhältnis Utopie und Realität, Ideologie und Politik in diesen Bestrebungen stehen.

In diesem Zusammenhang ist auf sich fortsetzende, teilweise verstärkende Wahrnehmungsschwierigkeiten hinzuweisen: Sie bestehen darin, daß in bestimmten westeuropäischen Sichtweisen auf Südost-, Ost-, Ostmitteleuropa das Ausmaß wie die Folgen der Zusammen- und Umbrüche noch immer nicht begriffen, statt dessen 'Wirklichkeiten' mittels westeuropäischer Deutungsmuster 'abgebildet', 'hergestellt' werden, die den realen Situationen in den jeweiligen Regionen und Ländern kaum oder gar nicht entsprechen. Besonders krasse Fälle getrübter Wahrnehmungen sind die politisch-opportunistisch gefärbten oder geprägten 'Abbildungen' der Lage in der Rußländischen Föderation, der Belarus, der Ukraine oder in Albanien, Rumänien und Bulgarien der Jahre 1989/1991 bis heute. Ähnliches zeigte und zeigt sich nach wie vor in manchen wissenschaftlichen oder politischen Wahrnehmungen, die im Westen Deutschlands über den Osten bestehen[3].

Komparative methodologische Konzepte für sozial- beziehungsweise kulturhistorische oder kultursoziologische Forschungen zu multiethnischen und -kulturellen Konfliktlagen in europäischen Regionen sind bisher kaum entwickelt,[4] Verbindungen zu ethno- und demographischen Untersuchungen selten. Umfassende, tiefgreifende, aussagekräftige, also repräsentative Studien fehlen.

Diese Mängel werden durch jene von Fukuyama, Huntington, Kaplan verbreiteten, globale Dimensionen beanspruchende Konstruktionen kontinentaler ethnischer, religiöser, kultureller Konfliktpotentiale wie ihrer vermeintlichen Perspek-

---

3 Vgl. *W. Geier*: Wahrnehmungsschwierigkeiten. In: Sichten auf Umbrüche im Osten; Osteuropa in Tradition und Wandel. Leipzig. Bd. 1/1994.
4 Am Institut für Kulturwissenschaften der Universität Leipzig entsteht gegenwärtig aus einem von Annegret Haase entworfenen und geleiteten sozial- und kulturhistorisch wie kultursoziologisch angelegten empirischen Forschungsprojekt zu ethnischen, sozialen, kulturellen Konfliktlagen in südostpolnischen Wojewodschaften die erste Dissertation zu diesem Gegenstandsbereich überhaupt.

tiven noch verstärkt.[5] Inzwischen ist das medial inszenierte Interesse an diesen Veröffentlichungen abgeklungen. Diese Inszenierungen haben jedoch dazu beigetragen, daß dringende Beschäftigungen mit den ethnischen, sozialen, kulturellen Konflikten in den osteuropäischen Regionen zeitweilig von Auseinandersetzungen um die von diesen politologischen Zukunftsdeutern entworfenen Szenarien verdrängt wurden. Dies war und ist teilweise noch um so nachhaltiger, als die Äußerungen der Genannten generelle kulturwissenschaftliche und spezielle kulturhistorische Gültigkeiten beanspruchen, vielmehr jedoch deterministisch-teleologische oder einfach nur finalistische Voraussagen über vermeintliche politische und ökonomische Entwicklungen in der Gegenwart und in der Zukunft beinhalten. Diese sind nicht nur fragwürdig, sondern lenken auch von den eigentlichen Problemen ab.

Wissenschaftliche Beschäftigungen mit den Konfliktlagen werden weiterhin dadurch erschwert, daß unter dem politischen Zeit-, Erfolgs- und Vollzugsdruck von 'Osterweiterungen' verschiedener Art und Reichweite bei Personen und in Institutionen der Europäischen Union wie auf Seiten der Beitrittskandidaten kaum Neigungen bestehen, jene schwerwiegenden Probleme und Konflikte in ihrer ganzen Tragweite zur Kenntnis zu nehmen beziehungsweise darzustellen, die sowohl die Beitrittsprozeduren selbst als auch die Gesamtlage der – sich nicht nur um Länder und Völker, sondern vor allem um die mitgebrachten Schwierigkeiten erweiternden – europäischen Union belasten werden.

Die historischen und politischen, sozialen und ökonomischen Ursachen multi(poly)-ethnischer, -kultureller (-sprachlicher, -religiöser/konfessioneller und anderer Gegensätze) in Regionen des östlichen Europa sind verschieden; gemeinsam sind ihnen über Jahrhunderte zurückreichende und in die Gegenwart hineinwirkende, vergleichbare ethnische und sprachliche, religiöse und kulturelle Merkmale oder Prägungen.

Einige der tiefgreifenden, schwerwiegenden, langwirkenden Ursachen werden – im Anschluß an die bereits erwähnten geschichtlichen Daten und Ereignisse – noch einmal kurz genannt:

Der Zusammenbruch von vier Imperien am Ende des Ersten Weltkrieges hat in den Nachfolgestaaten Mehrheits- und Minderheitsverhältnisse (-probleme, -konflikte) hinterlassen beziehungsweise erzeugt, welche durch die Pariser Vorortverträge nicht ent-, sondern teilweise durch die neu entstehenden Staaten und in ihnen verschärft wurden. Die so entstandenen Konfliktlagen sind durch die Vorgeschichte, den Verlauf und die Folgen des Zweiten Weltkrieges nicht verringert, sondern in einigen osteuropäischen Regionen und Ländern weiter verstärkt worden. Einige vor beziehungsweise in langen geschichtlichen Zeiträumen ent-

---

5 Vgl. *S. P. Huntington*: Der Kampf der Kulturen. München und Wien 1996.

standene Minderheitenprobleme, etwa religiös-sprachlich-kulturelle in Südosteuropa, wurden durch politische Ereignisse im 20. Jahrhundert überhaupt erst virulent.

Der Zusammenbruch der stalinisierten politischen staatssozialistischen Systeme hat die unter der Pax Sovietica in ihnen weiter bestehenden Mehrheiten-/Minderheitskonflikte verschiedener Ursache, Art und Tragweite wieder zu Tage treten lassen. Ihre Entladung nahm und nimmt dort besonders gefährliche Formen an, wo versucht wurde, sie in multinationalen unionistischen oder föderativen Staatsbildungen (UdSSR, SFRJ, ČSSR) und mittels übergreifender Identitätsstiftungen (Sowjetvolk, -bürger; Jugoslawentum, Jugoslawe) gewissermaßen aufzuheben.

In den Regionen des östlichen Europa bestanden und bestehen objektive und subjektive Notwendigkeiten für Weiterentwicklungen und 'Vollendungen' kultureller, nationaler Identitäten und staatlicher Souveränitäten. Man kann diese Vorgänge nur in Rückbindung auf West- und Mitteleuropa nicht einfach als 'nachholende Nationsbildung und Staatswerdung' bezeichnen oder mit dem Hinweis abtun, weil hier Nationsbildungsprozesse längst abgeschlossen seien, wären sie dort Rückfälle in Anachronismen, Nationalismen oder Tribalismen. Sie sind – ohne den oben erwähnten gesamteuropageschichtlich zu bedenkenden Zusammenhang außer Acht zu lassen – in ihrem Wesen vielmehr Versuche, unterbrochene geschichtliche Entwicklungen 'wieder aufzunehmen', historische Kontinuitäten und Legitimationen für gegenwärtige kulturelle, politische, nationale Identitäten zu gewinnen. Daß dies außerordentlich problematisch und konfliktreich ist, steht außer Frage; ebenso sollte jedoch außer Frage stehen, daß es sich hier um historische Prozesse handelt, die nicht einfach auf west- und mitteleuropäische Entwicklungen rückgebunden oder nur mittels ihrer Inanspruchnahme erklärt, an ihnen 'gemessen' werden können. Möglicherweise haben die nach dem Zusammenbruch des Sozialismus von Ost- bis Südosteuropa auftretenden Erscheinungen einen historischen Charakter, der zu Prozessen in West- und Mitteleuropa als komparativ analog begriffen werden kann und gleichzeitig einen historisch anderen, neuen Phäno- und Genotyp nationaler, kultureller Identitätsbildungen darstellt. Aber dies ist aus den gegenwärtigen Entwicklungen schlüssig oder 'endgültig' ebenso wenig zu klären wie die Frage danach, ob es sich bei den Zusammen- und Umbrüchen um Revolutionen handelt, welchen Charakter oder Typus diese haben. Die nach 1989 in westlichen Deutungen dieser Vorgänge auftretende 'Revolutionslyrik' ('friedliche, sanfte, samtene, singende, unvollendete, verratene, nachholende, reflexive Revolution') weist auf Unsicherheiten in der phänomenologisch-geschichtlichen Einordnung wie in ihrer typologisch-historischen Charakterisierung als 'Revolution' hin.

Einige Konfliktlagen in Ost-, Ostmittel-, Südosteuropa werden im folgenden beschrieben. Gründe für teilweise unscharfe, mitunter unzuverlässige Zahlenangaben sind beispielsweise: Volkszählungen mit aktuellen, statistisch präzisen Erhebungen über Gesamtbevölkerungen, ihren Zusammensetzungen nach Alters-, Geschlechter-, Tätigkeitsgruppen, ethnischen, religiösen, konfessionellen Zugehörigkeiten usw. haben in den betreffenden Ländern vor 1989 unregelmäßig und unvollständig, nach 1989 nur in wenigen Fällen stattgefunden. So werden beispielsweise die gegenwärtig verwendeten Angaben zur Gesamtbevölkerung der Rußländischen Föderation – sie schwanken zwischen 148 und 150 Millionen – aus den Ergebnissen der letzten Volkszählung in der UdSSR 1989 und seither durch kumulative Fortschreibungen, Hochrechnungen oder Schätzungen gebildet. Die heutigen Angaben zur multi-ethnischen, -sprachlichen, -kulturellen, -religiösen Zusammensetzung der Bevölkerung sind jedoch ebenso ungenau wie die damaligen Ergebnisse der Volkszählung; unmittelbar nach ihrer Bekanntgabe wurde bereits in Veröffentlichungen nachgewiesen, daß sie aus bestimmten politischen Gründen verzerrt oder wenigstens aus technischen Gründen unvollständig oder ungenau seien. Es gibt demzufolge zur Zeit weder zuverlässige Angaben über die Gesamtbevölkerung der Rußländischen Föderation noch zum Verhältnis regionaler Verteilungen von 'Mehrheits- und Minderheitsnationen', zur Anzahl 'nationaler Minderheiten' und ihrer Angehörigen.

Diese Unschärfen treten in fast allen Darstellungen zur geographischen Verbreitung und zum demographischen Umfang von Minderheiten auf. Die Angaben über sie sind aus politischen Gründen oft nicht zuverlässig; die durch Erhebungen gewonnenen Werte sind zweifelhaft, weil sich Menschen aus bestimmten Gründen als ihre Angehörigen bezeichnen oder nicht. Außerdem begannen bereits in den achtziger Jahren Zwangsmigrationen und Fluchtbewegungen von großem Ausmaß zwischen Rumänien und Ungarn, Bulgarien und der Türkei, der Vojvodina und Ungarn, dem Kosovo und Albanien, weitere, die sich in den neunziger Jahren fortsetzen, von denen vor allem ethnisch-sprachliche, kulturell-religiöse Minderheiten betroffen waren und sind; die dadurch bewirkten grundlegenden Veränderungen der ethnischen, sprachlichen und kulturellen Strukturen ganzer Staatsbevölkerungen oder die in Grenz- und Konfliktregionen zwischen Staaten sind bisher kaum hinreichend bekannt geschweige denn demographisch-statistisch erfaßt. Als Beispiele dafür können die widersprüchlichen Angaben von jeweils slowakischer oder ungarischer Seite über die Anzahl der Magyaren in der Südslowakei beziehungsweise der Slowaken in Nordungarn, von polnischer, slowakischer, ungarischer, rumänischer, moldawischer Seite über die Anzahl von Ukrainern in den jeweiligen Staaten, die Angaben zur ethnischen Zusammensetzung der Bevölkerung im Kosovo, in Makedonien gelten.

Das Ausmaß der Mehrheiten-/Minderheitenprobleme, der multiethnischen und multikulturellen Gemengelagen in den nach 1989/91 in Ost-, Ostmittel-, Südosteuropa fortbestehenden fünf (National-)Staaten, entstehenden sechs von insgesamt fünfzehn Nachfolgestaaten der UdSSR, sechs der SFRJ sowie zwei der ČSFR ist weder mit entsprechenden wissenschaftlichen Ansätzen, Mitteln und Forschungen noch politisch annähernd oder hinreichend erfaßt. Schwierigkeiten bestehen auch darin, daß in den einzelnen Ländern sehr unterschiedliche Auffassungen über die Existenz von Minderheiten, poly- oder multiethnische, -sprachliche, -kulturelle Gegebenheiten und ihre wissenschaftliche beziehungsweise politische 'Behandlung' bestehen. Das beginnt bei wissenschaftlichen Kontroversen über 'Minderheitenbegriffe' und reicht bis zu politischen Manipulationen von 'Minderheitenstatistiken'. Daß die Europäische Union Minderheitenregelungen in Kraft setzt, bedeutet noch nicht, daß in diesen Fragen alle bisherigen oder künftigen Mitgliedsländer – wenn schon nicht kongruente, so doch wenigstens kompatible – politische Positionen hätten. Die Art und Weise des Umgangs mit der am 1. Januar 1999 in Kraft tretenden Minderheitensprachenkonvention durch einige Mitgliedsländer macht dies deutlich.

*Erstens.* Mit dem Zerfall der UdSSR entstanden zwischen dem Finnischen Meerbusen und der eurasischen Landbrücke aus ehemaligen Sowjetrepubliken neue 'Nationalstaaten' mit heterogenen ethnischen, sprachlichen, kulturellen, religiösen Strukturen, Mehrheits-(Titular-) und Minderheitsnationen/-nationalitäten: die Estnische, Lettische, Litauische, Bjelorussische, Ukrainische, Moldawische (von Transnistrien abgesehen), Georgische, Aserbaidschanische, Armenische Republik. In ihnen leben nach seit 1991 ständig wiederholten Erklärungen maßgeblicher Vertreter der russischen Administrationen und inzwischen auch des Moskauer Patriarchats '25 bis 30 Millionen ethnischer Russen (!?) im nahen Ausland', für welche die Regierung der Rußländischen Föderation eine politische, kulturelle und das Patriarchat eine geistliche Beistands-, Fürsorge- und Schutzpflicht beanspruchen. Diesen Erklärungen wird mitunter hinzugefügt, daß es für Rußland und die Russen 'schmerzhaft' und 'unverwindbar' sei, hinter die petrinischen, katharinensischen, alexandrinischen Grenzen (die des 20. Jahrhunderts werden kaum oder nicht erwähnt) zurückgeworfen zu sein. Amerikanische Quellen bezeichnen neuerdings die Existenz von Millionen 'ethnischer Russen' im 'nahen Ausland' als "New Russian Diaspora". Die russischen Wendungen 'ethnische Russen, nahes Ausland' drücken jedoch sowohl potentielle Konfliktbereitschaften, fiktive und/oder reale Konfliktlagen als auch potentielle Optionen aus; die amerikanischen Wendungen hingegen sind schon insofern unverständlich, als nicht erklärt wird, worin denn in der Vergangenheit Rußlands analoge historische Situationen – also einer 'frühe(re)n russischen Zerstreuung' – bestanden haben könnten; die Ausgangslagen zur 'Sammlung der russischen Erde' zwischen 1380/

1480 und dem 17. Jahrhundert sind hoffentlich nicht gemeint. Seit Mitte des Jahres 1998 erscheinen Hinweise auf 'Millionen ethnischer Russen im nahen Ausland' seltener; die innenpolitische Lage läßt wohl außenpolitische Aus- oder Ansprüche dieser Art nicht mehr zu.

*Zweitens.* In Mittel- und Westeuropa kaum wahrgenommen, in Polen mehr verschwiegen als dargestellt, in Litauen gelegentlich, in der Belarus von Kreisen um den Präsidenten bei jeder Gelegenheit betont werden lokale, regionale Konflikte zwischen Polen und Litauen sowie zwischen Polen und der Belarus. Die Auseinandersetzungen um das Wilna-Kaunas-Gebiet beeinträchtigen das Verhältnis zwischen Polen und Litauen fast während des gesamten 'kurzen' 20. Jahrhunderts. Sie sind eine Folge der Kriege und Friedensschlüsse, Trennungen und Teilungen, Umschichtungen und Verschiebungen. Gegenwärtig haben sie vorerst 'nur' eine ost-/ostmittel-europäische, in Hinsicht auf die Bestrebungen Polens, möglichst schnell Mitglied der EU und/oder der NATO zu werden, sowie die Absichten Litauens, sich bald darum zu bemühen, jedoch bereits auch eine europäische Dimension.

Ähnliches gilt für eine andere Auseinandersetzung, über die jenseits der betroffenen Gebiete und Bevölkerungen kaum Wahrnehmungen vorliegen – mit Ausnahme gelegentlicher Ausbrüche des weißrussischen Präsidenten. In den weißrussischen Westgebieten leben polnische, ukrainische und andere Gruppen, die – neben der unierten und orthodoxen – der römisch-katholischen Kirche angehören. Diese Gemeinden haben jedoch vielfach noch keine Geistlichen oder keine mehr. So begann man in Polen, Nachbarschaftshilfe zu leisten und entsandte polnische Priester in katholische Gemeinden im westlichen Weißrußland. Dies führte und führt dazu, daß aus der Umgebung des Präsidenten und gelegentlich von ihm selbst behauptet wurde, in der westlichen Belarus fände eine 'schleichende Repolonisierung durch Rekatholisierung statt', polnische Priester würden weißrussische Kirchen dadurch 'okkupieren, daß sie an Feiertagen neben den Kirchenfahnen die polnische Nationalflagge vom Kirchturm hißten' usw. Man kann diese und ähnliche Behauptungen zu den Anstrengungen der Lukaschenko-Administration zählen, die Belarus gegen den Westen zu isolieren, gelegentlich an die Jelzin-Administration oder an 'Rußland' anzulehnen, die präsidiale Diktatur weiter auszubauen. Man muß jedoch bedenken, daß diese Äußerungen sowohl das außenpolitische Verhältnis zwischen der Belarus und Polen als auch die Beziehungen zwischen den multiethnischen und multireligiösen Bevölkerungen in den Grenzregionen belasten beziehungsweise verschlechtern.

*Drittens.* Im heutigen Gebiet der Ukrainischen Republik bestehen seit Jahrhunderten ethnische, sprachliche, kulturelle, religiöse, politische und nationale Unterschiede und Gegensätze, die auch geographisch-historisch lokalisiert werden können. Gegenwärtig leben hier (von über einer Million bis zu einigen tausend Angehörigen) etwa dreißig ethnische Groß- und Kleingruppen; insgesamt sind es um die hundert Gruppierungen, die nach ethnischen, sprachlichen, religiösen, kulturellen Merkmalen unterscheidbar sind. Innere kulturelle (sprachliche; religiös/konfessionelle: Orthodoxe, Unierte, Katholiken, Freikirchen, Juden, Muslime) sowie sozialökonomische Konfliktlagen zwischen der 'ost- und westufrigen Ukraine' sind ebenso erkennbar wie äußere: In den Nachbarstaaten (südöstliches Polen, östliche Slowakei, nordöstliches Ungarn, nördliches Rumänien, Moldawien) leben einige hunderttausend Ukrainer (die Angaben schwanken zwischen 300.000 und 600.000), deren ökonomisch-soziale Situation als 'inferior, marginal', hinsichtlich ihrer ethnischen und sprachlichen, kulturellen und religiösen Identität (Orthodoxe, Unierte, Katholiken, Juden) als 'bedroht, gefährdet', verbunden mit Vorwürfen an die 'Gastländer', beschrieben wird. In den südostpolnischen Wojewodschaften besteht ein 'ukrainisches Problem', dessen Erscheinungsbild und Austragungsformen trotz anderslautender Erklärungen der Regierungen oder der regionalen, lokalen Institutionen zunehmend unfriedlich sind[6].

*Viertens.* Zwischen der Slowakischen und Ungarischen sowie zwischen dieser und der Rumänischen Republik bestehen politische Spannungen, verursacht durch ethnische und kulturelle 'Mehr- und Minderheitenkonfrontationen': In der südlichen Slowakei leben etwa sechshunderttausend Magyaren, im nördlichen Ungarn einige zehntausend Slowaken – neben jeweils anderen ethnischen Minderheiten. Von slowakischer wie von ungarischer Seite wird der anderen immer wieder vorgeworfen, gegen die jeweiligen Minderheiten in verschiedener Weise vorzugehen, ihre unterschiedlich ausgeprägten ethnischen, sprachlichen, kulturellen, religiösen Identitäten zu mißachten oder zu bedrohen.

Die mehrfachen Umverteilungen von Gebieten und Bevölkerungen in diesem Raum allein im 20. Jahrhundert sowie der Zerfall der Tschechoslowakei haben zum Aufbau von Konflikten geführt, die in den neunziger Jahren eher zu- als abgenommen haben[7]. In den Rechtfertigungen innenpolitischer Verschärfungen und außenpolitischer Kontroversen über die vermeintlich oder tatsächlich bestehenden ethnisch-sprachlichen, religiös-kulturellen und wohl im Grunde auch sozialökonomischen Konflikte erscheinen geschichtliche Rückgriffe, gegen die oder den jeweils Anderen gewandt: von slowakischer Seite Hinweise auf 'tausendjährige ungarische Unterdrückung', 'jahrhundertelange Kämpfe um nationale Identität und staatliche Souveränität', verbunden mit dem Rückgriff auf das 'Großmährische Reich'; auf ungarischer Seite die Beschwörung des 'tausendjährigen Rei-

---

6 *A. Haase*: Kleine Minderheiten mit großen Problemen? Zur gegenwärtigen Lage der ukrainischen Bevölkerung im südöstlichen Polen. In: Kultursoziologie. Leipzig. 7.1998.
7 *G. Brunner*: Die Lage der Ungarn in der Slowakei. In: Europäische Rundschau. Wien. 24.1996.

ches des Heiligen Stephanskrone' und der Kämpfe um seine Bewahrung beziehungsweise Wiederherstellung. Das Trauma 'Trianon-Ungarn' wird nicht als geschichtlich und rechtlich erledigt, sondern von bestimmten politischen Kräften als 'noch zu überwinden' betrachtet; in diese Überwindung wären dann nach dieser Ansicht die Klärung der 'magyarischen Frage' in der südlichen Slowakei ebenso einzubeziehen wie der in Rumänien.

Die politischen Konflikte zwischen Ungarn und Rumänien wegen der nach verschiedenen Angaben zwischen 1,2 und 1,5 Millionen in Rumänien lebenden Magyaren, welche Mitte der achtziger Jahre verstärkt aufbrachen, damals zu ideologischen Kriegszuständen und Fluchtbewegungen zwischen 'sozialistischen Bruderländern' führten, werden gegenwärtig wieder schärfer. Die scheinbare Beruhigung der letzten Jahre war trügerisch. Außerdem gibt es das von der mittel- und westeuropäischen Öffentlichkeit kaum wahrgenommene außerordentlich konfliktträchtige 'moldawische Problem' zwischen Rumänien, der Ukraine sowie den am westlichen und östlichen Dnjestr-Ufer Beteiligten und anderen Vertretern bestimmter Interessenlagen.

*Fünftens.* Von den bewaffneten Auseinandersetzungen zwischen Serbien und Albanien (oder seiner Stellvertreter-Organisation, der 'Albanischen Befreiungsarmee') und dem ethnisch-religiös imprägnierten Bürgerkrieg zwischen Serben und Albanern im Kosovo überschattet, besteht seit Jahrzehnten im nordöstlichen Teil der früheren SFRJ, des heutigen Serbien ein zwar nicht offen ausgetragener oder von der europäischen Öffentlichkeit wahrgenommener, aber nichtsdestoweniger gefährlicher Spannungszustand in der Vojvodina. Abgesehen von den zwischen dem ausgehenden 17. und dem beginnenden 20. Jahrhundert hier – durch Türkenkriege und Militärgrenze – entstehenden ethnischen, sprachlichen, religiösen, kulturellen Mehrheits- und Minderheitsbildungen wurde das Gebiet zunehmend zu einem Bestandteil serbisch dominierter jugoslawischer Staatswesen zwischen 1918 bis 1991. Die verschiedenen ethnischen Gruppen hatten unter der Königsdiktatur ebenso zu leiden wie unter den Kämpfen zwischen dem kroatischen Ustascha-Staat und den sich außerdem gegenseitig bekämpfenden Hauptgruppen der serbischen Partisanen, unter den Deportationen und Ethnoziden gegen Ende des Zweiten Weltkrieges wie unter der Ausbeutung von Gebiet und Bevölkerung unter Tito. Im Jahre 1989 wurde der Vojvodina der Autonomie-Status genommen, das Regionalparlament aufgelöst. Nach den letzten einigermaßen zuverlässigen Volkszählungen in der SFRJ von 1981 lebten hier rund 54 Prozent Serben und 19 Prozent Magyaren sowie 'Jugoslawen' (Selbstbezeichnung), Kroaten, Slowenen, Rumänen, Montenegriner, Ruthenen/Ukrainer und andere Minderheiten – insgesamt in Größenordnungen zwischen acht und einem Prozent der Gesamtbevölkerung von rund 2,035.000 Einwohnern. Die Sprachen waren Serbisch, Kroatisch, Ungarisch (1989 verboten), Slowenisch, Rumänisch,

Ruthenisch/Ukrainisch; es bestanden alle christlichen Konfessionen und, soweit zugelassen, ihre Kirchen, außerdem kleine jüdische und kleinere muslimische Glaubensgemeinschaften.

Durch den 1991 von Serbien ausgehenden, mit der 'Jugoslawischen Volksarmee' geführten Dritten Balkankrieg wurde seit dem Beginn der Kampfhandlungen die Vojvodina schwer betroffen. Ihre Bevölkerung, die bereits zwischen 1981 und 1991 durch die Serbisierungspolitik um etwa 10 Prozent sank, ist seither drastisch weiter zurückgegangen: Zehntausende, vor allem junge Männer, die dem Kriegsdienst in der 'Volksarmee' entkommen wollten sowie heimat- und obdachlos Gewordene sind geflohen, Zehntausende sind durch Kämpfe, Hunger, Krankheiten umgekommen, Zehntausende sind bis heute auf der Flucht. Nach Angaben des Demokratischen Verbandes der Magyaren in der Vojvodina (VMDSZ) lebten dort um 1910 etwa 577.000, 1991 noch knapp 400.000, 1998 weniger als 300.000 Magyaren; die zahlenmäßige Größe dieser ihrer politisch-staatlichen Autonomie und ihrer ethnisch-kulturellen Identitätsrechte weitgehend beraubten Minderheit kann nur geschätzt werden. Ihre gegenwärtige Lage allerdings wird in den verschiedenen, 'zuständigen' europäischen Öffentlichkeiten kaum noch wahrgenommen.

*Sechstens.* Die mit dem Dritten Balkankrieg seit 1991 verbundenen regionalen Katastrophen (ethnisch, kulturell, religiös 'begründete' Verfolgungen, Vertreibungen, Vernichtungen) sind bekannt. Der mit Dayton eingeleitete Prozeß ließ zunächst die aktuelle Situation als pazifiziert erscheinen; zwei stets gravierende regionale Konflikte – in der Vojvodina und vor allem im Kosovo – verschärfen sich jedoch erneut. Besonders die Lage hier nimmt immer gefährlichere Züge an: Es geht jedoch nicht mehr nur um die feindseligen politischen, ethnisch, sprachlich, kulturell, religiös begründeten Konfrontationen zwischen Serben und Albanern im Kosovo, um die doppelbödige, prinzipiell nicht kompromißbereite Repressions- und Aggressionspolitik der serbischen Regierung wie die gleichermaßen unversöhnlichen, aggressiven Haltungen der selbsternannten Freiheitskämpfer im Kosovo und der hinter ihnen stehenden albanischen Kräfte.

Die Konfrontationen in dieser Provinz bedrohen die Sicherheit der gesamten Region; sie können vor allem die innere Situation der Republik Makedonien derart destabilisieren, daß deren Existenz prinzipiell bedroht ist, die vier Nachbarstaaten und andere nicht unbeteiligt bleiben würden beziehungsweise es schon längst nicht mehr sind, wie sich bereits zeigt[8].

Die Bezeichnung 'Kosovo-Konflikt' mutet angesichts der dort stattfindenden menschlichen Katastrophe und Tragödie schon fast euphemistisch an. Beginnend

---

8 Vgl. *M. A. Hatschikjan*: Mazedonien: Variable Balancen, fragile Strukturen. In: Europäische Rundschau. Wien 24.1996.

mit dem Zerfall der UdSSR und der SFRJ hat es in den vergangenen Jahren mehrere vergleichbare Tragödien gegeben, von deren Ausmaß man sich fernab in west- und mitteleuropäischen Öffentlichkeiten trotz ihrer medialen Darstellung kaum ein wirkliches Bild machen konnte oder wollte.

Das im Kosovo entstandene und sich weiter ausbreitende Elend, das Leid und die Vernichtungen von Lebensräumen und Menschen werden möglicherweise die Greuel um Berg-Karabach, in Tschetschenien, in Transnistrien, in Bosnien-Herzegowina noch übertreffen, vor allem, wenn der 'Kosovo-Konflikt' zur Zerstörung Makedoniens führt. Ohne spekulative Katastrophenszenarien verbreiten zu wollen, kann man jedoch sagen, daß dann der noch gar nicht beendete, sondern durch Dayton und die Folgen nur stornierte Dritte in einen Vierten Balkankrieg übergehen könnte. Die jedenfalls mit einer Gefährdung der staatlichen Existenz Makedoniens vorhandenen Gefahren der Ausweitung der Kosovo- zu einer Balkan-Tragödie verweisen auf Ursachen, die wesentlich den Ersten und Zweiten Balkankrieg ausgelöst haben. Die Geschichte 'wiederholt sich nicht', aber in gewisser Weise schließt sich hier der Kreis.

Eine international einvernehmliche und gesicherte Klärung auch der makedonischen Frage war und ist entscheidend für den Frieden und die Sicherheit im gesamten südosteuropäischen Raum, und damit für die Gestaltung friedlicher, gutnachbarlicher Verhältnisse zwischen dem 'Westen' und dem 'Osten' Europas.

Auf zwei weitere schwerwiegende Probleme soll wenigstens kurz hingewiesen werden: Wenn von multiethnischen, -sprachlichen, -religiösen, -kulturellen Situationen im Sinne von Konfliktlagen in Ost-, Südost-, Ostmitteleuropa die Rede ist, werden die Daseinsweisen von Gruppen des europäischen (Ost)Judentums sowie ihre erneuten Bedrohungen durch 'Antisemitismus mit oder ohne Juden' selten erwähnt. Es hat mitunter den Anschein, als ob das Fortbestehen jüdischer Bevölkerungen, Glaubensgemeinschaften, Gemeinden nicht in die allgemein 'gängigen' Vorstellungen von Mehrheits-/Minderheitskonstellationen/-konflikten beziehungsweise von Multiethnizität und Multikulturalität 'passen' würden. In welchem Ausmaße welche Inhalte und Formen von Antisemitismus, oft als Antizionismus verbrämt, in den genannten Regionen gegenwärtig bestehen, zeigen Veröffentlichungen (Länderberichte Osteuropa)[9], russische sozialwissenschaftliche Forschungsergebnisse[10] oder Arbeiten von polnischen (Szczypiorski, Król) und ungarischen (Kónrad, Dalos) Schriftstellern. Es wird deutlich, daß Antisemi-

---

9 Vgl. *W. Oschlies*: Antisemitismus im postkommunistischen Europa. In: Europäische Rundschau. Wien. 23. 1995.
10 Untersuchungen des Moskauer Instituts zur Erforschung der öffentlichen Meinung (WZIOM) aus den neunziger Jahren belegen repräsentativ und detailliert alte und neue Inhalte und Formen sowie sozialpsychologisch relevante Phänomene des Antisemitismus in der Rußländischen Föderation.

tismus nach wie vor weithin verbreitet ist, jedoch im Schatten anderer auch medial 'verwertbarer' Konflikte bleibt. Ebenso wird deutlich, daß die Daseinsweise jüdischer Bevölkerungen – ob sie sich nun selbst in einem engeren Sinne mehr als religiöse oder in einem weiteren Sinne mehr als soziokulturelle Gemeinschaften verstehen beziehungsweise so wahrgenommen werden – in den Zusammenhang notwendiger wissenschaftlicher Untersuchungen über und politischer Lösungen für alle multiethnisch/-kulturell geprägten Lebensräume und -lagen gehört, nicht als außerhalb dieser Zusammenhänge stehende Erscheinung betrachtet und behandelt werden darf.

Vergleichbares gilt für die Existenz jener ethno-sozio-kulturell verfaßten Bevölkerungen, die als *Zigeuner* oder *Sinti* und *Roma* bezeichnet werden. Hier werden zunächst ganz verschieden verursachte Probleme sichtbar: Unsicherheiten hinsichtlich ethnographisch 'richtiger' oder 'unzulässiger' Bezeichnungen; einerseits multikulturalistische Interpretationen und andererseits rassistische Diskriminierungen der Existenz dieser ethnisch-sprachlich-soziokulturell zweifellos eigenartigen Bevölkerungen; Selbstbezeichnungen und -darstellungen durch ihre selbsternannten Sprecher oder durch Institutionen, die als Vertreter ihrer Interessen erscheinen; unterschiedliche innen-, bevölkerungs-, wirtschafts-, kulturpolitische Auffassungen und Handhabungen der Anwesenheit dieser Gruppen in verschiedenen Ländern – von Versuchen, ihnen eine Art ethnisch-soziokultureller Autonomie oder eine Partizipation an öffentlichen Angelegenheiten einzuräumen bis zu Ausgrenzungen oder Weigerungen, ihre Existenz politisch überhaupt zur Kenntnis zu nehmen oder nehmen zu wollen.

\* \* \*

Dauerhafte, friedliche und gerechte Lösungen der multiethnischen/-kulturellen Probleme und Konfliktlagen erfordern zunächst die allseitige Bereitschaft, sie als solche zu begreifen und gemeinsam klären zu wollen sowie die Erarbeitung von Konzepten und Instrumentarien, mittels derer einvernehmliche Lösungen völker-, staats-, minderheitenrechtlich gesichert, zwischen- (bi- oder multilateral) und innerstaatlich verwirklicht werden können. Über solche Lösungen wurde und wird seit langem nachgedacht: Das begann beispielsweise nach dem Ersten Weltkrieg, ausgelöst durch Festlegungen in den Pariser Vorortverträgen, setzte sich bei der verfassungsrechtlichen Gestaltung neu entstehender Staaten (beispielhaft im Freistaat Estland) und Debatten des Völkerbundes, geschichts- und politikwissenschaftlichen Untersuchungen und Veröffentlichungen der Zwischenkriegszeit und – um einen Zeitsprung zu machen – in den Erörterungen fort, die durch den Zusammenbruch des Sozialismus, das (Wieder)Entstehen von

Staaten und ethnisch-sprachlich-religiös-kulturellen Problemzonen und/oder Konfliktlagen erzeugt wurden und werden.

Dabei zeigte sich, daß Überlegungen hinsichtlich (national)staatlicher Grenzveränderungen (Gebiets- und Bevölkerungsaustausche) nur in ganz wenigen Fällen überhaupt denkbar und sinnvoll sein könnten, vorausgesetzt, die beteiligten Staaten und ihre Gesamtbevölkerungen wie die eigentlich betroffenen beziehungsweise beteiligten Bevölkerungsgruppen wünschen und wollen dies; solche grundlegenden Eingriffe in staatliche territoriale Souveränitäten wie Integritäten und ethnische, kulturelle, nationale Identitäten sind durch alle Beteiligten nach freier Entscheidung, in freier Willensbildung gemeinsam praktisch gestaltbar. Die damit formulierten Kriterien zeigen schon, daß es wohl gegenwärtig nur wenige 'Lagen' in Ost-, Ostmittel-, Südosteuropa gibt, die ein solches Nachdenken überhaupt als gerechtfertigt erscheinen lassen: Vielleicht wären Entwürfe für friedliche, schiedliche Lösungen für Gebiete und Bevölkerungen 'zwischen' der Ukraine und Rumänien, oder zwischen der Slowakei und Ungarn oder um das Kosovo solche Überlegungen wert.

Als im Rahmen der Europäischen Union, international wie multi- oder bilateral unmittelbarer und wirksamer bieten sich Überlegungen zu anderen Gestaltungen von Mehrheiten-/Minderheitenbeziehungen an. Dafür gibt es bestimmte historische Erfahrungen und bereits geschaffene, angewandte aktuelle Lösungen. Es kann sich dabei sowohl um die Einrichtung von Territorial- als auch von Kultur- beziehungsweise Personalautonomien handeln. Letztere wurden bereits vor dem Ersten Weltkrieg durch Konzepte von Bauer[11] und Renner entworfen, in der verfassungsmäßigen Gestaltung von ethnischen, sprachlichen, kulturellen Mehrheits-/Minderheitsbeziehungen des Freistaates Estland (Verfassung vom 19. Juni 1920, von den 1919 beschlossenen Bildungs- bis zu den am 5. Februar 1925 in Kraft tretenden Nationalitäten- und Kulturautonomie-Gesetzgebungen) so verwirklicht, daß diese vom Völkerbund als beispielhaft für alle Mitgliedsstaaten bezeichnet wurden.

Entsprechende Festlegungen und Regelungen enthalten die Verfassungen der Republiken Slowenien vom 23. Dezember 1991 und Estland vom 28. Juni 1992.

Die multi(oder poly-)ethnischen, -kulturellen, -religiösen (fundamentalistisch indoktrinierten) Konfliktpotentiale im 'Osten' Europas bergen vielfache Risiken in sich. Ob aus ihnen reale Chancen einer friedlichen Gestaltung der Beziehungen zwischen 'west-' und 'osteuropäischen' ethnischen Verbänden, Nationen, Lebensweisen, Kulturen und Religionen gewonnen werden können, hängt von vielen Umständen – vor allem vom Sachverstand, von der Vernunft und Weitsicht verantwortlicher politischer Personen und Institutionen sowie nicht zuletzt auch vom

---

11 *O. Bauer*: Die Nationalitätenfrage und die Sozialdemokratie. Wien 1907

wissenschaftlichen Verantwortungsbewußtsein – ab. Bestrebungen für ein friedliches Zusammenleben europäischer Länder, Völker und Kulturen können nicht von 'West-Ost-Dichotomien' wie etwa (kurz gesagt) 'Europa der Regionen gegen Europa der Nationen' ausgehen. Europäische Annäherungen, von 'Vereinigungen' oder ähnlichem nicht zu reden, setzen zunächst Bereitschaften und Fähigkeiten zu wissenschaftlichen Vorbereitungen *und* politischen Gestaltungen trans- und interkultureller Kommunikation (Dialog), Koexistenz, schließlich Kooperation voraus.

Abschließend, und um zu den eingangs geäußerten Gedanken zurückzukehren, sollen einige Anregungen und Vorschläge unterbreitet werden.

*Erstens.* Im Jahre 1815 wurden unweit vom Tagungsort dieser Konferenz in der Schlußakte des Wiener Kongresses erstmalig in der Geschichte des Völkerrechtes der Neuzeit wenigstens Absichten friedlicher und schiedlicher Regelungen des Verhältnisses von Mehrheits- oder Titular- und Minderheitsnationen ethnisch, sprachlich, kulturell superioren und inferioren Personenverbänden oder Gemeinschaften deklariert; sie betrafen namentlich die geteilte polnische Nation.

Im Jahre 1907 begründete der Austromarxist Otto Bauer in "Die Nationalitätenfrage und die Sozialdemokratie", Wien 1907, aus den Erfahrungen der Vergangenheit und Gegenwart der Monarchie wissenschaftlich und politisch die Notwendigkeit und Möglichkeit, das Verhältnis von ethnisch und kulturell geprägten, unterschiedenen Mehrheiten und Minderheiten durch das Modell einer kulturellen Autonomie zu gestalten, welches völker-, staats- und individual-rechtlich auf dem Personalitätsprinzip beruhen sollte und für welches das Territorialprinzip lediglich einen methodisch-organisatorischen Rahmen bilden könnte. Bauer schlug vor, die innen- und damit kulturpolitische Gestaltung der komplexen und komplizierten ethnischen, sprachlichen, kulturellen, religiös-konfessionellen Verhältnisse auf der Grundlage eines sozial- und kulturwissenschaftlich erarbeiteten "Nationalkatasters" – also einer empirischen, quantitativen Bestandsaufnahme des qualitativ zu Gestaltenden vorzunehmen.

Durch die Pariser Vororteverträge 1919/20 wurden zwar mehrere neue, ethnisch, sprachlich, kulturell höchst komplizierte und problematische Staatsgebilde erzeugt, die Vertragstexte enthielten jedoch kaum verbindliche rechtliche Direktiven zur Gestaltung der nun entstandenen nationalen und regionalen Mehrheits- und Minderheitsverhältnisse. In einer der neu entstandenen Republiken, im Freistaat Estland, wurde – wie gesagt – ein Modell geschaffen, das den Anregungen Bauers entsprach: In ihm dominierte das Personalitäts- über das Territorialprinzip. Dieses Gestaltungsmittel entspricht im übrigen allen föderativen innerstaatlichen Grundlagen und zwischenstaatlichen Regelungen hervorragend; es ist überdies geeignet, die durch die alleinige Anwendung des Territorialprinzips entstehenden regionalen Konfliktfelder ethnischer und kultureller Art entweder zu entschärfen oder gar nicht erst entstehen zu lassen.

Am 16. Oktober 1981 hat das Europäische Parlament eine "Entschließung zu einer Gemeinschaftscharta der Regionalsprachen und -kulturen und einer Charta der Rechte von ethnischen Minderheiten" verabschiedet, welche die "nationalen Regierungen und alle Verantwortlichen auf regionaler und lokaler Ebene" auffordert, die Eigenständigkeit von Minderheiten im Unterrichtswesen, in den Massenmedien und in der Gestaltung der sozialen Beziehungen zu berücksichtigen und zu gewährleisten.

In den Dokumenten des KSZE-Prozesses, insbesondere des Wiener Folgetreffens vom 15. Januar 1989 und der Pariser Schlußakte vom 21. November 1990 erscheinen diese Themen nach Jahrzehnten erneut. In der Charta von Paris heißt es: "Wir bekräftigen, daß die ethnische, kulturelle, sprachliche und religiöse Identität nationaler Minderheiten Schutz genießen muß und daß Angehörige nationaler Minderheiten das Recht haben, diese Identität ohne jegliche Diskriminierung und in voller Gleichheit vor dem Gesetz frei zum Ausdruck zu bringen, zu wahren und weiterzuentwickeln."

Am 1. Januar 1999 tritt die sogenannte Minderheiten(sprachen)konvention der Europäischen Union in Kraft. Sie hat jedoch mehr den Charakter einer Absichtserklärung oder einer Empfehlung und enthält für die beitretenden EU-Mitgliedsstaaten kaum verbindliche Elemente, wie man an Beispielen zeigen könnte. Außerdem sind dieser Konvention noch nicht alle 15 EU-Mitgliedsstaaten beigetreten. Diese Konvention ist ein erster Schritt auf dem seit 1980 begonnenen Wege; sie bedarf jedoch wesentlicher innen-, kultur- und rechtspolitischer Konkretisierungen und Qualifizierungen, sowohl für ihre Durchsetzung in den EU-Staaten, zwischen ihnen und als Gestaltungselement im Sinne einer conditio sine qua non für Beitrittsverhandlungen mit Staaten des östlichen Mitteleuropas und Südosteuropas.

Österreich verfügt wie kaum ein anderes Land über außerordentliche geschichtliche Erfahrungen, über hervorragende wissenschaftliche und politische Kompetenzen. Deshalb wird – auch in Hinsicht auf den Inhalt (Text) der als Ergebnis dieser Konferenz vorgesehenen *Wiener Deklaration* – empfohlen, die Bundesregierung möge noch während der Dauer der Präsidentschaft in der Europäischen Union und in Fortsetzung dieser Tätigkeiten die Anregung einer umfassenden, alle relevanten Prinzipien und Institutionen umfassenden *Konvention der Europäischen Union* zur Verwirklichung der entsprechenden Erklärungen der OSZE wie der EG beziehungsweise der EU erwägen, in welcher für die gegenwärtigen Mitgliedsstaaten der Europäischen Union wie für die Verhandlungen mit künftigen Mitgliedern beziehungsweise in diesen Staaten verbindliche völker- und staatsrechtliche Kriterien zur Gestaltung der Beziehungen zwischen ethnisch und kulturell geprägten und unterschiedenen nationalen Mehrheiten und Minderheiten enthalten sind. Die Durchsetzung solcher allgemein anerkannten und für alle verbindlichen Kriterien und Prinzipien sollte zu den grundlegenden Aufgaben der europäischen Institutionen und Organe, insbesondere jenen der Kulturpolitik, also vor allem der Europäischen UNESCO-Kommissionen gehören.

*Zweitens.* Der österreichischen Bundesregierung und der österreichischen UNESCO-Kommission wird vorgeschlagen zu erwägen, eine langfristige Zusammenarbeit jener Institutionen anzuregen und maßgeblich mitzugestalten, die sich mit verschiedenen Ansätzen und Feldern geschichts-, sozial- und kulturwissenschaftlicher Forschungen zu ethnischen, sprachlichen, kulturellen Gegebenheiten und Entwicklungen in europäischen Regionen, besonders in Ostmittel- und Südosteuropa beschäftigen. Eine solche internationale, transdisziplinäre und interinstitutionelle Zusammenarbeit sowie daraus entstehende langfristige Forschungsprojekte könnten vom Österreichischen Ost- und Südosteuropa-Institut[12], vom Institut für den Donauraum und Mitteleuropa, unter Einbeziehung des Internationalen Forschungszentrums Kulturwissenschaften – alle Wien – und anderer koordiniert beziehungsweise organisiert werden. Als mögliche Partner sollten vor allem die entsprechenden Nachfolgeeinrichtungen der früheren Institute für Kulturforschung Warschau, Prag, Bratislava, Budapest, Ljubljana, Zagreb, Bukarest, Sofia oder andere, ähnliche gewonnen werden.

Zur dauerhaften Entwicklung einer solchen wissenschaftlichen und politischen Zusammenarbeit sollten internationale Institutionen (etwa mit der Bezeichnung und dem Status von Akademien) geschaffen werden, welche die für die künftige Gestaltung der multi(poly)-ethnischen, -sprachlichen, -religiösen, -kulturellen Beziehungen in den Ländern, zwischen ihnen, in den Regionen Ost-, Ostmittel- und Südosteuropas erforderliche Forschung und Ausbildung, wissenschaftliche Kommunikation und Kooperation gutnachbarlich leisten.

---

12 Das Österreichische Ost- und Südosteuropa-Institut (wie auch weitere außeruniversitäre und universitäre Forschungs- und Lehreinrichtungen) bietet sich auch durch seine umfangreiche Publikationstätigkeit als Leitinstitution für übergreifende wissenschaftliche Kooperationen dieser Art an; verwiesen sei nur auf *V. Heuberger, O. Kolar, A. Suppan, E. Vyslonzil* (Hrsg.): Nationen, Nationalitäten, Minderheiten. Probleme des Nationalismus in Jugoslawien, Ungarn, Rumänien, der Tschechoslowakei, Bulgarien, Polen, der Ukraine, Italien und Österreich 1945-1990 (=Schriftenreihe des Österreichischen Ost- und Osteuropa-Instituts, Bd. XXII), Wien-München 1994; *V. Heuberger, A. Suppan, E. Vyslonzil* (Hrsg.): Der Balkan. Friedenszone oder Pulverfaß (=Wiener Osteuropa-Studien. Bd. 7). Frankfurt am Main u.a. 1998; *V. Heuberger, A. Suppan, E. Vyslonzil* (Hrsg.): Das Bild vom Anderen. Identitäten, Mentalitäten, Mythen und Stereotypen in multiethnischen europäischen Regionen. Frankfurt am Main u.a. 1998.

**Summary**

Starting with reflections on historical origins and cultural causes this article characterises some current multiethnic and multicultural situations in Eastern, Middle-Eastern, and South-Eastern Europe. The collapse of political and economic systems, as well as social and cultural upheavals in the respective societies show the chances on the one, and the risks and the threats of these developments on the other hand.

On the basis of seven case studies this contribution explains tension areas and conflict regions between the Baltics and the Balkans.

To detect sources and consequences of the recent conflicts and catastrophes it seems to be absolutely necessary to elaborate different scientific analyses and political concepts that primarily consider the complex historical, social and in particular the cultural framework and conditions in the respective areas and countries.

As a broadly based projector for peace, Europe needs culture in all its contents and forms; Europe needs mutual-cultural understanding, exchange and co-operation. The cultural developments are inseparable from the political, economic and social developments. National cultural identities and cultural pluralism are in accordance with European heritage. The shaping force of culture must be exploited to strengthen democratic structures and peace for a humane life together in the hemispheres of the continent.

Andrei Corbea-Hoisie

# Zur deutschsprachigen Kultur der Bukowinaer Juden

In der Werkrezeption des Dichters Paul Celan offenbart sich eine gewisse Ratlosigkeit der Interpreten angesichts der Schwierigkeit, es innerhalb gängiger Kategorien „nationaler" Literaturgeschichten einordnen zu wollen, nachdem die anfängliche Gewohnheit, diesen Dichter schlechthin als gleichsam vom Himmel gefallenen Sänger ewiger Wahrheiten vorzustellen, einmal aufgegeben war.

Die Zweideutigkeit der Beziehungen Paul Celans zum Deutschen als Sprache seiner Lyrik zeigt sich schon in seinen dichterischen Experimenten in anderen Sprachen (Französisch, Russisch, Rumänisch) und besonders in der Tatsache, daß er sein Leben völlig außerhalb dessen verbrachte, was gemeinhin als „deutscher Sprachraum" bezeichnet werden könnte. Eine provisorische Einordnung etwa in das Ensemble einer „vierten deutschen Literatur" erwies sich erst recht als widersprüchlich, zumal bereits das damit identifizierte Konzept einer „Literatur des Deutschtums im Ausland" (oder das einer – als Terminus in seinem Entstehungszusammenhang nicht ganz unschuldigen – „Rumäniendeutschen Literatur"), wie sie etwa von dem Siebenbürger Sachsen Karl Kurt Klein, – Schüler Joseph Nadlers und Germanistik-Professor in Jassy, Klausenburg und Innsbruck – verfochten wurde, über den Rahmen einer „Heimatdichtung" keineswegs hinausging. Mehr noch diente jenes zweideutige Konzept einer „Rumäniendeutschen Literatur" im sozialistischen Nachkriegsrumänien, und zwar im Namen eines „sozialistischen Realismus", zur Verbreitung nur allein der (minoritären, lokalen, naiv-realistischen und moralistischen) Volksdichtung der Deutschen aus Siebenbürgen und dem Banat, und gerade dem Ausschluß und dem Ignorieren der deutschsprachigen, in der Bukowina hauptsächlich von Juden geschaffenen, experimentierfreudigen, kosmopolitischen, aber auch demokratisch engagierten und den Paradigmen der Moderne verpflichteten Literatur.

Ein Interpretationsversuch des Celan'schen Werkes (und seines „Geistes") sollte also auch jene literarische Gruppierung („Der unsichtbare Chor" Alfred Sperbers) und den sozio-kulturellen Kontext, der seine Entstehung begünstigte, einbeziehen, und damit – entsprechend der Aufgabe einer Literaturgeschichte – versuchen, das scheinbar Unerklärliche, das in Alfred Sperbers berühmter Aussage von 1930 sogenannte „Wunder" (daß in der Bukowina, „selbständig und losgelöst von jedem Zusammenhang mit dem Ursprungsgebiet, im Herzen eines mit aller Macht assimilierenden Großrumänien, ein Zweig der deutschen Sprache schöpferisch rege zu werden beginnt"), dennoch nachzuvollziehen.

Unsere Annäherung an die in Frage stehende Kultur-"zone" streift auch die in der Sozialgeschichte um die Termini „Bürger", „bürgerlich", „Bürgerlichkeit" entfachten Debatten. Die Tendenz, hierin ein Konzept von „Stand" bis zum Bereich der Lebensformen auszuweiten, durch die Max Weber das „Bürgertum" bestimmte, führte auch zu jener lakonisch-kategorischen Formel von der „Bürgerlichkeit als Kultur" (Thomas Nipperdey), die auf einen sozialen Typus im 19. Jahrhundert abzielt, seine „Kommunikationsformen und Verhaltensweisen", seine so verstandene Kultur als „symbolische Praxis", als Legitimität und „bürgerliches Standesbewußtsein vermittelnden Habitus". Wichtig scheint hier die Beobachtung Jürgen Kockas zur Schlüsselrolle, die in einem solchen „bürgerlichen" Wertesystem der Bildung beigemessen wird, und die, abgesehen vom „Bildungsbürgertum", für alle Subkategorien in jenem Rahmen verbindlich wurde.

Vor allem Bildung vermittelte auch die Verbürgerlichung der jüdischen Massen, die seit Mitte des 18. Jahrhunderts den Weg der Emanzipation aus ihrer isolierten, marginalisierten und entrechteten Situation beschritten. Das Erlernen und die Sprachpraxis des Deutschen wurde bald eine nicht weniger wichtige Forderung der aufgeklärten jüdischen Reformatoren aus Wien und Berlin an die Juden, die auch von den Behörden mit größter Beharrlichkeit verfolgt wurde, als etwa die Reorientierung ihrer traditionellen Berufe des Geldverleihs hin zu den „produktiven". Der verbreiteten Annahme zufolge (so Shulamit Volkov) würde die implizite Aneignung des Bildungsideals und typisch „bürgerlicher" moralischer Tugenden durch das Absolvieren der deutschen Schule mehrerer jüdischer Schülergenerationen automatisch zur „sozialen Nützlichkeit" der Juden beitragen, die darüber hinaus noch die Fähigkeit der Anpassung des erworbenen „bürgerlichen" Verhaltensmodells an die Erfordernisse der mosaischen Religion entwickelten.

Im Zuge ihrer Integration in die bürgerliche Gesellschaft nahmen die assimilierten Juden offen und militant für die liberale Weltanschauung Partei, was auch bis zur direkten Teilnahme an den revolutionären Bewegungen von 1848 und zur Herausbildung der politischen Eliten der zweiten Hälfte des 19. Jahrhunderts führen sollte. Die umfangreiche Bibliographie zum Thema verzeichnet das Problem der Spannungen zwischen den reformwilligen und den traditionalistischen jüdischen Gruppen als Schlüsselthema im multinationalen Gebilde der Donaumonarchie (anders etwa als im zentralistischen Preußen). Die Konzentration einer ultra-orthodoxen jüdischen Bevölkerung in den Ostregionen (Galizien, Bukowina, Oberungarn) und die Ost-West-Migration in die Ballungsräume im Westen der Monarchie, aber auch aus den russischen in die habsburgischen Grenzgebiete differenzieren stark die assimilationsorientierte und die assimilierte „bürgerliche" Schicht der Juden, wie auch die „kleinbürgerlichen", nur schwach von Bildung berührten, den Neuerungen gegenüber nach wie vor widerspenstigen jüdischen Massen.

Wenn in den städtischen Zentren zwar eine Identifizierung der Juden mit einer deutschsprachigen liberalen Mittelschicht in Frage kam (wie auch eine folgliche Parallele der späteren Krise des österreichischen Liberalismus und der wachsenden antisemitischen Bewegungen, aber auch eine weitgehende Identifizierung der Juden mit der Kulturblüte um 1900), so vertreten die Juden im Nationalitätengemisch der Provinz zunächst mehrheitlich die Habsburger Monarchie und sogar implizit das „Deutschtum" und die offizielle Kultur, gehen aber auch auf andere (ungarische, tschechische, polnische) Assimilationsangebote ein und beachten nach 1900 stärker die Forderungen nach einer eigenen (hebräischen oder jiddischen) „National"-Kultur.

1848 wird die einstmals dem „Königreich Galizien und Lodomerien" zugehörige Bukowina autonomes Kronland mit Czernowitz als Hauptstadt, mit Landtag und eigener Regierung, was eine Kräfteverschiebung zugunsten der Urbanisierung mit sich bringt. Dem kaiserlichen Erlaß zur Abschaffung der „Judensteuer" folgt eine ganze Gesetzgebung, die auch eine unsichtbare kulturelle Grenzlinie zum orthodoxen galizischen Judentum einrichtet, nicht zuletzt auch gegenüber dem Einfluß der chassidischen Höfe von Sadagora, Winiza und Boian. Auf die den Juden (als potentiellen Trägern des Deutschtums, das unter den Nationalitäten an 3. Stelle, mit 20% der Bevölkerung, darunter 13% Juden, steht, hinter den Rumänen und den zuletzt relativ majoritär werdenden Ruthenen) in der Bukowina gewährten Vergünstigungen (Steuererleichterungen, Befreiung vom Militärdienst) folgt eine explosionsartige Einwanderungswelle galizischer Juden, die jedoch der österreichischen Germanisierungspolitik widerstreben (bis auf die Eindeutschung ihrer Familiennamen) und desto mehr ihrer Orthodoxie anhängen. Im „kulturellen Feld" des Ostjudentums (auf der Grundlage des „Schtetls") bleiben weiterhin die einzigen Alternativen der Ultra-Orthodoxie und des chassidischen Mystizismus, während dennoch die reichen Juden mit ihren Investitionen in Immobilien der Distrikthauptstadt zu deren Urbanisierung beitragen, eine Reihe Czernowitzer „Ur-Patrizier" hervorbringen und im ganzen zu den Trägern des dortigen Kapitalismus par excellence werden, die in der Folge auch das umliegende ländliche Milieu, zu dem sie keinerlei traditionelle Verhaftung besaßen, durchdringen und dynamisieren, begünstigt auch durch das Fehlen eines christlichen (städtischen) Bürgertums, und das unentwickelte Nationalbewußtsein der in den Mentalitäten des Spätfeudalismus befangenen Rumänen (Grundbesitzern und Bauern). Die Juden wurden so Subjekt und Objekt der kapitalistischen Entwicklung, wohingegen der bürokratische Apparat, die Offizierskaste, die Lehrerschaft, sowie alle, die kaiserliche Gewalt repräsentierenden Institutionen, zu bloßen Hilfsfunktionen herabsanken. Die

Selbstbestätigung des sozialen Status in der neuen Prosperität verlangte eine weitere „Investition" in die deutsche Sprache und Kultur als Vehikel der Assimilierung und Zugangsmittel zur politischen Teilhabe und Mitbestimmung, worin der Charakter des Czernowitzer „Großbürgertums", besonders auch in seiner habsburgfreundlichen, zentralistischen Ausrichtung, mit dem Wiener Vorbild zusammenfällt. Dieser radikale Einstellungswandel zur deutschen Sprache und Kultur hin entstand also unabhängig von einem mehr oder weniger herzlichen Kontakt mit den Volksdeutschen, die ohnehin weniger mobil und auch weniger zahlreich waren, sondern mit den Idealvorstellungen einer aus der österreichischen Tradition übernommenen deutschen „Kulturnation" als Ausdruck einer Staatlichkeit, die ihnen Anerkennung und rechtliche Gleichstellung garantiert hatte. Die Assimilierung wurde schließlich irreversibel auch angesichts der kulturellen Hebung des Czernowitzer Alltagslebens, in dem um 1900 etwa 31% Juden lebten, durch die Kontrolle der Kapitalgeschäfte, von Handel und Industrie, und der „freien Berufe" durch jüdisches Bürgertum, das auch an den staatlichen deutschen Schulen weit stärker als an den deutsch-israelitischen vertreten war, und 1904 42% der Immatrikulierten an der deutschen Franz-Josephs-Universität stellte. Mit seinem souveränen Blickwinkel und Ideenreichtum wird es – und zwar entsprechend dem Wahlgesetz, als „deutscher Block" – zum idealen politischen Mittler zwischen den rivalisierenden Volksgruppen der Rumänen und Ruthenen und erfreut sich auf lokaler Ebene in konfessioneller Hinsicht eines großen ökumenischen Wohlwollens, sowie des Schutzes vor einem andernorts wachsenden Antisemitismus. Der späte Zulauf zur zionistischen Bewegung könnte als „nationaler" Selbstbehauptungsversuch besonders kleinbürgerlicher jüdischer Schichten gesehen werden, – weniger motiviert etwa durch Anfeindungen und Distanzierungen durch die volksdeutsche Gruppe, die 1897 allerdings einen „Verein christlicher Deutscher" gründet –, und gefährdet noch nicht die Identifikation mit dem Deutschen als Muttersprache.

Uns scheinen die Versuche, die vom romantischen Historismus eingeführten Vorstellungen über das „Ganze" einer geistigen Schöpfung bewerten zu wollen, insoweit angebracht, als sie auch eine Art enthüllender Sicht der kulturellen Schöpfung implizieren, eine gewisse Entmystifizierung des vermeintlich „Unsagbaren". Vor dem Hintergrund einer Theorie der „kulturellen Kräftefelder" – etwa der Bourdieu-Schule –, die sich ja auf das sozio-kulturelle Standardmodell des zentralistischen Frankreich im 19. Jahrhundert bezieht, würde sich aber in Bezug auf den „sozialen Raum" des nationalen, ethnischen und religiösen Puzzels, wie es die Donaumonarchie darstellte, wesentlich die Frage nach den Differenzierungen der Kräftefelder stellen. Für die Bukowina ließen sich, verbunden mit zwei „Variablen" (dem offiziellen Status des Deutschen und der Abgrenzungsfähigkeit zu Galizien nach 1848) zwei „kulturelle Felder" unterscheiden, etwa analog zu einer gängigen sozio-historischen Aufteilung in „Hauptstadt" und „Provinz" (nach der klassischen österreichischen Literaturgeschichte von Eduard Castle), wobei in der Provinz der Zusammenstoß von Orthodoxie und Häresie abläuft, zumal das föderalistische Gefüge Cisleithaniens die Entstehung von auf Autonomie bedachten deutschen „Feldern" stimulierte, die ein koloniales Konzept von der Kulturmission des „Deutschtums" kultivierten. So beschwor ein Ferdinand Kürnberger die „Heimatkunst" als Alternative der „Gesundheit" gegenüber der „Dekadenz" der Metropole. Auf diese Weise behauptet sich das Deutsche doppelt gegenüber den Sprachen der anderen Nationalitäten (Rumänen und Ruthenen), und Czernowitz wird – als Zentrum des deutschsprachigen kulturellen Feldes in seiner Widerstandskraft, aber auch in seiner unausweichlichen Abhängigkeit von Wien, einschließlich dessen Liberalismus, und innovatorischen kritischen Feldes – einen historischen Kompromiß in der Ausbildung eines konformistischen kulturellen Kanons eingehen, was einem passiven Widerstand gegen die intellektuelle Häresie der Moderne gleichkommt. Opposition gegen diesen Konformismus entsteht zunächst von Seiten des z. T. rückwärtsgewandten, aber auch als plebejisch-subversive Strömung auftretenden Jiddischen, so daß 1908 in Czernowitz eine „Welt-Konferenz" des Jiddischen stattfinden kann.

In der nach 1918 scheinbar dem sicheren Untergang geweihten Bukowinaer deutschen Sprachinsel, deren volksdeutsche Gruppe sich schnell zum „karpathischen" deutschsprachigen Feld orientierte – an der siebenbürgischen Achse Hermannstadt/Kronstadt gelegen –, versuchte eine jüdische deutschsprachige Gruppe in ihrer Situation der sozialen und existentiellen Bedrohung, im Gestus einer antibürgerlichen – gerade gegen das jüdische Establishment (dem das Erliegen gegenüber der Versuchung des „Machtfeldes", Verrat seiner ureigensten Überzeugungen, Verkauf seiner Freiheit und schließlicher Identitätsverlust vorgeworfen wurden) gerichteten – Kultur-Revolte (die Literaten der Zeitschrift „Nerv") ihre Identität und Autonomie wiederzugewinnen und unter dem Vorzeichen eines radikalen Karl Kraus-Kultes die Werte des deutschen und österreichischen Liberalismus abzukanzeln. Ihre fortschreitende (1940-1944 bekanntlich im Versuch ihrer physischen Ausrottung kulminierende) soziale Entfremdung (politische Entmachtung, Antisemitismus) verarbeiteten sie fortwährend schöpferisch in poetischer „Verfremdung". Dies ist ein Prozeß, in dessen Rahmen das Werk Paul Celans wohl als höchstes Ereignis gelten kann.

**Summary**

To quote Alfred Sperber in 1930, „... in the Bukovina there existed a certain, very creative branch of the German language, which was completely independent and without any connection to the region of origin, right in the centre of a rigidly assimilating Greatromania...". After the Second World War there existed in socialist Romania in the name of „socialist realism" a kind of naiv-realistic, local and moralistic Romania-German literature. On the other hand there also existed, namely in the Bukovina, a mainly Jewish German literature which was modern, cosmopolitan, and democratic in outlook.

During the late 18th and 19th centuries the emancipation of the Jews in the non-German speaking crownlands of the Habsburg Monarchy was closely connected with the knowledge of German as a means for becoming part of the steadily growing bourgeoisie. The German language became not only the means for assimilation and for the creation of wealth, but also for active political engagement.

The political consequences of the First World War seemed to herald the end for German as an isolated dialect in the Bukovina. A group of German-speaking Jews tried to withstand social and physical threats by trying to regain their identity and autonomy proclaiming a radical antiliberalism. Step by step they socially disintegrated, partly a result of historically well known reasons. But regarding their literary productivity they profited from this process which culminated in the oeuvre of Paul Celan.

Jiří Musil

# Conflict Potential of Multiculturalism

This paper tries to interpret multiculturalism and multiethnicity from a sociological perspective. In the first part basic assumptions of such an interpretation are briefly summarized. Without an explicit description of these assumptions, my interpretation of multiculturalism and of the difficulties to achieve a viable form of it, would remain incomprehensible.

Due to the fact that the main social conflicts in contemporary post-communist societies belong to those based on ethnically defined group closures (i.e. on processes whereby groups maintain boundaries separating themselves from others[1]), multiculturalism is conceived here as a policy that on the one hand recognizes the central role of ethnic diversity and of ethnic conflicts, and on the other hand pursues efforts to control and minimize these conflicts. To the main ethnic conflicts belong those between nationalities, linguistic groups and racial groups. These conflicts and tensions can be analyzed in different contexts. Most often they are conceived as macrosocial conflicts, e.g. as "ethnic cleansing". It should be also stressed that as yet most studies on inter-ethnic relations in central and eastern Europe have been concerned one-sidedly with their macrosocial dimension. The macrosocial perspective underestimates, however, the importance of conflicts on a meso- and microsocial level, for example, within cities, neighbourhoods, homes, or in the labour markets.

Therefore the second part of the paper draws attention to the specificity of these less striking tensions and conflicts. In the third part I try to explore the dilemmas of multicultural policies. Here I exploit my knowledge of urban sociology, of studies on social transformation in eastern central Europe and of studies on multiculturalism in some western countries.

*Contemporary Societies and Ethnicity*

It is almost impossible to start a meaningful discussion on multiculturalism without describing in a sociological way the main features of contemporary, modern or modernizing societies.

---

1 For the discussion on the concept of „group closure" see *A. Giddens*: Sociology. London 1997. P. 215.

Let us make a condensed list of these features:
- Modern or modernizing societies can be – first of all – conceived as precarious, as rather competitive or even full of tensions. According to such a perspective, which can be labelled as a conflict theory of society, even relatively stable modern societies are based on a precarious balance of competing or even conflicting groups. According to other views, modern societies can be seen as relatively integrated and even harmonious. Most contemporary sociologists would, however, probably agree that contemporary modern and modernizing societies are at the same time societies of conflict and co-operation, of tension and harmony. We do not live in permanent strife nor in full social harmony.
- Societies which are rapidly changing, as e.g. the transforming societies of east central and south eastern Europe, face more tensions and group conflicts than western European societies.
- The causes of tensions and conflicts are not stable, they change in the history of societies. To the older layers of social conflict causes belong class, access to power, race, ethnicity. To the newer ones belong social and cultural status, life styles, group inclusion or exclusion, new religions, new nationalisms, new social and political privileges. The old and new sources of conflicts are often combined and they overlap. The most dangerous and explosive are situations when the group closure is caused simultaneously by such factors as religion, language, or class. In western societies "some of the fiercest conflicts between ethnic groups centre on the lines of closure between them precisely because these lines signal inequalities in wealth, power or social standing."[2]
- In European post-communist societies – mainly in those without stable governments, without relative affluence and without hopes of economic growth – a new wave of ethnic tensions and conflicts arose. They were caused by the collapse of the old societal order and by a kind of ideological, institutional and power vacuum. In such situations "a good way of recovering social cohesion is through ethnic movements. They can be activated and mobilized more quickly than movements based on more complex considerations: the marks and symbols of ethnic membership are more conspicuous in the modern world than any other."[3]
- The leaders of the contesting groups, factions and sections of contemporary societies have invented specific "legitimation ideas" which help to sustain social cohesion of the individual ethnic, cultural or social groups. Most often

---

2 See *Giddens*, Sociology, p. 215.
3 See *E. Gellner*: Nationalism. London 1997. P. 48.

these legitimation ideas are a mixture of analytical and normative concepts and quite often they are expressed in specific group symbols, life styles, food habits, etc. They stress specificity and shun universality.
- Ethnic groups remained a salient structural element of modern pluralistic societies and their role is always growing in periods of crises. Surprisingly high is their saliency in the post-communist transformation societies. Ethnic groups are highly variable, they have assumed a rich variety of forms in different societies but as many authors stress[4], they have four major common dimensions: 1. an ascribed status which is self-perpetuating, 2. a form of social organization which is expressed by boundaries, 3. a subculture which transmits cultural patterns rooted in historical experience, 4. a focus of identity which is recognized as a collectivity by others in the society.
- The overwhelming majority of states in the contemporary world is inhabited by two or more ethnic groupings. In the most cases, the states are composed of a majority population and of one, two or more minority ethnic groups. Minority groups are usually, but not always, socially and spatially isolated from the majority community. Minorities are often concentrated in certain neighbourhoods, cities, or regions of a country. Minorities are often, but not always, disadvantaged, compared with the "main" population group.
- When two or more ethnic groups relate to each other, five possible outcomes in their co-existence can be envisaged[5]: 1. ethnic stratification, i.e. the ethnic groups form a hierarchy of dominance (caste societies), 2. ethnic cleansing in which groups are driven from the country or killed, 3. ethnic pluralism, i.e. multiculturalism and 4. integration, i.e. equality is achieved by reducing the differences between the groups, the mechanism of such a process is described as assimilation, 5. political separation of ethnic groups, most often nationalities, i.e. formation of two or more sovereign states.

*The Importance of Ethnic Conflicts on the Local Level*

Most contemporary discussions on multiculturalism and multiethnicity are carried out in the context of macrosocial analyses concerned with the origin, function and evolution of nationalism and the national state. To the traditional dis-

---

4 For a good description of ethnic group characteristics see *C. Agócs*: Ethnic Group Relations. In: *J. J. Teevan* (ed.): Introduction to Sociology. A Canadian Focus. Scarborough/Ontario 1982. P. 164-169.
5 The patterns of ethnic group interaction are well described and interpreted by *M. Spencer*: Foundations of Modern Sociology. Scarborough/Ontario 1985. S. 277-281.

putes between primordialists and modernists in the theoretical sphere a new – more politically oriented – agenda has been recently added: the efforts to explain the upsurge of assertive nationalisms and of ethnic conflicts in post-communist countries.

Undoubtedly the phenomena of disintegration of the USSR, Yugoslavia and Czechoslovakia, as well as the ethnic wars in Bosnia, Kosovo or Georgia etc., can be adequately explained with the instruments of the macrosocial theory of nationalism coupled with a general theory of societal transformation of the former communist countries. But this macrosocial theory does not fully explain and interpret the problems of ethnicity on the meso- and microsocial level.

The tensions between ethnically and culturally defined communities have not only a macrosocial dimension and need not manifest themselves in territorial wars. The political stability and the social order in most countries of east central and south eastern Europe will in the future depend, among other things, on the progress in peaceful relations between ethnic and racial groups living in their cities and villages, i.e. in the meso- and microsocial context. What I have in mind are the problems linked to the interaction of ethnic and racial groups mainly in the realm of work, housing, services, education, social welfare, health care. Expressed in sociospatial terms, these problems are concentrated round the forms of co-existence in cities, neighbourhoods and housing and connected with the openness of labour markets to all citizens regardless of their ethnicity and race, with the access to all forms of education, social and health care.

The conflicts between ethnic groups in localities and in regions are of a different nature to those between nations. The conflicting groups in the micro- or mesosocial dimensions accept first of all the fact that they will continue to live together and interact, even if they create social, economic or physical barriers which separate them or even create ethnic ghettos. Their tensions and conflicts are caused by their unequal power positions which subsequently determine their access to wealth, social status, material goods and a good environment.

At the same time I am of course fully aware of the fact that the structure of social relations between various cultural, ethnic and racial groups in meso- as well as in microsocial spheres is substantially influenced by the global policies of individual states, as e.g. by their commitment to human rights, as well as their commitment to decentralization. No less important is undoubtedly the expression of human rights' principles in concrete legal norms regulating the behaviour of people and institutions in the spheres of potential cultural and ethnic conflicts.

The universalism of the constitutions and of the legal systems in democratic states form the macrosocial framework of any non-discriminatory ethnic policy. It is however only a necessary condition, not a sufficient one. This is one of the important lessons from the short history of post-communist transformations. The consequent implementation of human rights' universalism into daily policies of regions, cities and communes is not easy even in stabilized democratic states, not to speak of transforming societies. To the legal norms must be added other elements: a systematic education of citizens for tolerance between national and racial groups, a thorough knowledge of sociological conditions engendering such a tolerance, a good knowledge of concrete local conditions, a sustained education aiming at reducing ethnic and racial prejudices and last but not least there must exist the political will, as well as politicians who are committed to a policy of ethnic and cultural tolerance. The legal and institutional framework simply does not suffice.

Another important element in establishing a cultivated multiculturalism is socio-political realism, i.e. the awareness of the time and effort needed for achieving a genuine inter-ethnical tolerance in the daily life of people. Here the lessons from some well established western democratic countries as e.g. The Netherlands, Sweden, Canada are highly instructive. All of them needed decades to achieve success in this respect.

*Dilemmas of Multiculturalism*

If the post-communist countries of central and eastern Europe wish – as they themselves stress – "to return to Europe" also in the sphere of ethnic policies, they must step by step enforce either a policy of cultural pluralism (multiculturalism) or a policy of voluntary integration (assimilation). This should apply to such areas as legal systems, public policies, education and conscious cultivation of ethnic tolerance among people. Only multiculturalism or voluntary integration can secure democracy and open society patterns in these states.

The realization of each of these two ethnic policies depend on certain preconditions.

Due to the fact, however, that our conference is concerned mainly with multiculturalism, I shall concentrate my attention on this variant of ethnic policy as well. At the same time I shall draw attention to the problems of multiculturalism in the context of cities, neighbourhoods and schools. In this respect the new democracies can acquire important information from those countries which have been trying to apply the principles of cultural pluralism for many decades.

Ethnic or cultural pluralism exists according to Canadian sociologists "when two or more ethnic groups live side by side with neither group trying to dominate the other. Each community is politically, economically, and culturally distinct from the other. The groups do not interact to any great extent. Societies that are characterized by ethnic pluralism are attractive in many ways. After all, ethnic pluralism is the basis for cultural diversity. Each ethnic community keeps its own traditions, and these special ways of life enrich the lives of their members."[6]

Cultural pluralism is supported by experts and scholars with predominantly communitarian orientation. The ethnic integration policies are supported on the contrary by liberals. The reasons why the liberals support integration are explained by a Canadian author[7]: "Ethnic groups are viewed as transitory rather than central and enduring features of modern society, because of the assumed irrelevance of ethnic diversity to the political, social and economic life of modern industrial society which is rational, bureaucratically organized, and international in scope. Attachments of sentiment, ascription, kinship, community, and shared culture, which are fundamental to ethnic identity, are seen as survivals of an earlier stage of societal development that are out of place in the modern age".

In Canada the philosophy of multiculturalism proved to be somewhat more successful than integrationism which is retreating and which was dominant in the first half of the 20th century. This is quite an important lesson.

Ethnic pluralism allows for group traditions and supports a rich variety of cultures, languages, styles of life, of cuisine, etc. But pluralism faces a danger. It can engender ethnic stratification in which one ethnic group becomes dominant and the other one suppressed.

The experience of Canada, the Netherlands and of other countries which pursued multicultural policies has shown that such policies must be – to become successful – supplemented by five factors[8]: 1. tolerance, i.e. people must tolerate differences even when they find them disagreeable, 2. economic autonomy, i.e. each ethnic community must have control over its own resources, 3. legal autonomy, i.e. each ethnic group must have social control over its members' lives, 4. unambiguous group membership and 5. some discrimination. Too strong a stress on some of the mentioned factors, e.g. on discrimination or legal autonomy, can paradoxically result in ethnic stratification, isolation and segregation.

The positive effects as well as the risks of multiculturalism were also indirectly confirmed by some urban studies. There is much historical evidence to show that multiculturalism, i.e. mainly ethnical and cultural heterogeneity of large cities had many positive effects in the spheres of culture, art and science. Some theories explicitly stress the fact that multiculturalism is at the roots of creativity in art, literature, science and philosophy. In this respect mainly the stimulating effects of large cities, e.g. of Paris, Vienna, New York, Montreal are

---

6 See *M. Spencer*, Foundations, p. 279.
7 See *C. Agócs*, Ethnic Group Relations, p. 185.
8 See M. Spencer, Foundations, p. 285.

mentioned[9]. Diversity, challenging differences in cultural patterns, intellectual openness engendered by understanding the relativity of ways of life and of values, and the spirit of tolerance which prevails under such conditions, form in the opinion of many urban sociologists the conditions for social change, innovation and creativity.

Such positive sociocultural effects have been, however, observed mainly in those historical periods when cultural heterogeneity of urban populations was linked to social prosperity caused by economic growth. Quite often the effects of multiculturalism changed in a positive way the cultural qualities of the whole city, i.e. they were felt on the mesolevel.

Studies concerning the effects of cultural or ethnic heterogeneity in the microsocial sphere, i.e. on the level of contacts among small groups or between individuals – for example inside families – showed on the contrary, that cultural differences have a negative effect on the stability of the studied groups. As an example we can cite the fact that ethnically or culturally mixed marriages end more often in separation or divorce than the ethnically or culturally homogenous ones. Analogous destabilizing effects can be observed in homes or neighbourhoods inhabited by households with highly differing behaviour patterns, life styles and values. In the social microspheres heterogeneity of cultural patterns thus proves to be socially disruptive. Similar effects are also caused by substantial social and cultural heterogeneity within school classes. On the other hand, many socioecological studies of urban neighbourhoods – inhabited by culturally and socially mixed households – have proved that social contacts among them leading to a better mutual knowledge of their respective cultures, reduced many common prejudices.

The experience with ethnic policies in democratic countries on the level of cities, in housing and in schools shows how difficult it is to find simple and effective solutions. So, the answers to the question whether differing ethnic groups should be intentionally mixed or not, cannot be answered unequivocally. This depends on the social and cultural distance among groups concerned, as well as on the concrete social and spatial forms of "mixtures". The same applies to schools. It seems that full integration of ethnic minorities with the majority population is an extremely difficult and long lasting process, even in liberally oriented and stabilized societies.

Multiculturalism seems to be more successful than intentional integrationist policies, but even so, the improvement of inter-ethnic relations can be observed

---

9 The effects of ethnic plurality and cultural diversity on creativity in art, science and literature are described with deep understanding by *C. Schorske*: Fin de Siecle Vienna. Politics and Culture. New York 1981.

only after several decades from starting this process. This solution supposes a high degree of tolerance of the majority population and at the same time includes the danger of relapsing into the initial state of ethnically stratified society (ethnic ghettos, etc.). So the experiences of the democratic countries show that a satisfactory solution of inter-ethnic relations is one of the most difficult tasks of contemporary societies.


**Resümee**

Die vorliegende Studie befaßt sich mit Multikulturalismus und Multiethnizität aus soziologischer Perspektive. Im ersten Teil ist die Rolle der Ethnizität in den gegenwärtigen modernen, oder sich modernisierenden Gesellschaften zusammengefaßt. Die gegenwärtigen modernisierenden Gesellschaften verändern sich sehr rasch und tragen ein hohes Konfliktpotential in sich. Zu den wichtigsten Spannungsursachen gehört dabei die Ethnizität. In Zeiten gesellschaftlicher Krisen wächst die Rolle ethnischer Konflikte, wobei es fünf Möglichkeiten zur deren Lösung gibt: 1. Die Entstehung einer klaren Dominanz einer ethnischen Gruppe, d.h. eine ethnische Stratifikation. 2. Die "ethnische Reinigung" eines Gebietes, was aber eine euphemistische Umschreibung ist für die tatsächliche Vertreibung oder Tötung von Mitgliedern einer bestimmten ethnischen Gemeinschaft. 3. Die Teilung des Gebietes. 4. Ethnischer Pluralismus, d.h. Multikulturalismus. 5. Integration der verschiedenen ethnischen Gruppen.

Spannungen zwischen ethnischen oder Kulturgemeinschaften haben nicht nur eine makrogesellschaftliche Dimension, sondern sie äußern sich öfters auch durch Konflikte in Städten, am Arbeitsmarkt, in Schulen, Krankenhäusern bzw. anderen öffentlichen Einrichtungen, wo ethnisch gemischte Gesellschaften verkehren.

Der zweite Teil des Beitrages befaßt sich mit den Schwierigkeiten der Implementierung einer Politik des Multikulturalismus in den post-kommunistischen Ländern. Um einen Erfolg dieser Politik zu erreichen, müssen folgende fünf Bedingungen gegeben sein: 1. gesellschaftliche Toleranz, 2. wirtschaftliche Unabhängigkeit der einzelnen ethnischen Gruppen, 3. rechtliche Autonomie dieser Gruppen, 4. klare Zugehörigkeit zu den einzelnen ethnischen Gruppen und 5. paradoxerweise auch eine sanfte Form einer kulturellen Abgrenzung zwischen den ethnischen Gruppen.

# Sprache

Christo Choliolčev

# Über die Sprachsituation in Europa

Die grundlegende Idee der Europäischen Union und die Intention für die weitere Entwicklung Europas lassen sich in einem Begriff zusammenfassen: Gemeinsamkeit der Völker und Staaten.

In den Bereichen Wirtschaft und Politik wurde bereits Vieles auf dem Weg zu dieser Gemeinsamkeit erreicht: freie Marktwirtschaft ohne Zollgrenzen, Angleichung der politischen Ziele, gemeinsame Währung usw. Aus historischer Sicht könnte man das Gemeinsame im Bereich der Kultur vorwiegend auf der Grundlage des vorchristlichen Erbes und der christlichen Zivilisation umreißen. Die europäische Kultur ist jedoch ein so kompliziertes, vielschichtiges Phänomen, daß es auch zahlreiche ethnische, nationale und regionale Traditionen, Sonderentwicklungen, Eigenartigkeiten beinhaltet. So müßte man diesen Bereich als "Gemeinsamkeit in der Vielfalt" betrachten und interpretieren. Aus dieser grundsätzlichen Feststellung heraus finde ich die Aussage Erhard Buseks: "... Kultur ist mindestens ebenso konstitutiv", als besonders wichtig und programmatisch.

Wenn wir jetzt unsere Aufmerksamkeit dem Phänomen Sprache/Sprachen widmen würden, so hebt sich vor allem die Vielfalt und kaum das Gemeinsame hervor. Zwar sind die meisten Sprachen Europas der Abstammung nach untereinander verwandt – die Sprachgeschichte und linguistische Komparatistik liefern uns überzeugende Beweise dafür –, für die gegenwarts- und praxisbezogene Betrachtung hat dieses Faktum allerdings wenig Relevanz. Die Verständigung zwischen den Trägern verschiedener Sprachsysteme variiert sehr stark je nach dem Grad der relativen Homogenität innerhalb der einzelnen Sprachfamilien und dem Entwicklungsgrad der Differenzierung innerhalb und insbesondere außerhalb derselben. Die Heterogenität der ursprünglich nicht verwandten Sprachsysteme trägt zur Reduzierung des Verständigungsvermögens nur noch bei. Mit einfachen Worten formuliert: die Sprachenvielfalt in Europa ist für die sich im Aufbau befindende und weiter anzustrebende Gemeinsamkeit nicht förderlich. Und somit wird sie zu einem politischen Problem par Excellence, das einer Lösung harrt. Erstens, weil man keine der offiziellen Standardsprachen der jetzigen und künftigen EU-Mitglieder schon wegen des Gleichberechtigungsprinzips weder ausschließen, noch vernachlässigen kann.

Zweitens, wegen des bereits jetzt enormen und weiter wachsenden Aufwands an Zeit, Energie und Mitteln für die mehrsprachige Kommunikation und Dokumentation innerhalb der Europäischen Union.

Die Sprachen sind und bleiben eine unverzichtbare Komponente der Gruppenidentität, Ausdruck des Eigenen, des Wir. Eine Pflege der kulturellen Vielfalt ist undenkbar ohne gleichzeitige Pflege der sprachlichen Vielfalt. Und es ist nicht nur eine Frage des Identitätsempfindens und der kollektiven Würde einer Gemeinschaft, die mit der eigenen Sprache verbunden sind. Auch die inhaltlich gesamteuropäischen Errungenschaften im Bereich der Kultur und der Wissenschaft manifestieren sich je nach ihrer Art in den Ausdrucksformen der einzelnen Sprachen. Kostbares Erbe ginge europaweit verloren, wenn die Vielfalt der Sprachen nicht erhalten bliebe. Andererseits läßt sich ein gesamteuropäisches Nominations- (d.h. begriffgestaltendes) und Kommunikationsmittel – ein allgemeingültiges und für alle verwendbares Sprachsystem also – aus der Vielfalt der Sprachen Europas nicht ohne weiteres herleiten. Es läßt sich weder per Dekret, noch per Beschluß irgendeiner Mehrheit schaffen. Dies bekräftigt die offensichtliche Notwendigkeit, die nächsten Generationen in Europa systematisch mehrsprachig zu erziehen und auszubilden. Die Erfahrungen z.B. des bulgarischen Bildungswesens, durch fremdsprachige Mittelschulen (Gymnasien) – mit Deutsch-, Englisch-, Französisch-, Russisch-, neuerdings auch Italienisch- und Spanischunterricht – die heranwachsenden Generationen für das Leben in einer europäischen Gemeinschaft vorzubereiten, sollten nicht übersehen werden.

Das Dilemma bleibt uns trotzdem nicht erspart: Vielfalt der "Muttersprachen" (Nationalsprachen, Sprachen der Minderheiten, regionale und lokale Mundarten) einerseits, Bedarf an einem allgemeingültigen / gemeinsamen Kommunikationsmittel andererseits. Ein Ausweg daraus wäre die Hervorhebung zum allgemeinen Kommunikationsmittel entweder (1) einer lebendigen Standardsprache, oder (2) eines künstlichen Sprachsystems, oder (3) einer nicht mehr gesprochenen klassischen Sprache. Diese theoretisch vorweggenommenen Alternativen zur Problemlösung sollten allerdings in Bezug auf ihre Praktikabilität zum Gegenstand eingehender Untersuchungen und Diskussionen gemacht werden, und zwar unter Berücksichtigung der Pro- und Contra-Argumente der Fachwelt der Linguisten. Die Bezeichnung der gemeinsamen Währung mit dem Schriftbild "Euro" führt zu sehr unterschiedlichen phonetischen Varianten: éuro/eúro, öró, ójro, júrou usw. Hätte man dagegen eine konventionelle Variante wie "Evro" genommen, stünden wir je nach der Betonung der ersten oder der zweiten Silbe nur vor zwei wesentlichen phonetischen Varianten: évro und/oder evró. Die gemeinsame Währung wird also namenmäßig nur auf dem Papier (und am Bildschirm der Computer) durch das Graphem "Euro" einheitlich aussehen, gleichlautend wird der gewählte Name nur innerhalb der einzelnen Sprachgemeinschaften sein.

Die aspektreiche und für Europa sehr aktuelle Problematik "Sprachen in Kontakt" kann ich hier nur sehr begrenzt berühren. Durch die nach dem Zweiten

Weltkrieg forcierte Globalisierung der englischen Sprache, die von extralinguistischen Faktoren begünstigt wurde, ist auch in Europa eine Sprachsituation entstanden, deren Folgen einer gründlichen Analyse bedürfen. Hier darf grundsätzlich nur darauf hingewiesen werden, daß das Kreativitätsvermögen einer jeden Sprache sich eigentlich nach dem Kreativitätsbenehmen ihrer Träger abmißt. Wenn diese sich daran gewöhnen, bevorzugt oder voll aus dem Reservoir einer anderen Sprache zu schöpfen, verkümmert die Lebensfähigkeit ihres eigenen Sprachsystems, es treten zunächst wenig bemerkbare allmählich jedoch tiefgreifendere Veränderungen in der jeweiligen Sprachstruktur auf, die typologische Selbständigkeit der "nehmenden" Sprache geht verloren. Auch wenn es sich dabei um einen sehr langwierigen Prozeß handelt, sind seine Folgen nicht außer Acht zu lassen.

Die Literaturen in den Sprachen der zahlenmäßig kleineren Ethnien (Nationen, Völker, Volksgruppen) sind auf dem Büchermarkt (in Übersetzungen) unterrepräsentiert. Daran wird sich wenig ändern, wenn nur die Marktkriterien entscheidend bleiben. Die rein wirtschaftliche Begründung: "wenig bekannt, kaum absetzbar" führt dazu, daß Schriftsteller und Werke dieser Literaturen auch weiterhin wenig bekannt oder überhaupt unbekannt bleiben. Somit wird der Kreis der Ausweglosigkeit geschlossen. Ohne gezielte Subventionen der Gemeinschaft zur Förderung der "kleineren" Sprachen und Literaturen haben diese keine ernsthafte Chance, in der Mannigfaltigkeit der europäischen Kultur präsent zu sein, und noch weniger Chance, einen Beitrag zur Bereicherung der europäischen Kultur leisten zu können.

**Summary**

„The EURO cannot be the only decisive factor, culture is at least just as constitutive" (Dr. Erhard Busek)

The fundamental idea of the European Union is a Commonwealth of the countries and the peoples of Europe.

On the road to this goal many achievements have already been made in the economic and political spheres: a free market economy, alignment of political objectives, monetary union etc.

In the field of culture the aim is also to enhance the commonalties, without ignoring the diversity of the national and regional traditions.

The unification and streamlining of many areas of life in Europe could be or have already been achieved, but to unify languages will not be beneficial. Languages are and will remain an indisputable component of group identity. They are (maybe the most important) expression of the „own", the „special", the „we". The content of cultural and scientific European achievements is also demonstrated in different expression forms of particular languages.

The great variety of languages in Europe does not facilitate communication. This problem cannot be solved by a decree or by a majority decision. The way out of this dilemma could be to accept as a common means of communication either (1) an existing national language (standard language), or (2) an artificial language system, or (3) an old (dead) classical language. The applicability of each possible solution should be made a subject of detailed surveys and discussions.

After World War II the global usage of the English language, favoured by extra linguistic factors, has created in Europe a language situation, which needs to be thoroughly analyzed.

Martin Forstner

# Die Europäische Union als Problem der Translationsindustrie

## 1. Der europäische Multilingualismus

Das florierende Unternehmen namens Europäische Union ist hinsichtlich der Sprachen, die ihre Bürger verwenden, von einer Dichotomie[1] gekennzeichnet:
- einerseits ein *selektiver Multilingualismus*[2] auf dem europäischen freien Markt, mit einer Tendenz zu Sprachen mit hohem intraeuropäischen Kommunikationswirkungsgrad,
- andererseits ein politisch institutionalisierter *egalitärer Multilingualismus* in den Organen der Europäischen Union, wobei die Zahl der offiziellen Sprachen (Amtssprachen) derselben mit jeder Erweiterung größer wird[3].

---

1 Auf diese Dichotomie habe ich schon 1996 aufmerksam gemacht (vgl. *M. Forstner*: Über den europäischen Multilingualismus im allgemeinen und in Osteuropa im besonderen, oder: Können und sollen wir uns ein multilinguales Europa überhaupt leisten?, bes. S. 190 und S. 200. In: Atti del Convegno Verso un'Unione Europea allargata ad est: Quale ruolo per la traduzione? (Trieste, 27 – 28 maggio 1996) , p. 189 – 201).

2 Der hier verwendete Begriff selektiver Multilingualismus darf nicht verwechselt werden mit dem von *H. Haarmann*: Monolingualism versus Selective Multilingualism. On the future alternatives for Europe as it integrates in the 1990s. In: Sociolinguistica 5. (1991). S. 7-23, verwendeten. Er versteht darunter ein Verfahren, wie es bei den Vereinten Nationen praktiziert wird: Englisch und Französisch als offizielle Sprachen, Arabisch, Chinesisch, Russisch und Spanisch als Arbeitssprachen und Deutsch (seit 1975) als Sprache, in die alle Dokumente übersetzt werden (S. 21). Haarmann bezieht also das „Selektive" auf die multinationale Organisation, die sich Sprachen auswählt, weshalb, wie er meint, für die EU Englisch, Französisch, Deutsch und Spanisch in Frage kämen. Wenn ich selektiv verwende, dann bezieht es sich auf einen *freien* Markt, auf dem jeder einzelne Teilnehmer die Sprache wählt, die für sein Kommunikationsziel am effektivsten ist.

3 Eine Erhöhung der Zahl der Amtssprachen bedeutet stets neue Sprachenkombinationen für die Übersetzer- und Dolmetscherdienste der EU, worauf die Verantwortlichen schon vor vielen Jahren aufmerksam gemacht haben (vgl. *A. Ciancio*: Elargissement et problemes linguistiques: la traduction. S. 113-125; *R. van Hoof*: Elargissement et problemes linguistiques: l'interprétation de conférence. S. 126 – 134. In: *W. Wallace & I. Herreman*: A Community of Twelve? The Impact of Further Enlargement on the European Communities. Bruges 1978. – Gleichwohl haben die Gemeinschaftsorgane am „Vollsprachenregime" festgehalten, wenn dieses auch einen beträchtlichen Aufwand erforderlich macht. Zitiert sei hier nur *G. Nicolaysen*:

Obwohl die Europäische Union noch weit entfernt von einer politischen Integration – in welcher Form auch immer – ist, kann die wirtschaftliche Integration als sehr fortgeschritten bezeichnet werden. Die Währungsunion ist in greifbare Nähe gerückt. Aber ein Wirtschaftsraum dieses Ausmaßes und dieser Potenz verlangt eine weitgehende Homogenität, nicht nur, was die Normen, die Rechtsvorschriften, die Währung, die Verkehrsverbindungen usw. anlangt, sondern auch, was die Kommunikation als solche betrifft; er verlangt einen Abbau der Sprachbarrieren, wenn nicht gar eine Überwindung derselben.

Diese Sprachbarrieren suchte man bisher zu überwinden durch den Einsatz von Übersetzern und Dolmetschern auf den verschiedenen Ebenen der Europäischen Union.

Übersetzungs- und Dolmetschleistungen sind notwendig, um die Kommunikationsfähigkeit und damit die Funktionsfähigkeit der Organe der Europäischen Union zu gewährleisten. Durch die für Übersetzen und Dolmetschen zuständigen Dienste der Gemeinschaft wurde schon immer auf die besondere Verpflichtung und Verantwortung in diesem Bereich aufmerksam gemacht, obliegt es ihnen doch, die durch die Gemeinschaftsverträge auferlegte sprachliche Kommunikationsfähigkeit (*communicabilité linguistique*) aufrecht zu erhalten.

Das Sprachenregime[4] ist im Kontext der Europäischen Union auch Ausfluß demokratischer Forderungen. Im Europäischen Parlament wirkt sich der Gleichheitsgrundsatz[5] auf die Rechte der Abgeordneten insofern aus, als jedem von ihnen das gleiche Mitwirkungsrecht an den Verhandlungen und Entscheidungen zukommt. Dies macht es, nach derzeit herrschender einhelliger Auffassung, notwendig, daß sich ein jeder Abgeordneter in seiner nationalen Sprache ausdrücken kann. Es darf hier keine Sprachbarrieren geben, denn die Kommunikationsmöglichkeit, und damit die Wahrnehmung der Interessen als gewählter Vertreter, darf nicht beeinträchtigt werden. Dieses Gebot, Partizipationsein-

---

Der Nationalstaat klassischer Prägung hat sich überlebt. In : Festschrift für Ulrich Everling, Baden-Baden 1995. S. 945-957 (S.953): „...die vorzüglichen Dolmetscher- und Übersetzungsdienste sorgen dafür, daß jede amtliche Äußerung in allen Amtssprachen verfügbar ist und daß in allen direkten Kontakten auch der weniger Sprachkundige zu seinem Recht kommt".

4 Über das Sprachenregime der Europäischen Union, nach dem alle Staatssprachen der Mitglieder als gleichberechtigt anzusehen sind, s. *J. Schwarze*: Droit administratif européen. Bruxelles – Luxembourg 1994. S. 1274ff.; *C. O. Lenz* (Hg.): EG-Vertrag: Kommentar zu dem Vertrag zur Gründung der Europäischen Gemeinschaften. Köln 1994. Art. 248 Rndnr. 2; *M. Schloßbauer*: Die Amtssprachen in den Organen der Europäischen Gemeinschaft: Status und Funktion. Frankfurt am Main 1996.

5 Dazu *F. Jacobs, R. Corbett & M. Shackleton*: The European Parliament. London 1995. S. 38 und S. 39.

schränkungen zu vermeiden, gilt insoweit auch für die Europäische Kommission und, um ein weiteres Beispiel zu nennen, für den Wirtschafts- und Sozialausschuß[6]. Es ist aber bereits jetzt bei 11 Sprachen fraglich, ob dieses System aufrechterhalten werden kann.

Außerhalb der Organe und Institutionen der Europäischen Union dagegen unterliegen der Einsatz und die Verwendung der Sprachen anderen Regeln – nämlich denen eines freien Marktes.

## 2. Der europäische Bürger angesichts der Sprachenvielfalt

Im Verkehr mit den Organen und Institutionen der Europäischen Gemeinschaft ist dem offiziellen Multilingualismus insofern Rechnung getragen, als jeder EU-Bürger mit diesen in seiner Sprache[7] korrespondieren kann und ihm in eben dieser Sprache geantwortet werden muß. Insoweit hat der Bürger ein Recht auf linguale Selbstbestimmung[8].

Anders sieht es aber auf dem freien Markt aus. Es zeichnet zwar die europäische Kulturgemeinschaft aus, daß sie multilingual ist, aber der einzelne Bürger ist es in der Regel *nicht*. Noch auf lange Zeit wird dieses offiziell als multilingual bezeichnete Europa der Gemeinschaft bevölkert sein von Abermillionen

---

6 Über die Schwierigkeiten, die dort der offizielle Multilingualismus hervorruft, s. *J. Born & W. Schütte*: Eurotexte. Textarbeit in einer Institution der EG. Tübingen 1995. S. 45f. und S.105ff.; dort über das Problem der kleineren Sprachen S.110f.; kritisch über die „Amtssprachenideologie" S. 382f.

7 Gemeint sind die offiziellen EU-Sprachen. Das darf nicht verwechselt werden mit den Regionalsprachen wie Katalanisch, Korsisch, Bretonisch oder Baskisch. Es handelt sich bei diesen um Sprachminderheiten, zu deren Schutz ab 1981 an einer Charta zum Schutz der Regional- und Minderheitensprachen gearbeitet, die dann 1992 von der Parlamentarischen Versammlung des Europarates als *European Charter for Regional or Minority Languages* verabschiedet wurde. Dieses Thema wurde gleichzeitig ab 1981 vom Europäischen Parlament aufgenommen und dort eingebracht (vgl. dazu *C. Scherer-Leydecker*: Minderheiten und sonstige ethnische Gruppen. Eine Studie zur kulturellen Identität im Völkerrecht. Berlin 1997. S. 146-149, 167f.).

8 Vgl. *W. Pfeil*: Die Sprachenregelung in der Europäischen Union – Eine Frage von Verfassungsrang? Historische Entwicklung und zukünftige Perspektiven. S. 3. In: Lebende Sprachen 1996, 1-5. Dieses Recht steht auch den Amts- und Mandatsträgern, z.B. im Europäischen Parlament, zu. Aus deutscher Sicht ist die Rechtslage klar: Nach Art. 217 EGV i. V. m. Art. 1 der VO Nr. 1 (Abl. EWG 1958, 358f.) ist Deutsch Amt- und Arbeitssprache der Europäischen Union (dazu ausführlich *P. Huber*: Deutsch als Gemeinschaftssprache. In: Bayerische Verwaltungsblätter 1992, 1-7), obwohl dauernd dagegen verstoßen wird.

von Bürgern, die nur ihre Muttersprache sprechen und deshalb monolingual sind, die sich höchstens rudimentäre Kenntnisse einer Fremdsprache aneignen können und wollen, und die diese Kenntnisse dann auch nur so einsetzen können, daß es gerade zur notdürftigsten Verständigung reicht[9]. Eine Mehrsprachigkeit des europäischen Bürgers in dem Sinne, daß er sich auch noch in einer anderen Sprache als seiner Muttersprache ausdrücken kann, ist nicht durch eine Sprachpolitik mit einem obrigkeitlich verschriebenen Linguizismus zu erreichen, vielmehr wird der Bürger bestenfalls *die* Sprache lernen und verwenden wollen, die ihm bei der intraeuropäischen Kommunikation, so er denn auf sie überhaupt angewiesen ist, am meisten nützt.

Das eigentliche Problem ist, wie wir denjenigen, die in diesem vielsprachigen Europa miteinander kommunizieren müssen, Wege eröffnen und ihnen Mittel zur Verfügung stellen, die in allen Sprachgemeinschaften zugänglich sind und in allen Sprachzonen eingesetzt werden können. In dieser europäischen Informationsgesellschaft wird das Englische[10] vermutlich weiterhin die Rolle einer „Leitsprache" spielen, die man in der Form des *World Standard English* für die elementare Kommunikation „benutzt". Andererseits haben wir die verschiedenen Sprachzonen der Europäischen Union, die ja einen auf Gemeinschaftsverträgen

---

9 Nach Peter Graf Kielmannsegg (Integration und Demokratie. In: *B. Kohler-Koch & M. Jachtenfuchs* (Hg.): Europäische Integration. Opladen 1996. S. 47-71), ist Europa nun einmal keine Kommunikationsgemeinschaft, weil es ein vielsprachiger Kontinent ist. „Die überwiegende Mehrzahl der Europäer kann sich mit der überwiegenden Mehrzahl der Europäer nicht verständigen – daran wird sich allenfalls auf dem allerelementarsten Niveau in der voraussehbaren Zukunft etwas ändern." "Mit Übersetzerdiensten kann man Regierungskonferenzen arbeitsfähig machen, aber sie können keine Kommunikationsgemeinschaft begründen. Sie sind nichts anderes als Grenzübergänge zwischen partikularen Kommunikationsgemeinschaften" (S.55). Auch *D. Grimm*: Braucht Europa eine Verfassung? In: Informationsgesellschaft und Rechtskultur in Europa, Baden-Baden 1995. S. 210-230, ist recht pessimistisch (S. 225f.), was die Aussichten auf eine Europäisierung des Kommunikationssystems anlangt, da das gemeinsame linguistische Band, das jede Kommunikationsgesellschaft zusammenhalte, fehle, weshalb die Mehrheit der EU-Bürger, auch der Politiker, partizipationsbeschränkt sei; man unterschätze das Sprachenproblem und seine Auswirkungen auf die demokratische Verfaßtheit der EU gewaltig. Auch die Hinweise auf die Schweiz, Finnland und Belgien seien banal, denn dort gehe es nur um 2 oder 3 Sprachen, und nicht um 11 oder noch mehr Sprachen bei 370 Millionen EU-Bürgern.
10 Was immer man aus politischen oder kulturellen Gründen gegen eine solche lingua franca vorbringen mag, das Englische hat sich durchgesetzt, nicht zuletzt in den Wissenschaften, denn „science in English is not nationalising science but internationalising it", wie *H. Hauge*: Nationalising Science. S. 167. In: Sciences et langues en Europe. Paris 1996. S. 159-168, es bezeichnet hat (S. 167), dabei das heutige Englisch mit dem Latein des Mittelalters vergleichend.

begründeten Staatenverbund darstellt und in der jede Titularnation in Befolgung des Grundsatzes *cuius regio eius lingua*[11] an ihrer Titularsprache (oder ihren Titularsprachen) festhält, denn diese ist Instrument der nationalen rechtsstaatlichen Gewalt. Auf europäischer Ebene begründet dies die Vielzahl der offiziellen Gemeinschaftssprachen, die wiederum wegen der intraeuropäischen Rechtsstaatlichkeit[12] notwendig sind. Auch aus diesem Grunde müssen neben dem Englischen noch anderssprachige Kommunikationsmöglichkeiten bestehen, wenn man den Austausch von Gütern und Dienstleistungen nicht behindern will.

## 3. Ein sprachlich mehrstufiger Kommunikationsraum in Europa

Gleichwohl ist eine europäische mehrstufige[13] Kommunikationskultur anzustreben, in der die vorhandenen Sprachen zum Zwecke einer konfliktfreien Kom-

---

11 *F. Coulmas*: Sprache und Staat. Studien zur Sprachplanung. Berlin 1985, brachte diese Formel vor allem mit dem Kolonialismus und dem Imperialismus in Verbindung, da sprachliche Verhältnisse in vielen Fällen unmittelbarer Ausdruck von Machtverhältnissen seien (S. 119), doch wir meinen, daß diese Formel sehr gut das Machtwahrungsdenken der EU-Mitglieder kennzeichnet, die dadurch deutlich machen, daß ihre Bereitschaft auf Souveränitätsverzicht zugunsten der Gemeinschaft spätestens bei der Sprache eine Grenze findet. Die Sprache gehört neben Hymnen, Flaggen, Wappen und Feiertagen zu den identitätsbegründenden symbolhaften Elementen des Verfassungsstaates (so *P. Häberle*: Sprachen-Artikel und Sprachenprobleme in westlichen Verfassungsstaaten – eine vergleichende Textstufenanalyse. S. 105. In: Festschrift zum 65. Geburtstag von M. M. Pedrazzini: Bern 1990. S. 105-128). Es besteht aber immer eine Spannung zwischen dem staatlichen Interesse an einer Sprachhoheit, die eine gemeinsame Sprache aller Bürger zur Aufrechterhaltung der Kommunikation (Gesetze, Verwaltung) verlangt, und dem Individualgrundrecht des Bürgers auf Sprachenfreiheit. In diesem Spannungsbogen einen beide Seiten befriedigenden Ausgleich zu finden, ist die Aufgabe des Verfassungsstaates, der dadurch seine Kulturstaatlichkeit – im Sinne eines offenen pluralistischen Kulturkonzepts – unter Beweis stellt (dazu *Häberle*, S. 119, 126). – Dieser Ansatz ließe sich meines Erachtens gut nutzbar machen für die EU!
12 Da Sprache auch kulturelle Akkumulation ist, bleibt sie immer auch ein politisches Instrument. Auch im Zusammenhang mit der Abfassung der Rechtsdokumente der Europäischen Union gilt, daß die Sprachenwahl kein neutraler Vorgang ist, da sie das darunter liegende Rechtssystem konkretisiert. Es muß darauf geachtet werden, daß die entsprechenden Texte von Anfang an übersetzungsgerecht verfaßt werden; mit anderen Worten, die Übersetzer sollten von Anfang an bei der Textabfassung hinzugezogen werden (vgl. dazu *P. Pescatore:*: Recht in einem mehrsprachigen Raum. In: Zeitschrift für Europäisches Privatrecht 1998. S. 1-12).
13 So von mir bezeichnet in *M. Forstner*: Translation and Interpreting Studies and the Challenge of the Official Multilingualism of the European Union, p. 168: „ a tiered

munikation subsidiär eingesetzt werden. Die Verwendung einer Sprache ist dann abhängig davon, welcher Kommunikationswirkungsgrad kontextbedingt auf welcher Ebene angestrebt wird: lokal, regional, national oder supranational (d.h. intraeuropäisch)? Je nach Situation wird auf die Sprache zurückgegriffen, deren Einsatz den miteinander kommunizierenden Partnern optimal erscheint, wobei sie jeweils zu entscheiden haben: Ist die Verständigung mit Hilfe einer bestimmten Sprache, die beiden zur Verfügung steht, optimal, um das Kommunikationsziel zu erreichen? Oder ist sie suboptimal, aber akzeptabel, so daß die Benutzer sich gegenseitig noch verstehen? Oder lohnt sich der Aufwand gar nicht mehr, so daß man auf eine andere Sprache, die diese mehrstufige Kommunikationskultur bietet, übergeht, die dann für beide Seiten die Verständigung erst optimal macht?

Die eingangs genannte Dichotomie wird auf einer höheren Ebene überwunden, wenn wir auf diese Weise ein der europäischen Kultur angemessenes dynamisches Element, das die Gegensätze überwinden hilft, in den Vordergrund rücken, nämlich die Qualität der Kommunikation. Dies wäre geeignet, die einander widersprechenden Interessen und die Positionen der in diesem europäischen Kommunikationsraum Handelnden dadurch auszugleichen, daß wir ihnen Möglichkeiten offen lassen. Solche Optionen muß der dem europäischen Sprachenstreß ausgesetzte Bürger haben, denn sie garantieren ihm die Wahrung seiner sprachlichen Präferenzen, seiner lokalen und regionalen Identifikationen und seiner persönlichen Einstellungsmuster angesichts einer drohenden Allianz von eventuell einseitig wirtschaftlicher und egoistisch nationalstaatlicher Sprachlogik, die letztendlich mehr Barrieren auf- als abbaut.

## 4. Translatoren als Kommunikationsexperten

Durch diese mehrstufige Kommunikationskultur, in der die Sprachen subsidiär und optional eingesetzt werden, würde zwar die Dichotomie von egalitärem und selektivem Multilingualismus überwunden, doch würde dies den mehrsprachigen Bürger voraussetzen. Da wir aber weit entfernt sind vom zweisprachigen, geschweige denn mehrsprachigen Europäer, müssen wir hier und heute auf die Personen zurückgreifen, die in dieser multilingualen Informationsgesellschaft dank ihrer Ausbildung die Rolle des Mittlers spielen können – auf die Translatoren[14],

---

system of language use in Europe's communication space". In: Le Plurilinguisme dans la Société de l'Information, UNESCO, 4-5-6 – XII – 1997, p. 167 – 174.

14 Über Translation, worunter Übersetzen, Dolmetschen und verwandte Tätigkeiten zu verstehen ist, s. *M. Snell-Hornby* u.a. (Hr.): Handbuch Translation, Tübingen 1998. S. 37.

d.h. die Übersetzer und Dolmetscher. Sowohl im Bereich des politisch institutionalisierten egalitären Multilingualismus als auch auf dem freien Markt mit seinem selektiven Multilingualismus kommen sie zum Einsatz. Erfolgreich und für die Kunden akzeptabel kann dies aber nur sein, wenn die Translatoren entsprechend professionell mit Blick auf das Größere Europa ausgebildet worden sind. Es handelt sich um einen riesigen Markt mit einer eigenen Translationsindustrie von „Unternehmen, Einrichtungen und Fachkräften, die einsprachige oder mehrsprachige Dienste in Bereichen wie Informationsabruf, Übersetzung, Sprachverarbeitung und elektronische Wörterbücher erbringen oder ermöglichen" (so die Definition des 1996 von der Europäischen Kommission aufgelegten Programms[15] *Multilingual Information Society*, MLIS). Nachdem die europaweit agierenden Wirtschaftsunternehmen erkannt haben, welche Bedeutung den Sprachen bei der Vermarktung ihrer Produkte zukommt, es ihnen aber gleichwohl noch immer an einer elaborierten *language strategy* zu fehlen scheint, eröffnen sich auch hier Einsatzbereiche für Translatoren, die dank ihrer Ausbildung und ihrer Spezialkenntnisse als Vermittler (*mediators*) direkt oder über Beratungsbüros einsetzbar sind.

## 5. Gegenwärtige Defizite im europäischen Kommunikationsraum

In dieser Situation – zwischen egalitärem und selektivem Multilingualismus – gibt es aus der Sicht der C.I.U.T.I.-Institute[16], die auf Hochschulebene Übersetzer und Dolmetscher ausbilden, schwerwiegende Defizite, die zu beheben sind, wenn die europäische Informationsgesellschaft mit ihrer mehrstufigen Kommunikationskultur dank der Translatoren tatsächlich multilingual funktionieren soll.

### 5.1. Zu wenig Ausbildungsinstitute und unzureichende finanzielle Ausstattung

Bei der Ausbildung von Übersetzern und Dolmetschern ist höchste Qualität zu verlangen, um die Translationskultur in Europa, und vor allem innerhalb der Organe der Europäischen Union, auf hohem Niveau[17] zu halten. Dazu bedarf es

---

15 Dort Art. 1 (b). In: Official Journal of the European Communities 28.11.96.
16 *Conférence internationale permanente d'Instituts Universitaires de Traducteurs et Interprètes* (C.I.U.T.I.), eine *association internationale* nach belgischem Recht, der 23 europäische und 3 nordamerikanische Institute angehören, deren derzeitiger Präsident der Verf. ist.
17 In den Ausschüssen, Kommissionen und Plenarsitzungen des Europäischen Parlaments und der Kommission werden angesichts der Vielzahl von ständig wechselnden Themen umfassend gebildete Fachleute als Konferenzdolmetscher gebraucht,

grundständiger akademischer Studiengänge[18], die neben dem professionellen Anteil auch eine wissenschaftliche[19] Fundierung bieten.

Sparmaßnahmen in allen europäischen Staaten trafen gerade die Ausbildungsinstitute für Übersetzer und Dolmetscher sehr hart. Mitunter wurden gerade sie die ersten Opfer der finanziellen Kürzungen, da viele nationale Ministerien die Bedeutung und den Wert einer qualitativ hochstehenden Translatorenausbildung nicht erkennen oder nicht erkennen wollen. Mancher Mitgliedstaat der Europäischen Union, dessen Politiker bei ihren Verhandlungen in der Regel auf Dolmetscher angewiesen sind, hat in der Vergangenheit die Translationsstudiengänge, die seine Universitäten anbieten, sträflich vernachlässigt, so daß nunmehr festgestellt werden muß, daß einige dieser nationalen Märkte, die unter gesamteuropäischer Sicht sprachliche Sub- bzw. Teilmärkte darstellen, gekennzeichnet sind durch ein ungleiches, oft sogar unzureichendes, Angebot an qualifizierten Translatoren.

Die akademischen Ausbildungsstätten für Translatoren stehen vor einer schwer zu erfüllenden Aufgabe, denn bei derzeit 11 offiziellen Sprachen in der Europäischen Union müßten in jedem Mitgliedstaat für alle Kombinationen Übersetzer und Dolmetscher ausgebildet werden:

---

denn an ihnen liegt es, ob über die Sprach- und Mentalitätsbarrieren hinweg die Kommunikation gelingt oder mißlingt. Fremdsprachliche Kompetenz und translatorische Technik allein reichen nicht aus, vielmehr bedarf es auch einer umfassenden Bildung. Diese Dolmetscher sind tätig für Staatschefs, Minister, Topmanager, Führungskräfte, Experten usw. , die ja alle in der internationalen Kommunikation auf Dolmetscher angewiesen sind. Ihre komplizierten politischen, juristischen, wirtschaftlichen, technischen, manchmal militärischen Gedanken, die sie in ihrer eigenen Sprache entwickelt haben, können durch Dolmetscher nur dann angemessen und ohne Informationsverluste übertragen werden können, wenn diese sie auch verstehen, sie begreifen, die Stringenz der Beweisführung nachvollziehen können. Erst dann können sie dies in einer anderen Sprache wiedergeben. Es ist im Interesse der betroffenen Experten, daß ihre Dolmetscher ebenfalls von intellektueller Spitzenklasse sind. Wie sonst sollte gedolmetscht werden können?

18 Über die Notwendigkeit, diese Studiengänge an Hochschulen anzubieten vgl. *M. Forstner*: Zur Übersetzer- und Dolmetscherausbildung. In: C.I.U.T.I. Translation and Interpreting Studies 1995. S. XVII – XXIII.

19 Über die Grundlagen der Translationswissenschaft, der die Hochschulstudiengänge Übersetzen und Dolmetschen zuzuordnen sind, seien aus der Fülle der oft gegensätzliche Ansätze vertretenden Literatur genannt *M. Snell-Hornby*: Translation Studies. An Integrated Approach. Amsterdam 1995; *W. Wills*: Knowledge and Skills in Translator Behavior. Amsterdam 1996; *I. Kurz*: Simultandolmetschen als Gegenstand der interdisziplinären Forschung. Wien 1992; *D. Snelling*: Strategies for Simultaneous Interpreting. From Romance Languages into English. Udine 1992; *F. Pöchhacker*: Simultandolmetschen als komplexes Handeln. Tübingen 1994.

| 10 Fremdsprachen | Nationalsprache | 10 Fremdsprachen |

Das übersteigt die materielle und finanzielle Ausstattung der nationalen Ausbildungsstätten bei weitem, weshalb man für eine sog. Grundversorgung plädieren sollte, die insbesondere im Bereich des Konferenzdolmetschens eine Basisversorgung wäre. Dies würde gewährleisten, daß auch in Dänemark, Portugal, Griechenland, Finnland und Schweden – also in Staaten mit sog. *less widely used languages* – genügend qualifizierte dänische, portugiesische, griechische, finnische und schwedische Dolmetscher ausgebildet würden, die in beide Richtungen englisch, deutsch oder französisch dolmetschen könnten, so daß dann über Relais in andere sog. *widely used languages* weitergedolmetscht werden könnte[20].

|          | Französisch | Relais | Französisch |            |
| Finnisch | Englisch    | Relais | Englisch    | Griechisch |
|          | Deutsch     | Relais | Deutsch     |            |

Eine solche Basisversorgung stellt deshalb das absolute Minimum in einem Mitgliedstaat dar, der eine sog. *less widely used (and taught) language* in die Europäische Union einbringt.

Darüber hinaus ist es natürlich begrüßenswert, wenn in einem jeden Mitgliedstaat der Europäischen Union auch noch möglichst viele andere Sprachen derselben in den Dolmetschstudiengängen angeboten würden, denn dies würde die Möglichkeiten des direkten Dolmetschens ohne den Umweg über Relais erhöhen. Welche anderen Sprachen jeweils in einem Mitgliedstaat angeboten werden, ist abhängig von den nationalen, supranationalen und internationalen Bedingungen.

Jeder Mitgliedstaat – und das gilt auch für die Staaten, die einen Antrag auf Mitgliedschaft in der Europäischen Union gestellt haben oder ihn stellen wollen, – muß in der Lage sein, sowohl den jeweiligen nationalen, als auch den supranationalen, d.h. den gesamteuropäischen, Markt mit Translatoren zu versorgen. Es sollte eine Pflicht sein, in eigener einzelstaatlicher Verantwortung eine solche translatorische Grundversorgung zu gewährleisten.

---

20 Dies wurde augenfällig und akut, als Schweden und Finnland Mitglieder in der EU wurden. Da man keine Dolmetscher, die aus dem Schwedischen oder Finnischen ins Niederländische, Portugiesische oder Griechische dolmetschen konnten, fand, mußte man sowohl mit dem bisher sakrosankten Grundsatz brechen, daß immer nur aus der Fremdsprache in die Muttersprache gedolmetscht würde, als auch darauf zurückgreifen, über Relais zu arbeiten, also, beispielsweise, aus dem Finnischen ins Englische und von dort ins Italienische, Spanische usw.

Die Mitgliedstaaten der Europäischen Union trügen so partnerschaftlich die Kosten für den politisch gewollten offiziellen Multilingualismus. Darüber hinaus demonstrierten sie auch die Ernsthaftigkeit ihres Interesses an der Verwirklichung eines Europas der Sprachen und Kulturen, indem sie im eigenen Bereich, für den sie unmittelbar verantwortlich sind, subsidiär die Ausbildung übernähmen und dies nicht, wie es leider manchmal in der Vergangenheit geschehen ist, anderen überließen.

## 5.2. Technologische Unterversorgung

Die Computerisierung und die Internationalisierung der Kommunikation haben dazu geführt, daß sich der Arbeitsplatz des Translators entscheidend gewandelt hat. Textverarbeitungssysteme, computerbasierte Übersetzungshilfen, Terminologieverwaltungssysteme und Datenbanken sind dem Translator zu Diensten. Sein funktionaler Arbeitsplatz mit einem reichhaltigen Instrumentarium bietet den Zugriff auf die Netzwerke der Translationsindustrie und die weltweiten Telekommunikationsnetze. Kommunikative Fachübersetzungen erfordern die Spezialkenntnisse in *Technical Writing*[21] und machen den Translator zum kompetenten, aber auch eigenverantwortlichen Partner der Auftraggeber auf dem europäischen Translationsmarkt.

Das Defizit besteht heute darin, daß der europäische sprachlich mehrstufige Kommunikationsraum *ungleichmäßig* versorgt ist mit diesen Hilfsmitteln, weshalb für sämtliche Gemeinschaftssprachen die spezifischen computerlinguistischen Werkzeuge (sog. *tools*) zur Unterstützung der Translatoren entwickelt und, wenn möglich, durch Netzwerke der Translationsindustrie zugänglich gemacht werden müssen, denn nur so ist gewährleistet, daß Fachkommunikation, Wissens- und Technologietransfer schnell und ungehindert erfolgen.

## 5.3. Unterentwickelte Translationskultur

Der gesamteuropäische Markt, der auf Übersetzungen und Dolmetschleistungen angewiesen ist, hat kein translatorisches Qualitätsbewußtsein; es fehlen, wie Erich Prunč[22] mit guten Gründen darlegte, Translationsnormen. Nicht zuletzt liege dies darin begründet, daß das Mißverständnis nicht auszurotten sei, daß jeder, der eine fremde Sprache einigermaßen spreche oder sich in ihr verständlich machen könne, als Übersetzer oder Dolmetscher einsetzbar sei. Das hat zur Fol-

---

21 Dazu Handbuch der Translation, S. 154f.
22 *E. Prunč*: Translationskultur. Versuch einer konstruktiven Kritik des translatorischen Handelns. In TEXTconTEXT 1997. S. 99 – 127.

ge, daß mangelhaft oder gar nicht ausgebildete Pseudotranslatoren den Markt bevölkern, ihn mit Billigangeboten überschwemmen und durch unzureichende amateurhafte Leistungen den Ruf und das Ansehen dieses akademischen Berufes schädigen.

Für eine qualitativ hochstehende europäische Translationskultur sind nicht nur die ausbildenden Institute, die unter Berücksichtigung der Bedürfnisse des Translationsmarktes die Qualität der Absolventen garantieren, verantwortlich zu machen, sondern gleichermaßen die Arbeitgeber. Industrie, Wirtschaft, Dienstleistungsgewerbe und Medien müssen dazu gebracht werden, bei der Verwendung von Translatoren auf Qualität zu achten; sie müssen dann aber auch bereit sein, für diese Qualität angemessen zu bezahlen. Solange diese Auftraggeber aus Sparsamkeit am falschen Ort oder unter dem Druck der Kostenminimierung, schlechte Translationsleistungen akzeptieren und niedrige Qualitätsstandards hinnehmen, und solange die Auftragnehmer, also die Translatoren selbst, und ihre Berufsverbände (und nicht zuletzt die Ausbildungsinstitute) sich nicht auf Qualitätsnormen[23] einigen, wird sich dieses Defizit nicht beheben lassen.

*6. Notwendige Aktionen*

Insbesondere mit Blick auf eine zu erwartende Erweiterung der Europäischen Union und, damit verbunden, eine Zunahme der Zahl der offiziellen Sprachen in ihr, bedarf es zur Beseitigung dieser genannten Defizite des Dialogs zwischen den Ausbildungsinstituten, die auf Hochschulebene qualifizierte Übersetzer und Dolmetscher ausbilden, und den Vertretern der *Translation Industry,* denn dies würde der Praxisrelevanz[24] in der Ausbildung und der Öffentlichkeitsarbeit gleichermaßen dienen. Letztere zielt darauf ab, in den Mitgliedstaaten der Europäischen Union, aber auch in den Staaten, die sich um eine Mitgliedschaft bewerben, im Rahmen der AGENDA 2000 ein allgemeines und gesellschaftlich verankertes Qualitätsbewußtsein für eine hohe Translationskultur zu schaffen. Dies er-

---

23 Zu nennen ist hier das MLIS-Programm mit dem 1998 aufgelegten Projekt „Demonstration of best practice in translation and interpretation", in dessen Rahmen dementsprechende Vorschläge gemacht wurden (vgl. dazu: Bericht des Seminars KEG & DIN. Übersetzungsaufträge und Qualitätssicherung. Normen als Herausforderung. Die neue DIN 2345 in einem europäischen Kontext. 30. März 1998, Luxemburg).

24 Auf das Projekt „Praxisorientierte Studieninhalte in der Dolmetscher- und Übersetzerausbildung" (POSI), das in Zusammenarbeit der europäischen Berufsorganisationen (FIT, AIIC, u.a.), der Ausbildungsinstitute (u.a. C.I.U.T.I.) und der *translation industry* vorbereitet wird, soll hier besonders hingewiesen werden, verdient es doch jede Förderung.

fordert aus der Sicht der Institutionen, die auf Hochschulebene Übersetzen und Dolmetschen in ihren Studiengängen anbieten, die Kooperation mit allen, die auf dem Translationsmarkt dieser europäischen Informationsgesellschaft tätig sind. Letztendlich ist die Schaffung eines von allen Ausbildungsinstitutionen getragenen und von der Translationsindustrie geförderten und von ihr anerkannten *Curriculums* eines qualifizierten EURO-TRANSLATORS anzustreben, das die spezifischen Bedürfnisse der Europäischen Multilingualen Informationsgesellschaft berücksichtigt, das der kulturellen Vielfalt Europas Rechnung trägt, und das die Schaffung einer hochstehenden europäischen Translationskultur erst ermöglichen wird.

**Summary**

Because of cultural, legal and practical reasons the EU has to be multilingual, for languages are considered an essential element in European national and regional cultural identities. But the EU is marked by a dichotomy: On the one hand, a selective multilingualism dominates the European free market, with a trend towards favouring languages with a high degree of intra-European communicative value. The leading role of English is beyond doubt, and there is absolutely no point in trying to change this situation by decreeing some kind of „linguicism" issued by governments or, even worse, by Community authorities. On the other hand, there is a politically and officially institutionalized egalitarian multilingualism within the institutions of the European Union where all official languages have to be treated equally. In order to maintain the communicative capability of the EU despite its uneven multilingual character, translation and interpreting services are a necessity, both for the institutions of the Community and the free market.

The future enlargement of the European Union will increase the number of official languages and will consequently multiply the language combinations which the translation and interpreting services of the Community have to deal with. We remind the respective authorities of the Member States and, of course, of the prospective members, that they are – first of all – responsible for providing appropriate training curricula for translators and interpreters in the framework of their higher education systems. They have their role to play in guaranteeing a sufficient supply of qualified translators and interpreters in their own countries. But we have to admit that this is not the case. To correct these conditions, and as a principle of subsidiarity, national institutions of higher education must be in place to assure if not a complete coverage of all European Union languages at least English, French, German and one or two other widely used languages, in order to make possible translation or interpreting via relays from a less-widely used language into a widely used language and then into another less-widely used language, for example: from Finnish via English into Greek.

Finally, we have to overcome an underdeveloped translation culture, for the European market, which is dependent on the services of translators and interpreters, and has no awareness of translational quality. It is in this context that, obviously, translation norms are still lacking.

Taking all this into consideration, we have to admit that one of the main goals must be the adaptation of the curricula of the translation and interpreting training institutions to the specific requirements of the European market with its diversity of languages and cultures. The final aim should be the implementation of a European Translator or European Interpreter diploma.

One cannot neglect the fact that Europe which is the most multilingual of the major trading areas in the global market place, is confronted with many challenges in this context. If European politicians want qualified interpreters and translators – and they need them, of course,- then we should draw their attention to the fact that this need has its origin not least in this official multilingualism institutionalized by them.

Christian Galinski

# The Terminology Market and the Terminology Infrastructures in Europe

## 1. The Fundamental Role of Terminology

Where and whenever specialized information and specialized knowledge are being prepared, represented, processed, transformed and transferred, terminology is accorded a crucial role. There is, therefore, hardly any area in an enterprise or other specialized organization, where terminology is not used.

### 1.1. Lack of Awareness and Fragmented Situation

On the one hand terminology is of fundamental importance as it represents specialized knowledge at the level of concepts (which are the basic units of subject-field related thinking/cognition, knowledge and communication), so that terminological data are the main 'contents carriers' to record, order, store, manage, represent, retrieve, disseminate, communicate or transfer specialized information and knowledge. On the other hand there is comparatively little awareness for this importance even in the quarters of the specialists being the primary creators and users of the terminology of their respective subject-fields.

This is partly due to the fact that terminologies are created as a rule by domain experts of various levels in a multitude of subject-fields in an 'evolutionary' rather than coordinated way. This results in a highly fragmented and sectorized situation with respect to most terminological activities and applications. The emergence of a terminology market for terminological products and services will certainly improve this situation, but it also needs terminology infrastructures to support the creation and distribution, re-use and use of terminologies – especially in multilingual and multicultural Europe.

### 1.2. Economic and Social Impact of Mother Tongue Use

There seems to exist a vexing relationship between the possibility to use one's mother-tongue and the well-being of the respective language community. People whose mother-tongue is not (or not sufficiently) developed from the point of view of specialized language or who are denied to use their mother-tongue in education and training, for accessing information or in their daily work place tend to be/feel disadvantaged. Especially smaller language communities (incl. linguistic minorities of all sorts) have to balance many linguistic disadvantages by making more efforts than the surrounding larger language communities in order to prevent marginalization with respect to scientific-technical and economic-industrial development – which ultimately may lead to socio-economic decline. In most cases the limitation of the use of a language to areas such as culture and folklore results in the – almost irreversible – loss of its applicability in specialized communication. This calls for a distinct conciousness for the need of terminology planning in many/all language communities and concrete legal and administrative action to support it.

*1.3. Situation of Spezialized Languages in Europe*

In today's European Union (EU) there are only a few language communities whose mother-tongue is discriminated or even suppressed, but many whose language situation can be called disadvantaged for various reasons. An unorthodox analysis of the 'linguistic map' of Europe shows that from the point of view of language variety Western Europe must be considered rather 'poor' compared to other continents. Nevertheless the language distribution is far from being simple and without problems. According to recent figures about 55-60 languages are used as mother-tongue by language communities of more than 50,000 speakers (including non-European languages of foreign workers or refugees, while not taking into account the Caucasus region, which is a linguistic cosmos of its own). If only languages of more than 500,000 mother-tongue speakers are considered, the figure drops to about 45 languages. Some of these language communities do not much care about specialized languages, matched by a few language communities of sometimes less than 500,000 speakers undertaking serious efforts to develop their language as a tool of modern communication.

In the EU more than 260m citizens use one of the major four languages of more than 50m mother-tongue speakers each: German [90m], English [61m], French [58m] or Italian [55m]. Some 80m people use one of the other 7 official working languages of the EU institutions as mother-tongue: Spanish [25m – if deducting Basque, Catalan and Galician speakers], Dutch [21m], Portuguese [10m], Greek [10m], Swedish [9m], Danish [4m] or Finnish [4m]. Additional 20m EU citizens use one of more than 10 languages with more than 50,000 speakers. Together there are more than 30 officially recognized language communities in the EU, further 10 are seeking official recognition, not to mention all sorts of 'minority languages'. The ratio of small languages to large language communities, therefore, is about 35% (if Spanish and Portuguese in this context are included in the small languages – which can of course be argued). In this connection it is also difficult to evaluate the situation of people speaking a minority language somewhere, which is a large language elsewhere in Europe or in the world. Every further extension of the EU will push the above-mentioned ratio towards less than 35%, which would mean that more than two third of the future EU population will belong to a potentially disadvantaged language community.

Various references consulted with regard to language statistics are by no means consistent. Therefore, individual figures may be questioned, which, however, has no substantial effect on the overall picture presented here. The figures, on the one hand, represent the richness of the European cultural heritage, but should not, on the other hand, be a source for complacency, if we consider the potential for conflict. It definitely needs a framework of measures at European, national and language community level in order to prevent the smaller language communities from dropping into a really disadvantaged situation.

## 2. The „Terminology Market"

Not the least due to the European Commission's emphasis on multilingual aspects in all Community R&D Programmes a terminology market – deserving to be called so – is gradually emerging.

### 2.1. Terminology Products and Services for Whom?

Terminologies emerge among others
- in science and technology in the course of scientific and technical development,
- in crafts and arts in the course of new techniques and skills,
- in public administration and in society in general in conjunction with new conceptions and approaches.

They are created primarily by domain experts of various levels in a multitude of subject-fields in an 'evolutionary' rather than coordinated way. The expert communities, comprising the primary creators and users of their domain specific terminologies, thus also cause the well-known communication problems, such as homonymy and synonymy, which some of them try to figure out by means of descriptive or prescriptive terminology work. Terminology work, therefore, is carried out in a large number of subject fields usually by groups of experts. In addition, it should be remembered that it is a time-honoured scientific tradition to define what one is talking about in scientific and technical texts (a general rule for instance in standardization) – a good tradition often neglected today in scientific discourse.

Since science and technology increasingly influence more and more all walks of life and society, deficient terminologies are not only causing communication difficulties in the respective peer groups, but also have negative repercussions on many people who have to use specialized terminology
- at their work places,
- as consumers,
- as citizens, and

more and more even in intra-family communication. Potentially and increasingly everybody is or could become a more or less frequent user of some or any specialized terminology regularly or occasionally in his/her life.

The gradually emerging 'terminology market' will offer terminological products and services – which in fact are a particular family of information products and services – to a variety of consumers and clients, such as
- terminology creators (e.g. researchers, technicians, administrators, etc.),
- terminology data producers (e.g. terminology database creators, specialized lexicographers, etc.),
- terminology data distributors (e.g. dictionary publishers, online information services, etc.) and
- terminology users in general.

Terminology creators, data producers and data distributors in most or many cases are also or can become re-users of existing terminological data.

## 2.2. Terminology Products

Terminology products mainly comprise
- different kinds of terminological information in different forms for different purposes and different user groups,
- terminological tools for various purposes.

Terminological information (if terminology documentation is included) comprise three distinct fundamental types of data, viz.:
- terminological data proper (i.e. information on domain-specific concepts and their representation by linguistic and non-linguistic symbols supplemented by a variety of associated data),
- bibliographic data on a variety of different kinds of publications in the field of terminology,
- factual data on institutions, experts, programmes, events and other activities in the field of terminology.

Each of them requires a different type of database system (comprising a set of distinct databases each for different data models). A comprehensive terminology information and documentation centre like Infoterm has to deal with all three types of database systems modelled on the basis of well-defined data categories (according to the 'objects') for different purposes. The data as well as the respective software can be used as 'products' and as a basis for a variety of 'services'.

The volume of the above-mentioned types and categories of data may be estimated as follows:
- terminological data proper – about 50m records accross all subject-fields (potentially in some 200 languages which are of relevance or potential relevance in terminology) – the increase is more or less parallel to the increase of specialized knowledge,
- bibliographic data – about a quarter million records (of which an estimated 200.000 are about technical dictionaries and lexicons) – the annual increase can be estimated about 10%,
- factual data – about 50.000 records (80% of which concern terminology committees, commissions and working groups as well as terminological institutions at international, regional and national levels) – the increase is difficult to estimate, but the biggest problem here is the high degree of fluctuation!

*Terminological data proper*

Terminological data can be offered
- in conventionally published form,
- as an electronic publication (only data as such in a given format or in combination with a software or hardware, such as in an electronic dictionary)
- through online information services.

In palm-top computers or smaller pocket-size dictionaries the terminological data may be implemented in inseparable combination/integration with the respective software or even hardware.

Terminological data can be acquired by customers on the terminology market for internal use only or for re-use, in the course of terminology data interchange, etc. on a variety of different data carriers (diskette, CD-ROM, etc.). However, different user groups need terminological data of different degrees of complexity and granularity for different purposes.

It is, therefore, highly economical to prepare multi-purpose terminological data for different purposes and users, whose needs are taken care of by appropriately tailored customer-specific user-interfaces. Terminological data can also be used very efficiently as the intellectual 'skeleton' (or infrastructure) around which the contents of domain-specific encyclopedia can be organized.

*Terminological tools*

Terminology application software provides the most common tools for the handling of terminological data in some way or other. **Terminology management systems** (TMS) are designed as dedicated tools to record, store, process and output terminological data in a professional manner. There are different kinds of TMS for different purposes. **Terminology databases** consist of terminological data and a TMS to handle these data. **Terminology data banks** (TDB) are more or less sophisticated organizational/institutional structures established for the handling and maintenance of terminological data with the help of a TMS. TDBs can comprise several or many terminology databases.

TDBs are supported by a TMS often running on a mainframe, mini-computer or work-station, whereas most of the PC-based TMS today are applied by individual users, small co-operatives (integrated or not by an appropriate LAN), or larger departments (where the individual work-places are usually linked by a more or less sophisticated LAN).

On the one hand TMSs are increasingly further developed into tools for various applications, such as
- computer-assisted translation,
- scientific and technical authoring (incl. technical documentation),
- spare-part adminstration,
- electronic commerce, etc.

On the other hand TMS modules of varying degree of sophistication are implemented into all kinds of application software. They are thus increasingly applied in a variety of information and communication workflows.

In the future appropriately designed TMS or TMS modules will find new markets particularly in applications, such as
- co-operative writing (today a high percentage of the citizenship of developed countries works more or less intensively in some form or other as 'technical writers'),
- documentation (in the meaning of information & documentation as well as of archiving and filing), and
- co-operative terminology work.

If appropriate tools were available for computer-assisted terminology work, the preparation, processing and maintenance of terminological data could be carried out faster, more efficiently and in line with modern quality management approaches. Needless to say that this would considerably help the terminology market to develop.

## 2.3. Terminology Services

At present the following terminology services already exist or are foreseeable in the future:
- terminology consultancy and training services,
- outsourcing of terminological tasks,
- information services.

*Consultancy services and training*

Consultancy services and training are most often needed in conjunction with application aspects, such as
- application of terminological principles and methods (including especially the appropriate application of existing standards),
- selection and application of tools,
- terminology project management etc.

As a rule today's experts have not studied the basic theory of logic and epistemology underlying the science of sciences (or science theory – also comprising the basic theory of terminology). They, therefore, often need training in the theoretical and methodological basics of terminology science and terminography. Large organizations/institutions often need to include terminological methods and tools into their information management or quality management schemes. Government agencies and other public authorities in many countries want to implement knowledge transfer policies, which would largely benefit from the appropriate terminology planning methods. Institutions and organizations frequently also need advice with respect to legal problems (especially related to intellectual property rights) concerning the application of terminologcal data and tools.

It has to be mentioned, however, that with a few exceptions (e.g. China, Greece, etc.) these needs are still latent, decision makers not being aware of the usefulness and effectiveness of such services. Therefore, it is still a dormant market for lack of interest and investment.

*Outsourcing*

Increasingly institutions and organisations of all sorts consider outsourcing a suitable method to cope with identified limited terminological needs. Outsourcing may refer for instance to
- research and development on demand concerning new tools or applications, adaptation of existing tools etc., such as
- TMS or even TDB design and implementation,
- meta-browsers for information networks, etc.
- terminology work on demand with respect to
- terminology preparation,
- terminology maintenance (including among others revision and updating),
- conversion or merging of terminological data,
- evaluation and validation of terminological data, etc.
- maintenance and aftercare services with regard to
- TMS software maintenance and upgrading,
- comprehensive data holdings maintenance, etc.

*Information services*

Increasingly terminological products and services will – similar to the general situation in the field of information and communication technology (ICT) – be available as one or attached to one of many kinds of information services available on the market. They will also increasingly be integrated into other ICT applications.

For the distribution of terminological data to different user groups with various user needs efforts should be made to establish market-oriented and fee-based information networks for providing
- terminological data proper as well as
- value-added terminological products and services
on a commercial basis.

The clients thus will have to pay for terminological products and services. The more clients can chose among an ever increasing variety of terminological products and services the more affordable they will become.

*3. The Terminology Infrastructures in Europe*

Given the amount of terminological entries accross science and technology and other subject-fields to be prepared in a multitude of languages this monumental task cannot be performed without the help of millions of experts who need to do this anyhow, if they want to work and communicate efficiently. In most cases today such terminology work is carried out in the form of thousands of small cooperative efforts scattered all accross the globe and in many subject-fields with little inter-connection. It is performed as a rule in a non-commercial (let alone non-profit) framework.

In some cases terminological activities are carried out 'horizontally', i.e. across many or all subject-fields at the language level. In many or most cases, however, they are carried out 'vertically', i.e. within a given subject-(sub)field. In smaller language communities (or even larger language communities, which feel 'threatened' for some reason or other) the share of horizontal terminological activities/efforts will probably be bigger than in larger language communities with many developed specialized languages. It every language community it requires a public or semi-public or at least partly public infrastructure
- to promote, organize and co-ordinate terminological activities by domain experts taking into account multiple user needs,
- to provide the information on terminological activities, institutions, publications and services available,
- to promote co-operation and co-ordinate activities in order to find solutions to common problems.

The future horizontal terminology infrastructure is composed of five main structural elements or aspects:
- terminology (planning) policy,
- (systematic) terminology creation,
- information and documentation in the field of terminology,
- terminology associations (primarily for individuals),
- purpose-oriented co-operation groupings in private industry or between private industry and public institutions (for the sake of creating and/or sharing terminological data).

Often two or more of these elements/aspects can or will be combined, in many cases they are or should be institutionalized in order to be effective.

*3.1. Terminology Policy*

While terminology planning in large language communities would concentrate on the unification and harmonization of terminology usage, it would primarily focus on the conscious and purposive development of specialized languages in the smaller language communities. Of course differences in the level of development of specialized languages in different subject-fields have to be taken into account. The experiences with and results of existing terminology unification and harmonization efforts (not only at international level, but also in small language communities, such as Iceland) as well as the efforts of the International Information Centre for Terminology (Infoterm), the International Network for Terminology (TermNet), the Association for Terminology and Knowledge Transfer (GTW) and the International Institute for Terminology Research (IITF), and – last but not least – the results of the work of the Technical Committee ISO/TC 37 "Terminology (principles and co-ordination)" of the International Organization for Standardization (ISO) – not to mention other terminology institutions and organizations which exist since many years – are of particularly value for the development of specialized languages and terminologies in smaller language communities whether in Europe or world-wide.

In some countries or language communities it may necessitate the establishment of a political or administrative institution or a consultative council for designing and implementing a terminology policy. Given the linguistic situation in Europe there should be a terminology policy in any case in every language community that wants to develop its language according to the needs of professional communication. Therefore, the author would like to call for a declared European terminology policy on behalf of the European Union with complementary policies at national or language community level in order to take the specific linguistic situation of every language community into account. These policies must, however, be supported by efforts from within the language communities, if they shall meet with the desired success. Given the shear volume and complexity of the terminology problem, co-operation among the language communities with respect to the design and implementation of such terminology policies and strategies should be promoted and actively encouraged as much as possible.

*3.2. Terminology Creation Activities*

A systematic aproach to organize the creation of terminologies should be taken especially by the smaller language communities, which would otherwise inevitably be swamped by foreign loan terms. Clear-cut objectives for this endeavour and the support by a declared terminology policy will definitely help. Co-operation within the same language family (e.g. the Romance or Nordic languages) secures a certain parallelism in terminology development and helps to maintain a high degree of terminological homogeneity across languages, which facilitates specialized communication within the respective language family. Depending on the individual language situation co-operation between subject-field experts and terminologists (or LSP experts or applied linguists trained as terminologists) may prove useful or even indispensable.

In fact terminology creation centres exist in Europe in language communities such as of the Catalan, Basque, Icelandic, Norwegian, Swedish and Finnish languages. Similar terminology creation institutions definitely are needed in some other language communities.

## 3.3. Terminology Information and Documentation Centres (TDCS)

Beside Infoterm, which performs distinct functions as a clearing house and referral centre for information in the field of terminology at international, European and national Austrian level (and which is the oldest TDC), there are several TDCs in operation in France, Spain or in the above-mentioned language communities, where the role of a TDC is combined with that of a terminology creation centre. In several other language communities a TDC is in the process of being established, further ones without would greatly benefit from the existence of a TDC.

In smaller language communities a TDC will more possibly than not be a central institution covering the whole area of the language community. In larger language communities the respective TDC will probably be the focal point of a network of smaller TDCs with similar or different foci.

The planned project for the establishment of the "European Network of Terminology Documentation Centres" (TDCnet) aims at linking up the existing and emerging TDCs in a physical network (in the form of an 'extranet' within the Internet) in order
- to increase the efficiency of operation of the individual TDCs via networking,
- to improve access to existing information and holdings,
- to assist the establishment of further TDCs, where they are needed.

## 3.4. Terminology Associations

Terminology associations have been established at national or international level in order to meet immediate needs – especially those of individual users. At international level the Association for Terminology and Knowledge Transfer (GTW) was established in 1986 in order to organize co-operation among those interested in improved terminology software. Its first main task was to organize the first International Congress on "Terminology and Knowledge Engineering" (TKE'87) in 1987, which marked the beginning of a series of successful TKE Congresses. Between the Congresses the activities focus on pre-normative research and development in working groups. The International Institute for Terminology Research (IITF) was founded in 1989 in order to provide a forum for the exchange of experience of teachers and researchers in the field of terminology. A number of training courses were organized in countries having a particular need for terminology training, and for the training of terminology teachers and trainers – not to mention the annual International Terminology Summer School. Nordterm in the Nordic countries also provides a similar framework for the exchange of experience and organization of teaching and training opportunities in terminology science.

At regional level the Reseau international de terminologie et de néologie (Rint), the Red Iberoamericano de Terminología (RITerm) and the recently (1996) founded European Association for Terminology (EAFT) are organizing co-operation in the field of terminology for various purposes among related language communities. As a rule they comprise among others also national or language community specific associations in their ranks.

Such language community specific associations exist for instance in Germany (German Terminology Association – DTT), Italy (Associazione Italiana per la Terminologia – ASSITERM), Greece (Hellenic Society for Terminology – ELETO) or are in the process of being established in the Netherlands and other language communities.

## 3.5. Purpose – or Project- Oriented Corporate Cooperation Groups

Purpose- or project-oriented corporate cooperation groups in private industry or between private industry and public institutions exist in some countries, such as Switzerland, France, Denmark and Germany. Given the multitude of problems still requiring a solution in the field of terminology, such purpose-oriented co-operation groupings with their very pragmatic approach and flexible structure can be extremely effective and should further be encouraged whenever suitable.

## 3.6. Vertical Terminology Infrastructures

By far most of terminology work is carried out as a collective work by subject-field specialists under the umbrella of a more or less ‚authoritative' organization or institution. Legal (or quasi-legal) terminologies are e.g. determined by legislation or jurisdiction at international, European or national levels. Sometimes the terminology contained in technical rules/regulations at national level is also considered as quasi-standardized terminology. Harmonized/standardized terminologies are issued by an official public or officially authorized harmonization/standardization body. Often the documents containing such terminologies are referred to in laws, so that the terminology becomes ‚legalized'. Quasi-standardized terminologies are prepared by subject-field authorities recognized in the respective field (e.g. IUPAC) or by an institution/organization authorized for this purpose, but not belonging to the official standardization framework. Other kinds of ‚authoritative' terminologies are at least issued by or published under the patronage of a (formally or informally recognized) subject-field authority.

The authoritative nature of data (viz. the degree of authoritativeness) depends on the status of the data originator being
- a legal or quasi-legal (public or semi-public) authority
- a harmonizing/standardizing (or quasi-standardizing) body
- an 'informal' authority in the respective subject-field
and on whether it is
- prepared within the framework of a working group or committee/commission established for this purpose by the ‚authority',
- prepared by one (or more) individual experts on behalf of the subject-field authority,
- adopted by the subject-field authority from external originators,
as well as on whether it
a) is prepared on the basis of a proper terminological methodology (such as following the respective ISO standards),
b) consists of individual data being well documented (incl. indication of source references, originating body/expert etc., responsibility codes etc.),
c) is prepared by (individual or a group of) subject-field experts possibly assisted by professional terminologists,
d) is prepared by another kind of expert(s) (e.g. specialized lexicographer, translator, etc.).

As a rule there is no absolute 'authority' covering all applications, the authority in most cases is restricted to a (implicitly or explicitly) defined scope, but can often be extended towards similar/neighbouring applications.

Sometimes non-authoritative terminology being prepared by one (or more) individual experts on behalf of an issuing institution/organisation (e.g. publisher) may also acquire the reputation of being ‚authoritative'.

*3.7. Terminology Standardization*

Terminology standardization covers two distinct aspects, which belong to two different infrastructures. The standardization of terminological principles and methods certainly belongs to the horizontal infrastructures, whereas the standardization of terminologies in the various technical committees definitely is an element of the vertical structures.

## 4. Outlook

The terminology infrastructures as well as the terminology market(s) are still characterized by the co-existence of many loosely interconnected elements. But gradually the mosaic of these elements is becoming more complete, while at the same time turning into a dense networking of interacting structures and activities. Co-operation in terminology, which started at international level, by now has got organized already at transnational level within the framework of some language families in Europe. Within the various language communities, however, there are very different language situations with respect to the evolution of terminology infrastructures and the terminology market. Nevertheless a certain pattern seems to evolve – as was described above.

The development of the terminology market and the development of an infrastructure mutually support each other. Some tasks/activities, such as the collecting and 'housekeeping' of information, which are in the public interest, must continue to be funded by the community, whereas others increasingly are (and should be) financed by the users, especially those from the private sector.

Obviously the development is speeding up recently, but there is still a long way to go. Access to information in the field of terminology is still not as easy for the user as it would be desirable. Co-operation among the 'players' in the field still needs promotion and support. Quality of information and services has to be enhanced with a view to user needs – which also requires a higher concern for multifunctional data. The teaching and training situation is still characterized by many 'missing links'.

The planned European Network of Terminology Documentation Centres will be a cornerstone of the future terminology infrastructure in Europe. It will also support the further development of the terminology market by providing information on existing terminology resources, activities, experiences, services etc. and on the conditions of their availability.

*References*

*Infoterm* [ed.]. Guidelines for a national terminology planning policy. Wien: Infoterm, 1989 (Infoterm Document 12-89en)

*Budin*, G. Language planning and terminology planning. Theories and practical strategies. Wien: Infoterm, 1993 (Infoterm Document 06-93en)

*Galinski*, C. The terminology market. Wien: Infoterm, 1995 (Infoterm Document 23-95en)

*Galinski*, C. Terminologie und eine gemeinsame Kultur in Europa. Wien: Infoterm, 1994 (Infoterm Document 21-94de)

*Galinski*, C. Terminologisches Informationsmanagement in Harmonisierungsprojekten der EU. Wien: Infoterm, 1994 (Infoterm Document 20-94de)

*Galinski*, C. Fachsprachen- und Terminologiepolitik in Europa. In: *Grinsted*, A.; *Madsen*, B.N. [eds.]. Festskrift til Gert Engel i anledning af hans 70 års fødselsdag. Frederiksberg: Samfundslitteratur, 1994, p.248-265 (Infoterm Document 14-94de)

*Galinski*, C. A systematic approach to knowledge transfer. Austrian contribution. Trade and Development Board Ad Hoc Working Group on Interrelationship between Investment and Technology Transfer. Third Session, Geneva, 21 March 1994. Wien: Infoterm, 1994 (Infoterm Document 12-94en)

*Galinski*, C. Economic and social impact of mother-tongue use in specialized communication in Europe. Wien: Infoterm, 1994 (Infoterm Document 05-94en)

*Galinski*, C.; *Lerat*, P. French language planning in the French speaking world. TermNet News 14 (1993), no. 42/43, p.11-18

*Galinski*, C. e.a. International cooperation in terminology today and tomorrow. Wien: Infoterm, 1993 (Infoterm Document 12-93en)


**Summary**

The terminology infrastructure(s) as well as the terminology market(s) in Europe are still characterized by the co-existence of many loosely interconnected elements. On the one hand there are very different language situations within the various language communities with respect to the evolution of terminology infrastructures and the terminology market. On the other hand a certain pattern seems to evolve. In this connection a distinction has to be made between the horizontal and vertical infrastructures. In the area of the horizontal infrastructures five main structural elements seem to emerge: terminology (planning) policy, terminology creation centres, terminology information and documentation centres, terminology associations, and corporate cooperation groups led by the private sector. The development of the terminology market and the development of terminology infrastructures definitely support each other.

Whenever and wherever specialized information and specialized knowledge are being prepared (e.g. in research and development) and used (e.g. in spoken or written professional communication)

or recorded and processed (e.g. in data banks)
passed on (e.g. in teaching and training)
transformed and transferred (e.g. in the transfer of knowledge and technology)
translated or interpreted,
terminology is accorded a crucial role. Terminological data, methods and tools, therefore, are at the service of professional communication, technical documentation, specialized translation, localisation, industrial standardization, electronic commerce, information management, inventory control, higher education and vocational training – just to mention a few.

Of the top twenty languages (according to the number of mother-tongue speakers) six are spoken in Western Europe: English, Spanish, Portuguese, German, French and Italian. In the European Union eleven languages are official working languages of the European Institutions. But there are about forty languages recognized as ‚official languages' at national or regional level. About fifteen language communities have a ‚terminology centre'. The number of such terminology centres is expected to increase to about twenty by the end of the millennium.

One of the three action lines of the EU Programme "Multilingual Information Society" (MLIS) is concerned with the construction of infrastructures for European language resources: such as dictionaries, terminology databases, grammars, speech data. The TDCnet project is meant to be a motor for establishing the terminology infrastructures in support of the multilingual information society in Europe. The TDCnet Consortium takes the lead in establishing the network (in the form of an ‚extranet' in the Internet), which is open for other TDCs from the European Economic Area.

The TDCnet project will constitute the ‚backbone' of the future terminology infrastructure in Europe. It will organize and optimize cooperation among the existing TDCs and develop value-added information products and services in the field of terminology. It will also support further development of the terminology market by providing information on existing terminology resources, activities, experiences, services etc. and on the conditions of their availability. The establishment of TDCs in language communities, where they would be needed, but do not yet exist, is encouraged.

*The Terminology Market and Terminology Infrastructures in Europe*

There seems to exist a vexed relationship between the possibility to use one's mother-tongue and the positive economic development of the respective language community. People whose mother-tongue is not (or not sufficiently) developed from the point of view of specialized languages or who are denied use of their mother-tongue in education and training, for accessing information or in their daily work situation tend to be or feel disadvantaged. In most cases the limitation of the use of a language to areas such as culture and folklore results in the – almost irreversible – loss of its applicability in specialized communication. On the one hand, the 'linguistic map' of Europe reveals the richness of the European cultural heritage, but should not, on the other hand, be a source for complacency, if we consider the potential for conflict. It definitely needs a framework of measures at European, national and language community level in order to prevent the smaller language communities from dropping into a really disadvantageous situation.

The terminology infrastructure(s) as well as the terminology market(s) are still characterized by the co-existence of many loosely interconnected elements. On the one hand there are very different language situations within the various language communities with respect to the evolution of terminology infrastructures and the terminology market. On the other hand a certain pattern seems to evolve. In this connection a distinction has to be made between the horizontal and vertical infrastructures. In the area of the horizontal infrastructures five main structural elements seem to emerge: terminology (planning) policy, terminology creation centres, terminology information and documentation centres, terminology associations, and corporate cooperation groups led by the private sector. The development of the terminology market and the development of terminology infrastructures definitely support each other. Obviously the development of both has speeded up recently, but there is still a long way to go.

Whenever and wherever specialized information and specialized knowledge are being prepared (e.g. in research and development)

used (e.g. in spoken or written professional communication)

recorded and processed (e.g. in data banks)

passed on (e.g. in teaching and training)

transformed and transferred (e.g. in the transfer of knowledge and technology)

translated or interpreted,

terminology is accorded a crucial role. Terminological data, methods and tools, therefore, are at the service of professional communication, technical documentation, specialized translation, localisation, industrial standardization, electronic commerce, information management, inventory control, higher education and vocational training – just to mention a few.

European Project – "European Network of Terminology Information and Documentation Centres" (TDCnet).

Of the top twenty languages (according to the number of mother-tongue speakers) six are spoken in Western Europe: English, Spanish, Portuguese, German, French and Italian. In the European Union eleven languages are official working languages of the European Institutions. But there are about forty languages recognized as ‚official languages' at national or regional level. About fifteen language communities have a ‚terminology centre'. The number of such terminology centres is expected to increase to about twenty by the end of the millennium.

Given the fact that linguistic diversity is an essential component of the national and regional diversity of the cultures of the member states, the European Commission conceived the Programme for a "Multilingual Information Society" (MLIS). Business and citizens, whatever their language, should enjoy equal opportunities for participation in the new information age. They, therefore, need multilingual facilities for creating, exchanging and accessing information. The MLIS Programme represents a concentrated effort to speed up the process of getting new language processing technology onto the market.

One of the three MLIS action lines is concerned with the construction of an infrastructure for European language resources: such as dictionaries, terminology databases, grammars, speech data. The TDCnet project is meant to be a motor for establishing the terminology infrastructure in support of the multilingual information society in Europe. The TDCnet Consortium takes the lead to establish the network (in the form of an ‚extranet' in the Internet). The project is open for other TDCs from the European Economic Area to join.

The TDCnet project will constitute the ‚backbone' of the future terminology infrastructure in Europe. It will organize and optimize the cooperation among the existing TDCs and develop value-added information products and services in the field of terminology. It will also support the further development of the terminology market by providing information on existing terminology resources, activities, experiences, services etc. and on the conditions of their availability. The establishment of TDCs in language communities, where they would be needed, but do not yet exist, is encouraged.

# Religion

Michael Staikos

# Zur Rolle der Orthodoxie in Mittel-, Ost- und Südosteuropa

Mit Freude und Genugtuung nehme ich an dieser internationalen Konferenz teil, denn ich begrüße nicht nur dieses Ereignis an sich, an dem so viele Persönlichkeiten aus so vielen Institutionen, Organisationen und Regionen zusammenkommen, sondern auch, weil das Thema und das Ziel dieser Konferenz von großer Bedeutung für die Gegenwart, aber auch und vor allem für die Zukunft Europas ist. Tatsächlich ist das Thema „Chancen für ein gemeinsames Europa" ein wichtiges Anliegen und zugleich ein existentielles Programm, das wir alle gemeinsam zu verantworten haben. Von hier aus, aus Mittel- und Westeuropa, aber auch aus den betroffenen Regionen selbst in gegenseitiger Achtung und Respektierung. Deshalb freue ich mich besonders, weil dieses Anliegen bei dieser Konferenz programmatisch berücksichtigt wurde.

Dies hat weitreichende Konsequenzen, denn in diesem Zusammenhang wird auch die tatsächliche Dimension Europas gesehen, die nicht mit der jetzigen Gestalt der Europäischen Union identisch sein kann. Die geographische Dimension Europas, nämlich vom Norden bis Süden, von Island und Norwegen bis Kreta und Zypern und vom Westen bis Osten, von Portugal bis mindestens zum Ural, darf aus unserem Blickwinkel nicht verloren gehen. Also das ganze Europa und zwar ohne Ansehen der Religion, der Politik, der Wirtschaft, der Kultur, der Zivilisation usw., in der Vielfalt der Konfessionen, der Traditionen, der Kulturen, der Mentalitäten usw. Die programmierte stufenweise Erweiterung der Union auf das ganze Europa bezeugt diese gewünschte Realität, die auch von der Gesamtorthodoxie gewünscht wird.

Aus diesem Grunde sind die Selbstdarstellungen aus den jeweils betroffenen Regionen nicht nur sinnvoll, sondern unerläßlich, damit authentische Informationen vermittelt werden. Wir wissen ja, und allmählich wird es immer deutlicher, daß es nicht immer zu positiven Ergebnissen führt, wenn Menschen über andere urteilen wollen, oder wenn sie das Leben der anderen gestalten oder sogar mit einer gewissen Betreuungsmentalität verbessern wollen, ohne sie zu fragen, ohne auf ihre konkrete Lebenssituation, soziopolitisch, kulturell und religiös Rücksicht zu nehmen.

Europa ist auch nicht nur aus dem politischen, wirtschaftlichen, kulturellen oder sogar militärischen Blickwinkel zu sehen, sondern auch aus dem religiösen und spirituellen. Diese Berücksichtigung kann nicht hoch genug geschätzt werden für die Bewältigung der vorhandenen Probleme und für die Perspektiven der

Erweiterung der Europäischen Union und schließlich für die Gestaltung des neuen Europas.

Der religiöse Aspekt muß also sehr ernst genommen werden. Er darf nicht nur als eine private Angelegenheit betrachtet oder zu einer solchen degradiert werden, was in manchen Bereichen, unter dem Mantel der grenzenlosen demokratischen Religionsfreiheit, da und dort leider geschehen ist. Wenn man das tut, ignoriert man das Wesen und die ganzheitliche Dimension des Menschen überhaupt und verarmt die menschliche Gesellschaft. Aber auch rein pragmatisch und aus den historischen Fakten selbst kann man von diesem Europa seine religiöse Dimension in seiner heutigen kulturellen und zivilisatorischen Gestalt nicht wegdiskutieren. Und ich meine hier überhaupt nicht kirchenpolitische oder machtpolitische Aspekte einer privilegierten Schicht, wie manche vielleicht denken könnten, sondern ich meine den heutigen hohen Wert der europäische Kultur und Zivilisation, durchdrungen und genährt von der christlichen Komponente in ihrer vielfältigen, westkirchlichen und ostkirchlichen Gestalt und Tradition. Was wäre heute Europa ohne sein christlich-religiöses Fundament?

In den hier besprochenen Regionen Europas, im mittleren, östlichen und südöstlichen Europa, gilt das, was hier erwähnt wurde in besonderer Weise. Es mag sein, daß diese Region, vor allem das östliche und südöstliche Europa wegen militärisch-politischer Entwicklungen Jahrhunderte bzw. Jahrzehnte lang in eine existentiell äußerst schwierige Situation geraten sind. Alle diese Völker, versklavt, unterdrückt, ausgebeutet und mißbraucht, wurden ihrer Freiheit und weitgehend ihrer Religionsausübung beraubt. Trotzdem und im großen Ausmaß vom freien und demokratischen Europa im Stich gelassen, konnten all diese Völker in einer erstaunlichen Weise die Katakombenzeit der vielfältigen Verfolgungen und der Not überleben. Ohne die Kraft ihres religiösen Glaubens, ohne die unzähligen und unschätzbaren Opfer der Orthodoxen Kirchen dort, der einfachen Menschen, der Mönche in den verfolgten und zum erheblichen Teil zweckentfremdeten und zerstörten Klöstern und den meisten ihrer Hirten und Hierarchen wäre nicht einmal das Überleben möglich. Auch diese Dimension der Orthodoxen Kirchen wird oft ignoriert oder gering geschätzt. Wir können also hier feststellen, daß die Religion in allen Dimensionen des Lebens der Menschen und der Völker, in guten, aber auch in schlechten, eine eminent existentielle Bedeutung hat. Eine solche wichtige Rolle kann sie auch in Zukunft für das vereinte, neue Europa in einer ökumenischen Verantwortung aller Kirchen spielen. Anders geht es nicht. Dies meinte auch der Ökumenische Patriarch von Konstantinopel Bartholomäos I. am 19. April 1994 im Plenum des Europäischen Parlamentes in Straßburg in seiner im Westen leider zu wenig beachteten Rede, als er u. a. zu den Europa-Abgeordneten sagte: „Die europäische Einigung, an der Sie als Vertreter des Willens Ihrer Völker arbeiten, ist eine uns vertraute

Aufgabe. Wir stehen im Dienst einer Tradition von siebzehn Jahrhunderten, in denen wir uns um die Bewahrung und die Einheit der Kultur Europas gesorgt und für Sie gekämpft haben. Das altehrwürdige Patriachat des Neuen Rom (Konstantinopel) hat, ebenso wie der andere europäische Pol, das Alte Rom, nicht das Glück gehabt, diese Einheit sichtbar werden zu lassen. Darüber empfinden wir große Trauer. Und doch setzen wir sogar gemeinsam unser ursprüngliches Zeugnis fort, daß nämlich die politische Einheit, wenn sie von der Kultur getrennt wird, d. h. vom grundlegenden Sinn der menschlichen Beziehungen, unmöglich zur Schaffung des einen Europas führen kann. Die erstrebte Einheit der europäischen Völker kann nur als Einheit in der Gemeinschaft eines gemeinsamen Lebenssinnes, eines gleichförmigen Ziels der menschlichen Relationen, erreicht werden..."

Die Bereitschaft des Ökumenischen Patriarchates zur Mitarbeit auch auf dem Weg zur Vereinigung und zur Versöhnung der vielen Völker Europas wird vom Ökumenischen Patriarchen den Parlamentariern im Europaparlament uneingeschränkt angeboten, sprach er doch schon im Jahre 1994 von der gewünschten Erweiterung der Europäischen Union: „Außerhalb der heutigen (damaligen) Zwölfergemeinschaft sind auch andere Völker mit vielen Menschen, von denen die meisten der orthodoxen kirchlichen Tradition angehören, unterwegs auf dem europäischen Weg. Gestatten Sie mir, der Hoffnung Ausdruck zu verleihen, daß auch diese Völker bald gerufen sein werden, am Leben und an den Institutionen des vereinten Europas teilzuhaben ... Wir bitten Sie, die Bereitschaft des Ökumenischen Patriarchates zu akzeptieren, Ihnen bei Ihrem Streben nach europäischer Einigung zur Seite zu stehen, für ein Europa, das nicht nur für sich selbst da ist, sondern zum Wohl der ganzen Menschheit."

Diesen Geist des Ökumenischen Patriarchen von Konstantinopel Bartholomäos I. nahmen die Vorsitzenden der Orthodoxen Kirchen des Ostens, Patriarchen und Erzbischöfe, bei ihrer Begegnung auf der Insel Patmos am 26. September 1995 auf und sie betonten in ihrer Botschaft mit aller Deutlichkeit, „daß sie allen ganz klar machen wollen, vor allem jenen, die bewußt oder aus Unkenntnis das Bild der Orthodoxen Kirche entstellt darstellen, daß die orthodoxe, kirchliche Auffassung über „Nation" gar kein Element der Aggressivität und der Konfrontation zwischen den Völkern beinhaltet, sondern daß sie sich auf die Besonderheit eines jeden Volkes bezieht, auf ihr heiliges Recht, den Reichtum ihrer Tradition zu bewahren und zu pflegen, damit sie dadurch für den Erfolg, für den Frieden und für die Versöhnung aller Menschen beitragen. Aus diesem Grunde verurteilen wir jeden nationalistischen Fanatismus, der zur Spaltung und zum Haß zwischen den Menschen, zur Verfälschung oder zur Vernichtung der kulturellen und religiösen Besonderheiten anderer Völker der Erde und zur Verletzung des heiligen Rechtes auf Freiheit und Würde der menschlichen Person und der überall existierenden Minderheiten führen kann."

Das ist die kontinuierliche, konsequente Haltung der Orthodoxen Kirchen in allen Ländern, also auch in ganz Europa und in den uns hier interessierenden Regionen. Schon eine gesamtorthodoxe Konferenz in Chambécy bei Genf formulierte im Jahre 1986 folgendes: „... Eine Minderheit, ob sie religiöser, sprachlicher oder ethnischer Art ist, muß in ihrer Andersartigkeit geachtet werden. Die Freiheit des Menschen ist untrennbar verbunden mit der Freiheit der Gemeinschaft, der er angehört ... Ein solcher Pluralismus müßte eigentlich das Leben aller Länder bestimmen. Die Einheit einer Nation, eines Landes oder eines Staates müßte daher das Recht auf Verschiedenartigkeit der menschlichen Gemeinschaft einschließen. Die Orthodoxie verurteilt kompromißlos das unmenschliche System der rassischen Diskriminierung und die gotteslästerliche Behauptung von der angeblichen Übereinstimmung eines solchen Systems mit den christlichen Idealen. Auf die Frage „Wer ist mein Nächster" antwortete Christus mit dem Gleichnis vom barmherzigen Samariter. So lehrte er uns die Beseitigung jeder Mauer der Feindseligkeit und Voreingenommenheit. Die Orthodoxie bekennt, daß jeder Mensch – unabhängig von Hautfarbe, Religion, Rasse, Nationalität und Sprache – das Bild Gottes in sich trägt und unser Bruder oder unsere Schwester ist und gleichberechtigtes Glied der menschlichen Familie".

Diese Auffassungen wollen die Orthodoxen Kirchen in ökumenischer Verantwortung mit den anderen Kirchen teilen und in die Praxis umsetzen. So haben der frühere Patriarch von Konstantinopel Dimitrios und Papst Johannes Paul II. in einer gemeinsamen Erklärung schon im November 1979 für die Bedeutung des Ökumenischen Dialogs folgendes betont: „Dieser theologische Dialog hat nicht nur zum Ziel, in Richtung auf die Wiederherstellung der vollen Gemeinschaft zwischen den katholischen und orthodoxen Schwesterkirchen fortzuschreiten, sondern auch zu den vielseitigen Gesprächen beizutragen, die sich in der christlichen Welt auf der Suche nach ihrer Einheit neue Möglichkeiten des Dialogs und der Zusammenarbeit mit den Gläubigen anderer Religionen und mit allen Menschen guten Willens eröffnen, damit die Liebe und die Brüderlichkeit den Sieg davontragen über den Haß und den Widerspruch unter den Menschen. Wir hoffen, so zum Kommen eines wahren Friedens in der Welt beizutragen. Wir erbitten dieses Geschenk von dem, der war, der ist und der sein wird: von Christus, unserem einzigen Herrn und unserem wahren Frieden."

Die ökumenische Dimension beschränkt sich natürlich nicht auf das Verhältnis zwischen den Orthodoxen und der Römisch-Katholischen Kirche, sondern realisiert sich in einer intensiven Zusammenarbeit mit den anderen Kirchen auch in Europa, vor allem in der strukturierten Form der Konferenz Europäischer Kirchen (KEK) seit 1959, an der ca. 120 Europäische Kirchen und natürlich die Kirchen der hier besprochenen Regionen Mitglieder sind, gemeinsam mit dem Rat der römisch-katholischen Bischofskonferenzen Europas (CCEE).

Die Erste Europäische Ökumenische Versammlung in Basel im Mai 1989 und die Zweite Europäische Ökumenische Versammlung in Graz im Juni 1997 dieser beiden genannten kirchlichen bzw. ökumenischen Organisationen gaben wichtige Impulse eines unverfälschten gesamteuropäischen Bildes der religiösen, kulturellen, soziopolitischen und wirtschaftlichen Vielfalt der Strukturen und der Traditionen, unter Einbeziehung der hier besprochenen Regionen. Nach Graz kamen z. B. aus dieser Region im Juni vorigen Jahres ca. 5.000 Menschen aus allen Kirchen. Nur aus Rumänien waren es mehr als 1.000 . Die Berücksichtigung der Ergebnisse und Abschlußdokumente dieser gesamteuropäischen Versammlungen von Basel und Graz seien allen Verantwortlichen aus allen Organisationen und Institutionen, die sich die Gestaltung des neuen Europas zur Aufgabe gemacht haben, empfohlen.

**Summary**

This conference plays an important role for the presence and for the future of Europe, because „the chances for a common Europe" are considered an important wish and a crucial program. In this respect we must not forget the geographical dimension of Europe. We have to consider it not only from the political, economic and strategic points of view but also from the religious and spiritual dimensions.

Religion is of great importance for every human being in every aspect of life and can also in future play an important role for the new, united Europe in responsible ecumenical unity of all churches. In this sense the Orthodox Church sees „that the desired union of all European peoples can be reached by the unanimous understanding of living, an everlasting aim of human relations..." The Orthodox Church condemns as well „every nationalistic fanatism which may lead to cleavages and hatred among people, to adulteration or destruction of the cultural and religious specifics of other peoples in the world or to damaging of the holy right of freedom and dignity of the human being or of ubiquitous existing minorities". This is the consequent attitude of the Orthodox Church in all countries, as well as in Europe. At an orthodox conference in 1986 in Chambécy near Geneva it was underlined, that „Orthodoxy acknowledges, that in every human being notwithstanding complexion, religion, race, nationality or language you find the image of God, he is our brother and sister and has equal rights as a member of the family of mankind."

The ecumenical dimension of this conference is also documented by intense co-operation of all churches in Europe, especially since the „Conference of European Churches" in 1959, where approximately 120 European Churches are members as well as in the Roman-Catholic Episcopal Conference of Europe.

The „First European Ecumenical Assembly" in Basle in May 1989 and the „Second European Ecumenical Assembly" in Graz in June 1997 gave very important impulses for a genuine all-European image of religious, cultural, socio-political and economical structures and traditions.

Emanuel Turczynski

# Orthodoxie und der Westen
# Von erkämpfter, oktroyierter und gewachsener Toleranz

Vor zweihundert Jahren hat der griechische Aufklärer und Wegbereiter der Befreiung Südosteuropas von der Osmanenherrschaft, Rigas Velestinlis, in Wien einen Verfassungsentwurf erarbeitet und ihn mit einer Menschenrechtserklärung verbunden. Er wollte einen polyethnischen Freistaat errichten, in dem „Griechen, Bulgaren, Albaner, Vlachen, Armenier, Türken und andere Volksstämme" trotz der „Verschiedenheit der Religion" eine politische Gemeinschaft bilden sollten. Diese von der Aufklärungsphilosophie verbreitete Toleranzidee hat sich nur in Teilen Ostmittel- und Südosteuropas ausgewirkt, da oft die soziokulturellen Voraussetzungen gefehlt haben. Ebenso konnte der Elementarunterricht, der gemäß Artikel 23 für alle Landeskinder zur Pflicht werden sollte, nicht in dem Ausmaße eingeführt werden, wie ihn die vorbildliche theresianisch-josephinische Bildungsreform für Jungen und Mädchen im Habsburgerreich eingerichtet hatte, und die Rigas für ganz Südosteuropa anstrebte.

Als Rigas seine Pläne einer von osmanischer Fremdherrschaft befreiten Region zu Papier brachte, schienen die Voraussetzungen für sein Projekt günstig. Eine von christlicher Ethik getragene Wertegemeinschaft begann an Boden zu gewinnen, nachdem offensichtlich geworden war, daß der Bekehrungsdruck gegen Orthodoxe kein geeignetes Mittel zur Stärkung der herrschenden Glaubensgemeinschaft war. Die geweckten Widerstandsimpulse standen oft in keinem Verhältnis zu den Erfolgen.

Erfreulichere Langzeitwirkungen hatten die Neuerungen in Staat und Gesellschaft. Der physiokratische Wirtschaftsrationalismus trug nicht nur zur Hebung des Wohlstandes breiter bäuerlicher Schichten bei, er führte auch zu einem erhöhten Einkommen aus den vom Religionsfonds für die Kirchen treuhändisch verwalteten Ländereien, so daß für die Hebung des allgemeinen Bildungsstandes des Klerus und für die Errichtung von Elementarschulen neue Geldquellen erschlossen wurden.

Unter dem Einfluß der Aufklärung in ihrer josephinischen Ausprägung kam es zur Verlagerung des Wettstreits um Glaubensreform und -inhalte in die theologischen Bildungseinrichtungen in der Habsburgermonarchie. Für die unierten Ukrainer (Ruthenen) und Rumänen ergaben sich günstige Möglichkeiten eines soziokulturellen Aufstieges, der die Entstehung neuer Eliten förderte. Unbestritten ist der Beitrag der griechisch-katholischen Kirche Siebenbürgens für die

Herausbildung des dako-romanischen Nationalbewußtseins, die Entwicklung einer literaturfähigen Sprache und die Entstehung einer von Glaubenstoleranz beeinflußten bikonfessionellen Nationskohäsion seit der Verbreitung des Dakoromanismus in allen von Rumänen bewohnten Landschaften. Auch die Ukrainer Galiziens und Nordost-Ungarns profitierten von der Verbindung zu Rom und zu den neu eingerichteten Priesterseminaren.

In den maßgeblich von der byzantinisch geprägten serbisch-orthodoxen Kirche dominierten Landschaften südlich der Donau hatten Erfahrungen bei der Konfrontation mit den islamischen Eroberern und den abendländischen Verteidigungskräften der kaiserlichen Militärgrenze unterschiedliche Aufklärungs- und Säkularisierungsregionen geschaffen. Die von der Osmanenherrschaft befreiten Gebiete südlich von Drau und Save wurden ebenso wie das kaiserliche Banat und später die Bukowina der mitteleuropäischen Rechts- und Erziehungskultur angeglichen, während die an der Peripherie Südosteuropas verbliebenen Griechen, Bulgaren und Albaner infolge der größeren räumlichen Entfernung zum Westen und wegen des traumatischen Feindbildes der Byzantiner seit dem Jahre 1204 sich gegen jede Form der Säkularisierung und der Aufklärungsrezeption sperrten. Das ist nicht der einzige Rückgriff auf ein weit zurückliegendes historisches Ereignis, auch die Serben sehen die Niederlage in der Schlacht auf dem Amselfeld vom 28. Juni 1389 im kausalen Zusammenhang mit mangelnder Unterstützung durch das Abendland.

Eine Annäherung zwischen Orthodoxen, Protestanten und Katholiken erfolgte auf mehreren Ebenen:
1. durch die wertfreie Öffnung der Universitäten und ihrer theologischen Fakultäten für Studenten orthodoxen Glaubens, so daß Halle, Göttingen, Leipzig, Heidelberg, die Universitäten in den Niederlanden und in der Habsburgermonarchie von zahlreichen serbischen, griechischen und rumänischen Studenten besucht wurden, denn die Orthodoxen Südosteuropas besaßen infolge des historischen Schicksals keine Universitäten. Dort fehlten bis 1837 Stätten für das höhere Studium theologischer und weltlicher Fächer. Daher war der Bildungsstand der Geistlichkeit vor der Einrichtung theologischer Seminare für Unierte und Orthodoxe recht bescheiden.
2. Die in mehrheitlich von Orthodoxen bewohnte Gebiete des ehemaligen Osmanischen Reiches eingewanderten deutschen Kolonisten fanden bei der örtlichen orthodoxen Geistlichkeit Unterstützung, die von gegenseitiger Achtung und Toleranz bestimmt war. Hatten Kolonisten keinen Pfarrer der eigenen Konfession in erreichbarer Nähe, übernahmen orthodoxe Geistliche deren Funktion bei Taufen oder Beerdigungen.

Die Wahrung der Eigenständigkeit von Inhalt und Formen war für die orthodoxen Theologen stets ebenso wichtig wie für die katholischen. Wenn an diesen

Säulen des Dogmengebäudes und der „Kanones" nicht gerüttelt wurde, konnten neue gemeinsame Bildungswege beschritten werden.

Griechische und serbische Kleriker hatten auf dem Boden der Habsburgermonarchie seit dem ausgehenden 18. Jahrhundert eine didaktisch-pädagogische Modernisierung der Katechese in die Wege zu leiten begonnen, um den Religionsunterricht als Brücke zu einer christlichen Wertegemeinschaft zu nutzen und um eine allgemeinverbindliche Rechtsordnung unter Vertiefung ethischer Normen aufbauen zu können.

Besonders erfolgreich waren diese Bemühungen in den neu erworbenen Provinzen der Habsburgermonarchie, weil dort die stufenweise Hinführung der orthodoxen Geistlichkeit zu einer den Protestanten und Katholiken vergleichbaren Bildungsstufe erfolgte. Der Weg von einer überwiegend schreibunkundigen und nur notdürftig lesefähigen Priesterschaft zu einer theologisch und staatsbürgerlich gebildeten Geistlichkeit mit soliden Kenntnissen der Humaniora war mühsam und konnte nur mit Hilfe orthodoxer geistlicher Würdenträger und einheimischer Eliten eingeleitet werden.

So waren die Maßnahmen zur Integration der Unierten und Orthodoxen in Siebenbürgen, dem Banat, der Wojwodina und der Bukowina von umsichtigen und maßvollen Schritten gekennzeichnet. Auch die Trennung des neuen exemten Bischofs der Bukowina von der Jurisdiktion des Ökumenischen Patriachats in Konstantinopel und von dem Erzbischof der Moldau in Jassy wurde erst nach gründlicher Vorbereitung vollzogen.

Czernowitz erhielt außer einem k.k. Staatsgymnasium auch eine Theologische Lehranstalt, die bis 1875 aus Mitteln des Religionsfonds so weit ausgebaut worden war, daß sie bei der Universitätsgründung als Theologische Fakultät konstituiert wurde und in der Folge überregionales wissenschaftliches Ansehen erwerben konnte. Viele Professoren dieser Fakultät hatten für ihre wissenschaftliche Weiterbildung Stipendien erhalten und an den Universitäten Österreichs und des Deutschen Reiches ein „Aufbaustudium" absolvieren können. Daß Dr. Wladimir von Repta, Metropolit der Bukowina und Dalmatiens, nicht nur gemeinsam mit der hohen katholischen und evangelischen Geistlichkeit 1904 an der Einweihung eines jüdischen Waisenhauses in Czernowitz teilnahm, sondern auch während der russischen Besetzung von Czernowitz im Ersten Weltkrieg die Thora-Rollen der jüdischen Gemeinden in der Erzbischöflichen Residenz in Sicherheit bringen ließ, sind Beispiele für den Wert einer gründlichen humanistischen und staatsbürgerlichen Erziehung neben der theologischen Ausbildung.

Der rumänische Universitätsprofessor Gala Galaction (1879-1961), der 1935 den Nationalpreis für Literatur erhalten hatte, lobte die auf gesamtstaatliche Integration bedachte Politik Wiens, weil die Allgemeingültigkeit der Rechtsordnung niemanden bevorzugte oder benachteiligte. Die von Disziplin und hohen wissenschaftlichen Ansprüchen geprägte Atmosphäre an der Fakultät für Orthodoxe Theologie der Universität Czernowitz, die er vor dem Ersten Weltkrieg kennengelernt hatte, befähigte seiner Meinung nach Professoren und Studierende zu größeren wissenschaftlichen Leistungen als die der Bukarester Fakultät.

Die von Serben und Rumänen der Habsburgermonarchie schrittweise der ecclesia dominans im 18. Jahrhundert und späterhin abgerungene Gleichberechtigung begünstigte die Verbreitung einer fortschrittlichen Schul- und Bildungspolitik, die mit Hilfe der politischen Strömungen des Westens für Toleranzimpulse auch bei den Südslawen gesorgt hatte.

Josephinische Anschauungen fanden auch in einzelnen griechischen Diasporagemeinden bereitwillige Aufnahme, konnten aber nicht auf die weltanschaulichen Strömungen des jungen Königreiches der Hellenen ausstrahlen. Ein griechischer Historiker von Rang, Wassilis Makrides, hat in unserem Jahrzehnt wiederholt dargestellt, wie groß die gewollte Distanz Athens zum Westen ist.

In den Gebieten mit fortschrittlicher Rechtskultur, einer zuverlässigen Verwaltung und einem effizienten Steuersystem konnte sich eine Bürgerschicht entwickeln, die in zunehmendem Maße politische Führungspositionen übernahm. Handwerk und Handel förderten interethnische und grenzüberschreitende Kontakte; aber die dünne Bürgerschicht konnte die Politisierung der Geistlichkeit in einigen vom Konfessionsnationalismus beherrschten Landschaften, wie z. B. in Mazedonien oder in Bosnien-Herzegowina und den angrenzenden Siedlungsräumen nicht verhindern.

Während des ganzen 19. und des beginnenden 20. Jahrhunderts war die Geistlichkeit der Griechen, Bulgaren, Serben und Kroaten von ethnopolitischen Aufgaben so sehr in Anspruch genommen, daß die Kirchengeschichte der südosteuropäischen Orthodoxie „nicht das Bild bedeutender kirchlicher Verwirklichungen ... und überzeugender Verkündigung des Evangeliums" aufweist, also keine „kreative Theologie und gelebte Spiritualität". Diese Feststellung traf der Heidelberger Religionswissenschaftler Friedrich Heyer zu Beginn dieses Jahrzehnts, denn „zu dominant war die Politik, zu bestimmend das Ideal der Emanzipation, dem die Kirche ihrerseits zu akklamieren hatte" (*F. Heyer:* Die Orientalische Frage im kirchlichen Lebenskreis. Wiesbaden 1991, XIII).

In einer Forschungsarbeit über Studierende aus Südosteuropa an deutschen Universitäten während des 19. Jahrhunderts wird festgestellt, daß die Zahl der Theologiestudenten weitaus geringer war als anderer Fakultäten, wobei 90% der 496 Theologiestudenten aus Siebenbürgen stammten, wo für Lehrer und Pfarrer der Sächsischen Nationsuniversität das Theologie- und Philosophiestudium verpflichtend war. Auf die Orthodoxen entfielen daher nur etwa 50 Theologiestudenten, von denen nicht wenige aus der Bukowina und anderen Kronländern kamen (*E. Siupiur:* Die deutschen Universitäten und die Bildung der Intelligenz in Rumänien und den Ländern Südosteuropas im 19. Jahrhundert. In: New Europe College Yearbook 1994/95, S. 213-246, hier S. 235 und 238.)

Unbestritten bleibt, daß sich das Verhältnis von Kirche und Staat in der Orthodoxie unterschiedlich gestaltete, daß aber in einigen Ländern die Idee der Einheit von Kirche und Staat, wie sie im Byzantinischen Reich geherrscht hatte, noch heute weiterlebt.

Innerhalb der autokephalen Landeskirchen entstanden daher unterschiedliche Toleranzzonen, deren Entwicklung von den jeweiligen Kulturbeziehungen zu Mittel- und Westeuropa, aber auch vom Bildungsstand der Kleriker abhängig ist.

**Summary**

The growing criticism throughout the Ottoman Empire directed against the strata of a different religious and ethnic group furthered the acceptance of the Western philosophy of Enlightenment by the Greek-Orthodox population. Influenced by the postulate of Human Rights and the discovery of the heliocentric system, the Serbs, Romanians and Greeks started with plans for the liberation of their people from oriental despotism. These secular ideas met with strong objection by the Orthodox Patriarchate of Constantinople. Due to his being under the control of the Ottoman rulers the Patriarch had to react by severely censoring books and other printed matters dealing with new ideas. Since this censorship had not affected the orthodox inhabitants of the Habsburg Monarchy, Rigas Velestinlis (1757-1798), the first Greek herald of liberation in the Balkans, who had spent years in Vienna was well acquainted with the new philosophy of Enlightenment. He knew the effect of the Bill of Tolerance, edited by Emperor Joseph II, and of the Freedom of the Press when he conceived the plan for a constitutional Republic comprising all nations of the Balkan peninsula. The fact that Orthodox Serbs, Romanians and Greeks in the Habsburg Monarchy, as well as Protestants in Hungary and Transsilvania, had won the tolerance of their religion after a long struggle and resistance against the Ecclesia dominans, eased the adoption of Enlightenment in the areas bordering the Habsburg Empire in South-eastern Europe from the Adriatic to Austrian ruled Bucovina. The modern Austrian higher education of the Orthodox Clergy helped the progress of Western civilization and the cooperation of State and Clergy, while the inhabitants of the Balkans were late in accepting the philosophy of Enlightenment, the secularization of education.

Peter Salner

# Die Stellung der Juden in einer Majoritätsgesellschaft am Beispiel der Slowakei im 20. Jahrhundert

Das 20. Jahrhundert wurde von der jüdischen Gemeinde in Ungarn – also auch auf dem Gebiet der heutigen Slowakei – mit großen Hoffnungen begrüßt. Nur wenige Jahrzehnte vor der Jahrhundertwende hatten sich die Tore des Ghettos definitiv geöffnet, und 1895 verabschiedete das ungarische Parlament ein Gesetz, mit dem es die Juden rechtlich im vollen Umfang den übrigen Einwohnern des Landes gleichsetzte. Niemand konnte ahnen, daß das vermeintlich goldene Zeitalter mit einer Massentragödie enden würde. An der Schwelle zum dritten Jahrtausend sehen die Perspektiven der jüdischen Gemeined viel trauriger aus.

Vorliegender Beitrag analysiert die Juden als eine der Komponenten des multikulturellen und multiethnischen Milieus der Slowakei in ihren heutigen Grenzen im Verlaufe des 20. Jahrhunderts. Während dieser historisch relativ kurzen Zeit änderten sich in diesem Gebiet mehrere Male die Staatsform, die politischen Regime, die Wertorientierungen, aber vor allem die Juden selbst. Sie reagierten individuell und kollektiv auf die Änderungen der politischen Situation, versuchten ihren Platz in der sich transformierenden Gesellschaft zu finden und suchten ihre eigene Identität zu finden, die sie paradoxerweise mit der Öffnung der Tore des Ghettos verloren hatten.

Eingangs sei gleich daraufhingewiesen, daß im Laufe des 20. Jahrhunderts sowohl der jüdische als auch der nichtjüdische Teil der Gesellschaft in der Slowakei inhomogen waren. In beiden Fällen zeigte sich eine ethnische, soziale und religiös-politische Differenzierung. Ebenso unterschieden sich die Beziehungen zwischen Slowaken und Juden in den jeweiligen Regionen oder Gemeinden[1]. Aus räumlichen Gründen kann die genannte Tatsache nicht im vollen Umfang berücksichtigt werden. Ich beschränke mich daher vor allem auf die Entwicklung der jüdischen Kommunität und einige Aspekte ihrer Beziehungen zur slowakischen Bevölkerung. Die Differenzierung der slowakischen Mehrheit bzw. das Zusammenleben mit anderen Ethnien berücksichtige ich nur am Rande. Die Multiethnizität und Multikulturalität der Slowakei betrachte ich aus der Sicht einer ihrer Minoritäten. Ihre Bewertungen und Haltungen sind nicht immer identisch mit der offiziellen Präsentation der Zeit oder der Interpretation der historischen

---

1 Vgl. *V. Krivý, V. Feglová, D. Balko*: Slovensko a jeho regióny (Die Slowakei und ihre Regionen). Bratislava 1997.

Ereignisse aus der Sicht der Majorität oder anderer Minderheiten. Es zeigt sich, daß jede ethnische, soziale oder religiöse Gruppe die Geschichte subjektiv, nach eigenen Bedürfnissen und Erfahrungen, bewertet.

Den Ausgangspunkt der Analyse bilden ethnologische Untersuchungen, vor allem Erkenntnisse des Projektes „Oral History": Schicksale jener, die den Holocaust überlebten bzw. Differenzierungsprozesse der lokalen Gemeinschaft am Beispiel der Gruppenbeziehungen in städtischer und ländlicher Umgebung. Das erstere richtet sich mittels der Methode der oral history auf die tragischste Periode der modernen jüdischen Geschichte. Die Erzählungen von 146 Zeugen bringen eine Vielzahl konkreter Erkenntnisse und Erfahrungen nicht nur aus der Zeit 1939-1945. Sie informieren auch über das Zusammenleben zwischen den Weltkriegen bzw. nach dem Holocaust. Bei der Bearbeitung des zweiten Projekts betrachte ich vor allem die Situation der Juden im Stadtmilieu nach 1945.

*Historischer Hintergrund*

Historische Daten sind für mich nur der äußere Rahmen für die Präsentation des ethnologischen Materials. Es ist nicht das Ziel meiner Arbeit, die Geschichte der Juden in der Slowakei darzustellen. Ich richte mich nur auf die Periode des 20. Jahrhunderts. Aus der (relativ) alten Geschichte erwähne ich nur einige Ereignisse, die am stärksten zur Auflösung (physisch und psychisch) des Ghettos beitrugen. Dazu gehört u. a. das Toleranzpatent von Joseph II., mit dem er Juden von bestimmten ökonomischen und sozialen Beschränkungen befreite, ihnen Zugang zu den freien Berufen und zur Bildung erlaubte. 1840 erlaubte die ungarische Regierung den Juden, sich in den Städten (mit Ausnahme der Bergbauorte) niederzulassen. Sehr bedeutend waren auch die Ergebnisse der Revolutionsjahre 1848/1849.

Den Emanzipationsprozeß beschleunigte das Gesetz aus dem Jahr 1867. Seinen Höhepunkt erreichte dieser mit der Verabschiedung des Gesetzes XLII/1895. Damals räumte das ungarische Parlament den Juden die gleichen Rechte wie den übrigen anerkannten Religionen ein[2].

Man kann also zusammenfassend sagen, daß sich die Rechtsstellung der Juden seit der Verabschiedung des Toleranzpatentes (1782) bis zum Beginn des Faschismus Ende der 30er Jahre ständig verbesserte. Eine Reaktion war die anhaltende Loyalität der Juden gegenüber Ungarn, seiner Regierung und Sprache

---

2 *Y. A. Jelinek*: Židia na Slovensku v 19. storočí: poznámky k dejinám (Die Juden in der Slowakei im 19. Jahrhundert: Bemerkungen zur Geschichte). In: Slovenský národopis. 41. 1993. S. 272.

sowie seinen Gesetzen, die sich auch beim Zerfall der Monarchie noch zeigte. Bis heute ist diese Haltung der Grund für Vorwürfe seitens der slowakischen Nationalisten. Die gesellschaftliche Entwicklung im 19. Jahrhundert kann allerdings aus jüdischer Sicht nicht eindeutig positiv bewertet werden. Auf der einen Seite eröffneten sich durch die Liberalisierung der Gesellschaft für die Juden Möglichkeiten, die vorher (zumindest ohne Taufe) praktisch unvorstellbar waren. Sie erhielten Zugang zur weltlichen Bildung und durften sich in freien Berufen, Kunst, Gewerbe usw. betätigen. Gerade in jener Zeit zeigte sich eine starke Akkulturation zum Bürgertum. Wie David Sorkin anführt, "wurde das Bürgertum für die Juden ja auch zur eigentlichen Bezugsgruppe, an der sie sich bei dem allmählichen Einstieg in die nichtjüdische Gesellschaft orientierten"[3]. Gleichzeitig führte das Bestreben, sich an die neuen Bedingungen anzupassen, zu einem Rückzug von den bis dahin unanfechtbaren religiösen Traditionen. Die profane Assimilation führte oft zur Abwendung vom Glauben. In dieser Zeit kommt es zu einer religiösen Spaltung. Nach dem Budapester Landtag von 1869 spaltete sich von der Orthodoxie eine neologische Richtung ab, die den Kompromiß zwischen der formalen Einhaltung des Glaubens und der Akkulturation mit der Umgebung suchte, schrittweise verbreiteten sich Zionismus und verschiedene Formen des Atheismus.

Hier eine erläuternde Bemerkung dazu: Die ethnologische, historische, aber auch Memoirenliteratur widmet beim Studium der jüdischen Problematik ihr Hauptaugenmerk dem Stadtmilieu. Das folgt aus der erwähnten Hinneigung zum Bürgertum und seiner Lebensart, aber auch aus statistischen Angaben. Nach der Volkszählung von 1930 bekannten sich zum jüdischen Glauben 137 767 Personen, die in 2262 von insgesamt 3589 Gemeinden lebten. Die größten Gemeinden waren Bratislava (1930 waren das 14.900 Personen), Košice (11.000), Prešov (5.000 Personen). In einigen kleineren Städten (Galanta, Dunajská Streda, Nové Město nad Váhom, Michalovce, Bardejov usw.) überstieg ihr Anteil 30% der Bevölkerung. Dennoch lebte ein bedeutender Teil der jüdischen Kommunität weiterhin in ländlicher Umgebung (vor allem in der Ostslowakei) und hielt am orthodoxen Glauben fest. Die Unterschiede zwischen traditionellen (vor allem ländlichen) und modernen (vor allem städtischen) Juden vergrößerten sich noch vor dem Holocaust dermaßen, daß dies zu einer gegenseitigen Entfremdung führte:

"Ich weiß nicht, wie das in der Ostslowakei ging. Dort gab es wesentlich mehr Juden und sie waren auffälliger. Sie gingen in Kaftanen gekleidet und trugen

---

3 Zit. nach *M. Trančík*: Medzi starým a novým. História kníhkupeckej rodiny Steinerovcov v Bratislave (Zwischen Alt und Neu. Geschichte der Buchhändlerfamilie Steiner in Bratislava). Bratislava 1997. S. 29.

auch das Haar so, daß man den Juden erkennen konnte, ohne daß er einen Judenstern trug. Aber in der Westslowakei war das anders. Hier im Westen waren die Leute bestrebt, sich zu assimilieren. Das Bestreben der Juden im Osten war, sich nicht zu assimilieren. Sie wollten Juden zu bleiben, wissen Sie".[4]

Interessant ist, daß das Zusammenleben mit der slowakischen Bevölkerung weniger Konflikte in Gebieten hervorrief, wo die meisten orthodoxen Juden lebten und auf den ersten Blick die größten Unterschiede zur slowakischen Dorfbevölkerung bestanden. Vielleicht war es deshalb, weil die meisten von ihnen, trotz der Unterschiede der äußeren Merkmale (Kleidung, Bart- und Haartracht, Tragen des Tfilem, Einhaltung des Kashrut usw.), ein ähnliches Leben führten und in der gleichen Not lebten wie die Majoritätsumgebung. Wie Vavro Šrobár betont, kam es 1918 gerade in der Ostslowakei zu keinen Veränderungen[5]. Obwohl die ländlichen Juden mitunter am Ortsrand konzentriert waren, lebten sie nicht isoliert von der Majoritätsbevölkerung. Nach einem der (nichtjüdischen) Informanten aus der Gemeinde Stará Bystrica in der Nordslowakei kannten die Menschen ihre jüdischen Nachbarn. "Das wußten alle, weil unsere Eltern schon lange mit ihnen lebten. Sie wußten alles von den Juden und die Juden wußten alles von uns". Die genannte Tatsache bestätigt direkt oder indirekt auch die Betrachtung von der anderen Seite. Er illustriert, daß vor allem auf dem Land die Juden und Nichtjuden miteinander kooperierten und die Kultur und Lebensart "der Anderen" gut kannten.

Ein Beweis für die Kenntnis der jüdischen Kultur und die gegenseitige Solidarität in der Krisensituation ist folgendes Beispiel. Eine Zeugin erinnert sich, wie man ihre Familie 1994 in der Gemeinde Čaňa im Südosten der Slowakei deportierte. Es kam dazu gerade am letzten Tag des Pesach-Festes, wenn die gläubigen Juden zehn Tage nichts Gegorenes und Gesäuertes, also auch kein Brot im Haus haben dürfen:

"Etwa in zwei Tagen war Ostern vorbei. Aber wir waren sechs Kinder und es mußte Brot gebacken werden. So schickte meine Mutter meinen Bruder in den Laden, um Hefe zu holen. Wir wohnten außerhalb des Dorfes, und am Dorfrand hielt ihn eine Patrouille an und ließ ihn nicht durch. Unser Nachbar, – mein Vater war Schmied und er hatte bei ihm gelernt –, kam der Mutter Bescheid sagen, daß im Dorf schon alle Juden geholt würden. Und so war keine Zeit mehr zum Brot backen. Wir kamen erst nachmittags an die Reihe, denn sie begannen am anderen Ende des Dorfes und endeten erst bei uns. Und so bestiegen wir den Wagen und konnten nur kleine Pakete mitnehmen. Brot hatten wir keines. Die Kinder waren

---

4 Mann, 1919. Quelle Projekt Oral history: Schicksale jener, die den Holocaust überlebten.
5 V. Šrobár: Osvobodené Slovensko (Befreite Slowakei). Praha 1928.

noch klein, verlangten Brot. Die Leute wußten, wie das ist, denn sie lebten mit uns Christen. Sie wußten, wie das bei uns abläuft, wenn die Pesach-Feiertage sind. Während man uns durch das Dorf fuhr, brachte uns jeder etwas: Brot, Kuchen und was weiß ich noch".[6]

Eine andere Illustration der gegenseitige Beziehungen in einem so sensiblen Bereich wie es die religiösen Gebräuche sind, ist eine Erinnerung, die an ein Dorf unweit Piešt'any (Westslowakei) anknüpft:

"In Bolešov, wo ich aufgewachsen bin, lebten damals etwa 20 jüdische Familien. (...) Wir lebten dort in einer sehr brüderlichen Weise des Zusammenlebens und ich kann ruhig sagen, daß diese Zeit, bis zum Ausbruch des Zweiten Weltkrieges, bis in das einundvierziger Jahr, die schönsten Jahres meines Leben waren. Eine solche Kameradschaft herrschte zwischen uns, daß ich niemals auch nur im geringsten zu spüren bekam, daß ich Jude bin. Ich kann Ihnen so viel sagen, daß die Zusammengehörigkeit in diesem Dorf groß war, wie zum Beispiel am Dreikönigstag. Stets zogen Jungen durch das Dorf, die sangen "Wir kommen zu euch, Glück und Gesundheit wünschend" und so weiter. Und einmal hatten sie keinen Dritten, so riefen sie mich und ich zog ganz normal mit ihnen durchs Dorf und ich weiß dieses Lied noch immer "Wir drei Könige, wir kommen zu euch". Damals lernte ich es und habe es nicht vergessen. Ich will damit nur betonen, daß das Zusammenleben wirklich auf einem hohen Niveau war."[7]

Die angeführten, aber auch noch weitere Beispiele dokumentieren, daß die jüdische und die slowakische Bevölkerung nicht isoliert voneinander lebte. Vor allem im ländlichen Milieu hatten diese Kontakte eine beträchtliche Intensität. Gleichzeitig muß unterstrichen werden, daß in einigen Gebieten (vor allem mit einer starken katholischen Bevölkerung, wie etwa Záhorie, Topol'čany, die Umgebung von Trnava usw.) antisemitische Äußerungen häufiger als anderswo waren[8].

*Stereotypen*

Das Zusammenleben der Juden und Slowaken hat eine lange Tradition. Dennoch tauchen bei der gegenseitigen Bewertung häufig, überwiegend negative Stereotypen auf, die nicht selten den Charakter von Vorurteilen haben. Sie betonen in erster Linie Unterschiede und Negativa der "anderen Seite". Vereinfacht kann man

---

6 Frau, 1924; Quelle: Projekt Oral history: Schicksale jener, die den Holocaust überlebten.
7 Mann, 1919, Quelle: Projekt Oral history: Schicksale jener, die den Holocaust überlebten.
8 vgl. *Krivý-Feglová-Balko*.

zusammenfassen, daß den Slowaken vor allem Ungebildetsein, Alkoholismus und Antisemitismus zugeschrieben wird. Den Juden hielt man außer religiösen Vorbehalten (Tötung Christi) vor, daß sie als Schankwirte, Händler und Wucherer das slowakische Volk an den Bettelstab bringen würden. Bis heute sind Quellen der Vorbehalte auch ihre "antislowakischen" (ungarischen, deutschen, später tschechoslowakischen) Haltungen zur Zeit des Zerfalls der Monarchie oder in der ersten ČSR. Eine solche Kritik war üblich in einem Teil der Presse, vor allem in den späten dreißiger Jahren, sie ist aber auch heute noch zu hören. Zuletzt drückte sich in diesem Sinne in einem Interview für die Wochenzeitung Domino-Forum Ladislav Pittner, ehemaliger Innenminister der SR (1991-1992), Jurist und heutiger Abgeordneter des Rates der Slowakischen Republik für die Christlich-demokratische Bewegung[9] aus. Das ethnologische Material bestätigt, daß vor allem in den Städten die Situation nicht eindeutig war. 1927 konstatiert die Lokalpresse in Banská Bystrica (Mittelslowakei) kritisch: "Jeder ungarische und jüdische Händler spricht mit seinen Kunden slowakisch, aber die slowakischen Dämchen sprechen zu einem Arbeiter ungarisch und die tschechischen deutsch".[10]

Eine besondere, entscheidende Ebene der Unterschiede stellten die abweichenden Zutritte zu Kultur und Lebensweise dar. Sie hatten religiöse und historisch-rechtliche Wurzeln, nach außen äußerten sie sich jedoch vor allem in der unterschiedlichen Beziehung zur Stadt. Es wurde die Tatsache hervorgehoben, daß die Slowaken das Land und die bäuerliche Lebensweise bevorzugen, während die Juden eher dem städtischen Milieu geneigt sind. 1937 brachte die Zeitpresse eine kurze Information über den Vortrag "Die slowakische Kultur und das Judentum". Der bedeutende slowakische Intellektuelle Andrej Mráz soll darin gesagt haben: "Das Hinüberwachsen der jüdischen Kultur in die slowakische stößt auf gewisse Hindernisse. Eines davon ist die jüdische Mentalität. Der Kern des Judentums übernahm nämlich die Stadtkultur, während die Quelle der slowakischen Kultur im slowakischen (Land-)Volk liegt"[11]. Die angeführten Differenzen bestätigt anhand anderer Quellen auch der Literaturhistoriker Pavol Minár. In einer umfangreichen Studie analysiert er die Haltungen der slowakischen Schriftsteller zum Stadtmilieu in der Prosa der Zwischenkriegsjahre[12]. Die Schlußfolge-

---

9 *M. Šimečka, Š. Hríb*: U Mečiara pôjde o spôsob, a možno o výšku odsúdenia ( Bei Mečiar geht es um die Art, und vielleicht um die Höhe der Verurteilung). In: Domino-fórum. 1998. Nr. 30. S. 4-5.
10 *A. Bitušíková*: Mesto – priestor diferenciácie a integrácie (Die Stadt – Raum der Differenzierung und Integration). In: Banská Bystrica. Pramene a spomienky (zost. J. darulová). Banská Bystrica 1998. S. 17.
11 Tageszeitung Slovenský denník, 25. 6. 1937.
12 *P. Minár*: Mesto v slovenskej medzivojnovej fikcii (predpoklady, pravidlá, kódy a logika produkcie textov) (Die Stadt in der slowakischen Zwischenkriegsfiktion

rungen, zu denen er gelangte, faßte der Rezensent seiner Arbeit mit den Worten zusammen: "Die Städte waren fremd, zum einen faktisch (meist deutsch, später magyarisiert), zum anderen stellten sie "mental" eine fremde, eine andere Welt dar. Die natürliche Umwelt für den Slowaken war das Dorf, eventuell der Wald, wohin er flüchtete, wenn ihn die Büttel oder eine andere Obrigkeit jagten. Für den Slowaken, den Dorfbewohner, bedeutete die Stadt Gericht, Steueramt, Krankenkasse und Gefängnis. Die Literatur machte aus der Stadt ein moralisches Problem: die Stadt ist "verdorben", das Dorf ist "moralisch sauber"[13].

Der Schriftsteller Alfonz Bednár präsentierte seine Ansichten in den sechziger Jahren folgendermaßen: "Dem Slowaken bleibt die Stadt fremd, auch wenn er darin lebt. (...) Die Stadt ist hier kein Vorbild. Für den Mann vom Dorf, der den dörflichen Werten folgt – egal ob Werte oder Scheinwerte – bedeutet die Stadt nichts. Oder vielleicht nur ein besseres Wohnen". Die Erklärung der negativen Haltung sucht er, ähnlich wie der zitierte P. Minár, in der Tatsache, daß in der Slowakei die Stadtentwicklung keine slowakische, sondern eher eine deutsche und später ungarische Angelegenheit war[14].

Den genannten Unterschied zwischen den betrachteten Gruppen bestätigt scheinbar eindeutig auch der Blick von der anderen Seite. Der Historiker Martin Trančík realisierte eine umfangreiche Mikrostudie einer jüdischen Familie von Bratislava. Aufgrund des gesammelten Materials hebt er die Hinneigung der jüdischen Kommunität zur Stadtkultur und Lebensweise hervor[15]. Ethnologische Untersuchungen bestätigen, daß das "Stadtmilieu ( und darin vor allem Werte der Bürgergesellschaft) im Wertsystem der jüdischen Einwohner eine wichtige Position inne hatte. Nicht selten eine höhere, als die Äußerungen der Religionszugehörigkeit"[16].

Der Holocaust bewirkte die physische und moralische Dezimierung der jüdischen Kommunität in der Slowakei, und diesen Prozeß vollendeten die Jahrzehnte des Kommunismus. Die heutige Situation dokumentiert eindeutig einen traurigen Stand und Perspektiven. In der Slowakei bekennen sich zum jüdischen Glauben rund 3.000 Personen, was ein Bruchteil des Zwischenkriegsstandes ist. Die jüdische Kommunität ist heute in elf Glaubensgemeinden gegliedert. Die größten

---

(Voraussetzungen, Regeln, Codes und Logik der Textproduktion). In: Meštianstvo a občianska spoločnosť' na Slovensku (zost. *E. Mannová*). Bratislava 1998.
13 *V. Petrík*: Hľadanie strateného mešťana (Suche nach dem verlorenen Bürger). In: Domino-fórum. 1998. Nr. 30. S. 14.
14 *A. J. Liehm*: Generace (Generationen). Praha 1990. S. 207-208.
15 Siehe: *Trančík*, Medzi starým a novým.
16 *P. Salner*: "Viditeľní" a "neviditeľní" Židia v slovenskej spoločnosti po roku 1945 ("Sichtbare" und "unsichtbare" Juden in der slowakischen Gesellschaft nach 1945). In: Acta Judaica Slovaca. 4. 1998. S. 145.

davon (Bratislava, Košice) zählen einige hundert Mitglieder, die übrigen sind kleiner. Bis auf einige Ausnahmen leben sie in den Städten. Sie fühlen sich als Slowaken (sie definieren sich gewöhnlich selbst als Slowaken jüdischer Abstammung), sie bemühen sich bewußt, sich zu assimilieren und ein etwaiges "Anderssein" zu verbergen. Viele junge Leute haben über ihre Abstammung nicht in der Familie, sondern aus dem Mund der Freunde, Nachbarn oder Bekannten erfahren. Der Soziologe und Politiker Fedor Gál, dessen jüdische Abstammung nach dem November 1989 ein häufiges Angriffsziel war, sagte: "Mein Judentum besteht darin, daß mir die Leute sagen, ich sei Jude"[17]. In den Jahren des Kommunismus wurde vom Judentum nicht öffentlich gesprochen. Vielleicht bestehen auch deshalb die Vorurteile weiter, sogar in Schichten mit Hochschulbildung. Der erwähnte Ladislav Pittner warf den Juden außer der erwähnten Magyarisierung ferner vor, mit der Annahme zionistischer Ideale die Slowakei zu verraten, an der Jahrhundertwende in Rußland selbst Judenpogrome organisiert zu haben usw.[18]

Zwischen beiden Gruppen bestanden in der Vergangenheit große Unterschiede. Sie ergaben sich einerseits aus religiösen und kulturellen Wurzeln, vor allem aber aus unterschiedlichen Werten. Das Wirken der Juden und ihr Zusammenleben mit der slowakischen Majorität im dörflichen und städtischen Milieu war ein wesentlicher Beitrag zur Formung des multiethnischen und multikulturellen Milieus in der Slowakei. Heute sind diese Differenzen, vor allem infolge der Assimilation der Juden, minimal. Dennoch bestehen die Vorurteile, die in der Vergangenheit wurzeln, weiter.

*Juden in einer Majoritätsgesellschaft*

*Die erste Tschechoslowakische Republik*

Aus der Sicht der jüdischen Gemeinde sind kaum schlechtere Voraussetzungen für das Entstehen einer positiven Einstellung zum neuen Staat denkbar, als durch den Zerfall der Monarchie und die Entstehung der Tschechoslowakischen Republik.

Der Abschnitt ab Mitte des 19. Jahrhunderts gilt als das goldene Zeitalter des Judentums in dieser Region. Loyalität zum ungarischen Staat war die folgerichtige Reaktion. Dies übertrug sich besonders auch auf die Beziehungen zur slowakischen Majoritätsbevölkerung. Sie waren nicht immer problemlos, aber der latente

---

17 *J. Klusáková*: Fedor Gál. Nadoraz. Praha 1992. S. 84.
18 *Šimečka-Hríb*, U Mečiara pôjde o spôsob, S. 4.

Antisemitismus wandelte sich nur in politisch kritischen Situationen in offene Angriffe gegen die Juden. Ein solcher Zustand herrschte z.B. im Herbst 1918. Das Ende des Ersten Weltkrieges, der Niedergang der Monarchie und das damit verbundene Elend, der Hunger und das politisches Chaos führten dazu, daß es in vielen Städten und Gemeinden der West- und Mittelslowakei zu Plünderungen jüdischer Geschäfte, Schenken, aber auch armer Haushalte kam. Vavro Šrobár und Karol A. Medvecký bringen in ihren Werken zahlreiche konkrete Beispiele[19]. Gleichzeitig erinnern sie daran, daß die jüdische Bevölkerung auf Seiten der ungarischen Regierung stand, wobei sie zum Schutz ihres Lebens und ihres Hab und Guts mitunter auch zur Waffe griff. Diese Haltung und die spätere Hinneigung zur demokratischen Tschechoslowakei waren Quell der Vorwürfe eines Teils der slowakischen Bevölkerung und Politiker. Zwischen der jüdischen und der slowakischen Bevölkerung herrschten ambivalente Beziehungen, die durch die persönliche Erinnerung einer Zeugin an die Zeit in der kleinen nordslowakischen Gemeinde Podvlk illustriert werden.

"Wir respektierten die katholische Religion, sie die unsere. Eine Synagoge gab es dort nicht, nur ein Bethaus. Hier kamen alle Juden aus allen Dörfern zusammen, denn es lebten dort nur zwei bis drei jüdische Familien. Und in jedem Dorf lebten sie schön miteinander. Nie hat uns irgendwer beim Gebet gestört. Erst nach dem Ersten Weltkrieg gab es Plünderungen. Damals verkamen die Menschen, es herrschte Hunger, auch die ordentlichen, guten gingen auf einmal zu den Juden plündern. Damals versteckte mich eine Nachbarin unter dem Federbett und sagte zu mir: Bleib still und rühr dich nicht".[20]

Das Verschwinden der alten Sicherheiten und die Entstehung eines neuen, politisch unsicheren und unbekannten Staates nahmen die Juden voller Befürchtungen auf, nicht selten mit unverhohlenem Widerwillen[21]. Bald zeigte sich jedoch, daß auch die neue Regierung liberale und demokratische Werte durchsetzte. Die Juden in den Städten beteiligten sich aktiv am gesellschaftlichen Leben. Ein besonderer Indikator dieser Tatsache war das Bestehen zahlreicher jüdischer Vereine (allein in Bratislava gab es 1928 über zwanzig). Dieses Faktum illustriert einerseits den demokratischen Charakter des Regimes und der Umgebung (sie hatten keine Angst, ihre Identität zu offenbaren), andererseits die Differenzierung der jüdischen Kommunität. Viele Erinnerungen betonen die Toleranz des Regi-

---

19 V. Šrobár, Osvobodené Slovensko, und K. A. Medvecký: Slovenský prevrat. sv. 3 (Der slowakische Umsturz. Bd.3). Bratislava 1930.
20 Frau, 1913. Quelle: Projekt Oral history: Schicksale jener, die den Holocaust überlebten.
21 siehe auch D. Luther: Spoločenské konflikty v poprevratovej Bratislave (1919-1924) (Gesellschaftliche Konflikte in Bratislava nach dem Umsturz (1919-1924). In: Slovenský národopis. 41. 1993. S. 16-29.

mes und der Bevölkerung, wobei die Juden eine Komponente des multikulturellen und multiethnischen Umfeldes der slowakischen Stadt bildeten. Die Erinnerungen an judenfeindliche Äußerungen sind in dieser Periode vereinzelt und eher mit dem Konkurrenzkampf oder der Stadtintelligenz verbunden (Priester, Lehrer).

*Der Holocaust*

Im Herbst 1938 überstürzten sich die historischen Ereignisse. In kurzer Zeit folgten aufeinander das Münchener Abkommen (30. 9. 1938), die Erklärung der slowakischen Autonomie (6.10. 1938), das Wiener Schiedsgericht, das einen Teil des slowakischen Territoriums Ungarn zuschrieb (2.11. 1938) und die Verkündung des selbständigen slowakischen Staates (14. 3.1939). Ein Begleitmerkmal der dramatischen politischen Ereignisse war das Anwachsen der Gewalt gegen Juden, bis dahin unbekannt oder nur eine Randerscheinung. Es waren dies keine spontanen Schritte, sondern die Folge der Politik des neuen Regimes. Bestandteil seiner Ideologie war von Anbeginn der öffentlich deklarierte Antisemitismus. Schon in der Zeit der Autonomie wurden erste antijüdische Maßnahmen ergriffen. Sie tauchten nicht nur im ökonomischen Bereich (numerus clausus und numerus nullus in einigen Berufen) auf, sondern griffen auch die Religionssymbole an.

Die Allseitigkeit und Rasanz der antijüdischen Maßnahmen dokumentiert die Verordnung bezüglich der sogenannten Eruv-Drähte, "die nach jüdischen Regeln Stadt und Gemeinde symbolisch abgrenzen sollen." Diese wurde vom Landesamt in Bratislava schon am 22. Oktober 1938 ausgegeben: "Das Landesamt verweist daher darauf, daß unter keinen Umständen geduldet werden kann, daß ähnliche Drähte ohne Erlaubnis der Straßenverwaltung über die Straßengrundstücke gespannt werden. Diese Erlaubnis wird nur ausnahmsweise und stets unter dem Vorbehalt erteilt, daß die Straßenverwaltung jederzeit, wenn sie es für passend erachtet, die Entfernung der Eruv-Drähte anordnen kann".

Nach der Erklärung der staatlichen Autonomie verabschiedete das Parlament das erste einer Vielzahl von Antijudengesetzen im April 1939 (Regierungsverordnung 63 über die Definition des Begriffs Jude und die Lenkung der Zahl der Juden in einigen freien Berufen). Schrittweise wurden die Juden aus dem wirtschaftlichen und Bildungsprozeß verdrängt, verloren ihr Vermögen, mußten die Wohnungen in den Stadtzentren verlassen usw. Vor allem junge Leute ertrugen die Aussonderung aus dem gesellschaftlichen Leben sehr schwer. "Am schlimmsten waren die Verbote des Betretens von Cafés und Konditoreien, dort, wo die

Studenten sich trafen"[22]. Am 9.9. 1941 verabschiedete das Parlament die Regierungsverordnung 199 über die rechtliche Stellung der Juden (bekannt als Judenkodex). Im März 1942 begannen die Deportationen, die das Verfassungsgesetz über die Aussiedlung der Juden nachträglich legitimierte (verabschiedet am 15.5.1942). Bis zum Oktober 1942, als die Transporte unterbrochen wurden, wurden 58.000 Juden deportiert. Wieder erneuert wurden sie nach der deutschen Okkupation im September 1944.

Diese und weitere Gesetze schufen den Rechtsrahmen für das Leben der jüdischen Gemeinde. Die Beziehungen zur slowakischen Bevölkerung hatte unterschiedlichen Charakter. In manchen Aussagen und in der Memoirenliteratur finden wir eine Menge von Fällen aufopferungsvoller Hilfe, aber auch Beispiele von Denunzierungen und Verfolgung der Juden seitens der Majorität. Es ist nicht das Ziel dieses Beitrags, diese Vorgänge eingehend zu analysieren, daher beschränke ich mich nur auf die verallgemeinernde Feststellung, daß ein Teil der Einwohnerschaft das Vorgehen des Regimes billigte, andere nach ihren Möglichkeiten den leidenden Mitbürgern halfen, weitere nicht den Mut hatten, ihre Gefühle in die Tat umzusetzen.

*1945-1989*

Die politische Entwicklung der Jahre 1945-1948 war inhomogen und kann nicht mit der Periode der Machtergreifung der Kommunisten verglichen werden. Auch die kommunistische Totalität war nicht starr. Der Terror wechselte mit einer Zeit der Liberalisierung ab, und dem paßte sich auch die Haltung der Juden an.

Die Polarisierung der Gesellschaft zeigte sich nicht nur während des Holocausts, sondern auch in den ersten Friedenstagen. Die genannte Tatsache läßt sich an Beispielen der Rückkehr der Juden aus den Lagern oder den verschiedenen Verstecken in ihre Heime illustrieren. Je nach den Umständen wechseln darin Motive der Freude über die Aufnahme seitens der Nachbarn und Bekannten mit Äußerungen der Trauer jener ab, die einen verlegenen oder gar feindseligen Empfang erlebten. Die zweite Ebene war häufiger. Feindschaft bekundeten vor allem jene Menschen, die jüdisches Eigentum arisiert oder versteckt hatten und nicht interessiert waren, es den ursprünglichen Eigentümern zurückzugeben. Auch nach Jahrzehnten lebt die Trauer fort bei der Erinnerung an Menschen, die jüdisches Eigentum nicht zurückgeben wollten, oder bei Aussprüchen etwa von der Art, daß mehr Juden zurückgekommen als weggegangen sind. Nach den Berechnungen eines israelischen Historikers "gab es in der Slowakei nach der Befreiung mindestens 30.000 Personen jüdischer Zugehörigkeit. Man muß dazu

---

[22] Mann, 1921. Quelle: Projekt Oral history: Osudy tých, ktorí prežili holokaust.

bemerken, daß es hier nicht um geprüfte statistische Daten, sondern um eine relativ fundierte Schätzung handelt"[23]. Da im September 1940 in der Slowakei – einschließlich des Gebietes, das nach dem Schiedsgericht an Ungarn gefallen war –, etwa 140.000 Personen lebten, ist es nicht schwer auszurechnen, was der Holocaust für die jüdische Kommunität in der Slowakei bedeutet hat.

Aufgrund der gewonnenen Erkenntnis vermute ich, daß die Verschlechterung der jüdisch-slowakischen Beziehungen und die Vorstellungen vom slowakischen Antisemitismus nicht nur mit den antijüdischen Gesetzen der Slowakischen Republik zusammenhängen, sondern auch (vielleicht vor allem) mit der Einstellung eines Teils der Bevölkerung in den Jahren 1945-1946. Denn die vorangegangenen Perioden des Zusammenlebens berechtigen zu keiner negativen Bewertung. Einige Angehörige der Gruppe der Majoritätsgesellschaft hatten sich nämlich an den Gedanken gewöhnt, daß ihnen das arisierte jüdische Eigentum gehört, und sahen daher in seiner Wegnahme ein Unrecht. Die jüdische Einstellung dazu ist logischerweise diametral entgegengesetzt.

Der Holocaust und die Jahre unmittelbar danach brachten die Juden in der Slowakei tatsächlich an einen Scheideweg. Diejenigen, die überlebt hatten, lösten das Dilemma ihrer weiteren Zukunft, und hatten dabei zwei grundlegende Möglichkeiten zur Wahl: in der Slowakei zu bleiben und sich hier entweder zu assimilieren, in den Traditionen ihrer Vorfahren zu verharren, oder zu emigrieren (nach Palästina/Israel, Westeuropa oder Übersee).

In diesem Beitrag konzentriere ich mich auf die erste Alternative. Stärker als in der Vergangenheit schien es, daß die Anpassung an das Majoritäts-, (also das slowakische) Milieu für die Zukunft die beste Perspektive der weiteren Existenz darstellte. Die freiwillige Assimilation vollzog sich auf der kulturellen, sprachlichen, aber auch auf der politischen Ebene. Für viele war die Änderung, genauer die Slowakisierung des Familiennamens, ein wichtiger Bestandteil des Prozesses [24]. Diese Haltung berührte zwingend auch die Identität und übertrug sich auf die Einstellung der nächsten Generationen.

Nach 1945 traten mehrere (entschieden nicht alle) Assimilierten in die KPČ ein, wobei einige bedeutende Funktionen im Kulturleben, im Partei- und Staatsapparat erlangten. Gerade diese Gruppe der "politisch Sichtbaren" determinierte für einen Teil der Majorität die Wahrnehmung des Judentums als Ganzes. Ein Teil der slowakischen Bevölkerung akzeptierte und bekennt bis heute die Glei-

---

23 R. Y. *Buechler*: Znovuoživenie židovskej komunity na Slovensku po druhej svetovej vojne (Das Wiederaufleben der jüdischen Kommunität in der Slowakei nach dem Zweiten Weltkrieg). In: Acta judaica Slovaca. 4. 1998. S. 67.
24 genauer bei: P. *Salner*: Parametre židovskej identity (Parameter der jüdischen Identität). In: Židovská identita včera, dnes a zajtra (zost. P. Salner). Bratislava 1995. S. 12-17.

chung "Jude = Kommunist"; um so leichter, als "apolitische" (kulturelle und religiöse) Aktivitäten außerhalb der Sichtweite der Öffentlichkeit verliefen und scheinbar überhaupt nicht existierten. Obwohl viele "der Sichtbaren" in Wort und Schrift ihrer Abstammung entsagten, die jüdische Religion als ein überwundenes Phänomen ablehnten und sich zur "wissenschaftlichen Weltanschauung" bekannten, blieb in der Slowakei ihre Abstammung kein Geheimnis. Bis heute ist es üblich, die Öffentlichkeit (vor allem im negativen Zusammenhang) auf diese aufmerksam zu machen. Dabei ist weder die Anschauung des Betroffenen wesentlich, noch die Tatsache, ob er Jude nach der Halacha ist. (Nach den religiösen Vorschriften wird das Judentum des Einzelnen durch die Mutter bestimmt). Paradoxerweise erschienen gerade jene Juden, die Perspektiven in der Assimilation sahen, der Öffentlichkeit als die einzigen Repräsentanten des slowakischen Judentums. Nach außen hin versuchten sie nicht selten als "Nichtjuden" aufzutreten und die etwaige Rückkehr zur Identität der Vorfahren wurde häufig durch einen starken Druck der Umgebung oder der Behörden erzwungen. Die Öffentlichkeit nahm sie (aber auch die übrigen Juden) trotz aller Bemühungen als Nichtslowaken wahr. Beispielhaft illustriert das der bekannte slowakische Schriftsteller Juraj Špitzer: "Es passierte mir häufig, daß man mich fragte: Wie schön Sie Slowakisch sprechen, wo haben Sie das gelernt? Ich verstand die Frage sehr gut. Sie drückte die Verwunderung darüber aus, daß ein Jude gut Slowakisch kann. Als ich sagte, daß ich mehrere Sprachen spreche, wurde mir die Anerkennung zuteil, daß das eine typische Eigenschaft der Juden sei, mehrere Sprachen zu sprechen, denn sie sind Kosmopoliten. Es handelte sich häufig um gutherzige Menschen, die gar nicht wußten, daß sie ein Vorurteil in sich tragen".[25]

Auch die meisten Juden, die allen Umständen zum Trotz den Judaismus praktizierten, bemühten sich aus pragmatischen Gründen, diese Haltung vor der Umgebung, doch vor allem vor den Behörden zu verbergen. Dennoch fungierten 1955 in der Slowakei 42 jüdische Glaubensgemeinden. Vor allem nach der sowjetischen Okkupation im August 1968 reduzierte sich ihre Zahl dramatisch; entweder durch Tod, die Emigration junger Menschen oder durch die Angst vor Repressionen der totalitären Macht.

*Zur Situation nach 1989*

Nach der "sanften Revolution" von 1989 änderte sich die Situation in vielerlei Hinsicht. Dennoch sind die Haltungen vieler von der Angst vor antisemitischen Äußerungen der Umgebung oder der Behörden determiniert. Das zeigte sich

---

25 *J. Špitzer*: Svitá, až keď je celkom tma (Es dämmert erst wenn es ganz dunkel ist). Bratislava 1996. S. 40-41.

schon bei der Volkszählung 1990. Zum jüdischen Glauben bekannten sich knapp 1.000 Personen, obwohl in den einzelnen jüdischen Glaubensgemeinden (ÄNO) etwa 3.000 Mitglieder erfaßt sind. Sie sind in 14 ÄNO aufgeteilt (vergl. mit dem Stand von 1955). Die religiöse Tätigkeit ist anziehend vor allem für die älteste Generation, so daß es nicht selten ein Problem ist, daß ein Minjan zusammenkommt (10 erwachsene jüdische Mñnner). Die Jugend ist eher passiv. Nur an großen Feiertagen zeigt sich zumindest andeutungsweise der einstige Ruhm der Kommunität. In Bratislava und Košice finden sich häufig mehrere Hundert Personen ein.

Die einstige kulturelle und Vereinstätigkeit wurde wenigstens teilweise erneuert. Die jüdische Gemeinde von Bratislava ist bemüht, im Rahmen ihrer Möglichkeiten Kulturveranstaltungen, die Herausgabe von Publikationen mit der Problematik des Judentums in Bratislava oder Erinnerungen an den Holocausts zu unterstützen. Die jungen Leute aktivieren sich im Rahmen der Union der jüdischen Jugend, die die Zeitschrift Chochmes herausgibt und zahlreiche Seminare und Kulturveranstaltungen organisiert. In Bratislava wie in Košice nahmen die Logen Bnai Brith, die hier vor dem Krieg bestanden haben, ihre Tätigkeit wieder auf.

**Summary**

This article analyses the Jewish community as a component of Slovakia's (as defined by its present day borders) multiethnic and multicultural society in the twentieth century. During this brief historical period, forms of statehood, political systems and Jews themselves have undergone numerous changes. They reacted to social changes both as individuals and as a community, trying to find their place in a transforming society and seeking their own identity, paradoxically lost with the opening of the ghetto gates.

We should note that in the period under scrutiny, neither the Jewish nor the non-Jewish parts of society were homogeneous. Both groups were differentiated ethnically, socially, religiously, politically and culturally. Relations between Jews and non-Jews evolved over time, as did historical and regional differences.

Historical processes since the end of the eighteenth century (beginning with the Toleration Patent of Joseph II.) showed a liberalizing trend. The trend peaked with Hungarian law number 42 in 1895 granting Jews full civic and religious equality. These changes improved the social standing of Jews, but brought about religious differentiation and conflicts within the Jewish community. Becoming a part of the majority society structures went hand in hand with a relaxation of religious ties.

Co-existence with the majority population (mostly Slovak) took on various forms. This was clearly apparent during the Holocaust when a part of the majority population approved of the attitudes of the regime (including the deportations of Jews), others helped the victims while some did not dare to show their solidarity by action. Despite long-lasting coexistence, stereotypes appeared on both sides, often emphasizing negative characteristics of the "other" in the form of prejudices. Slovaks were often labelled as uneducated, as alcoholics and anti-Semites. Besides religious reservations (the killing of Christ), Jews were accused of playing an active role in the proliferation of alcoholism and the impoverishment of the Slovak nation (pub owners, shopkeepers, usury) and having anti-Slovak (and therefore pro-Hungarian or pro-German) attitudes. Differences in the way of life and culture were a separate issue. It was often stressed that Slovaks have rural roots and backgrounds based on the farming culture, while Jews gravitate towards the (un-Slovak) urban environment. This orientation is confirmed by ethnological research showing that urban areas (and bourgeois society) played a major role in the Jewish community's value system, often more important than the values and norms of Judaism.

The Holocaust was a turning point in the development of the Jewish community. It involved physical decimation, as well as changes in the value systems of those who survived and decided to stay in Slovakia. Between 1945 and 1989, the number of persons openly claiming to belong to the Jewish community continually fell. There has been a slight turn for the better since 1989, but only the future will show whether this is a stable trend.

András Reuss

# Protestantismus im multiethnischen und multikulturellen mittleren, östlichen und südöstlichen Europa

Ethnische und kulturelle Vielfalt ist Eigenart unserer Welt im allgemeinen und dieses Teils Europas im besonderen. Diese Vielfalt geht auf jahrhundertealte und jahrhundertelange Entwicklungen zurück und ist zu einer alltagsbestimmenden Tatsache geworden. So ist es in unseren Tagen wieder eine brennende Frage, wie man mit dieser Vielfalt und den daraus resultierenden Problemen umgeht. Welche Rolle spielt dabei die Religion, im speziellen der Protestantismus?

*Zur allgemeinen Bedeutung der Religion*

Will man die Rolle der Religion in der Vielfalt der Ethnien und Kulturen darstellen, so können viele Illustrationen dafür gefunden werden, daß Religionen oder christliche Kirchen Förderer der Friedensstiftung und -vermittlung gewesen sind. Es gibt aber auch Beispiele dafür, wo sie heldenhaft die Ideale ihres Glaubens verwirklicht und damit sehr oft die Unversöhnlichen zum Zorn gereizt haben. In der Geschichte vieler Völker kam die Kraft, schweres Schicksal und Leid zu ertragen und trotz allem leben zu wollen durch den Glauben, der den Menschen den Mut gab, gegen Unterdrücker und für die Freiheit zu kämpfen, sowie ihre nationale und kulturelle Identität zu wahren. Dennoch hat aber die Kirche mehr als einmal auch Uneinigkeit und Konflikte geschürt, sich zum Werkzeug von Ausbeutern und Eroberern machen lassen, und hat damit viele Menschen enttäuscht, an Glaubwürdigkeit verloren und ist zum bloßen Mittel feindseliger Parteien verkommen. Es sind jedenfalls beide Seiten zu sehen – die schwarzen Seiten der Kirchengeschichte ebenso wie die ungeheuren Anstrengungen und Opfer der Christen verschiedenster Konfessionen im Laufe der Geschichte für den Frieden und das Leben aller Menschen.

Auch heute noch ist Religion einer dreifachen Versuchung ausgesetzt. Erstens: Auch religiöse Menschen sind in ihrem Anspruch auf Wahrheit, die über Leben oder Tod entscheidet, vor der Versuchung nicht bewahrt, sich über die anderen zu stellen und einen jeden mit anderem Glauben, anderer Weltanschauung, anderer Kultur als einen zu besiegenden Feind, aber mindestens als eine mögliche Gefahr für den eigenen Glauben und für die engere oder weitere Welt anzusehen. Zweitens: Es besteht die Versuchung, daß gläubige Menschen in ihrem Eifer, Gott zu gehorchen, Gottes Willen mit dem status quo kritiklos identifizieren, sich der Macht oder der allgemeinen Meinung anpassen. Drittens: Es besteht die Versuchung, daß Menschen, gleichgültig ob sie religiös, areligiös oder antireligiös sind, den Raum des irdischen Lebens und den Raum des Glaubens voneinander separieren. Wenn Christen so handeln und somit ihr göttliches Mandat für die Erde verleugnen, werden sie darüber vor dem ewigen Richter Rechenschaft abgeben müssen. Auf der anderen Seite verlieren Nichtreligiöse bei einer entsprechenden Separierung und bei Verleugnung der religiösen Dimension ein äußerst wichtiges Moment der immanenten Wirklichkeit aus dem Blickfeld.

*Zur positiven Rolle der Religion angesichts der Probleme der Multiethnizität und Multikulturalität*

Drei Themenkomplexe der gemeinsamen christlichen Glaubensüberzeugung sollen hierbei angesprochen werden: Schöpfung, Sünde und Vollendung.

Wenn Christen von der Schöpfung sprechen, anerkennen sie, daß alles was existiert, von Gott geschaffen ist. Lebewesen erhalten ihre Lebensberechtigung nicht aufgrund einer menschlichen Entscheidung sondern vom Schöpfer als dem Herren der Welt selbst. Dieser Schöpferwille gibt dem Menschen, jedem Menschen seine Würde und seinen Wert. Dies hat Konsequenzen für den Umgang mit dem anderen Menschen, gleich welcher Religionszugehörigkeit oder Ethnizität.

Gott ist der Schöpfer, das ist nicht nur Aussage über den Ursprung, sondern auch über die Gegenwart. Die Vielfalt der Schöpfung ist ein Reichtum, eine Gabe, über die man sich heute freuen kann, und die man bewundern soll und darf. Gott ist der Herr aller Menschen kraft seines Schöpferrechtes. Dies gilt schon ehe der Mensch Gott erkennen, ihn anerkennen, ihn im Glauben annehmen, ihm etwas schenken oder für ihn irgend etwas leisten kann. Damit ist das Lebensrecht einer kulturell und ethnisch vielfältigen Menschheit also das Recht auf Leben der verschiedenen Kulturen und Völker gegeben. Vereinheitlichung der Menschheit – ob durch kulturelle oder durch ethnische Säuberung, ob durch Diktatoren oder Manipulatoren, ob durch Sachzwänge der modernen industriellen Produktion oder durch Verlockungen eines täuschenden Konsums oder einer betrügerischen Werbung, durch vereinfachte Losungen und Lösungen menschlicher Probleme, verwüstet diese reiche Schöpfung, und macht den Menschen, nicht nur die Opfer, auch die Nutznießer und Sieger, ärmer und damit – auf lange Sicht – zu Verlierern.

Der Begriff „Sünde" macht darauf aufmerksam, daß Menschen auch in Kritik Anteil an dieser Schöpfung haben. Die Welt und der Mensch sind nicht so, funktionieren nicht so, wie der Schöpfer es will. Die Rede über die Sünde ist zugleich Kritik des gegenwärtigen Zustandes. Im konkreten Fall mag unser Anteil und unsere Verantwortung sehr verschieden sein. Diese Verschiedenheit ist zu berücksichtigen, wenn es um die Beurteilung konkreter Situationen und um Entwicklung von Lösungsmöglichkeiten geht. Doch berechtigt das unterschiedliche Maß an wahrgenommener und an verfehlter Verantwortung nicht, sich selbst angesichts möglicher größerer Schuld des anderen freizusprechen von Schuld. Die Rede von der Sünde macht uns darauf aufmerksam, daß wir alle ausnahmslos im Netz menschlichen Verschuldens verstrickt sind und so jeder einzelne von uns gefordert ist, sich seinem eigenen Anteil daran zu stellen. Nur Einsicht in die eigenen Verfehlung – nicht die in Verfehlungen anderer – schafft Raum, Gottes Schöpfungswillen neu zu Worte kommen zu lassen.

Die vielfältige Verwicklung in der Sünde betrifft auch unsere Völker in ihrer Vergangenheit sowie in ihrem heutigen Umgang miteinander, in ihrer Kultur, in ihrer Religiosität und in ihrem kirchlichen Leben. Man möchte am liebsten eine historische Vergangenheitsbewältigung nicht nur der sogenannten vierzig Jahre des Sozialismus, sondern auch mindestens der letzten 1.000 Jahre in Gang setzen. Die Völker stehen oft im Zank und Streit als stünden sie vor einem Richter, der das Urteil sprechen wird. Es gibt aber auf Erden keinen solchen Richter. Für ein gelindes Miteinander der Völker ist es notwendig, miteinander ins Gespräch zu treten über das Leid, das wir einander zugefügt haben. Dabei ist unverzichtbar, daß wir nicht nur das Leid benennen, das wir erfahren haben, sondern auch das, an dem wir aktiv handelnd Anteil haben. Nur wo keine einseitige Schuldzuweisung erfolgt, kann über erlittenes Unrecht gesprochen werden, ohne daß neue Wunden entstehen. Wer seinen eigenen Schuldanteil ernst nimmt und diesen schmerzvoll erlebt, hilft dazu, daß Angst abgebaut wird und Vertrauen wachsen kann. Eine gemeinsame Aufarbeitung der gemeinsamen Geschichte tut not – zwischen den Völkern, zwischen Repräsentanten verschiedener Kulturen und auch Religionsgemeinschaften, Kirchen, Konfessionen.

Wenn wir von der Vollendung reden, meinen wir, daß Gott diese Welt und den sündigen Menschen nicht sich selbst überlassen hat, sondern seinem Ziel entgegenführt. Der Gott, der der Vater Jesu Christi ist, befähigt und beauftragt Menschen immer wieder neu, seine Mitarbeiter für das Wohl dieser Welt und für das Heil der Mitmenschen zu sein. In der Vielfalt der Kulturen und Ethnien für Frieden tätig zu sein, ist eine zugleich eminent menschliche und christliche Aufgabe. Diese steht unter der Hoffnung, daß eines Tages Gott die Welt vollendet, von der Sünde befreit und die Welt und der Mensch sein werden, wie er sie eigentlich wollte. Damit sind sowohl die Begrenzungen wie auch die Möglichkeiten menschlichen Handelns umschlossen.

Die Erwartung der Vollendung der Welt durch Gott und die Hoffnung, daß er und kein anderer die gute Welt herbeibringen wird, bremst die menschliche Ungeduld und Intoleranz, sowie diejenigen, die meinen alle Ziele in Kürze erreichen zu können. Die Hoffnung auf göttliche Vollendung nimmt dem Menschen das Recht, auch für noch so hohe Ziele einer Kultur, des Volkstums, des Glaubens, der Religion oder der Kirche andere Menschen, ihr Leben, ihre Freiheit ihre Würde oder ihre Rechte zu opfern.

*Die Rolle des Protestantismus*

Der Protestantismus war als christliche Konfession beteiligt an Unterdrückungsstrukturen der Gesellschaften und Nationen hier, aber als Minderheit in Mittel-, Ost- und Südosteuropa erfuhr es auch

**Summary**

Ethnical and cultural diversity has been an integral factor in Eastern and South-Eastern Europe for ages and this fact can not be avoided but has to be responded as one of the questions of survival. Many examples could be mentioned how religions and churches have contributed to the maintenance of identity or to the survival of peoples in evil times as well as how they have been used as means of oppression. Sometimes they seem to have become just one party among conflicting ones.

The threefold temptation of (a) a certain superiority, (b) a conformity with the status-quo of the ruling power or the public opinion, which is lacking any sense of criticism, (c) a separation of responsibility for the present world from the one for God's coming kingdom, has to be taken into account also today .

Three basic ideas of theology may demonstrate the common Christian approach to a solution. Firstly, creation by God gives the right to live, dignity and value for any human being, which do not depend on religion or success of individuals or peoples. The diversity of human beings and peoples should be seen as richness, and any way of homogenisation as making mankind poor. Secondly, the idea of sin means criticism on the world and on mankind, it means criticism of the present state of things.

Inspite of our individual guilt we all are woven into the net of human sin and this fact confines us, also our structures of religion and ethnicity, to self-criticism. A kind of 'elaboration of the past', a phrase used for the so called 40 years of socialism, seems to be necessary for the last 1000 years in this part of Europe. Scientific investigation of the history of countries and peoples in Eastern and South-Eastern Europe by scholars of neighbouring countries in joint ventures might contribute to overcome hostility, aversion and accusation.

Thirdly, consummation to be rendered by God strengthens the hope of life for everybody and every people, and makes human beings and peoples responsible for the state of the present world. At the same time this idea limits the importance of human solutions, too. In this way this idea promotes tolerant human behaviour.

In the course of history Protestantism has experienced and fought the struggle with these problems within its own ranks, too, and is facing them even today. It is challenged not only by the contemporary world but also by its own sources of faith.

Martin Forstner

# Das EU-Dogma der „kulturellen Vielfalt" und seine Auswirkungen auf die Religionen im allgemeinen und auf den Islam in Europa im besonderen

## 1. Politische und rechtliche Lage

Europas Politiker haben, zuletzt in den Verträgen von Maastricht (1991) und von Amsterdam (1997), die Wahrung der *kulturellen Vielfalt* expressis verbis garantiert. Somit kommt ihr die Qualität eines europakonstituierenden Imperativs zu.

Der verwendete Begriff "kulturelle Vielfalt" geht zurück auf Art. 128 Abs. 1 EGV ( = Art. 151 Abs. 1 des Vertrags zur Gründung der Europäischen Gemeinschaft in der Fassung von Amsterdam 1997), wo es in Titel XII (Kultur) heißt: "Die Gemeinschaft leistet einen Beitrag zur Entfaltung der Kulturen der Mitgliedsstaaten unter Wahrung ihrer nationalen und regionalen Vielfalt sowie gleichzeitiger Hervorhebung des gemeinsamen kulturellen Erbes". Im Vertrag von Amsterdam wurde diese Verpflichtung zur kulturellen Vielfalt im Abs. 4 eben dieses Artikels noch besonders unterstrichen, denn es heißt dort: „Die Gemeinschaft trägt bei ihrer Tätigkeit aufgrund anderer Bestimmungen dieses Vertrags den kulturellen Aspekten Rechnung, *insbesondere zur Wahrung und Förderung der Vielfalt der Kulturen*".

Zwar gibt es keine Definition, was Kultur[1] im Sinne des Vertrags von Maastricht (oder von Amsterdam) ist, doch scheint es – zum gegenwärtigen Zeit-

---

1 Dazu die grundlegende Darstellung von *Ingo Hochbaum*: Der Begriff der Kultur im Maastrichter und Amsterdamer Vertrag. In: Bayerische Verwaltungsblätter 1997. S. 641-654, 680-685; *B. Wemmer:* Die neuen Kulturklauseln des EG-Vertrages. Frankfurt a. M. 1996. S. 11ff.: Der Kulturbegriff ist unbestimmt und allgemeingültig zu definieren; auch dem Art. 128 Abs. 1 EGV sind keinerlei Anhaltspunkte zu entnehmen (S.12), weshalb im Ergebnis die Mitgliedsstaaten jeweils selbst definieren, was sie unter Kultur verstehen (S. 13). Auch ist völlig unklar, was das „gemeinsame kulturelle Erbe" ist (S. 15). *M. Niedobitek*: Die kulturelle Dimension im Vertrag über die Europäische Union. In: Europarecht 30 (1995) S. 349 – 376, macht zu Recht darauf aufmerksam, daß, wenn von der Entfaltung der Kulturen der Mitgliedsstaaten und der Wahrung ihrer nationalen und regionalen Vielfalt die Rede ist, dies nicht schon heißt „Kulturhoheit der Mitgliedsstaaten". Erst wenn man „Kultur" mit „Kulturpolitik" bzw. „Kulturhoheit" gleichsetzt, kommt man zu der irrigen Auffassung, Art. 128 Abs. 4 EGV solle die gemeinschaftlichen Kompetenzen einschränken (S. 374). Im Bereich des Völkerrechts ist die Definition von Kultur eben-

punkt – unstrittig zu sein, daß aus Art. 128 des Maastrichter Vertrags das Prinzip der „kulturellen Selbstbestimmung"[2] der Mitgliedsstaaten abgeleitet wird, was bedeutet, daß die Mitgliedsstaaten Hüter ihrer Kultur, ihres kulturellen Erbes und damit ihrer nationalen Identität sind. Die Kultur ist keine Kultur der Gemeinschaft, sondern ausschließlich eine solche der Mitgliedsstaaten und der europäischen Völker[3] (Art. 126 Abs 1, Art 128 Abs. 1 und 2 EGV, 4. Präambelsatz EGV).

Es soll also keine „Euro-Kultur" geben. Dementsprechend gewinnt denn auch der Europäer, so er denn aufmerksam die Presse verfolgt, den Eindruck, es herrsche eine nahezu paranoide Angst vor einer solchen gemeineuropäischen Kultur[4].

---

falls von großer Bandbreite, wie *C. Scherer-Leydecker* dargelegt hat: Minderheiten und sonstige ethnische Gruppen. Eine Studie zur kulturellen Identität im Völkerrecht. Berlin 1997. S. 297ff.; unter Heranziehung der einschlägigen Fachliteratur stellt er fest, daß der von den Vereinten Nationen in Art. 27 IPBPR zugrundeliegende Kulturbegriff meint „ein kohärentes System von materiellen und immateriellen, nicht genetisch bedingten, Bestandteilen der menschlichen Lebensweise, die von einer abgrenzbaren Gruppe immer wieder aufgegriffen, ausgelebt und weitergegeben werden und die aufgrund ihres Symbolcharakters oder als Wertemaßstab den einzelnen Gruppenmitgliedern als Orientierungspunkt für ihre Identitätsfindung dienen" (S. 305). – Der Präsident der Max-Planck-Gesellschaft *H. Markl*: Kultur ist mehr als „Kultur". Unzeitgemäße Betrachtungen eines Biologen. In: Forschung & Lehre 1998. S. 620 – 621, sei hier zitiert mit einer Definition von Kultur, die zukunftsgerichtet ist: „Die Summe der geistigen Besitzstände einer Menschengemeinschaft und deren materielle Verwirklichung, an denen jede neue Generation nur dadurch teilhaben kann, daß sie sich diese Traditionen durch soziales Lernen in der Gemeinschaft aneignet". S. 620; zum erweiterten Kulturbegriff s. auch *K. P. Hansen*: Kultur und Kulturwissenschaft. Tübingen 1995.

2 *Hochbaum*, S. 681; *Wemmer*, S. 28.
3 So *Hochbaum*, S. 681; vgl. auch *Wemmer*, S. 156, 217.
4 Ein Gespenst geht um in der Europäischen Union: die Angst vor der „Europäischen Einheitskultur". In der *Presse* (Wien) vom 15. 9. 1998, S.6, stellte Sonja Frank dem EU-Kulturkommissär Marcelino Oreja am Beginn eines Interviews zum EU-Programm Kultur 2000 (ca. 167 Mill. ECU) folgende bezeichnende Frage: „Wie kann der Gefahr der Entstehung einer Einheitskultur in Europa vergleichbar mit Amerika entgegengewirkt werden?" In dieser Fragestellung kommt die ablehnende Haltung, die als politisch korrekt gilt, unserer Kulturschaffenden zum Ausdruck. Oreja gab die vernünftige Antwort: "Ich denke, es ist existentiell, daß das Prinzip der Verschiedenartigkeit der unterschiedlichen Kulturen respektiert wird. Die Tatsache, daß verschiedene Kulturen in Europa bestehen, läßt nicht den Schluß zu, daß es nicht eine europäische Kultur gibt. Ich denke, daß die Aufgabe einer Gemeinschaft darin besteht, das gemeinsame Element in den verschiedenen Kulturen herauszustreichen".

Man beschwört zwar die gemeinsamen europäischen kulturellen Wurzeln, und damit die gesamteuropäische kulturelle Herkunftseinheit, aber einer *gemeinsamen* europäischen kulturellen Zukunft verweigert man den Diskurs. Gerade dies wäre aber von Bedeutung für ein zukünftiges „Europa der Bürger", und zwar eines Europas nicht nur der Bürger der gegenwärtigen Mitgliedsstaaten der Europäischen Union, sondern auch der Bürger der Staaten, die noch nicht Mitglieder derselben sind, es aber werden wollen – eines Europas der Staaten also, die sich der „Partnerschaft für Europa", wie der österreichische amtierende EU-Ratspräsident Wolfgang Schüssel es genannt hat, verpflichtet fühlen, denn in Ermangelung eines „Europäischen Staatsvolks"[5] und einer eigenen EU-Staatlichkeit[6] würde ein europäisches kulturelles Bewußtsein einen wesentlichen Integrationsfaktor bilden, als Voraussetzung für eine unverwechselbare EU-Identität.

Seit Maastricht kann nicht mehr verdrängt werden, daß neben der Pflege des europäischen Wirtschaftsraumes auch eine solche des europäischen Kulturraums zu erfolgen hat[7]. So, wie jeder Einzelstaat einer Kultur bedarf, also kulturabhängig ist, so bedarf die EU einer gemeinsamen Kultur mit einer europäischen Kulturloyalität, denn dies bildet neben Wirtschaft und Politik die wichtigste Grundlage der Vereinigung[8]. Aber diese gemeinsame Kultur, die der Vereinigung Europas zugrunde liegt, bedeutet keineswegs eine Nivellierung seiner Kulturunterschiede. Einheit Europas darf nicht heißen Einheitlichkeit, denn gerade das Zusammenspiel von Vielfalt und Einheit zeichnet die europäische Kultur aus[9]. Es ist diese Tradition multipolarer Referenzsysteme, die die europäische

---

5 Dazu *J. Isensee*: Europa – die politische Erfindung eines Erdteils. In: Europa als politische Idee und als rechtliche Form. Berlin 1994. S. 103- 138, bes. S. 133.
6 Bewegt sich die EU auf eine föderale Union zu oder kehrt sie zu den Nationalstaaten zurück, oder wird sie ein Gebilde eigener Art, etwa ein Staatenverbund? Dazu *W. Wessels*: Der Amsterdamer Vertrag. S. 118-120. In: Integration 20. 1997. S. 117-135.
7 Noch 1991 konnte *Georg Ress*: Kultur und Europäischer Binnenmarkt. Stuttgart 1991, vertreten, daß die EG eine Wirtschafts- und keine Kulturgemeinschaft sei (S. 24), daß die kulturelle Integration nicht zu ihren Zielen gehöre (S.31) und daß man deshalb auf einen einheitlichen Kulturbegriff verzichten könne (S. 259). Heute dagegen ist mit *Wemmer* (S. 217) festzustellen, daß durch den Vertrag von Maastricht eine kulturpolitische Kompetenz hinzugefügt worden sei, weshalb die Europäische Union auch als Kulturgemeinschaft zu betrachten sei, aber dadurch werde die mitgliedstaatliche Kulturzuständigkeit nicht beeinträchtigt, vielmehr seien die Mitgliedsstaaten primärverantwortlich für den Kulturbereich.
8 *L. Dyczewski*: Europäische Kultur versus Nationalkultur, S. 39. In: *P. Koslowski* (Hrsg.): Europa imaginieren. Der Europäische Binnenmarkt als kulturelle und wirtschaftliche Aufgabe. Berlin 1992. S. 31-54.
9 *R. Bieber:* Die Europäisierung des Verfassungsrechts. In: Die Europäisierung der mitgliedstaatlichen Rechtsordnungen in der Europäischen Union (Baden-Baden

Kulturerfahrung ausmachen. Diese lebt von den Wechselwirkungen[10], aber auch den Konstanten der gemeinsamen Ideen, Werte und Strukturen, und sie ist gleichzeitig offen für den zukünftigen Wandel ihrer Inhalte.

Zwar ist richtig, daß die christliche Herkunftseinheit Europas zu den Voraussetzungen der europäischen Einigung gehört, aber bei der Herbeiführung des jetzigen Standes dieser Einigung – augenblicklich Europäische Union – war diese nicht maßgeblich, vielmehr trieben politische und wirtschaftliche Motive und Kräfte die Einigung voran[11]: Friedenssicherung nach zwei Weltkriegen, Einbindung Deutschlands, wirtschaftliche Konkurrenzfähigkeit und, als deren Grundlage, Rechtssicherheit. Gleichwohl wird eine Erweiterung der Union eine solche Europäische Identität verlangen, selbst wenn zum jetzigen Zeitpunkt durch die Europapolitiker alles getan wurde, um klarzustellen, daß die Gemeinschaft keine einheitliche „Euro-Kultur" schaffen wolle.

Deshalb ist heute zu fragen: Soll diese kulturelle Herkunftseinheit, die ja fortlebt, nicht genutzt werden im Sinne einer Festigung des Europagedankens? Was spricht dagegen, daraus eine *kulturelle Zukunftseinheit* zu machen? Sie könnte zur Festigung und Stärkung des bisher Erreichten beitragen, aber auch dazu, diese Europäische Union den neu hinzukommenden Staaten nicht nur wirtschaftlich, sondern auch kulturell erstrebenswert und annehmbar zu machen.

Es ist derzeit ein erstaunliches Phänomen zu konstatieren. Die europäische Marktintegration wird positiv bewertet, weil sie, wie man ausführt, den Wettbewerb fördere, dagegen wird eine kulturelle Integration (wie im übrigen auch die

---

1997), S. 71-85, hat es in einer Weise beschrieben, die es verdient, hier zitiert zu werden: „Die Eigenart Europas besteht seit der Antike in der Dialektik zwischen der Entwicklung einer Vielfalt unterschiedlicher Kulturen mit entsprechenden gesellschaftlichen und politischen Strukturen auf engstem Raum und der Entfaltung *übergreifender* Ideen, Werte und Strukturen. Das Zusammenspiel von Vielfalt *und* Einheit erweist sich als Quelle spezifisch europäischer Kultur. Kaum ein Gebiet europäischer Kultur – zu der auch das Recht zu zählen ist – kann daher isoliert beschrieben und unter dem Gesichtspunkt der Autonomie räumlich abgegrenzter Teileinheiten vollständig erfaßt werden" (S.72).

10 *S. Hradil* und *S. Immerfall*: Modernisierung und Vielfalt in Europa. In: dies. (Hrsg.): Die westeuropäischen Gesellschaften im Vergleich. Opladen 1997. S. 11 – 25. Die Autoren meinen, Europa brauche die Unterschiede von soziokulturellen Gemeinschaften und Lebensweisen. „Die kreative Kraft der Vielgestaltigkeit in der Europäischen Union ergibt sich nicht nur durch die überkommenen Unterschiede nationaler Kulturen. Sie ergibt sich in erster Linie durch Vielgestaltigkeit der Kulturen und Mentalitäten verschiedener Ethnien und Lebensweisen innerhalb der einzelnen Nationen Europas." (S. 24).

11 Vgl. *H. Lübbe*: Das Christentum, die Kirchen und die europäische Einigung. S. 110ff. In: Essener Gespräche 31. Münster 1997. S. 107-125.

politische Integration!) als wettbewerbseinschränkend hingestellt[12]. Der wirtschaftspolitisch begründeten Integrationsbewegung mit dem Ziel einer einheitlichen Währung steht also eine solche der Fragmentation gegenüber, die sich die unbedingte Aufrechterhaltung der kulturellen Vielfalt zum Ziel gesetzt hat, was sich unter anderem konkretisiert in den elf offiziellen Amtssprachen, deren Zahl sich bei jeder Erweiterung der Europäischen Union zwangsläufig erhöhen wird.

## 2. Die Rolle der Religionen und der Kirchen in der Europäischen Union

Im Rahmen einer Diskussion des derzeitigen EU-Dogmas der kulturellen Vielfalt kommt neben den Sprachen auch den Religionen, die ja Teil der Kultur sind, Bedeutung[13] zu.

Die Mitgliedsstaaten der Europäischen Union garantieren als moderne Verfassungsstaaten die Religionsfreiheit[14] und sind in religiösen Dingen neutral[15], –

---

12 Und dies erfolgt unter Verkennung der tatsächlichen Gegebenheit einer Transnationalisierung der Gesellschaft. *H. Kaelble*: Auf dem Weg zu einer europäischen Gesellschaft. Eine Sozialgeschichte Westeuropas 1880 – 1980 (München 1987), hat überzeugend dargelegt, wie auf allen Gebieten eine soziale Integration stattgefunden hat. Es gebe „eine klare, kontinuierliche und weit fortgeschrittene soziale Integration Westeuropas: einen eigenen europäischen Weg der gesellschaftlichen Entwicklung" (S. 157), verbunden mit einer „allmählichen Umorientierung der Westeuropäer weg von der Ausschließlichkeit der nationalen Perspektiven hin zu mehr Bewußtsein von der gemeinsamen europäischen Situation und Identität" (S. 157). *H. Kaelble*: Europäische Vielfalt und der Weg zu einer europäischen Gesellschaft. In: *Hradil* und *Immerfall*, Modernisierung, S. 27 – 68, betont auch die Verflechtungen zwischen den europäischen Gesellschaften durch Ausbildung, Berufstätigkeit, Geschäftsreisen, Tourismus, Heiraten (S.62). – Es sei noch auf die Lage in den Naturwissenschaften verwiesen. *W. Krull*: Forschungspolitik und Forschungsförderung auf europäischer Ebene. In: Bildung und Wissenschaft im Prozeß der europäischen Einigung. Weinheim 1997. S. 68 – 101, warf die Frage auf, ob dank der Großprojekte (z.B. CERN) nicht schon eine europäische *scientific community* mit eigener europäischer Identität im Entstehen sei (vgl. S. 66).
13 Über den Zwiespalt, in dem sich dann Weltreligionen, die grundsätzlich doch auf Weltgeltung abstellen, befinden, verwies Renaud Sainsaulieu: Entre universalismes et particularismes en Europe: le rôle des églises. In: Religions et transformations en Europe. Strasbourg 1993. S. 47-58.
14 Vgl. dazu mit weiterführenden Nachweisen *A. Bleckmann*: Von der individuellen Religionsfreiheit des Art. 9 EMRK zum Selbstbestimmungsrecht der Kirchen. Ansätze zu einem „Europäischen Staatskirchenrecht". Köln 1995; zur Lage in Österreich *R. Potz*: Die Religionsfreiheit in Staaten mit westlich-christlicher Tradition. In: *J. Schwartländer* (Hrsg.): Freiheit der Religion. Christentum und Islam unter dem Anspruch der Menschenrechte. Mainz 1993. S. 119-134.

besser gesagt – weitgehend neutral, wobei sich das Verhältnis zwischen Staat und der in den Amtskirchen oder den Staatskirchen institutionalisierten Religionen in den Mitgliedsstaaten der Europäischen Union zwischen zwei Polen bewegt. Einerseits gibt es Staaten, die einer bestimmten Religion Vorrang einräumen (Großbritannien, Dänemark, Schweden, Finnland, Griechenland), andererseits gibt es Staaten mit einer Trennung zwischen Staat und Religion (Niederlande, Irland; in Frankreich als „positive" Laizität[16]). Dazwischen sind einzuordnen Staaten, die eine Art von Kooperation zwischen Staat und Kirchen vorsehen (Deutschland, Österreich, Belgien, Niederlande, Italien, Spanien, Portugal). Europas Vielfalt spiegelt sich auch in der Vielfalt seiner staatskirchenrechtlichen Systeme[17], denn die Kirchen sind Teil nicht nur der nationalstaatlichen, sondern der europäischen Identität und damit gesellschaftliche Kräfte in der Europäischen Union[18]. Deshalb ist es aber auch unausbleiblich, daß die Frage gestellt wird, ob dies nicht auch ein Staatskirchenrecht der Europäischen Union notwendig mache[19]. Dabei ist auffallend, daß gerade in Deutschland diese Frage in der Fachliteratur[20] eingehend diskutiert wird.

---

15 Die Allgemeinheit des staatlichen Rechts ist den verschiedenen religiösen Rechten übergeordnet. Dies bringt es mit sich, wie *H. Folkers:* Allgemeinheit des Rechts trotz Verschiedenheit des Glaubens? – Die Glaubensfreiheit als Legitimationsproblem. In: Der Universalitätsanspruch des demokratischen Rechtsstaates (Stuttgart 1996), S. 33-48, ausführte, daß die Religion für die eigene Wahrheit nicht mehr die öffentliche Macht des Staates beanspruchen, und umgekehrt der Staat für seine öffentliche Macht nicht mehr religiöse Wahrheit beanspruchen könne (S. 34 f.). Diese Neutralität bedeutet nicht Laizismus, denn Religion und Weltanschauung sind vom Staat nicht zu bekämpfen, es ist ihm nur untersagt, selbst Glaubensüberzeugungen zu propagieren. Gerade die Neutralität des Staates bietet Raum für alle religiösen und weltanschaulichen Vorstellungen seiner Bürger.
16 Dazu *J. Robert:* Die Religionsfreiheit in einem demokratischen Staat – Probleme und Lösungen. In: Gewissen und Freiheit 49. 1997. S. 20-37.
17 Doch ist eine allgemeine Tendenz zur Entstaatlichung von Staatskirchen unverkennbar: vgl. *G. Robbers* (Hrsg.): Staat und Kirche in der Europäischen Union. Baden-Baden 1995, bes. S. 353; *R. Puza* und *A. P. Kustermann,* Staatliches Religionsrecht im europäischen Vergleich. Freiburg 1993; dazu auch *E. Poulat:* L'Europe religieuse des Etats. S. 410. In: Religions et transformations en Europe. Strasbourg 1993. S. 407-418.
18 Dazu *C. Starck:* Das Christentum und die Kirchen in ihrer Bedeutung für die Identität der Europäischen Union und ihrer Mitgliedsstaaten. In: Essener Gespräche 31. Münster 1997. S. 27-28.
19 So *L. Turowski:* Staatskirchenrecht der Europäischen Union? – Überlegungen zu einer nicht nur für Kirchen wichtigen Diskussion. In: Kirche und Recht 1995. 140. S. 1-24. Dabei bleibt noch dahingestellt, ob es nicht besser *Religionsrecht* der Europäischen Union heißen sollte, da nicht nur die Kirchen, sondern alle Religionsge-

Wenn die Integration sich ausdehnen und vertiefen soll, so ist die Europäische Union auch auf die Kirchen angewiesen[21]. In den letzten Jahren haben die Kirchen[22] klar gemacht, daß sie eine europäische Einigung unterstützen. Im Gegenzug wurde ihren Interessen entsprochen durch die dem Amsterdamer Vertrag angefügte Erklärung[23] Nr. 11 (Erklärung zum Status der Kirchen und weltanschaulichen Gemeinschaften): „*Die Europäische Union achtet den Status, den Kirchen und religiöse Vereinigungen oder Gemeinschaften in den Mitgliedsstaaten nach deren Rechtsvorschriften genießen, und beeinträchtigt ihn nicht. Die Europäische Union achtet den Status von weltanschaulichen Gemeinschaften in gleicher Weise.*"

Die Kirchen, wie diese selbst daraus ableiten[24], und die religiösen Vereinigungen oder Gemeinschaften scheinen nunmehr als Faktoren des Gemein-

---

meinschaften, also auch die islamischen, betroffen sind. Turowski scheint aber nur solche christlicher Observanz im Auge zu haben.

20 Man erwartet und befürchtet zwar keine europäische Harmonisierung auf diesem Gebiet, doch wird eine Einwirkung des EU-Rechts auf die Kirchensteuer nicht ausgeschlossen; vgl. *W. Rüfner*: Staatskirchenrechtliche Überlegungen zu Status und Finanzierung der Kirchen im vereinten Europa. S. 490. In: Verfassungsrecht im Wandel 1995. S. 485-498.

21 *G. Robbers*: Europa und die Kirchen. Die Kirchenerklärung von Amsterdam. In: Stimmen der Zeit 1998. S. 147 – 157, meint, was das Vorgehen der EU bezüglich ihres Verhältnisses zu den Kirchen anlangt: „Die Europäische Union tut gut daran, ihre (sc. der Kirchen) kulturelle Verwurzelung behutsam, respektvoll und im Anknüpfen an die regionale Vielfalt zu suchen, nicht in völliger Neugründung, nicht im Abschneiden gewachsener Strukturen, nicht im Oktroi" (S. 149).

22 Wobei es die deutschen Amtskirchen waren, die aktiv wurden mit der Schrift: Zum Verhältnis von Staat und Kirche im Blick auf die Europäische Union. Gemeinsame Stellungnahme zu Fragen des europäischen Einigungsprozesses, herausgegeben vom Kirchenamt der Evangelischen Kirche in Deutschland und vom Sekretariat der Deutschen Bischofskonferenz (1995). Andererseits haben das Consilium Conferentiarum Episcopalium Europae (C.C.E.E.) der katholischen Kirche und die Konferenz der Europäischen Kirchen (über sie *A. Hollerbach*: Europa und das Staatskirchenrecht. S. 255f. In: Zeitschrift für evangelisches Kirchenrecht 35. 1990. S. 250-283) schon immer die Politik der Gemeinschaft zu beeinflussen gesucht.

23 Über Vorgeschichte und Entstehung dieser Erklärung, die von einer deutschen evangelisch-katholischen Arbeitsgruppe verfaßt wurde, siehe *G. Robbers*: Partner für die Einigung. Die Kirchenerklärung der Europäischen Union. In: Herder-Korrespondenz 1997. S. 622 – 626; *H. Ehnes*: Zum Verhältnis der Kirchen zur Europäischen Union. S. 50f. In: Kirche und Recht 1997. 140. S. 47-53; sehr kritisch *G. Besier*: Kirchen und staatliche Ordnungen. Die Hierarchisierung von Religionen als Problem der Religionsfreiheit. In: Criticón 15. 1997. S. 179 – 182, der darin einen Versuch sieht, die Stellung der Großkirchen zu stärken.

24 So jedenfalls sieht es die deutsche EKD (Schreiben vom 20.6.97, abgedruckt bei *Ehnes,* Zum Verhältnis, S. 51: "Durch diese Erklärung sind die Kirchen erstmals

schaftsrechts anerkannt. Da aber in der Erklärung, wie sie letztendlich aufgenommen wurde, nicht nur von den Kirchen[25], sondern auch von religiösen Vereinigungen oder Gemeinschaften die Rede ist, ist es unausweichlich, daß die Organisationen der in Europa lebenden Muslime nunmehr auch fordern können, entsprechend ernst genommen zu werden[26], sowohl auf europäischer, als auch auf einzelstaatlicher Ebene[27], auf der sie sich, worauf sie immer wieder hinwie-

---

ausdrücklich im Vertragswerk der Europäischen Union verankert und als Rechtssubjekt mit eigenem Status auch im Hinblick auf Maßnahmen der Europäischen Union anerkannt. Dies ist auch politisch von weittragender Bedeutung, als die Kirchen sich nunmehr in rechtlich anerkannter Form als Dialogpartner in den europäischen Einigungsprozeß und die fortschreitende Entwicklung des Gemeinschaftsrechts zur eigenständigen Rechtsordnung aktiv einbringen können".

25 Die beiden christlichen Großkirchen Deutschlands hatten vorgelegt: „Die Europäische Union achtet die verfassungsrechtliche Stellung der Religionsgemeinschaften in den Mitgliedstaaten als Ausdruck der Identität der Mitgliedstaaten und ihrer Kulturen sowie als Teil des gemeinsamen kulturellen Erbes". Die deutsche Bundesregierung übernahm es, dies bei den Vorverhandlungen zum Maastricht-II-Vertrag einzubringen; die Regierungen von Österreich, Italien, Spanien und Portugal teilten diese Auffassung. Gleichwohl wurde der Text dann leicht geändert vorgelegt als: "Die Union achtet die Rechtsstellung der in den Mitgliedstaaten anerkannten Kirchen und Religionsgemeinschaften als Ausdruck mitgliedstaatlicher Identität und als Beitrag zum gemeinsamen Erbe" (dazu *Ehnes*, Zum Verhältnis, S. 51). Dieses Ziel konnte nicht erreicht werden, wie die Endfassung zeigt, insbesondere die „anerkannten Kirchen" wurden so nicht akzeptiert!

26 Vgl. aber *C. Starck*: Das Christentum und die Kirchen in ihrer Bedeutung für die Identität der Europäischen Union und ihrer Mitgliedstaaten. In: Essener Gespräche 31. Münster 1997. S. 5-30, dort auf S. 43 (Diskussionsbeitrag): Die EU ist eine säkulare Institution, und als solche darf sie nicht die Religionsgesellschaften bewerten. Sie kann dies allenfalls unter dem Gesichtspunkt des *ordre public* tun und ihnen äußere Grenzen setzen. Aber selbstverständlich muß sie die orthodoxe Kirche und die Gemeinschaften der Muslime zu den religiösen Institutionen rechnen, denen sie ein besonderes öffentliches Interesse zusprechen sollte. Vgl. dazu *G. Robbers*. In: Handbuch des Staatskirchenrecht der Bundesrepublik Deutschland. Bd. 1. Berlin 1994. S. 327: „Zu diesem, europäische Identität prägenden gemeinsamen kulturellen Erbe gehört ohne Zweifel das Christentum, dazu aber auch das Judentum und der Islam."

27 In Deutschland sind die Muslime zwar organisiert als Vereinigungen entsprechend den zivilrechtlichen Möglichkeiten, doch wird ihnen, was sie beklagen, der Status einer öffentlichen Körperschaft vorenthalten. *S. Muckel*: Muslimische Gemeinschaften als Körperschaften des öffentlichen Rechts. In: Die Öffentliche Verwaltung 1995. S. 311 – 317, meint, daß es den muslimischen Gemeinschaften an einer Organisierung fehle, die sie in Stand setze, ein partnerschaftliches, auf dauerhafte Kooperation angelegtes Verhältnis zum Staat zu entwickeln. Dieser in Deutschland vorherrschenden Meinung steht die Praxis in Österreich gegenüber, wo den Muslimen schon seit 1912 ein solcher Status zuerkannt ist. Dazu *R. Potz*: Die Anerken-

sen, bisher nicht voll anerkannt sehen. Die zahlreichen islamischen Vereinigungen werden unterschiedlich eingeordnet[28], zwischen offiziell anerkannten Religionsvereinigungen mit Sonderstatus (Belgien, Spanien, Frankreich und Österreich) und zivilrechtlichen Vereinigungen (Deutschland, Italien, Luxemburg, Niederlande).

## 3. Muslime in Europa

Was die in Europa lebenden Muslime[29] anlangt, so ist zu unterscheiden zwischen einem autochthonen Islam und einem allochthonen[30], d. h. von den Migranten vertretenen Islam.

### 3.1 Der europäische autochthone Islam:

Die autochthonen muslimischen Gläubigen haben, wie etwa in Südosteuropa, seit vielen Jahrhunderten (unter der Herrschaft des Osmanischen Reiches[31] oder der Habsburger Monarchie, dann nach dem Ersten Weltkrieg in den neu gebildeten Staaten auf dem Balkan[32]) zur kulturellen Entwicklung Europas beigetragen.

---

nung der islamischen Glaubensgemeinschaft in Österreich. In: *J. Schwartländer* (Hrsg.): Freiheit der Religion. Christentum und Islam unter dem Anspruch der Menschenrechte. Mainz 1993. S. 135-146.

28 Zu finden in *G. Robbers* (Hrsg.): Staat und Kirche in der Europäischen Union. Baden-Baden 1995; *F. Dassetto*: La construction de l' islam européen. Paris 1996. S. 263-266.

29 *B. Lewis* und *D. Schnapper* (Hrsg.): Muslims in Europe. London 1994; *G. Nonneman, T. Niblock, B. Szajkowski*: Muslim Communities in the New Europe. Reading 1996.

30 Allochthone Minderheiten sind im Gegensatz zu autochthonen Minderheiten solche, die sich durch Zu- oder Einwanderung bilden. Dazu *W. Mäder*: Sprachordnung und Minderheitenschutzrechte in Deutschland. In: Zeitschrift für Ausländerrecht und Ausländerpolitik 1997. S. 29-37.

31 Dazu *A. Zheliazkova*: The penetration and adaptation of Islam in Bosnia from the fifteenth to the nineteenth century. In: Journal of Islamic Studies 5. 1994. S. 187-208; aus christlichen und islamischen Kulturelementen ist eine Lebensgestaltung entstanden, die alle Völker des Balkans betrifft (vgl. S. 207).

32 Dazu *H.-J. Kornrumpf*: Scheriat und christlicher Staat. Die Muslime in Bosnien und in den europäischen Nachfolgestaaten des Osmanischen Reiches. In: Saeculum 35. 1984. S. 17 – 30. Es ist zu beachten, daß die Muslime Bosniens nach der Okkupation von 1878 auf dem Wege in eine kulturelle und politische Modernität vielen Bedrohungen ausgesetzt waren, nicht zuletzt den gleichzeitig entstehendem kroatischen und serbischen Nationalismen; dazu *S. M. Džaja*: Bosnien-Herzegowina in der österreichisch-ungarischen Epoche 1878 – 1918. München 1994. Über die

Diese Form[33] der südosteuropäischen islamischen Lebensgestaltung[34] gehört genau so zum gesamteuropäischen Kulturerbe wie das Judentum, der Katholizismus, die Orthodoxie und der Protestantismus, weshalb eine Gleichstellung dieses Islams selbstverständlich ist, denn seine Repräsentanten sehen sich nicht nur als integrativer Teil Europas, sondern sie sind es. Die Europäische Union ist kein „christliches Unternehmen", sondern muß und kann offen sein für zukünftige Mitgliedsstaaten, deren Bevölkerung in der Mehrheit oder in einer Minderheit islamischen Glaubens ist, wobei nicht übersehen werden sollte, daß gerade die Muslime des Balkans auch eine Vermittlungsfunktion[35] zum Vorderen Orient haben könnten.

---

Schwierigkeiten bei dem Versuch der bosnisch-herzegowinischen Muslime sich als Bevölkerungsgruppe zu definieren, s. *H.-M. Miedlig*: Zur Frage der Identität der Muslime in Bosnien-Herzegowina. In: Berliner Jahrbuch für Osteuropäische Geschichte 1994. S. 23-42; *T. Bringa*: Being Muslim the Bosnian way. Identity and community in a Central Bosnian village. Princeton 1995; bes. S. 12ff. und 117ff.

33 Nicht erst in der Epoche des Osmanischen Reiches, sondern schon viel früher, waren zwar die Muslime des Balkans verbunden mit den Muslimen in Nordafrika, Ägypten und Syrien, wie den Chroniken zu entnehmen ist; dazu *H. T. Norris*: Islam in the Balkans. Religion and Society between Europe and the Arab World. London 1993; gleichwohl wurde der Balkan-Islam etwas eigenständiges und ist, vielleicht, der Ausgangspunkt einer besonderen europäischen islamischen Lebensform. Vgl. *S. Balic*: Der Islam im europäischen Umfeld. In: Aus Politik und Zeitgeschichte. B 22/90. S. 30-39; ders.: Der Islam – europakonform? Würzburg 1994; ders.: Aus gemeinsamen Wurzeln herausgewachsen. Zur europäischen Dimension des südosteuropäischen autochtonen Islam. In: Theologien im Dialog. Graz 1994. S. 75-86; ders.: Religion and laicism of Bosnian muslims. In: *M. Bozdémir*: Islam et laicité. Approches globales et régionales. Paris 1996. S. 105 – 111.

34 Über die Lage der Muslime in Bulgarien, Mazedonien, Bosnien s. *M. Pinson* (Hrsg.): The muslims of Bosnia-Herzegovina. Cambridge, Mass. 1996; *H. Poulton* und *S. Taji-Farouki* (Hrsg.): Muslim Identity and the Balkan State. New York 1997; *Nonneman, Niblock, Szajkowski*, Muslim Communities, S. 25-166; *F.W. Carter* und *H.T. Norris*: The changing shape of the Balkans. London 1996; *A. Eminov*: Turkish and other Muslim minorities in Bulgaria. London 1997; in Albanien: *M. Vickers* und *J. Pettifer*: Albania. From Anarchy to Balkan Identity. London 1997.

35 Die Europäische Union wäre aber gut beraten, die Muslime des Balkans auch finanziell bei der Überwindung der gegenwärtigen politischen Krisen zu unterstützen, um sie nicht in die Arme eines von reichen Ölstaaten finanzierten Fundamentalismus zu treiben, dessen rigoroser und militanter Islam ihnen eigentlich fremd ist. Genau dies war zwischen 1993 und 1994 in Albanien der Fall, als Saudiarabien, Ägypten und die Türkei miteinander darin konkurrierten, das Land zum „richtigen Islam" zurückzuführen, wobei militante islamische Kräfte, die das traditionell gute Zusammenleben der Religionen gefährdeten, an Boden gewannen (vgl. *Vickers, Pettifer*, Albania, S. 104-107).

*3.2 Der allochthone Islam in Europa*

In den Mitgliedsstaaten der Europäischen Union leben ca. 13 Millionen Muslime, die zumeist erst nach dem Zweiten Weltkrieg durch Zuwanderung[36] (und eventuelle nachfolgende Einbürgerung) den Islam in die west- und mitteleuropäischen Gesellschaften gebracht haben. Die von diesen Migranten vertretene allochthone[37] Form einer islamischen Lebensgestaltung in Europa ist weitgehend von den Glaubensformen ihrer Herkunftsländer geprägt – sunnitisch oder schiitisch, arabisch, türkisch oder persisch, um nur einige mögliche Kategorisierungen zu nennen. Die von den muslimischen Migranten bzw. den muslimischen Unionsbürgern (und dazu gehört auch die allerdings sehr kleine Zahl der zum Islam konvertierten autochthonen Unionsbürger, also der Deutschen[38], Österreicher, Italiener usw.) bevorzugte islamische Lebensgestaltung, und damit deren Grundanschauung hinsichtlich des Verhältnisses[39] von Religion (Islam) und Staat, wird selbst in der zweiten oder dritten Generation noch immer stark be-

---

36 Dazu *P. Clarke*: Islam in contemporary Europe. In: The World's Religions. London 1988. S. 498-519, dort insbesondere über die nach Westeuropa in diesem Jahrhundert zugewanderten Muslime (S. 498-513).

37 In Österreich liegt der ungewöhnliche Fall vor, daß auf die muslimischen Immigranten der letzten Jahrzehnte, die also allochthon sind, Regelungen angewandt werden, die aus einer Zeit stammen, da die Muslime des Reiches als solche autochthon waren.

38 Die Volkszählung von 1987 in der Bundesrepublik ergab 1,650952 Muslime (davon 80 % türkischer Nationalität). *M. Wohlrab-Sahr*: Konversion zum Islam in Deutschland und den USA – eine funktionale Perspektive. In: Religiöse Konversion. Systematische und fallorientierte Studien in soziologischer Perspektive (Konstanz 1998), S. 125 – 146, errechnet für 1993 etwa 2,2 Mill. in Deutschland lebende Muslime (S.128). Davon sind ca. 68.000 Muslime mit deutscher Staatsangehörigkeit, und auch bei diesen dürfte es sich überwiegend um eingebürgerte türkische Immigranten handeln. „Alle Angaben über die Zahl deutscher Konvertiten sind – auch wenn sie von Sozialwissenschaftlern verbreitet werden – rein spekulativ" (S. 129). – Man sollte also vorsichtig sein bei der Beurteilung der von interessierter islamischer Seite so oft vorgebrachten Aussage, der Islam sei mit 2,5 Mill. Muslimen in Deutschland nach dem Christentum die zweitgrößte Religion. Das stimmt wohl nur, wenn man die in Deutschland lebenden Muslime zugrundelegt, nicht etwa die Muslime mit deutscher Staatsangehörigkeit.

39 Die Lehren aller islamischen Richtungen verlangen die gesellschaftliche Organisation nach den offenbarten göttlichen Grundsätzen, zu deren Durchsetzung der Staat notwendig sei. Dazu *T. Nagel*: Staat und Glaubensgemeinschaft im Islam. Geschichte der politischen Ordnungsvorstellungen der Muslime. 2 Bde. Zürich 1981; *R. Klaff*: Islam und Demokratie. Zur Vereinbarkeit demokratischer und islamischer Ordnungsformen dargestellt am Beispiel der Staatsauffassung Khomeinis. Frankfurt a. M. 1987.

einflußt von diesen Herkunftsländern[40] (Türkei[41], arabische Mittelmeerländer[42], Iran, Pakistan und Bangladesch[43]). Bei solchen allochthonen Muslimen und ihren Organisationen, die sich bewußt als Minderheiten betrachten[44], ist ein enger

---

40 Aus der Flut der Fachliteratur zu diesem Thema sei verwiesen auf *S. Yildiz*: Mädchen und Jungen aus türkischen und marokkanischen Herkunftsfamilien in der Migration. In: Mädchen zwischen den Kulturen (Frankfurt am Main 1997), S. 145 – 155, die feststellte (S. 146), daß die verlassene Heimat idealisiert wird und daß eine streng islamische Erziehung der Kompensation dient (S. 149). *J. Cesari*: Etre musulman en France aujourd'hui. Paris 1997; *W. A. R. Shadid* und *P. S. van Koningsveld*: Religious freedom and the position of islam in Western Europe. Opportunities and obstacles in the acquisition of equal rights (Kampen 1995), zeigen, inwieweit in Europa lebende Muslime ihren islamischen Pflichten entsprechen können hinsichtlich der Kleidung, der Beschneidung (wobei aber die Beschneidung von Frauen in Europa verboten ist, S.98). Auch in Belgien ergeben sich immer wieder Probleme im Bereich des Ehe- und Familienrechts, insoweit als von islamischer Seite versucht wird, eigene rechtliche Vorstellungen durchzusetzen; dazu siehe *M.-C. Foblets:* La famille musulmane au croisement des cultures juridiques. S. 227-237, und *J.-Y. Carlier*: Deux facettes des relations entre le droit et l' islam: la répudiation et le foulard. S. 239-251; beide in: Facettes de l' islam belge. Louvain-la-Neuve 1997.
41 Über die türkisch-islamischen Organisationen in Deutschland siehe *Nonneman, Niblock, Szajkowski*, Muslim Communities, S. 257ff.; über den Einfluß der Türkei siehe *N. Landman*: Sustaining Turkish-Islamic Royalties. The Diyanet in Western Europe. In: *H. Poulton* und *S. Taji-Farouki*: Muslim Identity and the Balkan State. New York 1997. S. 214 – 231. Es ist fraglich, ob es möglich sein wird, „bikulturelle" Religionslehrer und Imame überhaupt auszubilden (vgl. 227f.). Auf jeden Fall setzt die türkische Regierung alles daran, bei den in Europa lebenden türkischen Staatsbürgern das türkische Nationalbewußtsein zu stärken. Dies erfolgt sehr oft unter Rückgriff auf den Pan-Turkismus, der seit dem Zusammenbruch der UdSSR und der Erstehung von sechs zentralasiatischen „Turkstaaten" an Bedeutung gewonnen hat (vgl. dazu *J. Landau*: Pan-Turkism. From Irredentism to cooperation. London 1995.
42 Über den Einfluß nordafrikanischer Staaten in Frankreich siehe *M. Morsy*: Rester musulman en société étrangère. In: Pouvoirs. 62. Paris1992. S. 118 – 133; über den Saudiarabiens in Deutschland siehe *Nonneman, Niblock, Szajkowski*, Muslim Communities, S. 255.
43 Vor allem in Großbritannien siehe *Nonneman, Niblock, Szajkowski*, Muslim Communities, S. 182.
44 Die von ihnen geforderte Gleichstellung mit den christlichen Religionsgemeinschaften dient dazu, ihre kulturelle Minderheitenstellung zu betonen, zielt auf Differenzierung und lehnt Integration ab. Dabei stützen sie sich auf internationale islamischen Organisationen (finanziert von Saudiarabien und den Golfstaaten) oder auf die staatlichen religiösen Einrichtungen in Tunesien, Marokko, Algerien oder der Türkei. Es kann aber durchaus vorkommen, daß militante Gruppen in den europäischen Gastländern Opposition gegen die Politiker ihrer Herkunftsstaaten betreiben (etwa Algerier in Frankreich und Türken in Deutschland).

Bezug zu den religiösen Kräften[45] der Länder, aus denen sie stammen, feststellbar.

Die von den muslimischen Migranten immer wieder geforderte Anerkennung als Minderheit ist völker- und europarechtlich nicht begründet[46]. Der im Rahmen des Europarats und des Europäischen Parlaments gebrauchte Begriff „nationale Minderheit" ist nämlich sehr restriktiv. Man beschränkt sich in der Regel auf historisch in einem bestimmten Gebiet ansässige Gruppen und schließt Bevölkerungsgruppen wie Immigranten und Wanderarbeitnehmer ausdrücklich aus[47].

## 4. Der Islam im heutigen europäischen Kulturenpluralismus

Die Frage ist, welche Auswirkungen es auf die Aufrechterhaltung des EU-Dogmas der kulturellen Vielfalt, das von der Wahrung der Einzelstaatenkulturen ausgeht und diese schützen will, haben kann, wenn die gegenwärtige Verteilung der Religionen in den Mitgliedsstaaten der Europäischen Union durch die Zuwanderung von muslimischen Migranten aus Drittstaaten merklich verändert wird. Während bei den EU-Binnenmigranten kaum noch Integrationsprobleme[48]

---

45 In Frankreich ist dies gut nachweisbar für die Maghrebstaaten; vgl. *J. Cesari*: Etre musulman en France aujourd'hui. Associations, militants et mosquées. Paris – Aix-en-Provence 1994. S. 138-147; in Deutschland für die Türkei *Nonneman, Niblock, Szajkowski*, Muslim Communities, S. 257ff.

46 Die Ausarbeitung einer Minderheitendefinition hat sich in der Vergangenheit als extrem schwierig erwiesen. Dabei fällt auf, daß die im Rahmen der Vereinten Nationen und des Europarats in den entsprechenden Dokumenten vorgeschlagenen Definitionen niemals die Zustimmung der jeweiligen Staatengemeinschaft fanden (vgl. dazu C. *Scherer-Leydecker*, Minderheiten, S. 337).

47 Vgl. *C. Scherer-Leydecker*, Minderheiten, S. 168ff, S. 338. Auffallend ist, daß auf gesamtinternationaler Ebene der internationale Schutz von Immigrantengruppen von den amerikanischen und sonstigen Einwanderländern zur Erhaltung der nationalen Einheit bekämpft wurde. „Kulturelle Zersplitterung wurde als destruktiv beim Aufbau einer eigenen, gesamtstaatlichen Nation angesehen" (*C. Scherer-Leydecker*, Minderheiten, S. 339). Selbst das Rahmenabkommen des Europarats zum Schutz nationaler Minderheiten (1995 geschlossen und seit 1998 in Kraft) enthält keine Definition der „nationalen Minderheit", weil man sich darauf nicht einigen konnte, doch fallen darunter nicht die faktischen sozialen Minderheiten, z.B. Migranten und Wanderarbeiter, vielmehr sind diese durch die jeweiligen nationalen speziellen Gesetze zu schützen (dazu *N. Paech*: Minderheiten-Politik und Völkerrecht. In: Aus Politik und Zeitgeschichte 46-47. 1998, S. 18-26).

48 Dies kann damit zusammenhängen, daß bei der „intra-EU-Migration" in zunehmendem Maße Hochqualifizierte beteiligt sind, wie bereits in den 80er Jahren feststellbar war; vgl. *F. Romero*: Cross-border population movements, S. 187. In: *W. Wallace* (ed.): The Dynamics of European Integration. London 1990. S. 171- 191. Als

auftreten, ist dies bei Migranten aus dem außereuropäischen islamischen Bereich (Türkei, Nordafrika, östlicher Mittelmeerraum) anders. Das hängt damit zusammen, daß diese Zuwanderer auch noch in der zweiten oder dritten Generation ihre spezifischen islamischen Kulturzüge nicht aufgeben[49] und sich nicht integrieren wollen[50], vielmehr diese Unterschiede betonen, so daß dies als gewollte Segregation in Form einer „Selbst-Ethnisierung" und als Verweigerung[51] einer In-

---

Gutverdienende warfen sie in den jeweiligen „Gastgesellschaften" keine sozialen Probleme auf. Anders steht es um die Migranten aus den Nicht-EU-Staaten, insbesondere bei denen aus den Mittelmeer-Anrainerstaaten; vgl. dazu P. *Opitz*: Die Migrations- und Flüchtlingsproblematik nach Beendigung des Ost-West-Konflikts: Globale und Europäische Dimensionen. S. 62f. In: *M. Knapp* (Hg.): Migration im neuen Europa. Stuttgart 1994. S. 23-50. Allein in Nordafrika wird ein Wachstum von 140,6 Millionen Menschen im Jahre 1990 auf 274,4 Mill. Menschen im Jahre 2025 prognostiziert. „Da die wirtschaftlichen Entwicklungstrends in der mediterranen Region keine entsprechende Zunahme von Arbeitsplätzen erkennen lassen, dürfte sich eine Armuts- und Arbeitsmigration in den EU-Bereich als eine naheliegende Alternative erweisen" (S. 62). Wenn wir davon ausgehen, daß die Zuwanderer aus Nordafrika zumeist Muslime sind, wird sich die Zahl der allochthonen Muslime in Westeuropa erheblich vermehren.

49 Das läßt sich beispielsweise damit belegen, daß die in Deutschland verstorbenen Türken der ersten und der zweiten Generation in der Regel in die Türkei überführt werden. Obwohl inzwischen Begräbnisstätten, die die islamischen Rituale und Vorschriften einzuhalten ermöglichen, vorhanden sind, wird noch immer von ihren Angehörigen diese „Rückkehrillusion" aufrechterhalten; vgl. dazu *D. Tan*: Wandlungen des Sterbens und der Trauerrituale in der Migration. In: *G. Höpp* und *G. Jonker* (Hrsg.): In fremder Erde. Zur Geschichte und Gegenwart der islamischen Bestattung in Deutschland (Berlin 1996), S. 107-130, der meinte: "Die Deutschlandtürken müssen sich mit dem Gedanken vertraut machen, in Deutschland beerdigt zu werden."

50 In den Mitgliedsstaaten der Europäischen Union mit ihren unterschiedlich großen Bevölkerungsanteilen an allochthonen Muslimen gibt es, je nach Staat unterschiedlich bemerkbar, die Tendenz zur Assimilation, zur Integration oder zur kommunitären Einfügung, wobei letzteres zur Entstehung von Islam-Ghettos führen kann, worauf seit Jahren *Bassam Tibi* (Multikultureller Werte-Relativismus und Werte-Verlust. Demokratie zwischen Werte-Beliebigkeit und pluralistischem Werte-Konsens. In: Aus Politik und Zeitgeschichte 52-53. 1996. S. 27-36) aufmerksam macht, wenngleich andererseits die Chance der Schaffung eines aufgeklärten Euro-Islams durchaus besteht. Siehe dazu *R. Bistolfi und F. Labbal*: Islams d' Europe. Intégration ou insertion communautaire?, Paris 1995; *F. Dassetto*: La construction de l'Islam Européen. Approche socio-anthropologique. Paris 1996; *M. King*: God's Law versus State Law. The construction of an Islamic Identity in Western Europe. London 1995.

51 Daran hat auch eine „neue Pädagogik" nichts geändert. Gerade in Deutschland hat sich gezeigt, daß in den Schulen eine sogenannte interkulturelle Erziehung nicht dazu beigetragen hat, die Integration zu fördern oder wenigstens die Bereitschaft zur Segration auf Seiten der türkischen und marokkanischen Migranten abzubauen.

tegration erscheint. Das kann zur Folge haben, daß die Bevölkerung der jeweiligen Mitgliedsstaaten der Europäischen Union ihre kulturelle Identität gefährdet sieht[52] angesichts der Integrations-Abstinenz dieser Zuwanderer[53]. Die vorhandene Mehrheit wird dann ganz explizit auf ihrer eigenen „kulturellen Sicherung" bestehen[54].

---

Vielmehr zeitigte diese Erziehung nur die Produktion von Stereotypen; Kulturkonflikte wurden erst geschaffen. Die Kulturdifferenzhypothese führte lediglich zur Ethnisierung und Kulturalisierung der Pädagogik und löste durch wohlmeinende und „gutdenkende LehrerInnen" neue kulturalistische Stigmatisierungsprozesse aus. Mittlerweile hat man daraus Konsequenzen gezogen, (vgl. *I. Diehm*: Chancen und Grenzen der interkulturellen Erziehung. In: Mädchen zwischen den Kulturen. Frankfurt am Main 1997. S. 207 – 216) insoweit, als kulturelle Differenzen nicht mehr hochstilisiert werden sollen, da sie nur „kulturalistische Verengungen" schaffen und Kultur zurückführen auf nationale oder ethnische Herkunft oder Zugehörigkeit, was sich nicht zukunftsgerichtet im Sinne einer Integration auswirken kann. Auch in Belgien hat sich gezeigt, daß ein solcher interkultureller Unterricht keine positiven Auswirkungen zeitigt und die Integration nur erschwert; dazu *R. Kühnel*: Integrismus versus Integration? Sprachloyalität und linguistical correctness von Marokkanern in Brüssel. Münster 1997. S. 52-57.

52 "Toleranz muß man sich leisten können, und leisten kann sie sich nur derjenige, der seiner selbst sicher ist", führte *Peter Fritzsche* (Toleranz im Umbruch. Über die Schwierigkeit, tolerant zu sein. In: Aus Politik und Zeitgeschichte. 43. 1995. S. 9-17) aus (S. 11), weshalb in einer Zeit des Umbruchs, in der die meisten Gesellschaften Europas durch die Arbeitsmigration von neuen multi-ethnischen und multikulturellen Profilen gekennzeichnet sind, der Frage große Bedeutung zukommt, welches Ausmaß von Fremdkultur in der Mehrheitskultur noch toleriert wird, denn Toleranz und ihre Einübung (etwa durch die Strategie der Multiperspektivität, S. 16) setzt voraus, daß "die Bürger der Mehrheitsgesellschaft selbst über eine ausgeprägte Identität und ein gesichertes Selbstwertgefühl verfügen, um die Bereitschaft entwickeln zu können, sich auf fremde Perspektiven einzulassen" (S. 17).

53 Was sie aber nicht daran hindert, intraeuropäische Netzwerke aufzubauen, die auf Familien- und Sippenbanden beruhen, so daß sich auf Grund dieser Beziehungen gegenseitige Hilfe bewerkstelligen läßt (vgl. dazu *F. Dassetto*: Musulmans de l' Europe des Douze: Entre un espace vécu et une stratégie d' implantation. S. 159. In: Religions et transformations en Europe, Strasbourg 1993. S. 153-162).

54 Dazu *R. Stolz*: Probleme der Zuwanderung, Zuwanderung als Problem. Weder Katastrophen-Alarmismus noch Utopie-Idyllen helfen weiter, (S. 15 – 34), der darauf hinweist, daß zugewanderte Minderheiten den Vorrang der vorhandenen Grundkultur zu akzeptieren haben, und *M. Neuhöfer*: Überforderte Nachbarschaften. Eine Analyse von Siedlungen des sozialen Wohnungsbaus und die Wohnsituation von Migranten, (S. 35 – 45), der zeigt, daß vor allem „den marginalisierten und selbst von gesellschaftlichem Abstieg bedrohten Deutschen" Integrationsleistungen abverlangt werden, die sie überfordern, so daß sie sich als „Fremde im eigenen Land" fühlen. Nach *Wilhelm Heitmeyer* (Eine gewerkschaftliche Politik gegen den Rechtsextremismus findet nicht statt. In: Gewerkschaftliche Monatshefte 43. 1992. S. 620 – 633) dürfe man in diesem Zusammenhang den Faktor „Zeit" nicht unterschätzen;

Da die theologische Diskussion in den Herkunftsländern der arabisch-muslimischen Migranten zur Zeit selbst mit dem Zentralthema „kulturelle Sicherheit"[55], die man für den eigenen Kulturraum beansprucht, befaßt ist, könnten europäische Kulturpolitiker, sofern diese nicht postmodern eine Trennung von Staat und Kultur propagieren, im Dialog mit muslimischen Theologen durchaus auf Verständnis stoßen, wenn sie für den eigenen europäischen Kulturraum im allgemeinen und für die Einzelstaaten im besonderen einen ebensolchen Anspruch auf kulturelle Sicherheit postulierten. Auf islamischer Seite gibt es darüberhinaus unter den Vertretern des sog. „Euro-Islams" durchaus Stimmen, die meinen, das Verharren in zum Teil schon längst überholten patriarchalischen Lebensgewohnheiten werde auf Dauer im aufgeklärten Europa nicht möglich sein, weshalb eine Änderung des Sittenkodex der europäischen Muslime, also auch der Migranten, in Anpassung an die vorhandenen nationalen Grundkulturen zu erfolgen habe[56].

## 5. Der Euro-Islam als Inkulturation?

In dieser Lage mit ca. 13 Millionen allochthoner muslimischer Bürger, von denen aber die überwiegende Zahl Nicht-EU-Staatsbürger, sondern Drittländer-Staatsangehörige sind, böte sich an, den Islam zu *inkulturieren*. Eine solche Inkulturation[57] im säkularen Europa, das aber noch immer eine weitgehend christ-

---

es habe in der Vergangenheit zwar auch schon Arbeitsmigranten gegeben, doch seien sie im Verlauf von Jahrzehnten eingegliedert worden, während heute alles sehr schnell gehen müsse, was die Einheimischen überfordere (vgl. S. 626).

55 Diese Idee der „kulturellen Sicherheit" berührt sich mit der Lehre des extremen Kultur- und Werterelativismus, die jede Universalität von Werten, z.B. auch der Menschenrechte, ablehnt. Inwieweit hier der Islam eine Rolle spielt, habe ich dargelegt in meinen Aufsätzen: Zur Diskussion über die Menschenrechte in den arabischen Staaten. In: Christen und Muslime in der Verantwortung für eine Welt- und Friedensordnung (3. Sankt Georgener Symposion 1992), Frankfurt 1992, S. 49-94, und: Das islamische Recht – eine Herausforderung für die pluralistische Gesellschaft? In: *M. Forstner – K. v. Schilling* (Hrsg): Interdisziplinarität. Deutsche Sprache und Literatur im Spannungsfeld der Kulturen. Festschrift für Gerhard Mayer. Frankfurt 1991. S. 193-235.

56 *S. Balic*, Islam im europäischen Umfeld, S. 38, meinte 1990, das Verharren in zum Teil schon längst überholten patriarchalischen Lebensgewohnheiten werde auf die Dauer im aufgeklärten Europa nicht möglich sein; folglich habe eine Änderung des Sittenkodex der europäischen Muslime – und der Migranten – zu erfolgen.

57 Inkulturation ist ein permanenter Vorgang des Sich-Einlassens auf die andere Kultur, die, wie etwa in Westeuropa, von einer anderen Religion, nämlich dem Christentum, geprägt ist. Das wäre ein Prozeß, in dessen Gefolge die eigene islamische

liche Herkunftskultur hat, stünde vor der Aufgabe, die der islamischen Offenbarung zugrundeliegenden Inhalte im europäischen Umfeld zu verkünden und als bodenständiger, originärer und lebensstiftender Islam zu leben, wie ja umgekehrt die orientalischen christlichen Kirchen[58], die hinsichtlich der Katechese, Liturgie, Frömmigkeit, Kirchenordnung und Theologie durchaus andere Wege gegangen sind als die westlichen Kirchen, Beispiele einer solchen Inkulturation des Christentums in islamischer Umwelt[59] darstellen. Für die Repräsentanten eines

---

religiöse Botschaft und ihre lebensweltlichen Konkretisierungen in Europa Wurzeln schlagen könnten. – Der Begriff Inkulturation, der seit 1977 gebraucht wird, spielt in der christlichen Theologie eine gewichtige Rolle (vgl. dazu *G. Collet*: Inkulturation. In: Neues Handbuch theologischer Grundbegriffe. Kempten 1991. Bd. 2. S. 394-407; *K. Hilpert*: Inkulturation. Anspruch und Legitimation einer theologischen Kategorie. In: *K. Hilpert* und *K.-H. Ohlig* (Hrsg.): Der eine Gott in vielen Kulturen. Inkulturation und christliche Gottesvorstellung. Zürich 1993. S. 13-32). Dabei geht es um das Problem, wie der Universalanspruch des Christentums mit seiner „frohen Botschaft" (Evangelium), die an alle Menschen gleich welcher Kultur gerichtet ist, in Übereinstimmung gebracht werden kann mit der Verwurzelung eben dieser Menschen in ihrer konkreten Lebenswelt. Dies wurde im 20. Jahrhundert, das ja als Epoche der kulturellen Polyzentrik im Zeichen der Globalisierung zu sehen ist, relevant. Die christlichen Kirchen haben schon frühzeitig darauf reagiert mit der Lehre von der Inkulturation, deren Aufgabe es sei, die Botschaft in der jeweiligen Kultur und mit deren Mitteln darzustellen – in Afrika, in Asien, in Amerika.

58 Über die wichtigsten orientalischen Kirchen siehe den Artikel *Christen* in: Lexikon der Islamischen Welt. Stuttgart 1992. S. 66-74. Die islamischen Herrscher gewährten den Christen weitgehende Autonomie im innerkirchlichen Bereich und in dogmatischen Fragen, aber sie waren stets Bürger zweiter Klasse. Der Islam bestimmte die Öffentlichkeit auf allen Gebieten, während das Christentum daraus verbannt war. Die Inkulturation des Christentums erfolgte auch dadurch, daß die Christen des Vorderen Orients das Arabische als Literatursprache übernahmen, weshalb durchaus von einer Arabisierung gesprochen werden kann. Im 20. Jahrhundert wurde dieser Zustand aber gestört, wie *H. Suermann*: Kultur und Kircheneinheit im Nahen Osten. In: Inkulturation und Kontextualität. Theologien im weltweiten Austausch, Frankfurt a.M. 1994 , S. 87-99, zeigte, durch den arabischen Nationalismus. Heute bestehe ein ambivalentes Verhältnis der Christen zur islamisch geprägten arabischen Kultur, während umgekehrt die arabischen Muslime die arabischen Christen nicht als „volle Araber" anerkennen würden.

59 Über die besondere Lage im Libanon siehe *T. Sicking*: Complémentarité et opposition entre tradition et modernité en théologie au Proche-Orient, S. 84- 107, und *S. Khalil Samir*: Chrétiens et musulmans face au défi de la modernité, S. 108-152, und *J. Corbon*: L'inculturation de la foi chrétienne au Moyen-Orient, S. 175 – 196. Alle in: Foi chrétienne et inculturation au Proche-Orient, Beyrouth 1992. In Ägypten ist die Koptisch-Orthodoxe Kirche ein gutes Beispiel; ihre Gläubigen spielten stets ein wichtige Rolle und ihre Schulen trugen zur Wahrung ägyptischer Traditionen bei. Erst unter Anwar as-Sadat, der den Staatsislam betonte, kam es dann zu Diskriminierungen und zu Konfrontationen mit den muslimischen Militanten (vgl. dazu *W.*

Euro-Islams würde dies bedeuten, daß sie sich einzulassen haben auf die säkularen, wenngleich noch immer christlich grundierten, europäischen Nationalkulturen, eben auf dieses „Kulturchristentum", das zur Herkunftsidentität der Europäischen Union gehört. Muslimische Theologen hätten dann die Frage zu diskutieren, wie die Verbindung zwischen Islam und europäischer Grundkultur herzustellen wäre.

Eine solche Inkulturation des Islams, wie wir sie aus der Vergangenheit weltweit, beispielsweise in Westafrika[60] oder in Südostasien, kennen, wird aber von den Vertretern des offiziellen Islams – etwa in den religiösen Hochschulen in Ägypten oder in Saudiarabien –, aber auch in den Islamischen Zentren in Deutschland und anderswo in Europa abgelehnt, da dies dem Universalanspruch des Islams widerspreche und da man darin die Gefahr einer „Christianisierung" oder gar „Säkularisierung" des Islams zu sehen habe. Die islamische Seite will gerade *keine* solche Inkulturation des Islams in Europa, vielmehr hält sie den Anspruch aufrecht, die jeweiligen Kulturen müßten dem Islam angepaßt werden und nicht umgekehrt. Sie will die säuberliche Trennung der Religionen[61], möglichst sichtbar bereits in der Kleidung[62], und sie verteidigt diese Haltung in Europa mit dem Recht auf Wahrung der kulturellen Identität ihrer Glaubensbrüder.

Gleichwohl scheint sich in der Praxis eine europäische islamische Lebensweise schon herauszubilden[63], doch ist dabei noch nicht ganz klar, wie sie sich

---

*Reiss*: Erneuerung in der Koptisch-Orthodoxen Kirche. Hamburg 1998. S. 283 und 285). Es sei hier darauf verwiesen, daß es in Ägypten auch heute kaum möglich ist, die Erlaubnis zum Bau neuer Kirchen zu erhalten (S. 287).

60 Dazu *M. Forstner*: Der Islam in der westafrikanischen Sahel-Zone. Erscheinungsbild – Geschichte – Wirkung. In: Zeitschrift für Missionswissenschaft und Religionswissenschaft 71. 1987. S. 25-84, 97-120.

61 *M. Forstner*: Die wohlgeordnete Welt – das Verhältnis zwischen Muslimen und Nichtmuslimen nach neoislamischer Rechtslehre. In: Wiener Zeitschrift für die Kunde des Morgenlandes. 82. 1992. S. 129 – 147; dort S. 132 mit der einschlägigen arabisch-neoislamischen Rechtsliteratur.

62 Kleiderordnungen haben eine lange Tradition im Islam, denn das Islamische Recht verlangt, man müsse sofort erkennen, welcher Religion ein Mensch angehöre.

63 Vgl. *S. Vertovec* und *C. Peach*: Islam in Europe. The politics of religion and community. London 1997. S. 38ff.; *F. Dassetto*: La construction de l'islam européen, Paris 1996, spricht von einer „muslimité européenne en phase de construction" (S. 320). In diese Richtung scheint auch *T. Ramadan*: Les musulmans dans la laicité. Responsabilités et droits des musulmans dans les sociétés occidentales, Lyon 1994, zu gehen, wenn er darauf verweist, daß es in Europa Religionsfreiheit und Rechtsstaatlichkeit gebe, was es erlaube, auch in einer laizistischen Umwelt islamisch zu leben (S. 115). Er schreibt, die islamische Identität in Europa habe sich nicht gegen die westliche Gesellschaft, in der man lebe, zu definieren (S. 117f.). – Seit 1993 versuchte der von der Großen Moschee in Paris kontrollierte Conseil consultatif, der von Innenminister Charles Pasqua bevorzugt wurde, sich als Vertreter

weiterentwickeln wird, da von Staat zu Staat die Phänomene unterschiedlich sind. So, wie sich einst in der Vergangenheit das Christentum in Europa inkulturierte[64], so wird es in Zukunft darauf ankommen, eine islamische Positionsveränderung herbeizuführen, doch muß dies aus den Reihen der europäischen Muslime selbst erfolgen. Dies wird um so wichtiger sein, wenn die Interessen der autochthonen Muslime der Staaten Südosteuropas, die zwar noch nicht zur Erweiterung der Europäischen Union anstehen, die aber, wie der österreichische amtierende EU-Ratspräsident Wolfgang Schüssel es formuliert hat, von der *Partnerschaft für Europa* (PfE) umfaßt sind, gewahrt werden sollen.

*6. Zwischen kultureller Vielfalt und mitgliedsstaatlicher Grundkultur*

Nach Maastricht und Amsterdam ist nunmehr klar, daß sich die Europäische Union entsprechend diesen Verträgen zwischen kultureller Vielfalt einerseits und mitgliedsstaatlichen Nationalkulturen als Grund- oder Leitkulturen andererseits zu bewegen hat. Alle Religionen (und zwar nicht nur in der Form von Amts- oder der Großkirchen) finden darin ihren Platz.

Die Europäische Union als Rechtsgemeinschaft beruht darauf, daß ihre Mitglieder demokratische Verfassungsstaaten sind. Solche sind aber auch Kulturstaaten, denn ein moderner Staat ist, wie Peter Saladin es ausdrückte, umgeben von Kultur, getragen von Kultur, durchtränkt von Kultur – ist selbst ein „Stück Kultur"[65]. Als Verfassungsstaaten sind Kulturstaaten europäischer Provenienz aber liberalen Grundwerten verpflichtet, sind sie wertorientierte Kulturstaaten, weshalb es ihre Aufgabe ist, diese ihre spezifisch liberale Kulturstaatlichkeit zu

---

aller Muslime in den Vordergrund zu schieben. Eine von ihm im Dezember 1994 veröffentlichte „Charte du culture musulman en France" akzeptiert das französische Staatsdogma der Laizität, verbindet dies dann mit der Forderung, der Islam müsse mit den „alten Religionen" (Katholizismus!) gleichgestellt werden (dazu Brigitte Basdevant-Gaudemet: Le statut de l'islam en France, 361ff. In: Revue du droit Public et de la Science Politique en France et a l'Etranger. 112. 1996. S. 355 – 384).

64 Eine Inkulturation ist ein Geben und Nehmen, eine dauernde Interaktion, wie am Beispiel des Christentums in Europa über Jahrhunderte zu verfolgen ist, was auch noch heute zu verfolgen ist. Eine Verweigerung der zeitgenössischen säkularen Lebenskultur kann zur Abschließung führen. – So wie die lehrende Kirche nur als lernende Kirche eine Zukunft hat, wie *G. Heinmann*: Priesterausbildung in Mitteleuropa – Ein Testfall der Inkulturation. In: Inkulturation 1994, S. 186-199, feststellte (S. 199), so wird der lehrende Islam auch nur als lernender Islam eine Zukunft haben.

65 *P. Saladin*: Der moderne Staat als Kulturstaat. S. 156. In: *U. Altermatt* (Hrsg.): Nation, Ethnizität und Staat in Mitteleuropa. Wien 1996. S. 152 – 161.

pflegen, zu wahren und zu verteidigen. Es wäre gegen die Grundlagen der europäischen Gemeinschaft, wollte man[66] eine Trennung von Verfassungsstaatlichkeit und dementsprechender Kulturstaatlichkeit herbeiführen, denn gerade eine solche europäische Kulturstaatlichkeit ist Kennzeichen der Mitgliedsstaaten der Europäischen Union[67], und das eingangs genannte EU-Dogma der *kulturellen Vielfalt* findet darin seinen Grund. Die Folge ist, daß der europäische *ordre public* in dem Sinne liberal und säkular ist, daß er allen Religionen und religiösen Gemeinschaften eine Heimstatt ist und ihnen Freiräume zur Entfaltung verschafft, auch den Muslimen, seien sie nun autochthon oder allochthon, aber auch allen anderen religiösen Gemeinschaften, wie immer wieder betont werden muß.

EU-Bürger muslimischen Glaubens und muslimische Migranten, die in den Mitgliedsstaaten der Europäischen Union leben, können von den einzelstaatlichen Gesellschaften, in denen sie leben, Freiheit hinsichtlich ihrer religiösen Überzeugung und Toleranz bei der Ausübung dieser ihrer religiösen Überzeugung erwarten, doch auch für sie gilt, daß ihre kulturellen Besonderheiten ihre Privatsache sind. Die allgemeinen Regeln des modernen liberalen Verfassungsstaates, der keine Religion oder Weltanschauung und damit verbundene Praktiken vor einer anderen bevorzugt, müssen akzeptiert werden[68]; sie lassen Raum für einen Kulturpluralismus, nicht aber für Segregation im Namen eines Multikulturalismus[69], der zur Abschottung zwischen aufnehmender und zugewanderter Gesellschaft führen würde[70].

---

66 Wie es *R. Bauböck*: Drei multikulturelle Dilemmata. In: *B. Ostendorf* (Hrsg.): Multikulturelle Gesellschaft: Modell Amerika? (München 1994), S. 237 – 255, vorschwebt, der glaubt, nur so das Problem des Multikulturalismus lösen zu können. "So wie der Weg in die Moderne die Trennung von Staat und Religion voraussetzte, müßte eine neue Form pluralistischer Demokratie wohl auf der endgültigen Trennung von Staat und nationaler Kultur beruhen" (S. 254).

67 Darauf, daß jede demokratische Verfassung im wesentlichen kulturbedingt ist, wies *Peter Häberle* immer wieder hin (so etwa in: Verfassungslehre als Kulturwissenschaft. Berlin 1982). Unter dem Aspekt einer Kulturabhängigkeit der EU ist es um so bedauerlicher, daß man es auf politischer europäischer Ebene bis heute vermeidet, von gesamteuropäischer Kultur zu reden und diese auch so zu nennen.

68 Es ist deshalb die Frage, ob das Dogma „Islam = Staat + Religion", das offiziell in der Islamischen Lehre vertreten wird, mit dem säkularen Rechtsstaat zu vereinbaren ist (vgl. dazu mit Bezug auf die in Deutschland lebenden Türken *M. Stempel*: Zwischen Koran und Grundgesetz. Religiöse Betätigung muslimischer Ausländer in der Bundesrepublik Deutschland. Hamburg 1986).

69 Zu diesem begriff siehe *F.-O. Radtke*: Multikulturalismus: Ein postmoderner Nachfahre des Nationalismus? In: *B. Ostendorf*, Multikulturelle Gesellschaft, S. 229 – 235. – In Anwendung eines segregierenden Multikulturalismus würden rechtsfreie Räume mit Situationen entstehen, in denen einander ausschließende und einander mißachtende kulturelle Minderheiten die gesamtgesellschaftlichen sozialen Konflik-

te ethnisieren. Insoweit kann kulturelle Selbstbestimmung, die die Vertreter des Multikulturalismus verlangen, oft als Bedrohung einer Gemeinschaft gesehen werden (dazu *D. Kramer*: Die Furcht vor dem Fremden und die Sicherheit im Ghetto. In: Anderssein, ein Menschenrecht. Wiesbaden 1995. S. 139-178). – *S. Immerfall*: Einführung in den Europäischen Gesellschaftsvergleich. Ansätze – Problemstellung – Befunde, (Passau 1995), verwies darauf (S. 135), daß sich gegen die multikulturelle Gesellschaft eine Reihe von Einwänden vorbringen lassen. Er meint, eine multikulturelle Gesellschaft könne nur auf der Basis völliger rechtlicher Gleichheit funktionieren; „wahrend von der aufnehmenden Gesellschaft Toleranz für Verschiedenheit erwartet werden muß, gilt für die Zuwanderergesellschaft, daß kulturelle Besonderheiten Privatsache sind. Die allgemeinen Regeln des Verfassungsstaates, der keine Religion, Weltanschauung oder kulturelle Praktik vor einer anderen bevorzugt, müssen akzeptiert werden" – Das ist gerade das, was als Kulturpluralismus zu bezeichnen ist, im Gegensatz zum Multikulturalismus, in dem sich auf einem Territorium getrennte Kulturen gegenüber stehen. Auch Jochen Blaschke: Internationale Migration: ein Problemaufriß. In: Manfred Knapp (Hrsg.): Migration im neuen Europa, (Stuttgart 1994), S. 23-50, befaßte sich kritisch mit dem Multikulturalismuspostulat und verwies darauf, daß dessen Ziel, nebeneinander lebende ethnische „communities" zu schaffen, obsolet geworden sei, da nicht finanzierbar. „Die Vielfalt der Zuwanderungsbevölkerungen in kultureller und sozialer Hinsicht macht es aber heute unmöglich, die Ressourcen des Staates so zu verteilen, daß eine gerechte Bildungs- , Wohlfahrts- und Regionalpolitik für jede „Minderheit" betrieben werden kann" (S. 44). Gleichwohl darf nicht übersehen werden, daß gerade die UNESCO sich vehement für einen derartigen Multikulturalismus einsetzt, der in einem Staat die Schaffung von Parallelinstitutionen fördert, damit eine Partizipation aller ethnischen Gruppen gewährleistet wird (beispielsweise *C. Inglis*: Multiculturalism. New Policy Responses to Diversity, Paris 1996, MOST Policy Papers 4).

70 Dazu der wichtige Aufsatz von *Dieter Haselbach*: Identität, Authetizität und Anerkennung. Falltüren im Multikulturalismus-Diskurs. In: Vorgänge 1998. S. 73 – 80, der darauf hinweist, daß die Probleme in der EU darin begründet sein könnten, daß es sich heute um solche Minderheiten handelt, die nicht autochthon sind, sondern die in eine majoritäre Ortskultur eingewandert sind (S. 37). Während Multikulturalismus zu Intoleranz und Separierung der Kulturen mit eigenen Rechtssystemen führen würde, ist Kulturpluralismus etwas anderes, denn dieser ermöglicht es dem Bürger als einzelnen, sich persönlich zu entfalten und auszudrücken (S. 52f.) in einer modernen Gesellschaft, die verflochten und nicht separiert ist. Vgl. auch Dieter Oberndörfer: Integration oder Abschottung? Auf dem Weg zur postnationalen Gesellschaft. In: Zeitschrift für Ausländerrecht und Ausländerpolitik 8 (1998), S. 3 – 14, der sich ebenfalls gegen den Multikulturalismus ausspricht und der auf die Kultur der Republik abstellt, die kulturellen Individualismus gestatte. Am Beispiel Belgiens und insbesondere der Stadt Brüssel, zeigt Kühnel, Integrismus, das Scheitern des Multikulturalismus-Dogmas in drastischer Weise. Die Autochthonen verlassen in Massen die Stadt und die Allochthonen leben auch nicht zusammen, sondern bilden eigene Ghettos (S. 188). „In Brüssel gibt es eine sprachliche Enteuropäisierung in Gestalt einer Maghrebisierung (Marokkanisierung) und Türkisierung, die in bestimmten Stadtteilen schon weit fortgeschritten ist." „Der bilinguale französisch-flämische Charakter Brüssels verschiebt sich in Richtung eines französisch-

Die dominierenden Nationalkulturen der Mitgliedsstaaten der Europäischen Union sorgen als Grund- und Leitkulturen für einen verbindlichen Werte-Konsens und verhindern ein Aufgehen in Wertebeliebigkeit[71]. In den Rechtsstaaten der EU sind diese Kulturen säkularen Charakters[72], was eine Trennung von Staat und Religion (Kirchen) impliziert – selbst wenn dies einigen Kirchen, etwa der orthodoxen Kirche[73] Griechenlands, schwer fallen sollte.

Der europäische *ordre public* konkretisiert sich auf einzelstaatlicher Ebene in einem integrierenden Kulturpluralismus (nicht in einem segregierenden Multikulturalismus[74], der Parallelgesellschaften hervorbringt), aber ein solcher Plura-

---

nicht(west)europäischen Multilingualismus, in Sonderheit französisch-marokkanischen Bilingualismus" (S. 26).

71 Dazu *Bassam Tibi*: Multikultureller Werte-Relativismus und Werte-Verlust. Demokratie zwischen Werte-Beliebigkeit und pluralistischem Werte-Konsens. In: Aus Politik und Zeitgeschichte 52-53. 1996. S. 27-36. Tibi führt aus (S.28), daß in einem Gemeinwesen eine dominierende Kultur konsensuell die Voraussetzung für den inneren Frieden sei. Sie sorge für einen verbindlichen Werte-Konsens bei gleichzeitiger Wahrung kultureller Vielfalt (sog. Kulturpluralismus), während im Gegensatz dazu ein Multikulturalismus mit seinem Kulturrelativismus zu einer Wertebeliebigkeit führe, was einen Kulturabsolutismus mit vorprogrammierten Auseinandersetzungen zwischen den Gruppen, im schlimmsten Fall verbunden mit einer Ethnisierung der sozialen Konflikte, bewirke. Dies ist auch von Bedeutung für den Verfassungsstaat und sein Pluralismus-Modell der vielen konkurrierenden „Identitäten und Wahrheiten", die die Verfassung als Rahmenordnung und den auf sie bezogenen Verfassungspatriotismus aller Bürger brauchen, ansonsten sich dieser Pluralismus in Beliebigkeiten und letztlich Bürgerkriege auflöste (so *P. Häberle*: Der Fundamentalismus als Herausforderung für den Verfassungsstaat, S. 62. In: Liber amicorum für *J. Esser*, Heidelberg 1995, S. 49-75).

72 Der säkulare republikanische Verfassungsstaat, der die egalitären Individual-Grundrechte garantiert, ermöglicht die friedliche Koexistenz kultureller, religiöser, ethnischer Partikularitäten. *R. Burger*: Multikulturalismus im säkularen Rechtsstaat: eine zivilisationstheoretische Grenzbestimmung. In: Leviathan 1997, S. 173-185, bezeichnet dies als die „basale Homogenität" des säkularen Rechtsstaates, die die Bedingung ist der Möglichkeit kultureller Pluralität bei Bewahrung individueller Freiheit (S. 179).

73 Auf Seiten der griechisch-orthodoxen Kirche ist durchaus eine ablehnende Haltung der Europäischen Union gegenüber noch immer virulent. Vgl. dazu *V. Makrides*: Le rôle de l'orthodoxie dans la formation de l'antieuropéanisme et l'antioccidentalisme grecs, S. 112. In: Religions et transformations en Europe, Strasbourg 1993. S. 103 – 116.

74 Nach *P. Koslowski*: Sich Europa vorstellen. Einleitung. In: Europa imaginieren, Berlin 1992, S. 1- 28, muß das Vereinigte Europa, das notwendig polyethnisch und multinational ist, nicht auch „multikulturell" sein, vielmehr soll eine Synthese einer europäischen Gemeinkultur geschaffen werden (S. 12). Eine andere Position scheint *Urs Altermatt* einzunehmen: Das Fanal von Sarajewo. Paderborn 1996; er meint, nur auf dem Boden der kulturellen Neutralität des Staates könne sich eine Zivilge-

lismus ist nicht statisch und für alle Zeiten abgeschlossen, sondern er ist, wie der politische Pluralismus, ein Prozeß, dessen Ende offen ist, der kein festgelegtes Ziel hat. Es wäre aber verfehlt, diese vorhandenen kulturellen Traditionskontinuitäten und Traditionsbestände, die die jeweilige Kulturstaatlichkeit ausmachen, aufs Spiel zu setzen, die in anderen Weltgegenden gerade mühevoll gesucht werden.

Dieser Kulturpluralismus, der dem Dogma der Europäischen Union von der kulturellen Vielfalt zugrunde liegt, beruht aber auf einem gesamteuropäischen Wertesystem, in das sich die Muslime und ihre offiziellen oder halboffiziellen Vertreter und Würdenträger einzubringen haben[75]. Der europäische *ordre public* ist trotz aller christlich grundierten europäischen Herkunftskultur[76] heute nicht mehr religiös, aber er wird nicht ohne die Religionen – wozu dann auch der Is-

---

sellschaft formen, die in der kulturellen Toleranz eine Tugend sieht (244f.). Das mag mit guten Argumenten für die USA zutreffen, aber ob auch für Europa, erscheint doch sehr fraglich, denn, wie Altermatt selbst feststellt (246f.), in Europa treffen die Einwanderer stets auf Territorien, die die Einheimischen als ihren Besitzstand verteidigen, weshalb ihm dann nichts anderes übrig bleibe, als von einem Spannungsfeld zwischen Autonomie und Integration (sc. der Einwanderer) zu sprechen. „Für die EU besteht die schwierige Aufgabe darin, den angestammten europäischen Völkern und ihren Lebensräumen die kulturelle Identität zu wahren und gleichzeitig den Menschen die soziale Mobilität in der modernen Gesellschaft zu ermöglichen" (S. 247).

75 *P. O'Brien*: Islam vs. Liberalism in Europe. In: American Journal of Islamic Social Sciences 10 (1993), 367 – 381, hat geltend gemacht, Europäer könnten, da sie „liberal" erzogen seien und glaubten, daß jeder Mensch, sofern er nur frei entscheiden könne, ebenso vernunftgeleitet und säkular denken würde wie sie, nicht verstehen, daß muslimische Immigranten diesen Liberalismus ablehnten und sich bewußt gegen ihn entschieden. Gerade deshalb würden die liberal ideologisierten Europäer dann versuchen, die Muslime zu „liberalisieren" und verstießen dabei gegen ihre eigenen liberalen Prinzipien. – O'Brien bietet keine Lösung für dieses Dilemma an. Man könnte ihn so verstehen, als ob die Europäer es hinnehmen müßten, wenn die zugewanderten und nun bei ihnen lebenden Muslime den europäischen „Liberalismus" ablehnten. Auch vergißt er dabei, daß die europäischen Gesellschaften, in die diese Immigranten gekommen sind, nicht einer Wertebeliebigkeit huldigen, sondern ihrerseits sehr wohl ihre liberalen Werte bewahren wollen.

76 Ohne das Christentum ist die Herausbildung des kulturellen und politischen Europabegriffs nicht denkbar, denn es verband die mediterrane Kultur mit dem Norden, den Westen mit dem Osten, wie *Otto Kimminich*: Europa als (geistes)geschichtliche Erscheinung und politische Aufgabe. In: Die Einigung Europas und die Staat-Kirche-Ordnung. Essener Gespräche zum Thema Staat und Kirche 27 (1993), S. 6-23, darlegte (bes. S. 11f.), wobei, wie er vertrat (S. 12), durch den Abwehrkampf gegen die Araber seit 732 gerade das europäische Bewußtsein begründet wurde.

lam gehören wird[77] – auskommen[78], deren Aufgabe es sein wird, auf Politik, Recht, Wirtschaft und Medien einzuwirken, um Fehlentwicklungen[79] anzuprangern – wie jede andere Interessengruppen im demokratischen Verfassungsstaat auch, nicht mehr und nicht weniger.

**Summary**

Both the treaty of Maastricht (1991) and that of Amsterdam (1997) underline the cultural diversity of the European Union. Although no definition of culture is given, the latter means the culture of each EU Member State respectively. However, the EU is in need of a concept of one common cultural heritage, for this would complement the economic and political integration which has so far been reached.

In the context of preserving this cultural diversity, religions must be taken into account. All EU Member States guarantee freedom and free practice of religion, but there are rather different constitutional regulations when it comes to defining the relationship between State and institutionalized religions (churches). Nevertheless, on the EU level a regulation of this relationship will appear sooner

---

77 G. *Robbers*: Das Verhältnis von Staat und Kirche in Europa. In: Zeitschrift für evangelisches Kirchenrecht 1997, S. 122-129, meinte denn auch, daß eine europarechtliche Behandlung des Staat-Kirche-Verhältnisses auch den Islam betreffen müsse; „Zwölf Millionen Moslems dürfen nicht auf Dauer in ein religionsrechtliches Ghetto gesperrt werden" (S.128).

78 Vgl. dazu J. *Falterbaum*: Das Neutralitätsproblem des Staates. In: Die Neue Ordnung 1998, S. 98-110, der auf die Frage, was der Staat für die Kirche tun könne, antwortet, er solle sie fördern, da er ein ganz wesentliches Interesse an der Existenz und dem Funktionieren gesellschaftlicher und kulturell eigenständiger Einrichtungen haben müsse. Gleichwohl ist dabei seine Pflicht zur weltanschaulichen Neutralität und Pluralität zu beachten, wobei er auch neue Entwicklungen positiv aufgreifen müsse, z.B. auch den Islam (vgl. S. 107 und dort Anm.107); dazu auch H. *Steiger*: Religion und Religionsfreiheit im neutralen Staat. In: Staatsphilosophie und Rechtspolitik, (München 1997), S. 105 – 122, der die Argumente zusammenfaßt, die es angeraten erscheinen lassen, daß auch der neutrale und säkulare Staat sich positiv und wohlwollend zur Religion verhalten sollte, denn diese trage zur gesellschaftlichen Kohäsion bei und entlaste den Staat von Sinnstiftung (S. 109).

79 Etwa der Art, daß Bildungspolitik den Prinzipien der Wirtschaftsintegration unterworfen wird und daß „das Medienwesen der Logik der rein wirtschaftlichen Wettbewerbsregulierung überantwortet wird", denn dann kann das „eine Reduktion des Gemeinschaftsbegriffs auf Erfordernisse der Marktfunktionen" mit sich bringen, wie H. *Schneider*: Christen – Nationen – Europa: Fragen an die Kirchen. In: 44. Internationaler Kongreß in Königstein, Bd. 42 (1994), S. 61-94, kritisierte (S. 80).

or later. A European law of religions („Religionsrecht") will emerge and, perhaps, replace the previous specific national regulations. The churches themselves have induced this development by a declaration which was added to the treaty of Amsterdam: „The European Union respects and does not prejudice the status under national law of churches and religious associations or communities in the Member States". Now, European moslems and their organizations could justifiably rely on this declaration when trying to be acknowledged as corporations under public law in the respective Member States.

In the framework of this cultural diversity, the status of Islam causes special problems. A clear distinction must be made between a so-called autochthonous Islam which has existed in the Balkans for many centuries and which has become a deeply rooted integrative part of the culture of South East Europe, and between an allochthonous islam which found its way into Western Europe after the Second World War with immigrants and migratory workers. These autochthonous moslems have caused substantial problems in all EU Member States. Still keeping close connections to their countries of origin and the their specific islamic traditions (e.g. Egypt, North Africa, Turkey, Pakistan, and so on), they reject any deeper integration into their European host cultures which they look upon as being of purely Christian character (which, of course, is no longer the case). As a result of this, moslem immigrants and migrants tend to separate themselves from their Christian fellow citizens and try to create cultural ghettos (e.g. in Great Britain, but also in German and French suburban areas). On the other hand, one must not ignore the fact that a European Islam is already in statu nascendi. This represents a new development, which could be accelerated if these autochthonous moslems would give rise to an „inculturation" of Islam into its European secular environment.

If the European Union sticks to the dogma of cultural diversity of its Member States, then the latter have to preserve their specific cultures. However, they have to conciliate this attitude with an internal cultural pluralism („Kulturpluralismus") on the level of each Member State which would enable all religions, including Islam, to find a place in society – but this requires as an essential prerequisite that moslems and their organizations acknowledge the European constitutional order which is today based on a system of secular values.

Wolfdieter Bihl

# Der christlich-islamische Dialog[1]

Aus einem Bibelzitat und einer Sure des Koran ergibt sich, daß ein Dialog zwischen Christentum und Islam nicht leicht sein kann. In 2 Joh. 10 f heißt es: "Wenn jemand zu euch kommt und nicht diese Lehre mitbringt, dann nehmt ihn nicht in euer Haus auf, sondern verweigert ihm den Gruß! Denn wer ihm den Gruß bietet, macht sich mitschuldig an seinen bösen Taten". In Sure 3,85 heißt es: "Wer aber eine andere Religion als den Islam begehrt – sie wird nicht von ihm angenommen werden. Und im Jenseits gehört er zu den Verlierern".

Voraussetzungen für einen Dialog sind schwierig: Das Christentum ist keine Einheit, der katholischen Kirche mit dem Papst an der Spitze stehen die protestantischen und orthodoxen Kirchen gegenüber, die im Ökumenischen Rat der Kirchen (World Council of Churches, WCC, seit 1948 mit mehr als 300 Mitgliedskirchen) vertreten sind. Die christlichen Kirchen leben seit der Aufklärung in einer pluralistischen, säkularisierten, zum Teil atheistischen Welt, in der "Staat" und "Kirche" mehr oder weniger getrennt sind. Der Islam ist in den sunnitischen Bereich (mit vier Rechtsschulen), den schiitischen (mit vielen Untergruppen und Sonderformen) und den charidschitischen Bereich geteilt. Das Kalifat ist seit 1924 nicht mehr existent. Für alle Gruppen ist der Koran unveränderliches Wort Gottes. Der Islam ist nicht nur Religion, sondern Gestaltungsmuster für alle Bereiche des Lebens. Hauptfrage ist daher, ob "din" (Religion) und "daula" (Staat) vereint bleiben oder wiedervereint werden sollen oder ob es zulässig ist, Religion und Staat nebeneinander, aber getrennt existieren zu lassen, d. h. eine pluralistische, vielleicht säkularisierte Gesellschaft zu ermöglichen.

---

1 Grundlage ist das Material in den Zeitschriften Islamochristiana 1 ff. (Rom 1975 ff.) und CIBEDO. Beiträge zum Gespräch zwischen Christen und Muslimen 1 ff. (Frankfurt/M. 1987 ff.). Hinweise auch in G. C.Anawati: Zur Geschichte der Begegnung von Christentum und Islam. In: Der Gott des Christentums und des Islams, hgg. von A. Bsteh (= Beiträge zur Religionstheologie 2). Mödling 1978. S. 11-35; Christen und Muslime im Gespräch. Eine Handreichung, hgg. von J. Miksch, M. Mildenberger (= Beiträge zur Ausländerarbeit 2). Frankfurt/M. 1982; A. T. Khoury: Der Islam. Sein Glaube, seine Lebensordnung, sein Anspruch (= Herder/Spektrum 4167). Freiburg/Basel/Wien 1988; H. Zirker: Christentum und Islam. Theologische Verwandtschaft und Konkurrenz. Düsseldorf 1989; Was jeder vom Islam wissen muß, hgg. vom Lutherischen Kirchenamt der Vereinigten Evangelisch-Lutherischen Kirche Deutschlands (= Gütersloher Taschenbücher/Siebenstern 786). Gütersloh 1991.

Für die Christen ist das Wort Gottes Fleisch geworden. Durch Jesus – Mensch und Gottes Sohn – ist das Heil in die Welt gekommen, durch Jesu Kreuzestod und Auferstehung ist die Menschheit erlöst worden. Für den Islam hat Gott den Menschen Gesandte geschickt, in einer ununterbrochenen Reihe von Adam bis Jesus (Isa). Der letzte Gottesgesandte, das Siegel der Propheten, war Mohammed. Thora und Evangelium haben Teilwahrheiten enthalten, die letztgültige Wahrheit – soweit sie für Menschen erfahrbar ist – ist von Gott über Mohammed im Koran offenbart worden. Der jungfräulich geborene, sündenlose, wundertätige Isa wird in 15 Suren 93mal ehrfürchtig genannt. Nach islamischer Vorstellung hat er das Kommen Mohammeds angekündigt. Er ist Mensch, nicht Gottes Sohn. Als Sündenloser hat er auch nicht den Kreuzestod erleiden müssen, sondern Allah hat ihn lebendig zu sich genommen. Christentum und Islam führen sich auf Abraham (Ibrahim) zurück. Maria wird im Neuen Testament 19mal, im Koran 34mal ehrerbietig genannt. Der Islam lehnt einen trinitarischen Gott, die Gottessohnschaft und den Kreuzestod Jesu, sowie die Erbsünde ab.

In den christlichen Kirchen ist bis ins 2o. Jahrhundert die Vorstellung vorherrschend gewesen, daß außerhalb der Kirche das Heil nicht möglich sei. Der Koran äußert sich zwiespältig zu den Christen. In Sure 5,82 heißt es: "Und du wirst sicher finden, daß diejenigen, die den Gläubigen in Liebe am nächsten stehen, die sind, welche sagen: Wir sind Christen. Dies deshalb, weil es unter ihnen Priester und Mönche gibt, und weil sie nicht hochmütig sind". Andererseits steht in Sure 48,28: "Er [Gott] ist es, der seinen Gesandten mit der Rechtleitung und der wahren Religion gesandt hat, um ihr über jegliche Religion den Sieg zu verleihen. Gott genügt als Zeuge". Sure 3,85 habe ich bereits zitiert.

Im 8. Jahrhundert sah Johannes von Damaskus den Islam als christliche Häresie an. Papst Gregor VII. schrieb 1076 dem Herrscher von Andalusien Al-Nâsir, der ihm Geschenke gesandt und christliche Gefangene freigelassen hatte. "... Ihr und wir schulden uns diesen Dienst der Nächstenliebe, da wir den einen Gott bekennen und an ihn glauben, zugegebenermaßen in einer verschiedenen Weise. Ihn, den Schöpfer und Beherrscher dieser Welt aber loben und verehren wir jeden Tag. Mit unserem Herzen und Mund beten wir dann, daß nach einem langen Leben derselbe Gott dich in den Schoß der Seligkeit des allerheiligsten Patriarchen Abraham führen möge". Zur Zeit der Kreuzzüge – sie erzeugten ein Jahrhunderte andauerndes gegenseitiges Feindbild – besuchte Franz von Assisi den Sultan von Ägypten. Nach seiner Rückkehr nach Italien verfaßte er den berühmten "Sonnengesang", in dem er Gott mit Bildern und Redewendungen pries, die an den Koran erinnern. Petrus Venerabilis, Abt von Cluny seit 1122, ließ den Koran ins Lateinische übersetzen. Mit der Abhandlung des großen Theologen und Philosophen Nikolaus Cusanus 1461 "De cribratione Alchorani" (Sichtung des Korans) beginnt die geistige Auseinandersetzung mit dem Islam[2]. Die Türkenkriege einerseits und der Kolonialismus der europäischen Mächte in islamischen Ländern, – der übrigens oft mit christlicher Mission verbunden war –, andererseits verstärkten die gegenseitigen Feindbilder und Klischeevorstellungen. Die Methoden und Ergebnisse der europäischen Orientalistik wurden und werden von den Muslimen nicht immer willkommen geheißen.

Erst das II. Vatikanische Konzil leitete die Wende zum gegenseitigen Verstehen ein. Sichtbares Zeichen war der Vortrag Kardinal Königs "Der Monotheismus in der Welt von heute" am 31. März 1965 vor 2.000 Studenten und Professoren der ehrwürdigen al-Azhar-Universität in Kairo[3]. Im Artikel 3 der Erklärung über das Verhältnis der Kirche zu den nichtchristlichen Religionen (Nostra aetate) vom 28. Oktober 1965 nahm das Lehramt zum ersten Mal in der Geschichte der römisch-katholischen Kirche offiziell Stellung zum Islam als Religion: "Mit Hochachtung betrachtet die Kirche auch die Muslime, die den alleinigen Gott anbeten, den lebendigen und in sich seienden, barmherzigen und allmächtigen, den Schöpfer des Himmels und der Erde, der zu den Menschen gesprochen hat. Sie mühen sich, auch seinen verborgenen Ratschlüssen sich mit ganzer Seele zu unterwerfen, so wie Abraham sich Gott unterworfen hat, auf den der islamische Glaube sich gerne beruft. Jesus, den sie allerdings nicht als Gott anerkennen, verehren sie doch als Propheten. Sie ehren seine jungfräuliche Mutter Maria, die sie bisweilen auch in Frömmigkeit anrufen. Überdies erwarten sie den Tag des Gerichtes, an dem Gott alle Menschen auferweckt und ihnen vergibt. Deshalb legen sie Wert auf sittliche Lebenshaltung und verehren Gott besonders durch Gebet, Almosen und Fasten. Da es jedoch im Laufe der Jahrhunderte zu manchen Zwistigkeiten und Feindschaften zwischen Christen und Muslimen kam, ermahnt die Heilige Synode alle, das Vergangene beiseite zu lassen, sich aufrichtig um gegenseitiges Verstehen zu bemühen und gemeinsam einzutreten für Schutz und Förderung der sozialen Gerechtigkeit, der sittlichen Güter und nicht zuletzt des Friedens und der Freiheit für alle Menschen" (Das Wort "Islam" und der Name Mohammeds kommen in der Erklärung allerdings nicht vor).[4] Im Artikel 16 der dogmatischen Konstitution über die Kirche "Lumen gentium" heißt es: "Der Heilswille umfaßt auch besonders die Muslime, die sich zum Glauben Abrahams bekennen und mit uns den einen Gott anbeten,

---

2 *T. Michel*: Christlich-islamischer Dialog. Gedanken zu neueren Verlautbarungen der Kirche. In: CIBEDO Beiträge 1/2. 1987/88. S. 24-29; S. 45-63, hier 25f.; *Anawati*, Geschichte S. 13, 25 f.
3 *Anawati*, Geschichte, S. 29f.
4 *Anawati*, Geschichte, S. 28f.; Was jeder vom Islam wissen muß, S. 180; *Zirker*, Christentum, S. 44ff.

den barmherzigen, der die Menschen am Jüngsten Tag richten wird".[5] Im Artikel 11 des Dekrets über die Missionstätigkeit der Kirche "Ad gentes" (7. Dezember 1965) werden Christen belehrt, daß "die Jünger Christi die Menschen, unter denen sie leben, kennen sollen; in aufrichtigem und geduldigem Zwiegespräch sollen sie lernen, was für Reichtümer der freigebige Gott unter den Völkern verteilt hat".[6]

Die Aufforderung zum Dialog findet sich häufig in Konzilsdokumenten (Nostra aetate 2; Ad gentes 16, 41; Apostolicam actuositatem 14, 27, 29, 31; Gaudium et spes 92; Christus Dominus 13) sowie in Enzykliken, Predigten und Reden der Päpste Paul VI. und Johannes Paul II.[7] In seiner Enzyklika "Ecclesiam suam" (8. August 1964) meinte Paul VI.: "Wir denken an die Anbeter Gottes in der Begriffswelt des Monotheismus, besonders die Muslime, die Bewunderung verdienen für das Wahre und Gute, das sich in ihrer Gottesverehrung findet".[8] Die Begegnung mit muslimischen Lehrern in Uganda 1969 sah Paul VI. als ersten Schritt "hin zu der Einheit, nach der zu streben Gott von uns allen fordert".[9] Kein Papst hat den Beziehungen zwischen Christen und Muslimen soviel Aufmerksamkeit geschenkt wie Johannes Paul II. In vielen Ansprachen an Christen unter Muslimen in Asien, Afrika, im Nahen Osten und Europa, in seinen Reden vor Muslimen auf seinen Reisen in islamischen Ländern und vor islamischen Würdenträgern in Rom hat er auf die Grundsätze eines Zusammenlebens der Angehörigen dieser beiden monotheistischen Religionen und auf die Notwendigkeit des christlich-islamischen Dialogs hingewiesen. In der ersten Enzyklika "Redemptor hominis" (15. März 1979) ermunterte er die Christen zum Kontakt: "Dialog, Kontakte, gemeinschaftliches Gebet und die Suche nach den Schätzen der menschlichen Spiritualität, die – wie wir wissen – auch bei den Mitgliedern dieser Religionen anzutreffen sind".[10]

In einer Ansprache an die Teilnehmer des Internationalen Theologischen Kongresses für Pneumatologie (März 1982) sagte er, der Heilige Geist "sei in einer geheimnisvollen Weise in den nichtchristlichen Religionen und Kulturen gegenwärtig".[11] In einer Ansprache an die katholische Gemeinde in der Kapelle der

---

5 *Michel*, Dialog, S. 26; *Zirker*, Christentum, S. 43f.
6 *Michel*, Dialog, S. 26.
7 *Michel*, Dialog; *L. Pruvost*: From Tolerance to Spiritual Emulation. An Analysis of Official Texts on Christian-Muslim Dialogue. In: Islamochristiana 6. 1980. S. 1-9; *P. Rossano*: Les Grands Documents de l'Eglise Catholique au sujet des Musulmans. In: Islamochristiana 8.1982. S.13-23.
8 *Michel*, Dialog, S. 27.
9 *Michel*, Dialog, S. 27.
10 *Michel*, Dialog, S. 28.
11 *Michel*, Dialog, S. 28.

italienischen Botschaft in Ankara ermunterte er die Christen am 29. November 1979, "täglich die tiefen Wurzeln des Glaubens an Gott vor Augen zu behalten. Ihre muslimischen Mitbürger teilen diesen Glauben mit Ihnen. Er kann für Sie die Grundlage einer Zusammenarbeit werden für den Fortschritt unter den Menschen, ... bei der Verwirklichung von Frieden und Brüderlichkeit in der sich gegenseitig zugestandenen freien Religionsausübung".[12] Für den Papst ist das "einzig wirklich vollkommene Gespräch dasjenige, das in Liebe gesprochen wird" (Ansprache an die Vollversammlung des Sekretariats für die Nichtchristen, April 1979).[13]

In einer Ansprache an die muslimische Jugend in Casablanca meinte der Papst am 19. August 1985, Christen und Muslime seien berufen, "eine bessere Welt nach dem Plan Gottes zu bauen".[14] Im Oktober 1986 kam es zum Gebet für den Frieden der Welt mit Vertretern nichtchristlicher Religionen in Assisi.

Paul VI. beauftragte das am 19. Mai 1964 ins Leben gerufene "Sekretariat für die Nichtchristen" (seit 1988: "Päpstlichen Rat für den Dialog unter den Religionen") – wo von Anfang an eine Sektion für den Islam eingerichtet war –, den Dialog voranzutreiben. Jedes Jahr richtet das Sekretariat anläßlich des Ramadan eine Grußbotschaft an die Muslime der Welt.[15]

Begegnungen begannen unter dem Patronat des Ökumenischen Rates der Kirchen, auf Initiative des Sekretariats für die Nichtchristen oder privater Gruppen. Eine erste Zusammenkunft fand in Genf-Cartigny im März 1969, eine im März 1970 in Agaltun (Libanon) und eine dritte zwischen 12. und 18. Juli 1972 in Brummana (Libanon) statt. Im Dezember 1970 wurde der oberste Rat für muslimische Angelegenheiten in Kairo vom Sekretariat für die Nichtchristen nach Rom eingeladen. Der Präsident des Sekretariats für die Nichtchristen Kardinal Pignedoli wurde von Präsident Sadat, im April 1974 von König Feisal von Saudi-Arabien empfangen. Der erste islamisch-christliche Kongreß wurde von der spanischen Vereinigung für die islamisch-christliche Freundschaft (Asociacion para la Amistad Islamo-Cristiana, A.I.C.) in Córdoba für den 9.-15. September 1974 organisiert. Delegationen arabischer Länder, die Arabische Bischofskonferenz, der Ökumenische Rat der Kirchen, spanische Ministerien waren beteiligt, nicht der Vatikan und der spanische Episkopat. Beim Kolloquium, das von der Sektion für islamische Studien des "Centre d'Études et de Recherches Économiques et Sociales" (CERES) der Universität Tunis in Tunis zwischen 11. und 17. November 1974 veranstaltet wurde, ergriffen Muslime die

---

12 *Michel*, Dialog, S. 49.
13 *Michel*, Dialog, S. 52.
14 *Michel*, Dialog, S. 61.
15 M. L. *Fitzgerald*: The Secretariat for Non-Christians is ten years old. In: Islamochristiana 1. 1975. S. 87-95.

Initiative, um Christen einzuladen. Das Thema lautete: "Das Gewissen der Muslime und Christen angesichts der Probleme der Entwicklung". CERES veranstaltete ein zweites islamisch-christliches Treffen vom 3o. April bis 4. Mai 1979 in Tunis über die Offenbarung, ein drittes zwischen 24. und 29. Mai 1982 über Menschenrechte in Islam und Christentum, und ein viertes zwischen 21. und 25. April 1986 über Spiritualität als Erfordernis für unser Leben. Oberst Gaddafi lud den Vatikan für die Zeit vom 1.-6. Februar 1976 offiziell nach Tripolis ein. Ein Vertreter der Katholiken bat bei diesem Anlaß die Muslime um Verzeihung für alles Unrecht, das ihnen von Christen zugefügt worden war. Ein weiterer Kongreß über die christliche und islamische Einstellung zu Mohammed und Jesus fand vom 21. bis 27. März 1977 in Córdoba statt[16].

Das 1949 in Tunis gegründete, 1964 nach Rom verlegte "Pontificio Istituto di Studi Arabi e d'Islamistica" (PISAI) gibt seit 1975 das Jahrbuch "Islamochristiana" in Französisch, Englisch und Arabisch heraus, die materialreichste und fundierteste Zeitschrift zum islamisch-christlichen Dialog[17]. Das PISAI veranstaltet auch Kolloquien zum christlich-islamischen Dialog, z. B. ein Kolloquium über Heiligkeit in Christentum und Islam (Rom, 6.-7. Mai 1985) unter Teilnahme von Muslimen aus Indien, Pakistan, Bangladesh sowie auch von Christen aus dem Libanon[18].

Seit 1956 treffen sich in den "Journées Romaines" Christen, um den Kontakt zu Muslimen in allen Lebensbereichen zu diskutieren[19]. In Afrika, Asien und

---

16 *Anawati*, Geschichte, S. 29-33; *E. G. Aguilar*: Cordoue, capitale califale du Dialogue islamo-chrétien. In: Islamochristiana 1. 1975. S. 103-113; ders., The Second International Muslim-Christian Congress of Cordoba (March 21-27, 1977). In: Islamochristiana 3. 1977. S. 207-227; *M. Borrmans*: Le Séminaire du Dialogue islamo-chrétien de Tripoli/Libye, 1-6 février 1976. S. 135-164; *A. Charfi*: Quelques reflexions sur la rencontre islamo-chretienne de Tunis (11-17 novembre 1974) "Conscience musulmane et conscience chrétienne aux prises avec les problèmes du développement". In: Islamochristiana 1. 1975. S. 115-124; *Borrmans,* La 2-eme rencontre islamo-chrétienne de Tunis. In: Islamochristiana 5. 1979. S. 221-242; *M. Speight*: A Conference on Human Rights from the Faith Perspectives of Muslims and Christians. In: Islamochristiana 9. 1983. S. 161-179; La IVeme Rencontre islamo-chrétienne de Tunis (21-26 avril 1986). La Spiritualité: exigence pour notre temps. In: Islamochristiana 12. 1986. S. 163-167; *S. E. Brown*: A First Step in a Dialogue on Spirituality: Impressions of a Conference. In: Islamochristiana 12. 1986. S. 169-176.
17 *J. S. Nielsen*: Christian-Muslim Relations in Western Europe. In: Islamochristiana 21. 1995. S.121-131, hier S. 127f. Anm. 11.
18 Colloquium on Holiness in Islam and Christianity. Rome, 6-7 May 1985. In: Islamochristiana 11. 1985. S. 1-98.
19 *Nielsen*, Relations, S. 128.

Europa gibt es auf regionaler Ebene Kontakte und Treffen von Katholiken und Muslimen.

Seit 1979 pflegen Christen und Muslime in der "Groupe des Recherches Islamo-chrétien" (GRIC) mit Arbeitsgruppen in Paris, Brüssel, Algier, Rabat, Tunis, Beirut, Kairo und Dakar intensiven wissenschaftlichen Dialog ohne offizielles Mandat ihrer Religionsgemeinschaften[20].

Seit 1976/77 besteht im "Centre for the Study of Islam and Christian-Muslim Relations at Selly Oak Colleges" (CSIC) in Birmingham ein hochgradig besetztes "joint Muslim-Christian venture"[21].

In der Folge des praktischen Umganges mit muslimischen Flüchtlingen und Gastarbeitern in der Bundesrepublik Deutschland wurde auf Initiative des Missionsordens der Weißen Väter (z. B. Hans Vöcking) 1974 die "CIBEDO" (Christlich-islamische Begegnung – Dokumentationsleitstelle) in Köln (später Frankfurt/M.) begründet. Sie wurde zur Forschungs- und Dokumentationsstelle von Katholiken und Protestanten für alle Bereiche des Islam, ab den 90er Jahren ein Amt der Deutschen Bischofskonferenz[22]. Deutsche evangelische Institutionen haben vielfältige Kontakte mit Muslimen. Die französische katholische Kirche richtete schon 1973 ein "Secretariat pour les Relations avec l'Islam" (SRI) ein[23].

Auch die protestantischen Kirchen und der Ökumenische Rat der Kirchen nahmen den Dialog auf, die Versammlung des Ökumenischen Rates der Kirchen in Nairobi 1975 führte zur Konferenz in Chiang Mai (Thailand) über den interreligiösen Dialog zwischen 18. und 27. April 1977. Seit damals gibt es laufend WCC-Tagungen zum christlich-islamischen Dialog[24]. Seit 1979 gibt es informelle Treffen von Protestanten und Katholiken West- und Mitteleuropas (unter Teilnahme des Vatikan und des WCC) in den "Journées d'Arras", um die christlich-islamischen Beziehungen zu beraten[25].

---

20 Zu GRIC siehe CIBEDO Beiträge 1/2, 33, 38; *R. Caspar*: Le Groupe de Recherches Islamo Chrétien. In: Islamochristiana 4. 1978. S. 175-186.
21 *Nielsen*, Relations, S. 121, 127.
22 *Nielsen*, Relations, S. 124.
23 *Nielson*, Relations, S. 124.
24 *A. Ritter*: Der Dialog zwischen Christen und Muslimen im Rahmen der Ökumenischen Bewegung seit der Gründungsversammlung des Ökumenischen Rates der Kirchen in Amsterdam im Jahre 1948. In: CIBEDO Beiträge 5/6 (1991/92) S. 140-149; *Nielsen*, Relations, S. 123; *J. B. Taylor*: The Involvement of the World Council of Churches in International and Regional Christian-Muslim Dialogues. In: Islamochristiana 1. 1975. S. 97-102; ders., Christian-Muslim Dialogue. Colombo, Sri Lanka, 20 March-1 April 1982. In: Islamochristiana 8. 1982. S. 201-217.
25 *Nielsen*, Relations, S. 128-130.

Die Vertretung der protestantischen und orthodoxen Kirchen Ost- und Westeuropas, die "Conference of European Churches" (CEC), hielt 1978 in Salzburg eine Konferenz zur muslimischen Präsenz in Europa ab; ein "Committee for Islam in Europe" wurde ins Leben gerufen[26]. 1979 richtete das von den westeuropäischen protestantischen Kirchen getragene "Churches' Committee for Migrant Workers in Europe", später "Churches' Committee for Migrants in Europe" (CCME) eine "expert group on Islam in Europe" ein[27]. Seit 1988 arbeitet das CEC committee mit dem katholischen "Council of European Bishops' Conferences" (CCEE, Consilium Conferentiarum Episcopalium Europae) zusammen[28].

Die CEC veranstaltete 1984 in St. Pölten eine Konferenz über den Islam in Europa, auch die katholische Kirche nahm daran teil[29].

Es ist hier darauf hinzuweisen, daß Österreich als einziges der west- und mitteleuropäischen Länder den Islam am 2. Mai 1979 rechtlich voll anerkannt hat[30].

Die Philosophisch-Theologische Hochschule St. Gabriel in Mödling veranstaltet seit 1977 religionstheologische Studientagungen mit christlichen und muslimischen Referenten.

Seit 1989 besteht als Referat im Sekretariat der Österreichischen Bischofskonferenz die "Kontaktstelle für Weltreligionen" (unter Petrus Bsteh), die in sehr einfühlsamer, behutsamer Weise auf praktischem, akademischem und international-theologischem Niveau den Dialog mit den Nichtchristen, sehr stark mit den Muslimen sucht. Bei den von ihr organisierten Tagungen kommen auch immer wieder muslimische Referenten zu Wort[31].

---

26 *Nielsen*, Relations, S. 128.
27 *Nielsen*, Relations, S. 129.
28 *Nielsen*, Relations, S. 129.
29 *Nielsen*, Relations, S. 130.
30 Zu Österreich siehe *W. Bihl*: Zur Stellung des Islam in Österreich. In: Österr. Osthefte 33. 1991. S. 585-597; *M. K. Arat*: Der Islam in Österreich. In: CIBEDO Beiträge 1. 1987. S. 97-128; dies., L'Islam en Autriche et le dialogue. In: Islamochristiana 18. 1992. S. 127-173.
31 *Arat*, Islam en Autriche, S. 158-162. Die "Kontaktstelle" gibt die Zeitschrift "Religionen unterwegs" heraus, die oft Beiträge zum Islam enthält. Tagungen der "Kontaktstelle" zum Islam in Österreich 1989 (Linz), 1990 (Puchberg/Wels), 1991 (St. Pölten), 1992 und 1993 (St. Virgil/Salzburg). Islam-Beiträge bei den Tagungen 1994 (St. Virgil/Salzburg; Der Gläubige im Spannungsfeld zwischen Gesetz und Gewissen), 1995 (St. Virgil/Salzburg; Die hl. Schriften von Juden, Christen, Muslimen als Quellen der Offenbarung), 1996 (St. Virgil/Salzburg; Die endzeitliche Dimension der Botschaft der Propheten und ihre innerweltliche Relevanz), 1997 (Linz; Das Leid der Welt als religiöses Problem), 1998 (St. Gabriel/Mödling; Die Emanzipation säkularer Vernunft als Rückfragen an die Religionsgemeinschaften).

Die "World Conference on Religion and Peace" (WCRP), 1968 als eine Nicht-Regierungs-Organisation der UN gegründet, hält seit 1988 am Afro-Asiatischen Institut in Wien Kolloquien ab. Das seit 1959 bestehende Afro-Asiatische Institut zur Betreuung der afroasiatischen Studenten arbeitet unter der Ägide des Erzbischofs von Wien. Das interreligiöse Treffen der WCRP in St. Gabriel (9.-12. Mai 1991) unter Teilnahme Kardinal Königs galt den abrahamitischen Religionen[32]. In diesem Zusammenhang sei erwähnt, daß Kardinal König 1978 in der Amaui-Moschee in Damaskus eine Rede in Anwesenheit prominenter Muslime gehalten, und 1979 den Großmufti von Damaskus zu einem offiziellen Besuch in Wien empfangen hat. Gesprächsthema war u. a. die Problematik des Glaubens in einer ungläubigen Welt[33].

Bei der Betrachtung der Situation in Österreich will ich von einem Ereignis in Wien berichten, das zwar nur im kleinen Rahmen eines katholischen Gotteshauses stattgefunden hat, aber doch wohl als einzigartig zu bezeichnen ist. Ich war am 17. Jänner 1993 Zeuge einer ökumenischen Messe im 10. Bezirk, die von einem römisch-katholischen und einem evangelischen Geistlichen zelebriert wurde, bei der ein Imam in voller Amtstracht – in der Kirche waren ca. 40 bosnisch-muslimische Flüchtlinge untergebracht – im Rahmen der Fürbitten Friedenssuren aus dem Koran rezitiert hat.

Es ist ein Faktum, daß die Initiative zum christlich-islamischen Dialog in der Mehrzahl von Christen ausgegangen ist, und daß diejenigen unter den Christen, die einen Dialog mit den Muslimen suchen, sicher nur eine Minderheit darstellen.

Für die Muslime ist der Islam die letzte Offenbarung Gottes an die Menschen, d. h. die letztgültige, unverrückbare Wahrheit, jeder Buchstabe des Koran ist direktes Wort Gottes, sie beklagen, daß die Christen Mohammed bis heute noch nicht als Propheten anerkannt haben. Viele sehen in den Christen "Ungläubige", obwohl diese theoretisch als zu den ahl-al kitab, den Besitzern geoffenbarter Schriften, gehörig zumindest in einem weiteren Sinn auch „Gläubige" sind. Viele sind indifferent bzw. halten einen Dialog mit den Christen für nicht sinnvoll, ja für gefährlich. Für viele ist Dialog nur ein Mittel zur Missionierung. Die Muslime zögern, sich in einem Dialog zu engagieren, wie es das GRIC-Mitglied Professor Saad Ghrab (Tunis) 1984 in einem Kolloquium in Tunis über „Islam facing today's challenges" (im Beitrag „Islam and Christianity: From Opposition

---

32 *Arat*, Islam en Autriche, S. 155, 160; *R. Friedli*: Les Religions et la recherche de la paix. Quelques aspects d'une spiritualité interreligieuse au service de la paix. In: Islamochristiana 4. 1978. S.187-195; *M. Arkoun*: Propositions pour une autre pensée religieuse (En vue de la Conférence mondiale des religions pour la paix). In: Islamochristiana 4. 1978. S. 197-220.
33 *Arat*, Islam in Österreich, S. 118.

to Dialogue") formuliert hat³⁴. Eine sicher kleine Minderheit der Muslime tritt jedoch für einen Dialog mit den Christen ein. Organisatorischer Ansprechpartner in diesem Zusammenhang ist der "Muslim World Congress". Auf die Veranstaltungen der CERES habe ich schon hingewiesen. Die "Royal Academy of Jordan for Islamic Civilization Research" (Al Albait Foundation, 1981 gegründet), organisierte seit 1984 sieben islamisch-christliche Konsultationen unter der Ägide Kronprinz Hassans bzw. König Husseins. Mit anglikanischen Gelehrten fanden Treffen in Windsor, England (15.-18. November 1984) und Amman (28.-3o. September 1985) statt. Themen waren hierbei u. a. Materialismus, Säkularismus, Gerechtigkeit, Nationalismus, Versöhnung bzw. Anliegen und Werte der Familie. Mit orthodoxen Gelehrten und Jugendlichen traf man sich vom 17.-19. November 1986 in Chambésy (Schweiz), um über Autorität und Familie, Autorität und Religion, Autorität und Staat zu sprechen. In Amman fand vom 21.-23. November 1987 ein Treffen statt, wo das Modell der historischen Koexistenz zwischen Muslimen und Christen diskutiert wurde; gemeinsames humanitäres Ideal für Muslime und Christen. In Chambésy war vom 12.-15. Dezember 1988 ein Symposion unter der Teilnahme Kardinal Ratzingers der Problematik Frieden und Gerechtigkeit gewidmet, und in Istanbul (10.-14. September 1989) stand religiöser Pluralismus im Mittelpunkt des Interesses. Mit dem Päpstlichen Rat für den Dialog unter den Religionen organisierte die Royal Academy ein Treffen in Rom (6.-8. Dezember 1989). Religiöse Erziehung in der modernen Gesellschaft war dort das Generalthema³⁵.

Die "Ausbeute" aus islamischen Zeitschriften zum Dialog ist nicht gerade ermutigend: In den Jahren 1985/86 erschienen nur fünf Artikel zum Dialog, einer in einer tunesischen Zeitschrift, einer in einer Zeitschrift aus Kairo, zwei in einer Zeitschrift aus Katar, einer in einer Zeitschrift aus Mekka. Der Artikel in der tunesischen Zeitschrift, von Christen für Christen geschrieben, stand positiv zum islamisch-christlichen Dialog, auch der Artikel in der ägyptischen Zeitschrift, die drei anderen waren negativ-mißtrauisch gehalten, da als Motiv die Missionierungsabsicht gesehen wurde. Drei Artikel beschäftigten sich mit den Reisen des Papstes nach Afrika und Indien, alle drei (einer in einer Zeitschrift aus den Vereinigten Arabischen Emiraten, zwei in der Zeitschrift aus Katar) sahen die Reisen negativ, da sie nur in Christianisierungsabsicht unternommen worden seien³⁶.

---

34 S. Ghrab: Islam and Christianity: From Opposition to Dialogue. In: Islamochristiana 13. 1987. S. 99-111.
35 F. A. Jarrar: The Royal Academy of Jordan for Islamic Civilization Research: A Continuing Dialogue. In: Islamochristiana 16. 1990. S. 147-152.
36 P. Johnstone: Articles from Islamic Journals. An Islamic Perspective on Dialogue. In: Islamochristiana 13. 1987. S. 131-171.

Muslimische Gelehrte sind Träger des islamisch-christlichen Dialogs, und seien daher prominent an dieser Stelle genannt: der ägyptische Arzt und Humanist Muhammad Kamil Husayn, Rektor der Ain-Shams-Universität, Kairo, Muhammad Talbi, Professor für Geschichte in Tunis, Mohammed (Muhammad) Aziz Lahbabi, Professor für Philosophie an der Universität Rabat, der Algerier Mohammed Arkoun, Professor für arabische Literatur an der Universität Paris, Hasan Askari, Professor für Soziologie an der Aligarh Muslim University in Indien, Abd El-Azis Kamel, Professor für Geographie an der Universität Kairo, Scheich El-Baquri, Rektor der al-Azhar-Universität, Muhammad Kamal Ibrahim Gaafar, Professor für Philosophie an der Dar-al-Ulum-Universität (Kairo), der in Lyon wirkende Ali Merad, sowie der an der Kölner Universität tätig gewesene Abdoldjavad Falaturi.

Ohne den Dialog der großen Weltreligionen werden die Probleme des neuen Jahrtausends nicht zu lösen sein.

**Summary**

Until the 20th century Christian-Muslim relations were full of dissension. Christians thought that salvation could not be achieved outside the churches; the Muslims regarded (and regard) Islam as God' s last revelation, Jesus (Isa) as a prophet, but not as God' s son.

The Second Vatican Synod of the Roman-Catholic Church (1965) was the first step towards a Catholic-Muslim dialogue. Many encyclical epistles, sermons and speeches of the Popes Paul VI and John Paul II emphasized the common elements of the Abrahamitic religions of Christianity and Islam. Especially for John Paul II the Christian-Muslim dialogue is necessary for peace in our world. In 1982 John Paul II said that the Holy Spirit is present also in non-Christian religions.

In 1964 Paul VI founded the Secretariat for non-Christians (since 1988 the „Papal Council for the Dialogue among the Religions"). In the 1960s and the beginning of the 1970s the World Council of Churches (the representative body of the non-Catholic Christians), the Secretariat for non-Christians and private groups organized the first Christian-Muslim meetings. In 1974 the first Islamic-Christian Congress was organized by the Spanish Association for Islamic-Christian Friendship. Members of the „Centre d' Études et des Recherches Économiques et Sociales" (CERES), University of Tunis, were the first Muslims to organize a Muslim-Christian Congress since 1974.

The „Pontificio Instituto di Studi Arabi e d' Islamistica" (PISAI) is a centre for Christian-Muslim studies. The „Journées Romaines" (since1956) are the place where Christians can discuss contacts with Muslims.

Centres for a scientific Christian-Muslim dialogue are the „Groupe des Recherches Islamo-Chrétien" (since 1978) and the „Centre for the Study of Islam and Christian-Muslim Relations at Selly Oak Colleges" in Birmingham (since 1976/77).

Since 1975 there has been a dialogue of the World Council of Churches with the Muslims. Since 1979 Protestants and Catholics of Western and Central Europe discuss Christian-Muslim relations in the „Journées d' Arras".

The representative institution of the Protestant and Orthodox churches of Eastern and Western Europe, the „Conference of European Churches" (CEC), and the „Churches' Committee for Migrant Workers in Europe" based on the Western European Protestant churches, have expert groups on Islam in Europe.

Meetings of the „World Conference on Religion and Peace" (WCRP), a non-governmental organization of the UN, also deal with the problems of Islam.

Since 1984 the „Royal Academy of Jordan for Islamic Civilization Research" organized seven Islamic-Christian meetings.

The majority of all such Christian-Muslim contacts was initiated by Christians. Only a minority of the Muslims is interested in a Muslim-Christian dialogue. Muslim scholars are the supporters of an Islamic-Christian dialogue.

# Medien und Images

Jaroslav Střítecký

# Images

Über Geschichtsbilder, Auto- und Heterostereotypen wurde schon viel geschrieben und diskutiert, so daß an dieser Stelle vor allem der methodologische Sinn einiger noch nicht ganz geläufiger Bestandteile unseres terminologischen Instrumentariums kurz erläutert werden soll.

Die Bilder der kollektiven Identifikation und ihre Funktionsweise zu untersuchen, heißt vor allem, sie in ihre einzelnen Komponenten, die wir weiterhin Identifikatoren nennen werden, zu zerlegen. Das inhaltlich Unklare der komplexen und stark emotionsgeladenen Identifizierungsbegriffe rückt dadurch in das klare Licht des sachlich Feststellbaren.

Die Rolle eines Identifikators[1] können beliebige Gegenstände annehmen, und jeder Identifikator kann seine Funktionsfähigkeit wieder einbüßen. Unter den Identifikatoren findet man nicht nur Kriterien wie Sprache, Staat, Schrift, Ethnikum oder Religion, sondern auch Naturgebilde, Einzelereignisse (gleichgültig, ob sie tatsächlich oder nur vermutlich geschahen), Personen oder Tiere, auch Heilige gehören dazu, Dinge einschließlich jener, die es gar nicht gab und gibt[2].

---

1 Die Identifikatoren können beinahe beliebig aufgegriffen und wiederum fallen gelassen werden, je nach den im gegebenen sozialen Umfeld gerade für aktuell gehaltenen Zusammenhängen und Bestrebungen. Eine der Komponenten der mitteleuropäischen Moderne stellte beispielsweise die Identifizierung mit den sozial, national oder religiös Vernachlässigten dar. Daß es sich dabei mehr um eine ästhetisch aussöhnende Verinnerlichung der auffälligen gesellschaftlichen Nöte und Konflikte, als um deren wirkliche Überwindung handelte, versteht sich von selbst. Als Vorgeschichte sei die Benjaminsche Deutung der beliebten *Physiognomien* der Baudelaire-Zeit erwähnt. In unserem engeren Kulturraum bediente sich später z. B. Rainer Maria Rilke einiger Identifikatoren, die sonst dem tschechischen Autostereotyp angehörten. Vgl. *W. Benjamin*: Gesammelte Schriften. Band I.2. 1974. S. 509 ff. *T. Vlček*: Praha 1900. Studie k dějinám kultury a umění Prahy v letech 1890 – 1914 (Prag um 1900. Studien zur Kultur- und Geistesgeschichte Prags in den Jahren 1890-1914). Praha 1986. S. 67.
2 Die Arbeiterklasse, selbstverständlich in manchen Modifikationen (konzentriert auf den arbeitenden Menschen, den Helden der schwer schaffenden und statutar wenig anerkannten Arbeit), die am Wesen der Sache nichts ändern, sondern nur einen gewissen Grad der ratlosen Unsicherheit verraten, wurde zum Identifikator mancher späten Modernisten, die über den Marxismus keine Ahnung hatten. Ein Paradebeispiel stellt das „Manifest der tschechischen Moderne" (1895) dar.

Die auffällige Heterogenität der einzelnen Bestandteile der komplexen identifikatorischen Bilder und Großerzählungen ist kennzeichnend und gehört wesentlich zur Sache. Die Paralogie der Überbrückungen, mit deren Hilfe das Zusammenhangslose in Gesamtzusammenhänge gebracht werden mußte, scheint ihre Wirksamkeit nicht abzuschwächen, sondern in der Regel zu steigern.

Der zweite Schritt dieses Verfahrens bestünde darin, Einsicht in die Vorgänge zu gewinnen, welche sich abspielen, wenn aus den einzelnen Identifikatoren diejenigen Gesamtbilder gewebt werden, die sich in den realen Identifikationen bewährt haben[3]. Durch die Zerlegung der komplexen Identifizierungsbilder sollte nicht nur ihrer Demystifizierung nachgeholfen, sondern auch zu ihren sonst kaum sichtbaren emotionellen und anderen Quellen durchgedrungen werden. Die besonders emotionsbeladenen Rollen pflegen auch die an und für sich belanglosen Identifikatoren in den Identifizierungen durch Unterscheidung zu spielen. In diesen wird nämlich das „wir" nicht kommunikativ, sondern durch eine meistens unüberprüfbar bewertende und somit kaum korrigierbare Abgrenzung von den „anderen" konstituiert.

Mitteleuropa stellt im angedeuteten Problemrahmen einen besonders ergiebigen Untersuchungsgegenstand dar, weil die auffallende Heterogenität der Identifikatoren durch den Modernisierungsprozeß nicht einfach aufgehoben, sondern gar erst zur spezifischen Geltung gekommen ist. Eine der möglichen Erklärungen besteht darin, daß es hier besonders in den sich am raschesten entwickelnden Gebieten an wirklichen Unterscheidungsmerkmalen mangelte[4], so daß einige der

---

Aber auch umgekehrt, in der von allen Raffinessen und Giften der Dekadenz gesättigten Kunst, findet man öfter als angenommen traditionelle Motive, die den programmatisch identitätslosen Helden plötzlich eine sogar gesamtgeschichtliche Identität stiften. Schon Ripellino hat klug hervorgehoben, daß im Roman „Gotische Seele" (1905) von Jiří Karásek ze Lvovic sich der Held, Sohn einer erblich belasteten Aristokratenfamilie, eben am Rande seines unabwendbaren Wahnsinnigwerdens seines Tschechentums entsinnt, als ob es sein letzter Halt wäre. Sicherlich geht es um ein Kontrastmittel: Die Pflastersteine von Prag schreien dem Verlorenen und zur geistigen Umnachtung Verurteilten den einstigen böhmischen Ruhm ins Gesicht – aber immerhin! Vgl. *A. M. Ripellino*: Magická Praha. Köln 1978.

3 Es erübrigt sich wohl zu betonen, daß in unserem Zusammenhang das „Bewährte" wertfrei gedacht wird und bezieht sich ausschließlich auf die Funktion, nicht jedoch auf die Legitimität der dadurch wirkenden Inhalte.

4 Der gebürtiger Prager Eduard Hanslick berichtet in seinen Memoiren, daß sein Freund und Landsmann Wilhelm Ambros nach 1848 nur durchs Lüften seines Hutes und neutrales „emme-lem-blem" zu grüßen pflegte, um niemanden zu beleidigen. Woher sollte er wissen, wen auf Deutsch und wen auf Tschechisch anzureden? Wien wurde bekanntlich während des 19. Jahrhunderts zur größten tschechischen Stadt, wobei auch der Anteil der ungarischen, galizischen und jüdischen sowie anderer Zuwanderer sehr groß war.

existenten sekundär hochgespielt und die übrigen krampfhaft und künstlich nachgezeugt wurden. Im ersten Fall ging es nicht um die Konservierung der traditionellen ständischen oder regionalen Werte und Maßstäbe, sondern um die willkürliche Selektion und gewaltige Umfunktionierung einiger traditioneller, vertrauter Unterscheidungsmerkmale. Um so „prinzipieller" wurde diese Identitätsschwäche kompensiert. Je geringer der tatsächliche Unterschied zum Anderen, desto schärfer wird das Abgrenzungsbedürfnis. Auf einem solchen Nährboden mußte der Narzismus der kleinen Unterschiede und seine Saat des Hasses und Selbsthasses prächtig gedeihen. Damit hängen auch die modernen Erscheinungsformen der Xenophobie/Xenophilie und des Rassismus zusammen.

In seiner Analyse der sozialen Welt des Odysseus hat Moses Finley unter anderem gezeigt, auf welche Art und Weise die archaische Xenophobie durch das Selbsterhaltungsproblem unter den Bedingungen der redistributiven Wirtschaftsstruktur bedingt war. Seine Erklärung war einfach. Der zum damaligen Alltag gehörende Kleinkrieg stellte nicht mehr und nicht weniger als einen unumgänglichen Ergänzungszweig des dürftigen Wirtschaftssystems dar. Nur durch die Zugehörigkeit zu einer Familiengruppe war man vor den unberechenbaren Gefahren eines solchen Alltags einigermaßen geschützt. Der Preis war allerdings nicht niedrig: jede Stufe der Zugehörigkeit war durch bedingungslose Solidarität mit der Gruppe zu bezahlen, was ja wiederum neues und oft akutes Risiko mit sich brachte. Immerhin waren jedoch einschließlich der Sklaven diejenigen, die irgendwo hingehörten, beträchtlich besser dran, als Zugehörigkeitslose. Für die älteste Zeit galt dies allerdings nur für die Sklavinnen, da die besiegten Männer sicherheitshalber meistens gleich an Ort und Stelle getötet wurden.

Diese uralte und wohl bekannte Geschichte zeigt die tiefe Verankerung der Xenophobie im Archaischen. Trotzdem gibt es zwischen der archaischen und der modernen Xenophobie einen wichtigen Unterschied: Unter den ursprünglichen Umständen waren die xenophoben Verhaltensstrukturen zwar grausam, jedoch praktisch und sachlich klar verständlich; wo hingegen diese Umstände längst nicht mehr existent sind, wurden die xenophoben Verhaltensstrukturen verinnerlicht. Ihre Brutalität wurde dadurch keinesfalls gemildert und im Tiefsten hörte sie auf, wenigstens durch ihren ursprünglichen Zweck (Selbsterhaltung) kontrol-

---

Bei aller Buntscheckigkeit des Vielvölkerstaates Altösterreich zeigen sich die vielbesprochenen ethnischen und sprachnationalen Unterschiede viel bangloser als geglaubt. Nicht einmal die Religion kann hier als ein zuverlässiges Unterscheidungsmerkmal fungieren. Es gab und gibt hier Religionsunterschiede, sie laufen jedoch quer durch die Sprachgrenzen. Diese Tendenz war und blieb zentripetal: je mehr am Rande, desto wichtiger und anschaulicher die Unterschiede, je näher den Kerngebieten, desto weniger waren und sind diese Merkmale als Unterscheidungszeichen manifest.

lierbar zu sein. Mit anderen Worten: die einst entwicklungsgeschichtlich deutbare Verhaltensproblematik ist zu einer psychopathologischen Wahnproblematik geworden.

Ähnlich ist es mit dem Rassismus, der Sonderform der Xenophobie. Es wurden viele weise Worte darüber geschrieben, wie mächtig die Verführung zu sein pflegt, die Identitätsschwäche durch einen Rückfall ins vorgeschichtlich Naturhafte zu lösen. Der Rassismus ist ein trauriges Paradebeispiel eines solchen Rückfalls. Seine sogenannten modernen Formen wären ohne die illegitime Verbindung der naturwissenschaftlich aufgefaßten anthropologischen Forschungen mit den vorurteilsvollen psychokulturellen Wertungen unvorstellbar. Wie notwendig die oben erwähnte Dekonstruktion der paralogisch komplexen Identifizierungsbilder tatsächlich ist, zeigt u. a. die nach dem Zweiten Weltkrieg weit verbreitete Scheu vor dem bloßen Wort „Rasse". Sie verrät nur verdrängte, nicht jedoch wirklich bewältigte emotionelle Spannungen. Das im naturwissenschaftlich deskriptiven Sinne gemeinte Wort ist an und für sich durchaus unschuldig. Die schwere Schuld beginnt durch seine Verbindung mit den Werturteilen, in die die emotionelle Energie der älteren (meist religiösen) Vorurteile im Zuge der Säkularisierung sublimiert wurde. Ein Beispiel sei stellvertretend genannt für alle anderen: die Verwandlung des alten religiösen Antisemitismus in den rassisch-biologisch aufgefaßten Antisemitismus, die sich in Mitteleuropa im letzten Drittel des 19. Jahrhunderts vollzog, und bald darauf verheerende Folgen brachte. Es erübrigt sich wohl, hervorzuheben, daß es mir bei diesem Vergleich keinesfalls um eine Verniedlichung des alten religiösen Antisemitismus und ähnlicher Angst- und Wahnvorstellungen geht. Vielmehr sollte kritisch durchdacht werden, wie doppeldeutig sich die sonst geschätzte Tatsache auswirkte, daß die Religion im Zuge der Säkularisierung als das zuverlässige und verbindliche Unterscheidungsmerkmal zu gelten aufhörte. Nicht nur die berechtigterweise gepriesene Gewissensfreiheit und Toleranz, sondern auch der Hang zum Rückfall ins roh und blind Naturhafte gehörte zu den Folgen der Aufklärung[5].

Was Symbole anbetrifft, möchte ich besonders auf den Unterschied zwischen dem narrativen und dem logozentrischen Wissen (Lyotard) aufmerksam machen. Indem im narrativen Wissen die Macht der Symbole nur punktuell, situationsgebunden und demzufolge beschränkt bleibt, kann sie in den logozentrisch angelegten Systemen leicht zum Ausdruck der sichtbaren sowie unsichtbaren totalen Herrschaftsansprüche werden.

---

5 *M. Horkheimer, Th. W. Adorno*: Dialektik der Aufklärung. Frankfurt am Main 1969. Bei allen kritischen Einwänden, welche man – begünstigt durch den Zeit- und Forschungsabstand – in Betracht ziehen muß, bleibt das im Text angedeutete Thema bis heute hochaktuell.

Zur Begriffsklärung: Unter dem narrativen Wissen wird eine Ansammlung der tradierten Orientierungserzählungen verstanden, die untereinander weder systematisiert, noch hierarchisiert sind. Der Gegenbegriff ist das logozentrische Wissen, worin alles ausnahmslos einheitlich hierarchisiert und systematisiert werden muß. Vielleicht könnte das narrative Wissen als vormodern bezeichnet werden. Weil wir im modernen logozentrischen Wissenssystem erzogen sind, scheint uns bei der Lektüre von Thukydides oder anderer altgriechischer oder altrömischer Autoren, daß die Alten sich zwar ab und zu großartig, im Übrigen jedoch kindisch und launisch benommen hätten: einmal grausam und kriegerisch unerbittlich, dann wiederum mitfühlend und versöhnlich, einmal eitel und neidisch, ein andermal wiederum hochherzig oder erhaben demütig usw. Bei den mittelalterlichen Chronisten oder in den Heiligenlegenden geht es ähnlich zu: ein Fürstenbruder ermordet den anderen, bald darauf macht er jedoch reuig seine Buße und läßt den Ermordeten als den heiligen Landespatron verehren, was übrigens mehr als ein Jahrtausend weiter gilt.

Für unsere Diskussion über Medien und Medialisierung möchte ich als Ausgangspunkt die These von Walter Benjamin empfehlen, wonach der Schlüssel zur angemessenen Deutung eher im Begreifen der Verwandlungen der sozial maßgebenden Wahrnehmungsstruktur als in den neuen Techniken und Technologien liegt. Manches von den Benjaminschen Ausführungen ist inzwischen veraltet, nicht jedoch der Standpunkt, wonach die gründlichen Verwandlungen der Wahrnehmungsstruktur tiefer als bloße Reaktionen auf die Wirkung der neuen Kommunikationsmittel greifen, so daß sie eher zur Voraussetzung jener werden als umgekehrt. Die Reaktionen erscheinen dann als eine nicht selten überraschende Verlängerung und Vervielfachung von Möglichkeiten und Ansprüchen der neuen Wahrnehmungsstruktur[6].

Ein derartiger Ausgangspunkt, vernünftig aufgegriffen, dürfte uns vor dem Kulturpessimismus bewahren, den die Wirkungskraft der heutigen Medialisierungsmittel hervorruft und zugleich selbstbestätigend schürt. Teuflisch scheint mir nicht sosehr das Maß an potentieller Wirkungskraft der heutigen Medien zu sein als eher der trügerische Zirkel ihrer Selbstlegitimierung durch die absichtlich schreckenserregende Demonstration der eigenen Macht- und Einflußmög-

---

6 Dieser Standpunkt steht nicht im grundsätzlichen Widerspruch zum Kern der Ausführungen von Marshall Mc Luhan, die seinerzeit weltweit diskutiert wurden. Grundverschieden von den Benjaminschen waren die Ausgangspunkte Mc Luhans. Um so merkwürdiger scheint mir die Parallele in der Akzentuierung der Wahrnehmungsstruktur und die Vorstellung ihrer Ausdehnung und Steigerung. Vgl. *J. Střítecký*: Mc Luhan po pětadvaceti letech (Mc Luhan fünfundzwanzig Jahre danach). In: *M. Mc Luhan*: Jak rozumět médiím (Wie man die Medien versteht). Praha 1991. S. 335–341.

lichkeiten. Es wird der Eindruck erweckt, daß wir einer Kommunikations- und Kulturkatastrophe entgegenstürzen, uns jedoch kein andere Möglichkeit mehr offen bleibt. Nicht die Wirkungskraft der Medien selbst, sondern dieser Betrug scheint mir besonders bedrohlich.

Durch einige amerikanische Untersuchungen wurde festgestellt, daß die akustische Aufmerksamkeit der durchschnittlichen Kulturkonsumenten klippenartig abfällt, und daß ihre Zeitspanne höchstens 90 Sekunden beträgt. Es geht um nichts anderes als eine ins Extreme entwickelte Form der Wahrnehmungsstruktur, die von Benjamin der kontemplativen entgegengestellt wurde. Bekanntlich fand er sie bei Baudelaire und Poe vorgezeichnet, dann im Filmschnitt radikalisiert[7]. Kennzeichnend für diese Wahrnehmungsstruktur ist, daß sie im grundsätzlichen Unterschied zu der kontemplativen keine Vermittlung und Vorbildung erfordert. Ein Beispiel: Die Filmgroteske. An den Schlüsselstellen lacht man entweder oder eben nicht, egal ob man Universitätsprofessor oder Hilfsarbeiter, ein Kind oder ein Erwachsener ist.

Auch die kontemplative Wahrnehmungsstruktur anstrebenden Gegenbeispiele und diverse Gegenbewegungen sind zu analysieren. Auch sie gehören zu den Kulturbedürfnissen von heute. Es wäre irreführend, den kulturellen Wert der einzelnen Kreationen mit den Ausdrucks- und Gestaltungsformen identifizieren zu wollen. Es gibt nicht nur gute Bücher und schlechte Zeitungen bzw. Zeitschriften (über Fernsehen und Video usw. ganz zu schweigen), sondern auch gute Zeitungen und Zeitschriften, aber auch sehr schlechte Bücher.

Abschließend möchte ich nochmals zum Identifizierungsproblem zurückkehren, und zwar im engen Zusammenhang mit dem Tagungsthema: Neben den Identifizierungen durch Unterscheidung gibt es auch die Identifizierungen durch Kommunikation. Diese gründet auf der Erkenntnis, daß wir vor allem darin gleich sind, daß wir verschieden sind.

Die Identifikationen durch Kommunikation werden in den aktuellen Diskussionen in der Regel als bürgerliches Prinzip bezeichnet, das in Opposition zum nationalen Prinzip steht. Der Irrtum dieser Gleichung scheint mir in der Unterstellung jener Gegenposition zu liegen. Identifikation durch Kommunikation leitet sich nämlich nicht daraus ab, daß sie Werte leugnet, die mit Komplexen wie Heimatland und der erlebten Zugehörigkeit zu individualisierten kulturellen Gemeinschaften verbunden sind – ganz im Gegenteil. Ein solcher Identifikationstypus gewährleistet eine Freiheit, die keinen anderen Beschränkungen unterliegt als solchen, die in den Regeln der Konsensfindung festgelegt sind. Diese Identifikation gewährleistet die Freiheit der Wahl in der Frage, nach welchen

---

7 W. *Benjamin*: Gesammelte Schriften. Bd. I. 2. Frankfurt am Main 1974. S. 431 ff. und 509 ff.

Werten ich leben will. Natürlich ist dies nur in einem Rahmen praktizierbar, den wir uns so wenig ausgewählt haben wie Ort und Zeit unserer Geburt. Doch indem wir in die Dimension der Kommunikation eintreten, verstärkt sich die Hoffnung auf die Erfahrung, daß wir nicht das ohnmächtige Spielzeug des Schicksals oder von uns unabhängiger Determinanten sind. Deshalb – und nicht nach Maßgabe irgendeiner politischen Doktrin – betrachte ich Identifikation durch Kommunikation als demokratisch.

Wenigstens zwei Schlußfolgerungen möchte ich ziehen:

1. Es hat wenig Sinn, das bürgerliche (weltbürgerliche oder auch „nur europäische") Prinzip einerseits und die nationale, religiöse, sprachliche, kulturelle Eigenständigkeit andererseits einander gegenüberzustellen. Gerade angesichts der Globalisierungsprozesse eröffnet sich ja die Möglichkeit, die eigene sowie die andere Eigenständigkeit als eine qualitative Lebensbereicherung schätzen zu lernen, ohne dabei den Nutzen der Integrations- und Globalisierungsprozesse zu verwerfen.
2. Noch weniger sinnvoll und darüber hinaus nachweislich falsch wäre es, Ethnizität, Sprache, Nationalität und Religion unvermittelt gleich zu setzen und eine solche aus freien Stücken erfundene Einheit als vermeintliches Erbe herrschaftlich verwalten zu wollen.

**Summary**

There have been many debates on certain historical images, and various kinds of stereotypes. Nevertheless a clear definition of the terminology in this respect is necessary. One can find various factors of identification: language, state, ethnicity, religion or even certain kinds of manifestations. Decomposing the complex images of identification can help to demystify them as well as showing their almost invisible emotional sources.

In this respect central Europe is a very rich and complex region. A very interesting phenomenon is the fact, that the tendency to separate from the other grows in the same way as the differences are in fact minor. This leads to an extreme emphasis on lesser important distinctions, and points to the modern appearances of hate and self-hate, xenophobia and xenophilie.

Racism – a particular case of xenophobia – can be seen in this respect as a sad example of a step backwards to a kind of prehistoric primitivism.

But we know also another way of identification, beside the one by differentiating. We can identify ourselves also by communicating: we are all alike in that sense, that we are different.

Andreas Oplatka

## "Images" und "Medien"

Zwei Dinge seien ganz kurz vorausgeschickt. Erstens: bei dem mir anvertrauten Thema handelt es sich lediglich um ein Teilgebiet des hier allgemein abgehandelten Gegenstands, um die Massenmedien und allenfalls die Schulbücher, um die Frage, inwiefern sie in Ost- und Ostmitteleuropa für Störungen des Verhältnisses zwischen Nationen, Ethnien oder Volksgruppen die Verantwortung tragen. Und was sich tun läßt. Ich gedenke, mich an diesen Teilaspekt und einige seiner politischen Begleitumstände zu halten. Zweitens: Als ein Mann der Presse, als ein Vertreter des Metiers habe ich die Absicht, wenig Theoretisches, sondern, sofern mir dies gelingt, eher Praktisches vorzulegen, Erkenntnisse, die ich aus Berufserfahrung gewonnen habe.

Feindbilder in den ost- und ostmitteleuropäischen Medien werden in der Tat gepflegt, werden sogar mit Vorliebe und Ausdauer am Leben erhalten. Dies gilt nicht für alle Medien, Zeitungen etwa, wohl aber für eine bestimmte Art von Blättern, die – und dies ist ein beunruhigendes Merkmal – sich in schöner Regelmäßigkeit in allen früher kommunistisch beherrschten Ländern finden. Antiliberalität, Ressentiment gegen den Westen, gegen westliche Lebensformen und Denkweisen, Fremden- und Minderheitenfeindlichkeit sowie Antisemitismus sind hier allgemeine Markenzeichen.

Die fraglichen Druckerzeugnisse entsprechen offensichtlich einem Bedürfnis, der Nachfrage eines Teils der Gesellschaft, da sie sonst auf dem Markt undenkbar wären.

Das Thema ist mithin keine Erfindung der fraglichen Medien, diese spiegeln vielmehr einen bestimmten historisch geprägten Zustand des jeweiligen Landes wider. Wenn Herr Professor Arnold Suppan hier in seinem Einleitungsreferat den – auch übersteigerten – Nationalismus in vielen Fällen als ein konstituierendes Element der zu staatlicher Eigenständigkeit erwachenden ost- und ostmitteleuropäischen Völker bezeichnet hat, so läßt sich, so glaube ich, sein hauptsächlich für das 19. Jahrhundert geltender Befund – mutatis mutandis – auch auf die Zeit nach 1989 übertragen. Denn auch da handelte und handelt es sich – mit historischem Maßstab gemessen – um ein Neuerwachen, um eine nationale Neubesinnung und Identitätsfindung. Das will, versteht sich, keine Rechtfertigung chauvinistischer Exzesse sein, lediglich ein Ansatz zu ihrer Erklärung. Tatsächlich handelt es sich um eine historisch schon früh vorhandene, dann vom Kommunismus unterbrochene und nun wieder sichtbar gewordene Linie: Die Streitfrage in Osteuropa – von Russland über Rumänien bis Ungarn und den Balkanländern – ob autochthone "Selbstbehauptung", Pflege der "eigenen Werte" oder aber eine Öffnung in westlicher Richtung gesucht werden sollen – brach nach 1989 erneut mit Wucht auf. Dies um so eher, als das politische und wirtschaftliche Programm nun eindeutig die Übernahme westlicher Modelle vorschrieb und weil westliche Präsenz – so bei den Investitionen – mitsamt westlichen Arbeits- und Verhaltensnormen in den fraglichen Ländern plötzlich für jedermann ersichtlich wurde. Die fremdenfeindlichen Medien artikulieren in dieser Lage Ängste und Aggressionen des für Abschottung eintretenden, sich für bedroht haltenden Teils der Gesellschaft.

Die verheerende suggestive Wirkung moderner Medien, in erster Linie des Fernsehens, ist namentlich während des Kriegs in Jugoslawien sichtbar geworden. Der Möglichkeit der Manipulierung am Fernsehschirm haben sich alle Kriegsparteien bedient unter beschämender Assistenz der jeweiligen Fernsehjournalisten. Von neutralen, unabhängigen öffentlichrechtlichen Anstalten war man da meilenweit entfernt. Selbst in Ländern, in denen der große politische Umbruch nach 1989 unter weitgehender Einhaltung der demokratischen Spielregeln vor sich ging – in Polen oder Ungarn etwa – gab es bei allen Machtwechseln stets einen Kampf der politischen Parteien um die Beherrschung des Fernsehens. Halten wir immerhin fest, daß dergleichen beispielsweise auch in Frankreich bei jedem Wechsel im Elysée üblich ist. Bemerkenswert erscheint zugleich, daß in einem Land wie Rumänien die Macht von Präsident Iliescu und seiner Partei 1996 zu einem wesentlichen Teil dank der sich durchsetzenden Pluralität der privaten Fernsehsender gebrochen wurde.

Man pflegt die Frage, ob nun die Medien die Gesellschaft beeinflussen oder die Gesellschaft die ihr gemäßen Medien hervorbringt, mit einem sowohl-als-auch zu beantworten. Das ist, wie oben zum Teil schon ausgeführt, auch für Osteuropa zweifellos zutreffend. Ein Vorbehalt – und damit ein kleiner politischer Exkurs – wäre immerhin insofern zu machen, als in den postkommunistischen Ländern einstweilen weder im Politischen noch im Wirtschaftlichen stabilisierte, als langfristig geltende Verhältnisse bestehen. Der Umbruch – eher: ein Durchgangs- und Anpassungszustand – hält vorläufig noch an. Genaue, den klassischen Definitionen entsprechende politische Standorte kennen in vielen Fällen weder die Parteien noch die hinter ihnen stehenden Medien. Die meisten ex-kommunistischen, zu Sozialdemokraten oder Sozialisten mutierten Parteien deklarieren beispielsweise, sie seien die Vertreter und Verteidiger des sogenannten kleinen Mannes auf der Linken. Aus den gleichen Parteien gingen aber als ehemalige Funktionäre und Industriemanager in großer Zahl auch die neuen Unternehmer und Besitzer hervor, deren nicht ausgesprochen "links" liegenden Interessen diese Parteien ebenfalls zu beachten haben. Ein anderes Beispiel: Die

Jungdemokraten, die Wahlsieger in Ungarn im Frühjahr 1998, bekennen sich als Liberale zur gemäßigten Rechten. Zugleich aber fühlen sie sich angesichts der sozialen und demographischen Lage gezwungen, eine wohlfahrtsstaatliche Politik zu führen, die eher in sozialdemokratischen Programmen zu stehen pflegt. Kurz, die politische Wirklichkeit im postkommunistischen östlichen Teil Europas ist in vielen Fällen besonderer Art, die sich nicht immer mit westlichen herkömmlichen Schemen deckt.

Diese politische Unsicherheit kennzeichnet auch einen Teil der osteuropäischen Medien. Die hinzu kommende wirtschaftlich-existentielle Unsicherheit erklärt (rechtfertigt nicht) die Verfügbarkeit vieler Journalisten. Allgemein sei gesagt: Es fehlt in Osteuropa vorläufig an autonomen, wirtschaftlich abgesicherten und darum unabhängigen Medienverlagen, an Häusern, in denen die Medienschaffenden ihre Unabhängigkeit und ihr freies Urteil in jeder Lage bewahren können und dank dieser Stellung ein hohes Prestige genießen. In aller Ehrlichkeit muß ich festhalten, daß es gegenwärtig bestimmt wesentlich einfacher ist, ein Korrespondent der "Neuen Zürcher Zeitung" (NZZ) zu sein denn ein Mitarbeiter eines beliebigen osteuropäischen Mediums. Und damit ist nicht einmal die wirtschaftlich abgesicherte Stellung eines Schweizer Journalisten gemeint, sondern die Struktur des Hauses NZZ: Besitzverhältnisse, die die Einflußnahme von Außenstehenden auf die Redaktion ausschließen und nicht einmal nennenswerte persönliche Profite zulassen, sondern die Gewinne in das Unternehmen zurückleiten; ein hauseigener liberaler Stil sodann, der jedem Einzelnen weitgehende Verantwortung überträgt; eine Tradition schließlich, gemäß welcher die Vorgesetzten sich bei Angriffen stets vor ihre Journalisten stellen. Voraussetzung bei all dem ist allerdings eine bürgerliche Gesellschaft, deren Mitglieder die Zeitung aus der Einsicht tragen, daß ein erstklassiges Informationsorgan jenseits des persönlichen Geschäftlichen in ihrem Interesse liegt. Auseinandergesetzt habe ich all dies nun nicht aus dem Bedürfnis, für mein Haus Eigenreklame zu betreiben, sondern um zu zeigen, wie weit die gesellschaftlichen Zustände in Osteuropa heute noch davon entfernt sind, für ein unabhängiges Medium ähnliche Voraussetzungen zu sichern. Was auch soviel bedeutet, daß Arbeit und Arbeitsbedingungen osteuropäischer Pressekollegen nicht mit westlichem Maß gemessen werden dürfen.

Um so bemerkenswerter ist es, daß es ausnahmslos in allen osteuropäischen Ländern Organe und Pressekollegen gibt, die – in kleinerer oder größerer Zahl, mit mehr oder weniger Erfolg – entschlossen für Verständigung eintreten, die Xenophobie verwerfen und gegenüber dem anders Gearteten für Toleranz werben. Mit mehr oder weniger Erfolg heißt, um dies mit einem praktischen Beispiel und eigener Erfahrung zu zeigen, etwa soviel: Ich habe in den letzten Jahren in Rumänien und Ungarn einerseits sowie in der Slowakei und Ungarn anderseits wiederholt – teils auch in der Presse – den Vorschlag gemacht, große Blätter hier wie dort möchten regelmäßig Intellektuellen aus dem jeweils anderen Land Platz gewähren zur Darstellung ihrer Ideen und Vorstellungen, Besorgnisse und Vorschläge. Dies mit dem Ziel, die auf beiden Seiten herrschenden Denkweisen kennenzulernen, vorab aber dazu, überhaupt Informationen einzuholen. Die verbreitete Wahnvorstellung über die Aggressivität des Nachbarn beruht oft auf schlichter Unkenntnis. Meine Anregung wurde stets begrüßt – geschehen ist nichts. Die vorhandene Toleranz reicht da zu Taten anscheinend nicht aus. Unter solchen Umständen an das Projekt eines mehrsprachigen, grenzüberschreitenden Fernsehens zu denken, das neuralgische Grenzen überwinden würde, erscheint geradezu schon als vermessen.

Fällig wäre zuletzt noch eine Warnung vor der Überschätzung des medialen Einflusses bei der Gestaltung des Weltbildes des Einzelnen. Medien können bei bereits vorhandenen Überzeugungen bestätigend und sogar fanatisierend wirken, wie im erwähnten jugoslawischen Fall geschehen, und optimistisch müssen wir annehmen, daß sie gelegentlich auch Mäßigung zu erreichen imstande sind. Politische Medien wenden sich indessen an Erwachsene, die – wie sie meinen – sich nicht mehr schulmeistern lassen. Sie eigenen sich darum nicht als Ersatz für den Elementarunterricht. Intoleranter Nationalismus in Osteuropa wird den Generationen in den Volksschulen eingepflanzt. Ehre sei allen Lehrern, die hier eine Ausnahme bilden. Die osteuropäischen Länder (und vermutlich nicht nur sie) müßten da buchstäblich dringend über die Bücher gehen: über die Schulbücher und dies namentlich im Fach Geschichte. Diese Schulbücher sollten – ein altes Postulat – von Experten der betroffenen Länder gemeinsam erarbeitet werden. Ist dies nicht möglich, weil zuviel verlangt, so wäre es erwünscht, daß die Schulbücher zumindest in neutraler Form jeweils auch eine Kurzdarstellung der jeweiligen Ereignisse aus der Sicht der benachbarten Nationen enthalten. Es liegt auf der Hand, daß sich zu allen diesen frommen Wünschen noch ein weiterer gesellen müßte: der nach entsprechender Ausbildung künftiger Pädagogen.

**Summary**

Nationalism, articulated in Eastern-European mass media, is a traditional feature of the region, not an invention of journalists. Communism in this respect made no exception. On the one hand it was preaching internationalism, while on the other it celebrated national history as an interpretation of the fight of the lower classes against exploitation and foreign rule. National feeling, however, was also one of the main elements that helped to overcome communism.

Nationalism, often directed against neighbours, in today's situation is also an expression of self-defence. The sudden opening-up of Eastern-European countries to the West, the confrontation with western values, the resistance against the domination of western capital („We shall not sell out our country") show that interests („We want to be masters of our goods and our life-style") are an important motive in countries, whose history had always experienced indecisiveness between East and West.

The mass media can abuse nationalism, manipulate the population of entire countries and generate hatred, as was and is demonstrated in Yugoslavia. Television in this respect turned out to be especially dangerous. The creation of multinational, perhaps even multilingual media, the co-operation of journalists of different nations within the same editorial office, might be a valid though theoretical suggestion. The transmissions of a transnational Eastern-European Television chain could be particularly beneficial.

Unfortunately, the capacity of the mass media to activate nationalistic feelings is considerable, while possibilities in the opposite sense are rather limited. An adult public wants to be confirmed in its convictions and refuses to be educated. Newspapers, radio and even television can hardly replace the elementary school or correct its mistakes. Early and yet decisive nationalism in Eastern-Europe is in most cases implanted in children in these schools. Hence the necessity of new school-books, especially in history, written on the basis of compromise by a multinational team of scientists.

Helmut Kletzander

# „Heimat, fremde Heimat" – ein Erfolgsmodell für die mediale Unterstützung des Zusammenlebens ethnischer Gruppen

*Zur ethnischen Situation in Österreich*

Die Zahl fremdsprachiger Ausländer in Österreich beläuft sich auf rund 700.000 Menschen. Dazu kommen noch etwa 100.000 eingebürgerte Zuwanderer. Die zweite große Gruppe der ethnischen Minderheiten sind alteingesessene Österreicher mit nicht-deutscher Muttersprache. Es sind dies die als Volksgruppen anerkannten Slowenen in Kärnten und in der Steiermark, die Kroaten im Burgenland und in Wien, die Ungarn im Burgenland und in Wien, die Roma und Sinti, sowie die Tschechen und Slowaken in Wien. Nicht offiziell anerkannt sind Polen, Ukrainer, Karner und Trentiner. Insgesamt zählen die österreichischen Volksgruppen rund 150.000 Angehörige. Für und über diese Gruppen berichtet die ORF-Minderheitenredaktion in „Heimat, fremde Heimat", darüber hinaus haben die Kärntner Slowenen, die Burgenlandkroaten und die Burgenlandungarn noch eigene Fernsehsendungen.

*Die mediale Situation*

Der Österreichische Rundfunk (ORF) hat nach §2.2 des Rundfunkgesetzes (Programmauftrag) auch das Verständnis für demokratisches Zusammenleben zu fördern. Diese Verpflichtung wird auch durch Sendungen für und über ethnische Minderheiten wie Zuwanderer und Volksgruppen erfüllt. „Heimat, fremde Heimat" läuft jeden Sonntag von 13.30 Uhr bis 14.00 in ORF 2. Eine Sendung für Zusammenleben, Kulturvielfalt und Integration in Österreich. Muttersprachliche und deutschsprachige Information, Unterhaltung und Service: Albaner, Armenier, Aramäer, Assyrer, Bosnier, Burgenlandkroaten, Chilenen, Chinesen, Griechen, Inder, Jenische, Kärntner Slowenen, Kroaten, Kurden, Lovara, Mazedonier, Perser, Polen, Roma, Rumänen, Serben, Slowaken, Slowenen, Sinti, Trentiner, Tschechen, Türken, Ungarn und Ukrainer. Die Sendung unterscheidet nicht nach Staatsbürgerschaft – eine ohnedies zunehmend diskutierter Begriff im heraufkommenden gemeinsamen Europa – sondern nur nach den kulturellen, ethnischen und sozialen gemeinsamen und trennenden Faktoren.

*Erfolgskriterien*

Die Erfüllung des Programmauftrages als demokratiepolitische Aufgabe ist allerdings nur eine Seite. Die wichtigste Frage ist gerade für solche typische „public-service"-Agenden einer Fernsehstation, mit welchem Erfolg solche Sendungen im modernen Konkurrenzumfeld ausgestrahlt werden, um nicht eine bloße Alibifunktion zu erfüllen. In den österreichischen Haushalten mit voller Konkurrenz von rund 30 anderen Programmen erzielen wir einen durchschnittlichen Marktanteil von rund 15%, also jeder 7. Seher am Sonntag Mittag wird mit ethnischen Fragen konfrontiert. An einem durchschnittlichen Sonntag erreichen wir so rund 200.000 Personen, etwa je zur Hälfte Einheimische und zur anderen Hälfte Angehörige fremdsprachiger ethnischer Gruppen. Eine ganz wesentliche Voraussetzung für den Erfolg ethnischer Sendungen ist die Vermeidung einer anwaltschaftlichen Position für die diversen Gruppierungen. Kurz gesagt: Anwalt ja, aber nur im Sinne der Demokratie – aber das gilt ja generell für den kritischen Journalismus. Zahlreiche ethnische Sendungen in Europa haben gerade durch ihre Beschränkung auf spezifische Gruppen nicht den Erfolg, den sie eigentlich haben könnten. Auch in der Minderheitenredaktion arbeiten Journalisten mit einem ethnischen Background, aber sie sind nicht an ihre Gruppen oder Herkunftsländer gebunden, sondern haben sich als Experten auf die mediale Vermittlung ethnischer Fragen spezialisiert.

*Internationale Vernetzung*

Bei grundsätzlichen demokratiepolitischen Fragen wie der Bekämpfung von Rassismus ist mittlerweile auch die internationale Zusammenarbeit unabdingbar. Die ORF-Minderheitenredaktion hat hier ausgezeichnete Kontakte zu mehreren internationalen Organisationen. Zu nennen ist hier einmal die „EBU-Working Group Against Racism". Die EBU ist die European Broadcasting Union der öffentlich-rechtlichen Fernsehsender. Bei jährlichen Treffen werden hier einerseits konkrete Kooperationen zwischen verschiedenen nationalen Sendungen beschlossen, andererseits ermöglicht eine Programmbörse die Ergänzung des eigenen Sendungsangebots mit ausgezeichneten und sehr kostengünstigen internationalen Berichten. Das nächste Treffen dieser Gruppe findet übrigens vom 16.-18. Mai 1999 wahrscheinlich in Holland statt – neue Mitglieder sind im Sinne der gegenseitigen Unterstützung übrigens gerne gesehen.

*Wettbewerbe*

Ein weiteres Begegnungsforum ist „circom-regional" als Zusammenschluß von rund 370 regionalen öffentlich – rechtlichen europäischen Fernsehstationen. Bei den Jahrestagungen werden auch immer wieder ethnische Fragen diskutiert und Preise für besonders herausragende Sendungen auch in Fragen des Zusammenlebens vergeben. Ein Schwerpunkt von „circom-regional" sind darüber hinaus internationale Co-Produktionen, wofür auch EU-Förderungen herangezogen werden können. Die nächste Jahrestagung von circom-regional ist für den 3.-6. Juni 1999 in Dubrovnik vorgesehen. Als besondere Vereinigung innerhalb der circom-regional ist noch die EEBA hervorzuheben, die European Ethnic Broadcasting Association mit dem Sitz in Klagenfurt/Kärnten, bei der slowenischen Redaktion des ORF. Die EEBA ist eine Arbeitsgruppe von rund einem Dutzend ethnischer Radio- und Fernsehsendungen in Europa mit dem Schwergewicht auf sogenannten autochthonen Gruppen. Hier läuft vom 14.-18. Oktober 1998 in Krakau/Polen das zweite internationale ethnische Fernseh-Festival, ergänzt von Seminaren und Workshops zu diesem Thema. Eine weitere bemerkenswerte Organisation ist die IMRAX, die International Media Working Group Against Racism and Xenophobia. Sie ist eine Tochterorganisation der internationalen Journalisten-Föderation mit dem Sitz in Brüssel und setzt sich vor allem für faire Berichterstattung im journalistischen Bereich ein.

ORF-Minderheitenredaktion, ORF-Zentrum, A-1136 Wien. Tel: 43 1 87878/ 13424; Fax: 43 1 87878/12733; e-mail: heimat@orf.at

**Summary**

Regarding the ethnic situation in Austria about 700,000 foreigners with a foreign language are living in Austria. Roughly 100,000 more immigrants are naturalized. The second largest group of ethnic minorities with another mother tongue are the so called „autochthonous ethnic groups". Theses ethnic groups are the Slovenes in Carinthia and Styria, the Croats in Burgenland and in Vienna, the Hungarians in Burgenland and in Vienna as well as the Romanies and Sinti and the Czechs and Slovaks in Vienna. Poles, Ukrainians, Karner and Trentiners are not officially recognized. The Austrian ethnic groups number about 150,000 members. The ORF (Austrian Broadcasting Cooperation) reports for and about these groups in „Heimat, fremde Heimat". The Carinthian Slovenes, the Burgenland Croats and the Hungarians have their own television programmes besides.

Due to the fact, that the ORF is subject to the Austrian broadcasting law, it also has to promote the understanding for ethnic minorities as immigrated and ethnic groups. „Heimat, fremde Heimat" runs every Sunday from 1.30 p.m. till 2 p.m. on ORF/channel 2. A program for better understanding, cultural variety and integration in Austria. It presents in German as well as in the following other languages information, service and entertainment: albanian, armenian, assyrian, bosnian, croat, slovene, chilenian, chinese, czech, greek, hungarian, kurdish, macedonian, persian, polish, romay, serbian, slovak, sinti, turkish, and ukrainian. Citizenship, a concept discussed increasingly in the growing united Europe distinguishes not the program, only usual journalistic criteria are used.

The fulfillment of the program order as a democratic political task is only one side. The most important question for such typical „public service" is to be successful in modern competition and not to be seen as an alibi function. In Austrian households with the whole competion of about 30 other programs this ethnic program obtains an average market share of about 15%, while every 7th viewer on Suday-noon is confronted with ethnic questions. So about 200,000 persons are reached on an average Sunday, approximately even half of the native and the other half out of the different ethnic groups. One essential factor is the ban of advocacy for the groups: advocate yes – but only according to democracy, but that is journalistic tradition anyway. Most of the journalists in the minorities office have an ethnic background, but they are not bound in their work to their groups or countries of origin. They have spezialized experts for ethnic questions in general. To say it in another way: experts for foreignness.

In respect to the fundamental democratic political question like fighting against racism and xenophobia international cooperation is indispensable. The ORF-minorities desk can help with excellent contacts to several international organizations, if it wishes.

ORF-Minorities Desk
ORF-Center, A-1136 Vienna, Austria
tel: 43 1 87878/13425; fax: 43 1 87878/12733; e-mail: heimat@orf.at

International Partners:
Circom regional
General Secretary Mr. Boris Bergant
RTV Slovenija Kolodvorska 2-4, Sl-500 Ljubljana
tel: 386 61 133 40 64; 386 61 131 91 71; e-mail: circomr@rtvslo.si

EEBA (Ethnic European Broadcasting Association)
President Mirko Bogataj
ORF-Kärnten, Slowenische Redaktion. Sponheimerstraße 13, A-9010 Klagenfurt.
tel: 43 463 5330 2918; fax: 43 463 5330 29209; e-mail: mirko.bogataj@orf.at

EBU (European Broadcasting Union) Documentary Group/Intercultural Programs; Chairman: Huub Spall, NPS, PB 29140, 1202 MG Hilversum, NL; tel: 31 35 677 2487; fax: 31 35 677 2772; e-mail: huub.spall@nps.nl

IMRAX (International Media Working Group Against Racism and Xenophobia)
Speaker: Donald Wieringa PB 75997, 1070 AZ Amsterdam, NL.
tel: 31 20 676 6771; 31 23 551 2632; fax: 31 23 551 3645; e-mail: menm@mvj.nl

Klaus Roth

# Das Bild des 'Anderen' in der bulgarischen Popularliteratur

Die Popularliteratur trat als "Lesestoff der Kleinen Leute"[1] in Südosteuropa aufgrund der besonderen historischen Gegebenheiten erst nach der Mitte des 19. Jahrhunderts in Erscheinung. Begünstigt durch das nationale Erwachen, die Nationsbildungen und vor allem die Förderung der Alphabetisierung und Volksbildung gewann sie dann allerdings in wenigen Jahrzehnten ganz erhebliche Bedeutung: Durch die "beschleunigte nachholende Entwicklung"[2] wurden billige Lesestoffe für die nun zunehmend lesefähige Bevölkerung nicht nur in großen Mengen verfügbar, sondern sie wiesen auch sehr bald das ganze Spektrum an Formen, Inhalten und Gattungen auf, das in Mittel- und Westeuropa vorhanden war[3]. Stärker noch als dort erlangten sie aber in Südosteuropa politische und sozio-kulturelle Bedeutung und entfalteten ihre Wirkung nicht nur bei der Verbreitung von Lesefähigkeit und neuem Wissen, sondern vor allem auch im Prozeß der Modernisierung und "Europäisierung" der Gesellschaften. Durch die Verbreitung neuer Inhalte in allgemeinverständlicher Form trugen sie wesentlich zum kulturellen Wandel bei[4].

Die populären Lesestoffe in ihrer Vielfalt an Gattungen der Belletristik und der Sachliteratur dienten in Südosteuropa freilich nicht nur der Aufklärung und der Modernisierung. Von ihrem ersten Erscheinen an dienten sie auch ideologischen, politischen und nationalen Zielen. Trotz der Vielfalt der Gattungen und ihrer Funktionen kann man in dieser Hinsicht prinzipiell zwei Arten der Nutzung

---

1 *R. Schenda*: Die Lesestoffe der Kleinen Leute. Studien zur populären Literatur im 19. und 20. Jahrhundert. München 1976.
2 *H. Sundhaussen*: Neue Literatur zu Problemen der Industrialisierung und der nachholenden Entwicklung in den Ländern der europäischen Peripherie. In: Südost-Forschungen. 1984. 43. S. 287-303.
3 *R. Schenda*: Volk ohne Buch. Studien zur Sozialgeschichte der populären Lesestoffe 1770-1910. Frankfurt. München 1977. *Roth, K. und J.*: Gattungen und Inhalte der bulgarischen Popularliteratur. In: Bulgarien. Internationale Beziehungen in Geschichte, Kultur und Kunst. Neuried 1984. S. 163-182. *Roth, K.*: Populare Lesestoffe in Südosteuropa. In: *K. Roth* (Hg.): Südosteuropäische Popularliteratur im 19. und 20. Jahrhundert. München 1993. S. 11-32.
4 *K. und J. Roth:* Modernisierungsprozesse in der bulgarischen Gesellschaft im Spiegel der Popularliteratur (1880-1914). In: Narodna umjetnost. 1996. 33/2. S. 325-355.

unterscheiden, nämlich (a) eine eher indirekte und verdeckte Nutzung und (b) eine offene Instrumentalisierung für aktuelle Anlässe.

(a) Eine indirekte politisch-ideologische Nutzung der Popularliteratur ist zum Beispiel bei jenen Gattungen festzustellen, die ideologisch und politisch relevante Inhalte der mündlichen Volksüberlieferung rezipieren und verschriftlichen, also Heftchen, in denen Heldenepen und Haidukenlieder, Sagen und Märchen, Schwänke und Redensarten abgedruckt oder anderweitig verarbeitet sind. Die Verschriftlichung dieser mündlichen Traditionen wirkte nämlich als weitere Verstärkung des kollektiven und kulturellen Gedächtnisses[5]. Hunderte derartiger Heftchen perpetuierten jene seit Jahrhunderten überlieferten Bilder und Mythen, die für das Weltbild der Balkanvölker bedeutsam sind[6], vor allem die stereotypen Bilder benachbarter oder fremder Völker[7]. Die Popularliteratur trug so dazu bei, Vorurteile und Feindbilder zu verfestigen und das ohnehin "lange Gedächtnis der Balkanvölker"[8] noch zu verlängern.

(b) Auf diese tief verankerten traditionellen "Bilder in den Köpfen" konnten aktuellere Gattungen der Popularliteratur zurückgreifen. Es waren dies zum einen Heftchen, die die allgemeine politische Entwicklung kommentierten, etwa die Befreiung von osmanischer Fremdherrschaft, die 'nationale Wiedergeburt' oder die Formierung des Nationalstaats, zum andern eine große Zahl von Heftchen und Pamphleten, die konkret Bezug auf aktuelle politische und historische Ereignisse nahmen, vor allem auf die Kriege auf der Balkanhalbinsel (1877/78, 1885, 1912/13, 1914-18, 1940-44). Erhalten sind in den südosteuropäischen Bibliotheken und Archiven zahlreiche politische Pamphlete und Kriegsberichte, aber auch Trivialromane, Novellen und Dramen, die (aus jeweils aktuellem Anlaß) meist recht negative Bilder der jeweils anderen Balkanvölker vermitteln.

---

5 *A. Assmann*: Schriftliche Folklore. Zur Entstehung und Funktion eines Überlieferungstyps. In: *A. Assmann* u.a. (Hgg.): Schrift und Gedächtnis. München 1983. S. 175-193. *J. Assmann*: Kollektives Gedächtnis und kulturelle Identität. In: *J. Assmann, T. Hölscher* (Hgg.): Kultur und Gedächtnis. Frankfurt 1988. S. 9-19.
6 *R. Lauer:* Das Wüten der Mythen. In: *R. Lauer, W. Lehfeldt* (Hgg.): Das jugoslawische Desaster. Wiesbaden 1995. S. 107-148.
7 *K. Roth*: Geschichtsunterricht auf der Straße. Zum Jahrmarktgesang in Bulgarien. In: *W. Höpken* (Hg.): Öl ins Feuer? Schulbücher, ethnische Stereotypen und Gewalt in Südosteuropa. Hannover 1996. S. 233-247.
8 *V. St. Erlich*: Historical Awareness and the Peasant. In: *I.P. Winner* u.a. (Hgg.): The Peasant and the City in Eastern Europe. Cambridge, Mass. 1984. S. 99-109. *St. Skendi*: The Songs of the Klephts and the Hayduks – History or Oral Literature? In: *W. Gesemann* u.a. (Hgg.): Serta Slavica. In Memoriam Aloisii Schmaus. München 1971. S. 666-673.

Dieses gilt natürlich auch für Bulgarien, auf das ich mich im folgenden beschränken möchte. Die Darstellungen in der bulgarischen Popularliteratur des 19. und 20. Jahrhunderts legen dabei eine Unterteilung der "Fremden" in drei Gruppen nahe, nämlich in die "*Türken*", die als einstige Herrscher eine Sonderstellung einnehmen, die balkanischen *Nachbarn* (besonders Griechen und Serben) und die *Westeuropäer*. Sie werden jeweils recht unterschiedlich bewertet, wobei sich ein deutliches Wertungsgefälle in west-östlicher Richtung erkennen läßt. Daß dieses nicht immer so war, belegt die Tatsache, daß in der mittelalterlichen Literatur ein sehr negatives Bild der "grausamen und grimmigen" Lateiner (*latini*) oder Franken (*frangi*) dominierte, das alle katholischen Europäer meinte und wohl auf die Schreckensherrschaft der Kreuzritter und auf den Antagonismus zwischen der Ostkirche und Rom zurückgeht. Dieses Negativbild des Westeuropäers wurde in der Volksüberlieferung weitergegeben, in der allerdings auch die Schreckgestalt des "schwarzen Arabers" (bulg. *čeren arapin*), des unheimlichen Fremden aus dem Süden und Osten, ein hohes Alter aufweist und große Bedeutung hat.

Wohl seit dem späten 18. Jahrhundert, also noch vor der Verbreitung der Popularliteratur in Südosteuropa, kam es jedoch zu einem Wandel in den Vorstellungen von den "Fremden". Auf der einen Seite änderte sich in jener Zeit recht nachhaltig das Bild des "Europäers". Das vor allem von der orthodoxen Kirche tradierte Negativbild der "Lateiner" wurde verdrängt durch ein neues Bild des westlichen Fremden mit dominant positiven Zügen. Es sind nun vorwiegend Deutsche, Österreicher und Franzosen, aber auch Italiener und Engländer, die als Vermittler nationaler Ideen und der ersehnten "Zivilisation" dargestellt werden. Das Bild des Westeuropäers, der die Moderne in Form urbaner Sachkultur und Sitten und neuer Institutionen ins Land bringt und so zur "Europäisierung" beiträgt, fand rasch Eingang in die neue Popularliteratur. Zugleich hielt sich jedoch in der gleichen Literatur in jener Zeit auch manches von dem alten Mißtrauen und der Ablehnung gegenüber "Europa", dessen Moderne auch viele Schattenseiten hatte und etwa Sittenverfall, Kriminalität und Landarmut mit sich brachte[9].

Auf der anderen Seite nahm in der südosteuropäischen Überlieferung der "Türke" (*turčin*) bzw. der "Muslim" als der negative und feindliche Andere immer schärfere Züge an. Er ist in allen Gattungen der Volksüberlieferung der häufigste Negativheld. Das gleiche gilt für die Schulbücher, die bis in die Gegenwart hinein an junge Generationen ein stark affektiv geladenes negatives Bild

---

9 *K. und J. Roth*: Modernisierungsprozesse in der bulgarischen Gesellschaft im Spiegel der Popularliteratur (1880-1914). In: Narodna umjetnost 1996. 33/2. S. 325-355.

der "Türken" und des "türkischen Jochs" vermitteln[10], sowie auch für die populären Lesestoffe, die ebenfalls ein sehr negatives Türkenbild zeichnen. An zweiter Stelle stehen die Griechen (*gărci*), zu denen ein ambivalentes Verhältnis bestand: Sie waren wohl einerseits auch von den Osmanen unterjocht, doch wurde andererseits den Griechen die mittelalterliche byzantinische Herrschaft angelastet und dem griechischen Klerus vorgeworfen, die Bulgaren während der osmanischen Herrschaft kirchlich und kulturell unterjocht zu haben[11] ("griechisches Joch"); die Figur des Griechen ist daher vorwiegend negativ gezeichnet. Mit Ausnahme der Zigeuner, die in der Volksüberlieferung fast immer negativ charakterisiert sind, ist die Darstellung der anderen "vertrauten Fremden" seltener, seien es die Minderheiten im Lande (Armenier, Aromunen, Juden, Karakaèanen, Vlachen, u.a.), oder seien es die Nachbarvölker der Albaner, Serben, oder Rumänen. Die Russen als slavische Brüder und Befreier erscheinen sehr selten und nehmen eine Sonderstellung ein.

Belege für die negative Darstellung der Türken und Griechen finden sich in fast allen belletristischen Gattungen der bulgarischen Popularliteratur. In den *Prosagattungen*, den traditionellen Erzählstoffen ebenso wie den neueren Trivialromanen und Kriegserzählungen, sowie auch in den populären *Dramen* gehören "türkisches Joch" und "türkische Paschas" zum Standardrepertoire. Das in ihnen gezeichnete Bild der (allzu) "vertrauten Anderen" ist meist sehr feindlich. Türkische Soldaten sind durchweg feige, plündern und morden, Türken sind als Muslime grundsätzlich Menschen anderer Art und – ein Topos dieser Literatur – türkische Paschas holen sich gewaltsam schöne bulgarische Mädchen in ihre Harems. In einem Heftchen aus der Zeit des zweiten Balkankrieges (1913) wird dieses traditionelle Motiv nach der kurzen Schilderung des Harems so eingeführt[12].

---

10 W. *Höpken* (Hg.): Öl ins Feuer? Schulbücher, ethnische Stereotypen und Gewalt in Südosteuropa. Hannover 1996.
11 N. *Danova*: Das Bild der Griechen in bulgarischen Schulbüchern vom 18. bis zum frühen 20. Jahrhundert. In: W. *Höpken* (Hg.): Öl ins Feuer? Schulbücher, ethnische Stereotypen und Gewalt in Südosteuropa. Hannover 1996. S. 27-50.
12 Bălgarskata geroinja Marijka. V harema na ljuleburgazkija paša gerojskite podvizi na Marijka. Ljuleburgazkija boj. Marijka zaedno s ljubovnika si podporučik Ljubomir se stražavat s turcite. Pobedata na bălgarskite vojski. Krajat na Marijkinata ljubov. Razkaz iz vojnata s Turcija [Die bulgarische Heldin Marijka. Die Heldentaten im Harem des Pascha von Lüleburgas. Die Schlacht bei Lüleburgas. Marijka und ihr Geliebter Leutnant Ljubomir kämpfen mit den Türken. Der Sieg der bulgarischen Soldaten. Ende der Liebe Marijkas. Erzählung aus dem Krieg gegen die Türkei]. Plovdiv 1913. 16 S., S. 1 (Bălgarski knigi/ BK/ 1878-1944. Bibliografski ukazatel [Bulgarische Bücher 1878-1944. Bibliografischer Index], 6 Bde. Sofia 1978-83. BK 5171).

*"In der Mitte lag die schönste Sklavin des Pascha ausgestreckt, die schöne Bulgarin Marijka. Vor einem Jahr hatte der Pascha sie aus einem bulgarischen Dorf entführt, nachdem er ihre Brüder abgeschlachtet hatte".*

Wie eine Art *basso continuo* werden die Leiden des bulgarischen Volkes unter dem "türkischen Joch" immer wieder thematisiert[13], und ebenso regelmäßig erweisen sich in den Heftchen die bulgarischen Helden als die an Tapferkeit und Moral weit Überlegenen[14].

Die Griechen werden in den Heftchen weniger häufig, dafür aber fast noch negativer als die Türken dargestellt. Die mittelalterliche byzantinische Herrschaft erscheint als "griechisches Joch", das allein der Ausplünderung und Er-

---

13 Vgl. etwa die folgenden Dramen: *G. C. Georgiev*: Iz tursko-makedonskija život. Hrabrostta i hitrostta na Ana moma vojvoda i presolenite svatbi na Arif paša i polkovnik Suleman. Drama v 4 dejstvija [Aus dem türkisch-mazedonischen Leben. Die Tapferkeit und List der Vojvodin Anna und die versalzenen Hochzeiten von Arif Paša und Oberst Suleman. Drama in 4 Akten. 4. Aufl., Sofia [1924], 119 S. [in 8 Heften] (BK 8413). - *V. Georgiev*: Žetvarkata. Poema iz života ni pod turskoto igo. (Primerna bălgarka!) [Die Schnitterin. Poem aus dem Leben unter dem türkischen Joch. Vorbildliche Bulgarin]. Stanimaka 1900, 28 S. (BK 8337-8342). - *H. Iv. Rajčev*: Seilma (zarobenata bălgarka). Drama v 5 dejstvija i 9 sceni. Iz života na bălgarite i turcite v starite vremena [Seilma (Die versklavte Bulgarin). Drama in 5 Akten und 9 Szenen. Aus dem Leben der Bulgaren und Türken in alter Zeit]. Jambol 1910, 72 S. (BK 38737).
14 Beispielhaft für viele andere seien folgende Titel aus der Zeit der Balkankriege angeführt: Bojat pri Lozengrad. Geroizma na zgodenite Vlado i Nadežda. Razkaz iz vojnata s turcite [Die Schlacht bei Lozengrad. Das Heldentum der Verlobten Vlado und Nade da. Erzählung aus dem Krieg mit den Türken]. Plovdiv: Georgi Popov 1913, 16 S. (BK 4329). - Bojat pri Odrin. Užasnite sraženija i ataki. Geroja Stefan i podvizite na negovata godenica Elenka. Pobedata na bălgarskite vojski i padaneto na Odrin. Novata vojna s podlite săjuznici i gerojstvata na Stefan i Elena. Krajat na vojnata. Tărzestvoto na vljubenite. Razkaz iz osvoboditelnata vojna [Die Schlacht bei Edirne. Die schrecklichen Schlachten und Atacken. Held Stefan und die Heldentaten seiner Verlobten Elenka. Der Sieg der bulgarischen Soldaten und der Fall Edirnes. Der neue Krieg mit den niederträchtigen Verbündeten und die Heldentaten von Stefan und Elena. Das Ende des Krieges. Die Feier der Verliebten. Erzählung aus dem Befreiungskrieg]. Plovdiv 1913, 16 S. (BK 4330). - Gerojstvata na vojnika Petăr Ivanov kak ot prost vojnik stanal kapitan. Na bojnata linija. Sraženijata. Părvite gerojstva na Petăr. Groznite i kărvavi sraženija. Atakata na noń. Bezpodobnata hrabrost na Petăr. Nagradata. Krajat na vojnata, vrăšteneto. Ljubovta na Petăr s hubavata Milka. Istinski razkaz iz vojnata s turci, sărbi i gărci [Die Heldentaten des Soldaten Petăr Ivanov, der vom einfachen Soldaten Hauptmann wurde. An der Kampflinie. Kämpfe. Erste Heldentaten Petărs. Häßliche und blutige Verwundungen. Die Atacke mit Bajonett. Unvergleichliche Tapferkeit Petărs. Der Orden. Kriegsende, die Rückkehr. Petărs Liebe mit der schönen Milka. Wahre Erzählung aus dem Krieg mit den Türken, Serben und Griechen]. Plovdiv: Makedonija 1913, 16 S. (BK 8845).

niedrigung der Bulgaren diente[15]. Griechische Soldaten sind extrem feige und grausam, schlachten Kinder und sind Leichenfledderer. In einem 1914 erschienenen Heftchen bezeichnet der Autor die Griechen als die "Kulturbarbaren in Europa" und "die größten Räuber der Welt" und schildert in Anspielung auf die byzantinisch-bulgarische Geschichte, wie sie gefallene Bulgaren mißhandeln:[16]

*"Das erste, was die 'Konstantin'-Soldaten taten, war, daß sie an den Beinen, Händen und Gürteln der gefallenen bulgarischen Soldaten Geld suchten, ob es Geldbörsen gab (was auch der Fall war). Nachdem sie unsere Soldaten auf Geld durchsucht hatten, zogen sie sie nackt aus, nahmen ihnen die Kleider und Hemden. Und um zu zeigen, daß sie wahre Nachfolger des 'Bulgarenschlächters'[17] sind, stießen sie die Bajonette in die halbtoten Leichen, zerschlugen ihre Schädel mit ihren Gewehrkolben, holten die Eingeweide heraus und breiteten sie auf den Steinen aus ... Lieber Leser, lassen wir diese wilden Barbaren-Bestien beiseite! Denkt nur daran, daß der Bulgare es früher oder später diesen gottlosen Bestien hundertfach mit Zinsen heimzahlen wird! ..."*

Auch die Serben werden in der bulgarischen Popularliteratur dargestellt, doch ist ihr Bild weit weniger negativ; sie sind zwar "Schweinehirten" mit "geschärften Zähnen" und haben Bulgarien überfallen, dennoch bleiben sie "serbische Brüder"[18].

Mag man diese besonders zu Kriegszeiten sehr drastischen Darstellungen noch als Kriegspropaganda ansehen, so ist doch bemerkenswert, daß das Bild der Nachbarn auch in Friedenszeiten kaum positiver wird. Als Beispiel seien die *Liederheftchen* der populären Jahrmarktsänger angeführt, die bis in die 1980er Jahre die gleichen Tendenzen aufwiesen. Um 1895 aus der Verbindung von traditionellem Epengesang und deutschem Bänkelsang entstanden, hatte der Jahrmarktgesang in der Zwischenkriegszeit seine große Blüte. Doch noch während der ganzen sozialistischen Periode traten Jahrmarktsänger in Bulgarien auf Märkten und Messen auf und sangen neben Mordballaden und Schlagern auch

---

15 Siehe *Al. Arnaudov*: Osvoboždenieto na Bălgarija ot grăcko robstvo. Drama v 5 dejstvija [Die Befreiung Bulgariens vom griechischen Joch. Drama in 5 Akten]. Tărnovo 1926. 28 S. (BK 1173).
16 Vgl. etwa *H. Iv. Rajčev*: Vojnici, ne se predavajte plennici!! (Užasnite măki na edin bălgarski vojnik-plennik u gărcite. Istinski razkaz [Soldaten, ergebt euch nicht! Die schrecklichen Leiden eines bulgarischen Gefangenen bei den Griechen. Wahre Erzählung] Jambol 1914, 42 S., hier S. 18f (BK 38735).
17 Der byzantinische Kaiser Basileios II. besiegte 1014 den bulgarischen Zaren Samuil (976-1014) und ließ etwa 15000 bulgarischen Soldaten die Augen ausstechen; er erhielt den Namen *Bulgaroktonos*, bulg. *Bălgaroubiec*.
18 Vgl. etwa *H. Iv. Rajčev*: Patriotizm na edin dobrovolec prez srăbsko-bălgarskata vojna (1885 g.). Istinski razkaz [Patriotismus eines Freiwilligen im Serbisch-bulgarischen Krieg (1885). Wahre Erzählung]. Jambol 1912, 32 S. (BK 37369).

zahlreiche historische Lieder und Balladen[19] (Roth 1996a). Unter ihnen waren neuere Lieder über die Balkankriege, vor allem aber solche über das "türkische Joch", die "die Türken" in dunkelsten Farben schildern. Beeindruckend ist, daß die Lieder über die schon lange zurückliegende Osmanenzeit nicht nur zahlreich, sondern auch in ihrer Darstellung sehr präsent sind. Auch sie zeichnen ein Bild der Türken, ihrer Herrschaft und ihres Glaubens, das an Schärfe wenig zu wünschen läßt. So endet das in den 1960er und '70er Jahren vertriebene Lied *Dimitār gradi kula kamenna*, in dem der türkische Pascha in Vidin einen Bulgaren töten läßt, obwohl er ihm moralisch verpflichtet ist, mit den Worten:

*Der türkische ist ein verfluchter Glaube,*
*verflucht, ja dreimal verflucht,*
*die Türken lassen nicht zu,*
*daß der Bulgare sein Haupt erhebt.*

Und das in den Heftchen vieler Sänger abgedruckte Lied *Bogdan Vojvoda*, in dem ein Türke von einem Bulgaren hohe Steuern abpreßt, um so dessen Braut zu gewinnen, beginnt:

*Unter dem großen Türkenjoch/ hat unser versklavtes Volk/*
*große Last ertragen/ von türkischen Paschas und Bejs.*

Immer wieder behandeln die Lieder die gleichen Themen: die Folgen der osmanischen 'Knabenlese' (*devşirme*), durch die christliche Jungen in den Janitscharendienst gezwungen wurden, die Willkür der Türken, die Ausbeutung des Landes durch skrupellose Steuereintreiber, die Versuche der Türken, Bulgaren zum Islam zu bekehren oder bulgarische Mädchen – notfalls mit Gewalt oder List – zu heiraten. Den Untaten der Türken stellen die Bulgaren jedoch Qualitäten wie List und Trotz, Integrität und Heldenmut entgegen. Es sind fast immer Wunschvorstellungen der Machtlosen; nur eines der Lieder verweist auf die Russen, jene Macht, die 1877/78 das Land befreite. Griechen tauchen in den Jahrmarktliedern seltener auf, doch sind sie auch hier sehr negativ dargestellt als Gegner, die bulgarische Gefangene über viele Jahre hinweg zu Unrecht in Gefangenschaft ausbeuten und quälen[20]. Die Serben sind positiver gezeichnet[21].

---

19 *K. Roth*: Geschichtsunterricht auf der Straße. Zum Jahrmarktgesang in Bulgarien. In: *W. Höpken* (Hg.): Öl ins Feuer? Schulbücher, ethnische Stereotypen und Gewalt in Südosteuropa. Hannover 1996. S. 233-247.
20 Vgl. die Lieder *Pesen za plennika Jordan Minčev* [Lied über den Gefangenen Jordan Minčev] und *Plennici v Gărcija* [Gefangene in Griechenland], die um 1950-

Was ist der Grund für dieses überlange Fortleben anti-türkischer Lieder? Wenn der Sänger Marin Nikolov noch bis 1990 im Zentrum der Hauptstadt Sofia immer wieder das historische Schicksal seines Volkes beklagte und dabei die Türken negativ darstellte, so dienten seine Lieder wohl weniger der antitürkischen Agitation als vielmehr der kulturellen Selbst-Vergewisserung, der Stärkung bulgarischer Identität – und das heißt vor allem, der Darstellung moralischer und kultureller Überlegenheit über die Türken.

Die Prosaerzählungen und die Liederheftchen sprechen eine ganze Reihe von 'Kulturthemen' der südosteuropäischen Völker an, rekurrieren auf tiefsitzende Einstellungen und historische Bilder und reproduzieren diese. Sie tun dies in anschaulicher, reduzierender und kontrastiver Manier. Geschichte ist in kompensatorischer und identitätsstiftender Absicht ins Ideale überhöht[22], die komplexe historische Realität reduziert zu affektiv aufgeladenen Bildern und Mythen[23]. Dieses gilt für die Liederheftchen ebenso wie für die mündlich tradierten Haidukenlieder und Lieder über die Türkenzeit, die (nach dem bulgarischen Ethnographen Christo Vakarelski) Produkt "des schweren Lebens unter dem Joch" sind und einen Hang zum Zeitlosen und Mythischen haben[24]. In den Epen und historischen Liedern Südosteuropas sind diese Bilder und Mythen über Jahrhunderte vermittelt und bis heute immer wieder neu inszeniert worden[25]. Sie trugen wesentlich dazu bei, jene Fixierung auf vergangenes Leid, jene balkanische Erinnerungskultur virulent zu halten. Populäre Mythen aber können, wie das Beispiel des zerfallenen Jugoslawien demonstriert, in Südosteuropa große politische Sprengkraft entfalten[26].

---

1970 von fast allen Sängern gesungen wurden und damit sehr populär waren (Roth 1996).

21 Das Lied *Bašta plennik v Sărbija* [Vater Gefangener in Serbien], in dem ein Sohn nach vielen Jahren seinen Vater in serbischer Gefangenschaft findet, wurde von mehreren Sängern vorgetragen und verkauft.

22 *St. Skendi* : The Songs of the Klephts and the Hayduks – History or Oral Literature? In: *W. Gesemann* u.a. (Hgg.): Serta Slavica. In Memoriam Aloisii Schmaus. München 1971. S. 666-673.

23 *R. Lauer:* Das Wüten der Mythen. In: *R. Lauer*, *W. Lehfeldt* (Hgg.): Das jugoslawische Desaster. Wiesbaden 1995. S. 107-148. *I. Čolović* : Mythen des Nationalismus. Ahnen, Gräber, Gene in der neuserbischen Ideologie. In: Lettre international (Herbst 1994). S.19-21.

24 *Ch. Vakarelski*: Bălgarskata istoričeska narodna pesen [Das bulgarische historische Volkslied]. In: Bălgarsko narodno tvorčestvo. Bd. 3: Historische Lieder. Sofia 1963. S. 5.

25 *M. Braun*: Kosovo. Die Schlacht auf dem Amselfelde in geschichtlicher und epischer Überlieferung. Leipzig 1937. *M. Braun*: Das serbokroatische Heldenlied. Göttingen 1961.

26 vgl. *R. Lauer*, Das Wüten der Mythen und *I. Čolović*, Mythen des Nationalismus

Maurice Halbwachs hat hervorgehoben, daß *jede* Erinnerung Rekonstruktion ist, denn kein Gedächtnis vermag eine Vergangenheit als solche zu bewahren, sondern es bleibt stets nur das von ihr, "was die Gesellschaft in jeder Epoche mit ihren gegenwärtigen Bezugsrahmen rekonstruieren kann"[27] und rekonstruieren *will*. Der Wille zur Rekonstruktion einer Geschichte, in der die Türken tyrannische Unterdrücker und die Griechen listige Vernichter slavischer Kultur sind, scheint identitätsstiftend zu sein. Sie wurde in bulgarischen Schulbüchern vermittelt[28], und in Serbien lernen die Schüler die Epen und ihre Helden aus den Schulbüchern ebenso wie aus der heute massenmedial vermittelten epischen Tradition kennen. Die Osmanische Herrschaft ist in den südosteuropäischen Ländern immer noch weithin synonym mit 'türkischem Joch' und gleicht einem 'schwarzen Loch' u.a.m.

Die Alphabetisierung und der Aufbau eines Schulsystems haben in Südosteuropa dazu geführt, daß seit dem späten 19. Jahrhundert historisches Wissen vorwiegend durch Schulbücher vermittelt wird[29]. Neben dieser offiziellen Geschichtsvermittlung durch staatliche Institutionen dürfen jedoch jene Medien nicht übersehen werden, die sich unmittelbar an 'das Volk' wenden, insbesondere die Popularliteratur. Gerade ihre schriftliche Form verleiht ihr nämlich in den Augen ihrer Leser große Autorität und soziale Verbindlichkeit.

Es kann angesichts der Bedeutung des popularen Lesestoffe für die Länder Südosteuropas kein Zweifel daran bestehen, daß diese Literatur viele Menschen erreichte und zum einen stark negative Bilder besonders der Türken und Muslime, zum andern eher positive Bilder der Westeuropäer zeichnete. Eine Untersuchung der popularen Lesestoffe der anderen südosteuropäischen Länder wird mit einiger Gewißheit zu der Erkenntnis kommen, daß diese massenhaft vertriebene, billige Literatur vorhandene Stereotypen und Vorurteile verfestigte und neue schuf.

Mit Ausnahme der Liederheftchen war die Popularliteratur in der sozialistischen Periode unterdrückt und verboten. Seit 1989 hat sie sich in allen postsozialistischen Ländern in kürzester Zeit wieder in beeindruckender Vielfalt herausgebildet; neben unzähligen Übersetzungen westlicher Trivialliteratur werden

---

sowie *Ch. Schmidt-Häuer*: Vom Mythos zum Massaker. Serbien, Kosovo und der Krieg: Milošević lebt von der Vergiftung seines Landes. In: Die Zeit Nr. 6, 4.2.1999.
27 *M. Halbwachs*: Das Gedächtnis und seine sozialen Bedingungen. Frankfurt 1985.
28 *N. Danova*: Das Bild der Griechen in bulgarischen Schulbüchern vom 18. bis zum frühen 20. Jahrhundert. In: *W. Höpken* (Hg.): Öl ins Feuer? Schulbücher, ethnische Stereotypen und Gewalt in Südosteuropa. Hannover 1996. S. 27-50.
29 *W. Höpken* (Hg.): Öl ins Feuer? Schulbücher, ethnische Stereotypen und Gewalt in Südosteuropa. Hannover 1996.

auch wieder die meisten traditionellen Gattungen und Stoffe angeboten, z.T. in Nachdrucken. Zu untersuchen wäre, welche Bilder des Fremden diese neue Massenliteratur heute vermittelt.

**Summary**

Due to the specific historical conditions of Southeast Europe, popular literature, i.e., "reading matter for everyone", appeared in relevant numbers only after the middle of the 19th century. As a result of nation-building and increasing literacy rates it developed very rapidly with a great variety of genres. More than in Western Europe, it gained social and political significance as a promoter of literacy and modernisation. On the other hand, popular reading matter also served national, religious, ideological, and political purposes. One can distinguish long-term and topical uses: (a) Popular literature absorbed many folk traditions such as heroic epics, haydouk songs, legends or folk tales and thus preserved the "long historical memories" of the Balkan peoples. It functioned as a collective memory, perpetuating old stereotypical images of those "others" that were relevant for the Balkan peoples. (b) The reservoir of these "images in the heads" was utilised in more topical genres which reflected either on general political developments (such as national awakening or liberation from Ottoman rule) or more topical events, above all the many wars (of 1877/78, 1885, 1912/13, 1914-18, 1940-44), in pamphlets and war reports, trivial novels and drama.

It is hardly surprising that in Bulgarian popular literature there is an image of the "other" that makes a distinction between East and West. As for the East, the negative figure of the "black Moor" prevails in oral tradition, while in all genres of popular literature the figure of the Turk or Muslim prevails as the negative "significant other", the oppressor of Bulgarians whom they fight with courage and cunning. The attitude of the authors toward the Greeks is ambivalent or negative, as they were also oppressed by the Ottomans, but on the other hand their clergy tried to dominate the Bulgarians spiritually ("Greek yoke"). Other "familiar others" such as the minorities (Gypsies, Karakachans, Vlachs, Jews, Armenians) or neighbours (Serbs, Romanians, etc.) are rarely depicted.

The attitude toward the *West* is ambivalent. The medieval image of the catholic "Latins" or "Franks" preserved in folk tradition is quite negative; it goes back to the terrors of the crusades. Since the late 18th century, this historical image has been replaced by that of a new Western "other" with predominantly positive traits. It is the "European" who brings the longed-for civilisation and modernity and contributes to the "Europeanisation" of the country but who, as the novels and dramas of the late 19th and early 20th century complain, also imports the dark sides of Western modernity (such as moral decay and criminality).

The images of the "others" are to be found in all fictional genres, in the traditional and modern *prose genres* (such as literarised folk tales, trivial novels, war novels), in popular *drama*, and in the *songsters* of fair-ground singers who appeared on streets and markets until the late 1980s; their songs bemoaned the "Turkish yoke" and depicted the "Turk" in the darkest colours.

Popular reading matter reached large audiences in Southeast Europe and in the same way as school books contributed both to the negative image of the Turk and the ambivalent or positive image of the "European". Old stereotypes and prejudices were perpetuated and new ones created. In the socialist period, popular literature was largely suppressed in Bulgaria, but it re-emerged immediately after the changes of 1989/90. It would be worthwhile to study the image of the "other" in this flourishing post-socialist popular literature.

# Gesellschaft

Hanna Suchocka

# Multiculturalism and Multiethnicity in Central, Eastern and Southeastern Europe

*1. The transformation process*

The delegitimisation of the authority of totalitarian institutions initiated the collapse of the communist system in Europe in 1989. Since this process did not fit into existing classifications, social scientists quickly devised a new „pigeonhole" and called it – the transformation process.

However, it is hard to say whether the term „transformation" may be aptly applied to all the changes that have taken place in Central and Eastern Europe after 1989. Considering the situation in New Yugoslavia or Belarus, it can be stated that nearly all of the European States of the former communist block are determined to introduce European norms and democratic institutions. On the other hand, many social scientists question the teleological certainty implying that one standard pattern of transformation exists. Examples are easy to find: although the changes in the Czech Republic and Slovakia have common roots, these states today are located at opposite poles of the process of democratisation. Events took a similar course at the beginning of both the break-up of the USSR, where notwithstanding various twists and conflicts we see the emergence of an embryonic civil society, and in former Yugoslavia, where the collapse of the system led to the explosion of wars and where democratic standards lag far behind European ones.

The transformation process is best defined as including three fundamental changes that have a decisive influence on the life of citizens.

First, it is the restoration of democratic procedures coupled with the creation of political space for the emergence and activity of an organised political opposition. The acceptance of this criterion as the foundation of transformation directs us to the question as to whether the current changes in Slovakia, Belarus or Croatia are still in transformation.

The second fundamental element of the process was decentralisation of resources and their allocation by the introduction of free-market mechanisms and limitation of state intervention.

The commonly accepted symbol of these changes is the limitation of repressive action by the police, subjecting the Special Services to the control of parliament and instituting constitutional guarantees of human rights. A striking example is the Constitution of the Czech Republic, an integral part of which is the Charter of Fundamental Rights and Liberties containing regulations that make it impossible for a parliamentary majority to rescind the constitutional guarantees of these rights.

One of the fundamental problems in the transformation process is the incorporation of institutions from the communist period into the democratic system. The young European democracies faced a dilemma: whether to change the personnel or the structures. This also was a question concerning the scope of transformation. The most important problem without question was to redefine the position of the institutions comprising the apparatus of coercion. These institutions include the police, the so-called „security-forces", and the army and – to a certain degree – the courts. Each of the states of this region resolved this problem differently.

Among the most important changes in transformation is the emergence of a strong local government independent of the central authorities. During its short lifetime local government already demonstrated its effectiveness in solving local problems and prudent expenditure of public funds for tasks lying within its competence.

An entirely new quality and to some degree a catalyst of this process were non-governmental organisations (NGOs), which were entirely unknown in the „people's democracies". After the euphoria following the collapse of the communist system waned, thousands of people, especially young people gave a new impetus to the development of democracy by selfless involvement in the promotion of causes that – in their opinion – were important. It is typical that a majority of these initiatives concerned the protection of the environment, social welfare and humanitarian aid. A number of institutions arose, whose declared aim was to support the development of democracy, conduct education on a wide scale and support the state in promoting actions undertaken for joining European institutions.

The transformation process also entails high social costs. The communist system guaranteed everyone a job and roughly the same pay. The switch to a free-market system caused a sudden surge of unemployment, something that officially did not exist in the previous system.

Another factor reducing social acceptance for the reforms were legislative blunders and a lack of control over economic processes, enabling some entrepreneurs to enrich themselves in a dishonest way.

The states on the path of transformation are faced with the difficult task of carrying out reforms in the social security, health care and educational systems. A common problem is the reconstruction of heavy industry, mining and the steel industry. These are reforms full of consequences for the social costs they entail.

With the passage of time, however, one can observe increasing professionalism in the new elites, and a more efficient fulfilment of the goals set. The young democratic institutions clearly have struck deeper roots and are resolving problems ever more effectively.

At present the most important problems for the new democracies are connected with the necessity of meeting requirements for joining or starting negotiations on joining the European Union and NATO.

*2. Social Structures*

The most far-reaching consequence of the introduction of a free-market system was a change in the structure of employment. In the fast growing economies of the states of Central and Eastern Europe this structure is currently being adapted to West European standards. Employment in the private sector is increasing in relation to the total work force. Also another characteristic is the growth of employment in trade and services and the decline of employment in agriculture.

The development of the labour market in Poland is atypical. Albeit employment in the private sector in 1996-97 rose by 16 percent and at the end of 1997 constituted 65% of the total labour force, employment in trade and services during this period remained on the same level. In contrast, during this period employment in agriculture increased !

This phenomenon may be explained by the specific nature of Polish agriculture, which during the communist period resisted mass collectivisation. However, since small farms often were unable to feed families, many farmers found supplementary work in industry. With the introduction of reforms and the reduction in employment in industrial plants, these persons were the first to be laid off. This was reflected in the employment statistics, in which these persons used to be classified as employed in industry but now figure as „earning a living from work on their own farm".

This phenomenon does not resolve the problem of unemployment, but only conceals it. Awareness of this fact is becoming especially salient in the face of information that nearly 27% of residents in the countryside in Poland are living off state funds remitted in the form of pensions, annuities, unemployment benefits and social welfare allowances.

In the new system the best way of providing a secure future turned out to be investment in education. Young people who started adult life after the events at the turn of the eighties very quickly came to appreciate the value of education. In 1986-96 the number of students in Poland rose from just over 340,000 to nearly 930,000. The biggest increase in the number of students – nearly sixfold – was recorded in colleges of economics. Now state schools faced a technical barrier in the form of shortages of classrooms, lecturers and financial means, making it difficult to admit more students.

In this situation the creation of non-state higher education institutions provided a partial solution to the problem of the wave of new students. In the last five years in Poland more than 100 schools of this type have emerged that confer licentiate and master's degrees. These institutions are often established in co-operation with West European and American universities. The best of these schools already occupy high places in the unofficial rankings of higher schools in Poland.

## 3. Migrations

*a) foreign migrations*

The opening of the borders as a consequence of the economic and political changes after 1989 led to a sudden rise in migration movements. From 1990 to 1997 traffic on Poland's borders increased threefold. Last year more than 270 million persons crossed Poland's borders. Our western and southern neighbours account for more than half of this number.

Such an enormous population flow creates problems of very different kinds. Let us focus then on medium- and long-term migration problems.

Since 1990 a systematic increase of immigration (peaking during 1994-96) has been noted in Poland. During this period around 30 – 40 thousand residential permits annually were issued. Of this number around eight thousand opted for permanent residence in Poland.

The majority of persons coming to Poland for a longer stay are from the former republics of the USSR, Vietnam and China. Another sizeable group is comprised of citizens of the USA, Great Britain and Germany. These two streams of immigrants constitute two different types of immigration.

Most of the persons from the East come to Poland to improve their economic situation. For the most part they engage in retail trade and wholesaling on a small scale. Increasingly they are employed as cheap labour.

A specific feature of immigration from the East, is the repatriation of Polish families from Kazakhstan. Since 1995 more than 200 citizens of Kazakhstan annually have been taking up permanent residence in Poland.

Immigration from Western Europe and the United States is also economic in nature. Top-level managers of large western concerns, banks, financial services and insurance companies predominate in this group. However, for two years immigration from this direction has been declining, which unquestionably is due to higher management skills of local specialists.

The question of illegal immigrants is a separate problem. Every year the Border Guard detains more than 15,000 who try to cross the border illegally, including around one thousand on the eastern border and 11,000 on the western border. To this should be added more than 4,000 transported annually to Poland from Germany under the readmission agreement. This means that some people come to Poland legally, after which they try to get illegally to Germany.

Among the illegal immigrants, citizens of Sri Lanka (mainly Tamils), Afghanistan, Romania (mostly Gypsies) and Armenia predominate. Most of the immigrants treat Poland as a transit country on the way to the European Union. Mainly the citizens from Romania, Vietnam and Armenia decide to stay in Poland permanently.

Two transfer routes of immigrants meet in Poland. The first one leads from Southern and Southeast Asia, the Middle East and the former Asiatic republics of the USSR through Moscow, Minsk and Vilnius. The second route runs from Romania, Moldavia and Southern Russia through Ukraine.

Until the political and economic situation in the main countries of origin of illegal immigrants stabilises, this phenomenon may be expected to intensify.

In order to counteract this phenomenon effectively, a new act on foreigners was passed in Poland. It covers all foreigners who do not come under agreements on visa-free travel. The purpose of the act is to facilitate visa and asylum procedures. It introduces new regulations concerning expulsion and deprivation of liberty for the purpose of expelling foreigners. At the same time, it protects their interests more than before. For example, it prohibits the expulsion of a foreigner to a country in which they are threatened with persecution on account of race, religion, nationality, membership in a particular ethnic group, political opinion, or in which they could be subjected to torture or be treated in an inhuman or demeaning manner. The new act also introduces the concept applied in European countries of a „safe, third country" and a „safe country of origin" and makes it possible to refuse initiating proceedings in the case of an obviously groundless application. The purpose of these regulations is to prevent the abuse of asylum procedures to prolong an illegal stay in Poland.

As expected, the emigration of Poles abroad has been falling steadily since 1990. This is unquestionably due to the improvement of economic and political conditions in Poland and the closing of the development gap in relation to the developed countries of Western Europe.

*b) internal migration*

A separate problem is the question of internal migration. Notwithstanding the faster pace of economic development in the cities in comparison to villages, the positive balance of migration from rural areas to cities has been shrinking. During this period the migration ratio (migration balance per 1,000 residents) fell nearly sixfold and currently stands at only 1%. This is all the more surprising given the fact that Poland has one of the highest ratios of persons living in rural areas. What is more, the fall in the migration balance is due not only to a smaller flow of the rural population to cities, but also an increase of migration from cities to the countryside.

According to statistics, the most mobile group are young persons aged 21 – 29. The nature of migration in this group has changed in comparison to the communist period. At that time young people went to cities to look for jobs, and better opportunities for personal development. Today they move for the purpose of continuing their education in higher schools. The confirmation of this thesis is the sudden increase of migration to rural regions in the 25 – 29 year old age group, the age when people complete their higher education.

The second reason for the increase of migration to the countryside is the growing popularity of living in the suburbs among persons who attain professional success and have a sufficient income to improve their standard of living. So this is migration not so much to the countryside as to attractive suburban areas. The attractiveness of such migration is borne out by the fact that in the 30-59 year old age group the migration balance is zero, but this rises significantly in the group of persons over the age of 60.

At present it is hard to forecast the trend of internal migration. The statistical data suggest a further decline. On the other hand, in the light of Poland's accession to the European Union Polish agriculture still faces fundamental reform, which will give a strong impulse to migration.

## 4. Work and unemployment

The process of introducing market mechanisms painfully affected the population living in agricultural areas and in regions dominated by inefficient heavy industry, where the principal employer was one large plant. As it turned out, none of the states of the region can avoid such costs. They can only be delayed by postponing the necessary transformations.

In Poland, which was the first country to launch the necessary, painful reforms, for the last two years we have been observing a decline in unemployment.

This July, for the first time since 1990, the unemployment rate dipped below 10%. Many factors were responsible for this. On the one hand, it turned out that most former state-owned enterprises, which had failed to make the changes, went under.

On the other hand, a number of factors appeared in creating new jobs. Among the most important are foreign investments, which in Poland already have exceeded 3 billion dollars. Economic growth of 6-7% of the GDP annually places Poland among the economic tigers. This growth rests on solid foundations. As the events of recent months have shown, the Polish economy is successfully resisting the crises on foreign markets – both Asiatic and East European. Fast, but controlled economic development is creating new, permanent jobs.

The new economic system is also stimulating the initiative of citizens. At the end of 1996 more than 220,000 new businesses were formed with native capital. More than 65% of all workers are employed in the private sector.

These changes are being facilitated by the policy of the state, which under actions taken to prevent unemployment, is striving to provide the best possible conditions for investors creating new jobs.

Reduction of unemployment is not reason enough for satisfaction, however. Key plants of the heavy and armaments industries are still being modernised, the restructuring of coal mining has just started, and transformation in the steel industry have not been completed. In those branches of the economy there is still hidden unemployment. Transformation in the countryside connected with Poland's planned accession to the European Union is still a problem.

The task of the state is also to carry out those changes so as to keep job lay-offs to a minimum. To this end, when plants are sold to strategic investors, agreements are concluded, which guarantee the stability of employment for a certain period. Strategic investors are sought for enterprises whose closure could result in structural unemployment in a given region. The system of safety nets negotiated with trade unions is intended to mitigate the effects of job losses in mines.

An indisputable advantage of the states of Central and Eastern Europe in their efforts to attract foreign investors are low production costs. This is especially true of labour costs, but the prices of raw materials, fuels and outside services are mostly lower than in Western Europe. Other advantages are the pool of well-educated specialists, the technical level of plants and the ever-higher quality of their output.

These advantages taken together make it advantageous to locate plants in the states of our region for expansion to the markets of both Eastern and Western Europe. Examples of such ventures in Poland are the investment of Opel, which is building automobile plants in Upper Silesia, and of Motorola, which is setting up a programming centre in Cracow, employing specialists educated in local universities.

The position of trade unions exerts a considerable influence on the labour market. Positive signs are that sometimes the trade unions understand the need for reform and even support restructuring which results in job losses. More often, however, the trade unions block changes and strive to preserve existing jobs at all costs. This often makes the financial condition of the plant worse and can cause its liquidation. The strong position of the trade unions is especially dangerous in large state enterprises, which so far have remained outside of the reform process.

## 5. Poverty and the new prosperity

At the cost of political and economic freedom the communist system ensured social security and the social advancement of the lower classes. An old joke said that communism equally divided poverty.

The new social system ushered in far-reaching changes promoting affluence for its citizens. It opened up room for individual enterprise, but this was purchased at the cost of social security and greater social inequalities.

There are many reasons for the increase of stratification. One of the most important is unquestionably the inability of people who lived for forty years with an awareness of the fact that the state would take care of them to adapt to the new economic realities. When unemployment on a mass scale appeared, these people were unable to display the initiative to preserve their previous standard of living.

It turned out that the so-called „life helplessness" of citizens was suited only to the conditions of life in an irrational system. People who managed to survive all of the most outlandish ideas of the previous system are completely unable to cope in the conditions of a market economy. Cheating the state, which only ten years ago was regarded almost as a virtue, suddenly became reprehensible, and unethical. For many people educated by communism, a situation in which words regained their original meanings – stealing was called stealing and not „foresight", laziness – laziness and not „meeting the norm" – became abnormal, and incomprehensible. In this dimension the legacy of communism is the most enduring, for it is rooted in the psyche of citizens. At the beginning of the nineties there were surveys on social deprivation and real changes in the economic situation of citizens. The respondents were divided into seven occupational categories: specialists, middle-level white-collar-workers, manual and non-manual workers (drivers, mail carriers, sales clerks, etc.), skilled workers, unskilled workers, farmers and private owners. The findings showed that in comparison to 1998 both the strength of the deprivation index (measured by the relation of declared income to income postulated as the minimum) and the number of persons feeling deprivation increased in all categories. The authorities were singled out as the group enjoying undeserved privileges. Some respondents made a distinction between the new authorities and the old authorities.

Two ratios have confirmed the increase of stratification. Whereas in 1998 the deviation of average earnings in the occupational categories was not higher than 37% and lower than 11% from average earnings in the aggregate, in 1990 private owners earned 87% more and farmers 31% less than the national average.

The stratification of incomes was also measured by determining the percentage share of occupational groups in the bottom and upper quartal of the distribution of monthly incomes per person. The bottom quartal is income 50% below the average, the upper 150% above the average. This method makes it possible to measure the problem of stratification more accurately within the same occupational categories and to determine the direction of changes in the affluence of a given category against the background of other categories. The results lead to the conclusion that the change of the system halted galloping stratification within the category called specialists, which is approximately the same as the common understanding of the category of intellectuals. At the outset of the nineties the galloping pauperisation of this group, taking place in the eighties was also halted. Private owners also benefited from the changes. While the stratification within this group is very great, it has increased only moderately in comparison to 1998, while the affluence of this category has increased significantly.

On the other hand, the economic situation of farmers and unskilled workers deterilarated significantly. Even with the lowest income level of the entire category, the stratification among farmers is very wide. The situation of unskilled workers looks somewhat better. Although their incomes are also very low, the stratification of their wages is not very great.

The subjective opinions of respondents concerning the influence of the transformation on their financial situation, job security and feeling of safety were also studied. The findings give rise to some concern, because 30 – 40 % of those surveyed declared a definite deterioration in their situation in all three areas.

Those who most often complained about a decline in their financial situation were young and middle-aged persons, persons with low education and low occupation status, residing in the countryside or in a large city (over 100,000 residents).

This sense of job security is greater among older and middle aged persons, those with secondary education, white collar employees and unskilled workers.

If we add to this the low salaries of these occupational categories, we obtain a characterisation of the group, which lost the most in the change of the system. This group today is the main opponent of reforms and a potential electorate for populist groups.

The survey findings alluded to here are largely consistent with common opinions on this subject. This is especially important for young people, who in their longing to escape from the uncertainty of living conditions and the lack of prospects, are trying to get the best education they can, preferably in management or marketing.

This is also an important signal for politicians and economists that shows where the special help of the state is needed and where strong resistance to the reforms may be expected.

## 6. Old and new elites

The transformation process also has brought about a major reshuffling of elites. C. Wright Mills distinguished three institutions making up the power elite: the state, the army and large corporations. In the old regime party and state authorities were at the top in this triumvirate. Managers, who were appointed by their party patrons, were not very important. These were closed elites, which could be entered only through a party career.

Today the situation has changed diametrically. Ever more often we, politicians, are becoming the clients of large corporations or financial groups whose annual turnovers are equal to the budgets of our states. Unfortunately, it sometimes happens that the ties of politicians with people of the business world are „criminogenic" or at least are contrary to universally accepted principles of ethics.

The role of the army has been greatly marginalised. Military men are less and less appearing in the role of major players. Frequently, unfortunately, the army is becoming a bargaining card in political contests between the president and the ruling groups during a period of cohabitation.

On account of the marginalisation of the military elites in the states of Central Europe, sociologists are replacing them with another elite – the cultural elite. The concept also includes the media elite.

Among specialists dealing with the problem of elites a discussion is currently taking place on defining the nature of the changes going on within the elites. Are these changes the circulation or reproduction of elites?

In 1993 a study was made of the new elites in Poland. It covered political, economic and cultural elites. In order to determine the reproduction rate, elites from 1988 were taken for the old elites. The studies considered simple reproduction taking place within the same elite, reproduction by conversion, i.e. between different elites, and vertical reproduction, i. e. with consideration of membership in 1988 in a sub-elite.

It turned out that more than 40% of the members of the new elite (46% with consideration of vertical reproduction) already belonged to the elite in 1988. The lowest reproduction rate was noted within the political elite. Only 17% of the members of the new political elite occupied positions in the political elite of 1988. Considering reproduction by conversion and vertical reproduction, this rate increases to 26%.

Including members of the media, these rates for the cultural elite are 24% for simple reproduction and 36% for aggregate reproduction.

The largest number of members of the old nomenclatura held on to their positions in business. Within the economic elite the rate of simple reproduction was 47%, but aggregate reproduction nearly 60%. This means that more than half of the present leaders of the economy held key positions in the communist system.

The research findings cited seem to confirm the notion of the conversion of the political capital at the disposal of the old nomenclatura in the communist system into economic capital in the democratic system.

The high rate of simple reproduction may be explained in two ways. In the opinion of some it testifies to the cardinal importance of the criteria of merit in the recruitment of the present elites. A contrary interpretation states, that those who had better connections survived. The truth lies somewhere in the middle.

Not all of the former activists were able to find their place in the new system. Even old connections did not help some of them, and their ventures failed, often in an atmosphere of scandal.

More diverse is the origin of those members of the new political elite who were not activists in the previous system. In Poland for the most part these are former members of the democratic opposition who today constitute the core of most of the political groups and profess both leftist and rightist views.

The second group consists of people who before 1989 were not engaged in politics. Here one should include young persons who became active in politics in the nineties. These are dynamic and professional in their actions. Some of them, despite their youth, already hold important positions in the groups to which they belong.

A third group of activists may also be distinguished. These are populists of various kinds, for whom there was no place in the old system or who did not have enough courage to be active in opposition, but today have found excellent conditions of development and advancement in the world of politics.

One of the indisputable advantages of the democratic system is the openness of elites to changes. Today one can get ahead both through politics and business. And this advancement is not decided by party bigwigs at a committee meeting but by citizens in democratic elections.

## 7. Consensus and pluralism of values

As the eminent Polish sociologist Professor Edmund Wnuk-Lipiński has observed, as the transformation of the system progresses, social support is determined ever less by professional values and ever more by group interests, most of which were shaped by the previous system and its institutions. As long as the communist party held a monopoly on power, social conflict was dominated by the conflict of values; the lines of conflict did not correspond with structural divisions. On one side of the conflict was a tie-up of groups that hardly shared common interests. They were joined together by common values. The second side of the conflict – the power structure – besides common interests was also cemented by a certain community of values.

The process of radical changes revealed permanent tensions of a new kind that fall along four main axes:
- State – civil society
- civil society – Church
- employers – employees
- Government – opposition

It might have seemed that it is objectionable to speak of a conflict between the State and the society in a democratic system. And yet this conflict exists and manifests itself on at least three main planes.

The chief source of the conflict is the enfranchisement of society. Given the privatisation procedures in Poland, this process embraces a minority of society, namely, that part of it which is transforming itself into the class of entrepreneurs, financiers and merchants. Property, whose ownership status in the past was unclear for most citizens, is being taken over by concrete owners. It is quite natural that this gives rise to frustration directed against the State. Such an attitude weakens the pace of privatisation, which in turns slows down economic growth and spills over to conflict on the employer – employee axis. Mass privatisation does not solve this problem either. Citizens who hold a tiny piece of each enterprise still do not regard themselves as their owners, while the real decisions are made by banks, trust funds and financial institutions.

Another plane of the State – civil society conflict, is the attitude towards State allowances to citizens. In stable economies the State is only one of many

„benefit providers". Meanwhile, in the countries of Central and Eastern Europe the attitudes of demanding aroused by the previous system cannot be satisfied in a situation when the only provider of allowances is the State and when a growing budget deficit could be one of the main causes of an economic crisis. The opposite side of the coin of allowances of the State to citizens, are the duties of citizens to the State. Meeting the obligation to pay taxes is especially important as well as the existence of the so-called grey zone. It is very often forgotten that for a democracy a modern and efficient tax system is just as necessary as a free press or free elections.

As the system changes, we are observing a decline in the authority of the Catholic Church in Poland. During communism the Church, besides its pastoral function, performed a number of other social functions. It became a place of refuge and support for various kinds of social activities. The present tensions are the result of the re-emergence of the institutional presence of the Church in public life, which is natural for a civil society, gave rise to fears concerning the imposition of a new monopolistic ideology. These fears, skilfully fanned, and the problem of abortion resulted in a change in the attitude towards the Church. While during the Round Table the Church performed the role of guarantor of the agreements concluded, today it has become an active actor of social processes.

As early as in 1992 Polish sociologists indicated that the conflict in civil society – Church axis could be diminished by a codification of the relation between the State and the Church. The government, which I headed, followed this course by concluding a concordat with the Apostolic See in 1993. The opponents of this solution very often forget that an atheistic State is not one that has no world-view. Such an attitude is the opposite to the postulate of a religious State, albeit never stated directly. Between these extremes there are a number of possible compromises, which are the subject of the dispute.

One of the outcomes of the transformation process is the institutionalisation of ownership in the economy and its related privatisation or re-privatisation. I already alluded to the frustrations connected with this. This problem is magnified by the reduction of subsidies from the State budget, often resulting in the failure of the subsidised enterprises, the elimination of some jobs or a reduction of incomes.

The specific nature of the States of Central and Eastern Europe also results from the fact, that on one hand the State tries to act as a mediator in the dispute, while on the other it is the largest employer, so it is directly involved in the employer – employee conflict.

Group interests today are one of the most serious obstacles to introducing market mechanisms to the economy. An attempt was made at an institutional regulation of this conflict in Poland by preparing a package of acts called „Pact on the Enterprise", which was consulted both with trade unions and employer organisations. Unfortunately, the opportunism and short-sightedness of some political groups wasted this great opportunity for the Polish economy.

We still have to say a few words about the Government – opposition conflict. Like the previous one, it is a permanent element of a democratic system. In Poland, however, this conflict is best reflected by the changes in the universally professed system of values.

When the strikes in 1988, which led to the Round Table Talks and the fall of the communist system, were broken off, there existed a bipolar division between supporters and opponents of the communist system. It was a division into „they" and „we". In a rather short time the model of this division has undergone rather significant changes. The new axis became the division into supporters and opponents of the Balcerowicz plan and the shock therapy of coming out of the crisis. Yet, this was not a simple division. In respect to the consequences for society of the changes, three main social groups can be distinguished: those whose living standard improved, those whose living standard did not change and those who lost from the reform. The new axis of division ran across these groups. On one hand, among those who gained from the changes there were many beneficiaries of the former system, but on the other – in the group of persons harmed by the changes were many who accepted the costs of reforms.

Unquestionably, group interests as well as individual needs are guiding an ever larger percentage of voters in their choices. A positive development is the growing number of persons who view their interest in the future. This is confirmed by the results of the last elections, which once again brought a coalition of post-Solidarity groupings to power.

**Resümee**

Betrachten wir die wesentlichen gesellschaftlichen Phänomene, die mit dem Wandel während der letzten zehn Jahre verbunden sind, so stoßen wir auf Definitionsprobleme bei dem Begriff „Transformation". Diesen Wandel kennzeichnen drei grundsätzliche Veränderungen: a) die Wiederherstellung demokratischer Verfahrensweisen, b) die Einführung von Mechanismen der freien Marktwirtschaft sowie c) die Einschränkung der polizeilichen Repression und Einführung von verfassungsmäßigen Garantien der Menschenrechte. Der Transformationsprozeß brachte auch eine intensive Entwicklung der territorialen Selbstverwaltung sowie eine Aktivierung der Bürger mit sich, die u. a. in der Gründung einer großen Zahl von verschiedenartigen nichtstaatlichen Organisationen (NGO's) ihren Ausdruck fand.

Eine der Folgen dieser Entwicklung, die damals eintrat, bildete die Veränderung der Gesellschaftsstruktur. In den rasch wachsenden Volkswirtschaften der postkommunistischen Staaten beobachten wir eine Anpassung der Beschäftigungsstruktur an westeuropäische Maßstäbe. Eine Ausnahme bildet lediglich der bedeutende Beschäftigungsanstieg in der polnischen Landwirtschaft. Positive Veränderungen machten sich ebenfalls in der Bildungsstruktur bemerkbar.

Der Transformationsprozeß hat auch zu einer Umschichtung der Eliten geführt. Zur Zeit streiten die Soziologen darüber, ob diese Veränderung als Zirkulation oder aber als Reproduktion der Eliten aufzufassen sei. Untersuchungen, die 1993 in Polen durchgeführt wurden, deuten darauf hin, daß im Falle der politischen Elite von einer Zirkulation und im Falle der Wirtschaftselite von einer Reproduktion gesprochen werden kann. Dieses Phänomen scheint die Konzeption der Kapitalkonversion zu bestätigen.

Infolge der Grenzöffnung nahm die Immigration in die Staaten Mittel- und Osteuropas stark zu. In den meisten Fällen hat diese Immigration wirtschaftliche Gründe. Eine zusätzliche Auswirkung der Liberalisierung ist die steigende illegale Immigration.

In der Frage der inländischen Migration beobachten wir in Polen eine atypische Tendenz, die darin besteht, daß die Landflucht zusehends geringer wird.

Für den wirtschaftlichen Wandel in den neuen demokratischen Ländern sind vor allem der wachsende Anteil der Privatunternehmen am Bruttoinlandsprodukt sowie Arbeitslosigkeit charakteristisch. Die Auslandsinvestitionen sind für die Schaffung von neuen Arbeitsplätzen sowie für die Fortdauer des hohen Wirtschaftswachstums von großer Bedeutung.

Das neue System hat dem individuellen Unternehmertum große Entwicklungsmöglichkeiten eröffnet, jedoch um den Preis des Verlustes an sozialer Sicherheit und der Verschärfung gesellschaftlicher Klassenunterschiede. Untersuchungen, die in Polen in den neunziger Jahren zu Fragen der gesellschaftlichen Deklassierung und Verarmung durchgeführt wurden, bestätigen diese verbreitete Meinung. Diese Untersuchungen machten zugleich die Transformationsgegner und die potentiellen Wählerkreise der populistischen Parteien erkennbar.

Der Transformationsprozeß brachte neue Spannungen ans Licht, die sich dauerhaft um vier grundsätzliche Achsen konzentrieren: a) Staat und Bürgergesellschaft, b) Bürgergesellschaft und Kirche, c) Arbeitgeber und Arbeitnehmer sowie d) Regierung und Opposition. Im kommunistischen System galt die dichotomische Einteilung in „wir" und „sie". In verhältnismäßig kurzer Zeit veränderte sich diese Einteilung gravierend. Nach Meinung Professor E. Wnuk-Lipińskis, eines bekannten polnischen Soziologen, sind im Laufe des Systemwandels für die gesellschaftliche Unterstützung immer weniger Wertvorstellungen und immer mehr Gruppeninteressen bestimmend, die sich noch von dem vorhergehenden System und seinen Institutionen ableiten lassen.

Carmen Schmidt

# Die rechtliche Situation der Minderheiten in den baltischen Staaten am Beispiel Estlands

Nach der Wiedererlangung der Unabhängigkeit stellte sich in Estland wie auch in den beiden anderen baltischen Staaten zusätzlich zur politischen und wirtschaftlichen Transformation die Frage, welchen Status die während der sowjetischen Besatzungszeit in Estland seßhaft gewordenen vorwiegend russischsprachigen Bewohner erhalten sollten. Aufgrund der unterschiedlichen Ausgangslage haben Estland und Lettland bei der Festlegung des Kreises ihrer Staatsangehörigen einen anderen Weg als Litauen eingeschlagen. Nicht alle Einwohner haben die estnische bzw. lettische Staatsangehörigkeit kraft Gesetzes erworben. Die Folge ist, daß in beiden Staaten – stärker in Lettland, weniger in Estland – die Staatsangehörigkeits- die eigentliche Minderheitenproblematik überlagert.

## 1. Demographische Lage

In Litauen machten die Minderheiten bei Wiedererlangung der Unabhängigkeit lediglich ca. 20 Prozent der Gesamtbevölkerung aus. Die größte Gruppe ist die russische Volksgruppe mit 9, 4 Prozent. Zusammen mit Ukrainern (1,7 %) und Weißrussen (1,2 %) stellen Slawen insgesamt 12,6 % der Bevölkerung. Eine zahlenmäßig starke Gruppe ist des weiteren mit 7 Prozent die alteingesessene polnische Minderheit. Die übrigen Minderheiten (Juden 0,3 %, Deutsche 0,1 %) fallen demgegenüber zahlenmäßig kaum ins Gewicht. Ganz anders gestaltete sich die demographische Lage in den beiden anderen baltischen Staaten. Bedingt durch die Bevölkerungsverluste der Esten und Letten infolge Krieg und Kriegsfolgen sowie die massive Zuwanderung vor allem aus den slawischen Unionsrepubliken der ehemaligen Sowjetunion machten die Esten in Estland bei Wiedererlangung der Unabhängigkeit nur noch knapp zwei Drittel (61,5 % gegenüber 88,2 % im Jahre 1934) der Bevölkerung Estlands, die Letten nur noch etwas mehr als die Hälfte der Bevölkerung (52 % gegenüber 77 % im Jahr 1935) in Lettland aus. Die slawische Bevölkerung war hingegen in Estland auf 35,2 % (Russen 30,3 %, Ukrainer 3,1 %, Weißrussen 1,8 %) in Lettland auf 42 Prozent der Gesamtbevölkerung (Russen 34 %, Weißrussen 4,5 %, Ukrainer 3,5 %) angewachsen. Größere Volksgruppen stellen mit mehr als 1 Prozent in Estland lediglich noch die Finnen (1,1 %) sowie in Lettland Polen (2,3 %) und Litauer

(1,3 %) dar[1]. Inzwischen hat sich das Verhältnis in beiden Staaten infolge der Abwanderung vor allem slawischer Zuwanderer etwas zugunsten der Mehrheitsbevölkerung verschoben. Anfang 1997 lag der Anteil der Mehrheitsbevölkerung nach den Angaben der Behörden der beiden Länder bei 64,9 % (Esten in Estland) und 56,5 % (Letten in Lettland)[2]. Wesentliche Veränderungen in der Zukunft sind nicht zu erwarten. Die größte Abwanderung erfolgte in den ersten Jahren nach der Unabhängigkeit. Der Höhepunkt wurde in beiden Ländern 1992 erreicht. Seither sind die Abwanderungszahlen stark rückläufig.

## 2. Staatsangehörigkeitsproblematik

In Litauen ist bereits 1989 grundsätzlich jedem Zuwanderer ein Optionsrecht auf die litauische Staatsangehörigkeit eingeräumt worden, von dem innerhalb von zwei Jahren Gebrauch gemacht werden konnte und überwiegend Gebrauch gemacht worden ist. Zu einer derart großzügigen Regelung konnten sich Estland und Lettland in der Sorge um die eigene nationale Existenz nicht durchringen. 1992 wurde den Zuwanderern in Estland lediglich ein Einbürgerungsanspruch zugebilligt, der die Ablegung einer Estnisch-Sprachprüfung sowie nach dem neuen Staatsangehörigkeitsgesetz von 1995[3] auch den Nachweis der Kenntnis des Verfassungs- und Staatsangehörigkeitsrechts voraussetzt. Diesem Beispiel ist Lettland 1994 im wesentlichen gefolgt. Während jedoch in Estland grundsätzlich jeder den Einbürgerungsantrag seit Inkrafttreten des Gesetzes stellen kann, sind in Lettland nach Altersgruppen gestaffelte Fristen eingeführt worden. Hiernach konnte der Einbürgerungsantrag von der ersten Gruppe ab 1996 gestellt werden. Die letzte Gruppe, nicht in Lettland geborene ältere Bewohner können diesen Weg indes erst vom Jahre 2003 an beschreiten[4]. Im Juni 1998 hat das lettische

---

1 Demographische Lage ausgehend von der letzten Volkszählung in der UdSSR von 1989, Nacional'nyj sostav naselenii SSSR po dannym vsesojuznoj perepisy naselenija 1989 g. (Nationale Zusammensetzung der UdSSR nach den Angaben der Allunionserhebung des Jahres 1989). Moskva 1991. S. 16, 19
2 Estnisches Amt für Statistik, HYPERLINK http://www.stat.ee/www.stat/content/; http://www.stat.ee/www.stat/content/; Latvia Human Development Report 1997, S. 49, HYPERLINK http://www.undp.riga.lv/hdrs/1997/Index.html http://www.undp.riga.lv/hdrs/1997/Index.html.
3 vom 19. 1. 1995, Riigi Teataja. I. 1995. Nr. 12. Art. 122; eine deutsche Übersetzung ist in der Loseblattsammlung Verfassungs- und Verwaltungsrecht der Staaten Osteuropas – VSO, hrsg. von G. Brunner, Berlin 1995, Länderteil Estland, Dokumentation 2.4. zu finden.
4 Zu Entstehung und Inhalt des Gesetzes siehe: *D. Henning:* Zum Staatsbürgerschaftsgesetz Lettlands vom 22. Juli 1994. In: WGO-MfOR 1994. S. 297 ff; im Anhang ist

Parlament den Versuch unternommen, diese Fristenregelung abzuschaffen. Die Gesetzesnovelle, die zugleich den automatischen Erwerb der Staatsangehörigkeit durch nach der Unabhängigkeit in Lettland geborene Kinder vorsieht, ist vom Parlament verabschiedet worden, bisher jedoch nicht in Kraft getreten. Nachdem das für eine Volksabstimmung über die umstrittene Gesetzesänderung erforderliche Quorum zustandegekommen ist, wird nun der Wähler über das Schicksal der Gesetzesänderung entscheiden.

In der Praxis verläuft der Einbürgerungsprozeß in beiden Ländern recht unterschiedlich. In Lettland haben in der Zeit von Februar 1995 bis Januar diesen Jahres nur knapp 9.000 der ca. 120.000 nach dem Staatsangehörigkeitsgesetz von 1994 Berechtigten die Einbürgerung beantragt. 7.200 Verfahren wurden abgeschlossen. In Estland schreitet der Einbürgerungsprozeß dagegen zügiger fort. Bis März 1998 haben knapp 100.000 Bewohner die estnische Staatsangehörigkeit erlangt[5]. Ca. 80.000 nichtestnische Bewohner haben nach Schätzungen die Staatsangehörigkeit als Abkömmlinge von Angehörigen der Vorkriegsrepublik 1992 automatisch kraft Gesetzes erworben. Dennoch ist die Gruppe der staatenlosen Bewohner mit ca. 220.000 Personen auch heute noch in Estland verhältnismäßig groß. Auf der anderen Seite haben sich inzwischen knapp 90.000 Bewohner für die Staatsangehörigkeit eines GUS-Staats, und zwar vorwiegend für die russische Staatsangehörigkeit entschieden[6]. Mit Hilfe einer verstärkten Förderung des Erlernens der Staatssprache sollen die Integration und damit auch der Einbürgerungsprozeß beschleunigt werden. So sind zum Beispiel nicht unerhebliche zusätzliche Haushaltsmittel für die Unterrichtung der Staatssprache und die Ausbildung von Estnischlehrern bereitgestellt worden. Über den sprachlichen Bereich geht nunmehr das im Juni diesen Jahres vom Parlament gebilligte Integrationsprogramm hinaus. Innerhalb eines Zeitraums von zehn Jahren sollen derzeit noch bestehende Schranken abgebaut und die nichtestnische Bevölkerung in die Gesellschaft und das Staatswesen des unabhängigen Estlands integriert werden. Die Koordinierung der einzelnen Maßnahmen obliegt dem Minister für Integrationsangelegenheiten, dessen Amt im Juli vergangenen Jahres geschaffen worden ist.

---

die deutsche Übersetzung abgedruckt. S. 304 ff.
5 *Estonia Today* vom 19.3.1998.
6 Die Zahlen basieren auf den Angaben des Staatsangehörigkeits- und Immigrationsamts zur Zahl der Zuwanderer, die eine Aufenthaltserlaubnis erhalten haben (311.940), sowie zur Staatsangehörigkeit der Inhaber der Aufenthaltserlaubnisse. Hiernach besitzen 88.683 Personen die russische, 1.669 die ukrainische, 1.032 die weißrussische Staatsangehörigkeit; *Postimees* vom 13.2.1998.

## 3. Minderheitenschutzbestimmungen

Diese Maßnahmen haben dazu beigetragen, daß sich die innenpolitische Lage in Estland heute nachhaltig entspannt hat. Gründe für die heutige stabile Lage stellen aber sicherlich nicht nur der fortschreitende Einbürgerungsprozeß und die Absicherung des Status der Nichtstaatsangehörigen, sondern auch die speziellen rechtlichen Vorkehrungen zum Schutz der Minderheiten und deren Angehörigen sowie die insgesamt recht tolerante Praxis dar. Zwar knüpft der estnische Gesetzgeber im Gegensatz zum lettischen Gesetzgeber grundsätzlich an den traditionellen Minderheitenbegriff an, wonach nur Staatsangehörige in den Genuß des Minderheitenschutzes gelangen, Staatenlose und Ausländer hingegen innerstaatlich dem Ausländerrecht, völkerrechtlich dem Fremdenrecht unterfallen. Dagegen werden nach dem lettischen Minderheitengesetz und auch einzelnen spezialgesetzlichen Regelungen Minderheitenrechte grundsätzlich jedem Einwohner Lettlands zugesprochen. Da in Estland aber wichtige minderheitenrelevante Rechtspositionen ebenso den zur ständigen Einwohnerschaft zählenden Staatenlosen und Ausländern eingeräumt sind, werden die Unterschiede in der tatsächlichen Rechtsstellung nivelliert. Werden staatenlose und ausländische Bewohner – wie zum Beispiel beim kommunalen Wahlrecht – Staatsangehörigen gleichgestellt, ist die tatsächliche Rechtsstellung des Bewohners ohne die Staatsangehörigkeit des Aufenthaltsstaats in Estland stärker als in Lettland.

### 3.1. Kulturelle Autonomie der Minderheiten

Kein Erfolg ist allerdings bisher dem Kernstück des estnischen Minderheitenschutzes, der 1992 in der Verfassung verankerten und 1993 rahmenhaft geregelten Kulturautonomie[7], beschieden. Anknüpfend an die Traditionen vor dem zweiten Weltkrieg können Minderheiten zur Organisation des muttersprachlichen Unterrichts sowie zur Wahrnehmung sonstiger kultureller und sozialer Belange eine Minderheitenselbstverwaltung etablieren. Von dieser Möglichkeit hat bisher keine Volksgruppe Gebrauch gemacht. Die Interessen der russischsprachigen Bevölkerung, d.h. insbesondere der russischen und der weitgehend an die russisch-sowjetische Kultur assimilierten ukrainischen und weißrussischen Volksgruppe, werden auch ohne kulturelle Selbstverwaltung hinreichend befriedigt. Die übrigen Volksgruppen sind mit weniger als 1 Prozent an der Gesamtbevölkerung sehr klein und erreichen in Anbetracht ihrer Zahl kaum die für die Realisierung eines Autonomiemodells sinnvolle Größe.

---

7 vom 26.10.1993, Riigi Teataja. I. 1993. Nr. 71. Art. 1001; dt. Übers. in: VSO, s. Fn. 3, Dokumentation 2.6.a.

## 3.2. Sonstige Vorkehrungen zum Schutz der Minderheitenangehörigen

Die sonstigen rechtlichen Vorkehrungen zum Schutz der nationalen Minderheiten sind gemessen an den völkerrechtlichen Vorgaben und im Vergleich zur Praxis selbst der Staaten, die nicht vor vergleichbare Probleme gestellt sind, beachtlich. Die Gewähr der traditionellen Freiheitsrechte, insbesondere der für die Kulturpflege wesentlichen Freiheiten der Vereinigung und Versammlung, Meinungsäußerung, der Presse, der Religion sowie des allgemeinen Gleichheitsgrundsatzes und des Diskriminierungsverbots in bezug auf Rasse und Nationalität versteht sich dabei in einem demokratischen Rechtsstaat von selbst. Vergleicht man die rechtlichen Vorkehrungen mit den vor allem für die russische Volksgruppe tatsächlich bestehenden Möglichkeiten zur Entwicklung und Bewahrung der russischen Nationalkultur, bleibt die rechtliche Gewähr allerdings vor allem im Sprachbereich derzeit noch hinter der liberaleren Praxis zurück.

### 3.1.1. Unterricht in der Muttersprache

So ist zum Beispiel ein Anspruch auf Unterricht in der Muttersprache nach der estnischen Rechtsordnung nur für Esten, nicht hingegen für Nichtesten ausdrücklich vorgesehen. In der Praxis wird Unterricht in russischer Sprache dennoch im öffentlichen Schulwesen in allen Schultypen dem Bedarf entsprechend gewährleistet. Als problematisch hat sich im Gegenteil nicht der Unterricht in Russisch, d.h. der Muttersprache nicht nur der russischen, sondern auch eines großen Teils der ukrainischen und weißrussischen wie auch der übrigen Minderheiten erwiesen[8]. Infolge des Mangels an geeigneten Lehrkräften ist vielmehr die Gewährleistung der Unterrichtung der Landessprache Estnisch auf erhebliche Schwierigkeiten gestoßen und stellt nach wie vor das eigentliche Problem im Sprachbereich dar. Da die Unterrichtssprache vom Schulträger festgelegt wird, kann in den Schulen der Gemeinden, in denen die russischsprachige Bevölkerung die örtliche Mehrheitsbevölkerung darstellt, die Unterrichtssprache nicht gegen ihren Willen geändert werden. Durch Ausübung des kommunalen Wahlrechts, das jedem ständigen Gemeindeeinwohner und damit auch Bewohnern ohne estnische Staatsangehörigkeit gebührt, können die Minderheitenangehörigen Einfluß auf die Zusammensetzung des Gemeinderats und damit auf die Unterrichtssprache der Gemeindeschulen nehmen.

---

8 Bei der Volkszählung von 1989 haben 54,5 % der Ukrainer, 67 % der Weißrussen, aber auch z.B. 78,3 % der Juden und 56,5 % der Deutschen Russisch als Muttersprache angegeben, s. Fn. 1, S. 140.

Ursprünglich ab dem Jahre 2000, inzwischen nach einer Gesetzesänderung hinausgeschoben auf das Jahr 2007, soll allerdings in der Gymnasialstufe (10.-12. Klasse) in allen öffentlichen Schulen nur noch in Estnisch unterrichtet werden[9]. Hiermit sollen den Absolventen der russischen Schulen gleiche Chancen im Wettbewerb auf dem Arbeitsmarkt und beim Zugang zum estnischsprachigen Hochschulwesen geschaffen werden. Ob Russisch in der Gymnasialstufe indes integrationsschädlich und zur Segregation führt, sowie, ob insbesondere ein obligatorischer Übergang erforderlich ist, es hingegen nicht sinnvoller wäre, eine Einsicht in die besseren beruflichen Perspektiven abzuwarten und erst bei nachlassenden Schülerzahlen entsprechende Kapazitäten in der Gymnasialstufe abzubauen, ist dabei auch unter Esten nicht unbestritten[10]. Bleibt diese Regelung bestehen, ist Unterricht in Russisch – wie auch in anderen Sprachen – in der Gymnasialstufe weiterhin in Privatschulen möglich. Privatschulen können nicht nur von den Kulturselbstverwaltungen, sondern von allen natürlichen oder juristischen Personen errichtet werden und erhalten mit der Übernahme der Lehrergehälter und Unterrichtsmittel recht großzügige staatliche Finanzzuweisungen. Weitere Mittel könnten von den Kommunen bereitgestellt werden[11].

*3.1.2. Minderheitensprachen in Behörden und vor Gericht*

An den Orten, an denen die Minderheit die örtliche Bevölkerungsmehrheit darstellt, ist der Gebrauch der Minderheitensprache im Umgang mit Behörden in der Verfassung sowie einfachgesetzlichen Regelungen gewährleistet. An diesen Orten kann hiernach des weiteren die Minderheitensprache neben der Landessprache als interne Geschäftssprache zugelassen werden[12]. Diesbezügliche Anträge der Stadträte der Städte Narva und Sillamäe mit einer Minderheitenbevölkerung von mehr als 95 Prozent sind jedoch nach der Presse bisher zurückgewiesen worden. An der an diesen Orten tatsächlich vorherrschenden Dominanz des Russischen hat indes auch die bisherige Zurückhaltung der Regierung, Russisch offiziell als Geschäftssprache anzuerkennen, nichts geändert. Die Gerichtssprache ist hingegen grundsätzlich Estnisch. Das Gericht kann den Gebrauch einer

---

9 § 52 des Bildungsgesetzes vom 23.3.1992; Riigi Teataja. I. 192. Nr. 12. Art. 192; in der Fassung vom 10.9.1997, Riigi Teataja. I. 1997. Nr. 69. Art. 1111.
10 Ähnliche Bestrebungen bestehen in Lettland. Kontroversen über die Zulassung der Minderheitensprachen in der Gymnasialstufe und das Ausmaß des Unterrichts in den vorangehenden Klassen haben jedoch hier bisher die Verabschiedung des geplanten neuen Sprachen- und Bildungsgesetzes verhindert.
11 § 22 des Privatschulgesetzes vom 3.6.1998, Riigi teataja. I. 1998. Nr. 57. Art. 859.
12 Art. 51, 52 der estnischen Verfassung vom 28.6.1992, Riigi Teataja. I. 1992. Nr. 26. Art. 349; die deutsche Übersetzung in: VSO, s. Fn. 3, Dokumentation 1.1.a.

anderen Sprache zulassen, wenn das Gericht und die Verfahrensbeteiligten ihrer mächtig sind[13].

### 3.1.3. Minderheitensprachen in der Presse und in den Medien

Die Herausgabe von Presseerzeugnissen in einer Minderheitensprache ist durch die Presse und Informationsfreiheit (§ 45 Verf.) gewährleistet. Seit der Privatisierung der Printmedien erfolgt die Versorgung im wesentlichen durch private Anbieter. Infolge des großen Abnehmerkreises sind russischsprachige Publikationen nicht auf eine staatliche Unterstützung angewiesen, wie zum Beispiel die in Tallinn erscheinenden russischsprachigen Tageszeitungen „Estonija" und „Moloděž' Estonii".

Mit dem Rundfunkgesetz vom Mai 1994 ist auch der Zugang zu Hörfunk und Fernsehen privaten Anbietern eröffnet worden. Im Gegensatz zu privaten Veranstaltern sind die öffentlich-rechtlichen Rundfunkgesellschaften zur Versorgung aller Volksgruppen mit Informationen verpflichtet[14]. Ein Kanal des öffentlich-rechtlichen Hörfunks (Radio 4) sendet ein russischsprachiges Programm. Vom öffentlich-rechtlichen Fernsehen (ETV) werden Nachrichten sowie ein Informations-und Kulturprogramm in Russisch ausgestrahlt. Russischsprachige oder mit russischen Untertiteln versehene Sendungen zählen des weiteren zum Programm der drei regionalen privaten Fernsehveranstalter. Am beliebtesten innerhalb der nichtestnischen Bevölkerung sind indes nach Meinungsumfragen die russischen Fernsehsender Ostankino und Rußland TV, die in Estland, wenn nicht bereits über die einfache Hausantenne, über Kabel oder Satellit empfangen werden können.

### 3.1.4. Politische Partizipation

Ihre zahlenmäßige Stärke sichert der russischen Bevölkerung, die bisher allein ein politisches Identitätsbewußtsein hat erkennen lassen, eine effektive Beteiligung am politischen Leben des estnischen Staates. Organisationen zur Vertretung speziell der Interessen der russischen oder aber der "russischsprachigen" Einwohner haben erstmals an den Lokalwahlen im Oktober 1993 teilgenommen. Als den nationalen russischen Traditionen verpflichtet, verstand sich die "Russische Gemeinde" (Russkaja Obščina), aus der im Vorfeld der Parlamentswahl dann die "Russische Partei in Estland" hervorgegangen ist. Als Sammlungsbe-

---

13 § 5 des Gerichtsgesetzes vom 23.10.1991, Riigi Teataja. I. 1991. Nr. 38. Art. 472.
14 § 25 Abs. 1 Ziff. 4 des Rundfunkgesetzes vom 19.5.1994, Riigi Teataja. I. 1994. Nr. 42. Art. 680.

wegung aller Nichtesten verstand sich hingegen die "Vertretungsversammlung der russischsprachigen Bevölkerung Estlands". Ihre Akteure sind allerdings ebenfalls vorwiegend Russen. Vor der Parlamentswahl hat sich die Vertreterversammlung mit der Russischen Demokratischen Bewegung und weiteren kleineren Gruppierungen zusammengeschlossen und die "Vereinigte Volkspartei Estlands" gegründet. Im Wahlbündnis "Meine Heimat ist Estland" erzielten beide Parteien dann 1995 mit 5,9 % der Stimmen sechs der 101 Sitze im estnischen Parlament.

Eine dauerhafte Mobilisierung bestimmter Wählergruppen ist den russischen Parteien wie auch den nicht auf ethnischer Grundlage gegründeten allgemeinen Parteien bisher nicht gelungen. Ihr Einflußbereich beschränkt sich zudem im wesentlichen auf die Hauptstadt Tallinn. In den mehrheitlich von Russen besiedelten Städten Narva, Kohtla-Järve und Sillamäe im Nordosten Estlands dominierten hingegen bei den Kommunalwahlen lokale, programmatisch schwer unterscheidbare Personenbündnisse, die kurz vor den Wahlen entstanden und anschließend wieder zerfallen sind. Im Stadtrat der Hauptstadt haben die russischen Parteien 1993 mit 27 der 64 Mandate eine fast dem Anteil der russischen Einwohnerschaft entsprechende Beteiligung erlangt. Dabei entfielen 17 Mandate auf den Vorgänger der Volkspartei, 10 Mandate auf den Vorgänger der Russischen Partei. 1996 hat sich das Verhältnis beider Parteien hingegen beinahe umgekehrt. Insgesamt haben sie eine Niederlage erlitten, denn sie sind nur noch mit 16 Stadträten, und zwar 5 Vertretern der Volkspartei und 11 Vertretern der Russischen Partei im hauptstädtischen Stadtrat vertreten. Im Nordosten hat hingegen allein und erstmalig die Volkspartei einen gewissen Erfolg errungen und ist mit 6 Vertretern in den 31köpfigen Stadtrat von Narva eingezogen. Die gegenüber 1993 geringere Anzahl von Mandaten in Tallinn ist dabei einmal darauf zurückzuführen, daß 1996 nicht zwei, sondern vier russische Listen angetreten sind, von denen dann zwei an der Fünf-Prozent-Hürde gescheitert sind. Zum anderen scheint ein Teil der nichtestnischen Wähler die Stimme an nicht auf ethnischer Grundlage gegründete Parteien vergeben zu haben. Profitiert haben hiervon vermutlich die mitte-linksgerichtete Zentrumspartei und die mitte-rechtsgerichtete Reformpartei, die in vorausgegangenen Umfragen innerhalb der nichtestnischen Bevölkerung in der Beliebtheitsskala zumindest den gleichen, wenn nicht sogar einen höheren Platz als die russischen Parteien eingenommen haben.

Die russische oder besser russischsprachige Bevölkerung erreicht mithin ohne besondere Vorkehrungen über das Verhältniswahlrecht eine Beteiligung auf Landes- und auf kommunaler Ebene und kann durch die Mitwirkung in den jeweiligen Vertretungskörperschaften auf die Gestaltung der öffentlichen Angelegenheiten Einfluß nehmen. Als Hindernis für eine proportionale Vertretung auf kommunaler Ebene hat sich nicht das Wahlrecht, sondern die Inhomogenität der russischen Bevölkerung erwiesen. Mangelt es an gemeinsamem Konsens und an Geschlossenheit bei den Parlamentswahlen, wird die Überwindung der Sperrklausel von 5 Prozent problematisch. Ein gemeinsames Vorgehen zumindest der beiden bereits im Parlament vertretenen Parteien scheint sich allerdings jetzt anzubahnen. Nach dem Verlust des Fraktionsstatus infolge des Ausscheidens von zwei Abgeordneten nur kurze Zeit nach der Wahl von 1995 ist im Sommer 1998 die Bildung einer Fraktion ("Vereinigte Russische Fraktion" wieder gelungen.

Zum Schluß sei noch auf eine weitere Einrichtung hingewiesen, die es Minderheiten und Minderheitenangehörigkeiten ermöglicht, ihre Belange auf der Ebene des Staates geltend zu machen. Bereits 1993 wurde beim estnischen Staatspräsidenten der sogenannte Runde Tisch als ein regelmäßiges Forum zur Erörterung von Minderheitenangelegenheiten eingerichtet. Er setzt sich aus Abgeordneten der im Parlament vertretenen Parteien, Vertretern der alteingesessenen Minderheiten und Vertretern der staatenlosen Bewohner Estlands zusammen und kann in allen Fragen, die die Rechtsstellung der Einwohner Estlands betreffen, Anregungen und Empfehlungen aussprechen, die zu veröffentlichen sind[15]. Diese Möglichkeit hat der Runde Tisch zum Beispiel im Frühjahr diesen Jahres genutzt, in dem er sich für eine Erleichterung der Einbürgerung über die zur Zeit im Parlament beratene Änderungsvorlage zum Staatsangehörigkeitsgesetz hinaus ausgesprochen hat[16].

*Fazit*

Insgesamt sind die Anstrengungen des estnischen Staates zur Integration der nichtestnischen Bevölkerung beträchtlich. Das Minderheitenrecht wie auch die allgemeinen Regeln, die den demokratischen Rechtsstaat ausmachen, den Estland nach seiner Verfassung (Art. 1, 10) errichten will und zu einem beachtli-

---

15 Die Einzelheiten regelt das vom Staatspräsidenten bestätigte Statut vom 11. Februar 1998, womit das Statut vom September 1993 abgelöst worden ist. Das Statut vom 11.2.1998, das Verzeichnis der Mitglieder, die letzten Beschlüsse des Runden Tisches und Sitzungsprotokolle sind im Internet in Estnisch: HYPERLINK http://www.president.ee/est/office/ http://www.president.ee/est/office/; ein Bericht über seine Tätigkeit – Stand Januar 1996 – in Englisch, HYPERLINK http://www.president.ee/office/round1.html http://www.president.ee/office/round1.html zu finden

16 Empfohlen wird nicht nur der Verzicht auf das Zeitlimit, so daß nicht nur nach der Unabhängigkeit geborene Kinder ohne Erfüllung der allgemeinen Einbürgerungsvoraussetzungen auf Antrag eingebürgert werden, sondern auch eine erleichterte Einbürgerung der Gatten estnischer Staatsbürger sowie der Absolventen estnischer und bei Bestehen der Estnischprüfung auch der Absolventen russischer Schüler, indem diese von der Sprachprüfung befreit werden.

chen Grade bereits errichtet hat, bieten hierfür eine gute Grundlage. Ihre Anwendung in der Praxis funktioniert, wie die genannten Beispiele verdeutlichen sollten. Zwar ist die Einbindung eines recht großen Teils der nichtestnischen Bevölkerung in den Staatsaufbau noch nicht erreicht. Die vollständige Integration einer derart großen Bevölkerungsgruppe, die zu Sowjetzeiten die abgesondert von der Gemeinschaft der Esten bestehende russischsprachige Gemeinschaft gebildet hat, ist aber wohl von keinem Staat in dieser kurzen, seit der Wiedererlangung der Unabhängigkeit im Jahre 1991 verstrichenen Zeit zu bewerkstelligen. Noch weniger kann dies von einem Staat erwartet werden, dessen gesamtes politisches und wirtschaftliches System einem Wandel unterworfen war. Nicht unrealistisch ist indes die Erwartung, daß mit zunehmender Integration eines immer größer werdenden Teils der nichtestnischen Bevölkerung der Minderheitenschutz noch verstärkt und Estland auch künftig wiederum, wie bereits vor dem Verlust der Unabhängigkeit, in Sachen Minderheitenschutz eine Vorreiterrolle einnehmen wird.

**Summary**

Since the restoration of independence in 1991 Estonia has introduced a legal framework designed to ensure the protection of national minorities. Important steps have been undertaken toward solving the most burning issue, the citizenship-issue. As the ethnic composition of the population was radically changed under Soviet rule, citizenship was restored only to the original citizenry and their descendants of the interwar republic. As a result, quite a large number of permanent residents did not receive Estonian citizenship automatically. Soviet immigrants are entitled to obtain citizenship by applying for naturalisation provided they pass an Estonian language exam, and, according to the new 1995 Law on Citizenship, an exam on constitutional and citizenship law. As of 1. 1. 1999, about 106.000 persons have been granted citizenship by naturalisation. Parliament and government have taken several measures to promote the process of naturalisation. After facilitating the acquisition of Estonian citizenship for elderly and disabled persons the language exam and the exam on civic knowledge have been simplified for all applicants. Considerable efforts have been made to support and extend Estonian-language training. In December 1998 the Citizenship law was amended to grant automatic citizenship to stateless children born after February 26, 1992 to legally resident stateless parents upon the parent's or guardian' s application.

The Estonian legal system acknowledges both the rights of persons belonging to a minority and the rights of the minority community. Apart from assuring fundamental human and citizen' s rights, the Estonian Constitution of 1992 contains specific minority rights, namely the right to preserve his or her national identity, linguistic rights in administration in areas where a minority represents a majority of the local population and the right to establish, in conformity with the Law on Cultural Autonomy of National Minorities, institutions for cultural self-government. The Law on Cultural Autonomy which has been adopted by Parliament and went into effect in 1993 provides for the establishment of cultural councils entrusted with the organisation and co-ordination of the activities of cultural autonomy institutions. Resident non-citizens enjoy the right to participate in the activities of the national minority's cultural and educational institutions. Russian-language education, financed by the state, is granted in elementary schools. Russian-language programs are broadcast on state and private television channels. Television programs of Russian Federation companies are widely available via cable. Representatives in parliament guarantee a participation of the Russian-speaking population in public affairs. In the 1995 and 1999 parliamentary elections six ethnic Russians gained seats in parliament. Giving all residents the right to vote in local elections ensures that minorities are represented at local level regardless of citizenship.

Estonia has ratified the major conventions protecting human rights and minority rights. This especially, applies to the European Convention on Human Rights and its main protocols and the European framework convention on minorities.

Zsuzsa Széman

# The Transformation Process In Hungary

*Background*

Ewa Les has summarized different opinions on the transition process in East Central Europe in the early 90s (Les, E. 1994: 3–4) which basically agree that for the Central European countries it will take at least 10 years to become pluralistic free-market democracies and that in particular five of the 27 post-communist countries – Poland, the Czech Republic, Hungary, Slovenia and Estonia – have a very good chance of achieving a successful transformation.

In Hungary the process started with fundamental political, economic, legal and social policy changes in 1990. The central state withdrew from the economy, public administration and welfare policy. Universal entitlement to benefits was replaced by aid or insurance-based benefits, creating drastic regional and social inequality as far as access to basic services was concerned. Both the first democratic-liberal government (1990–1994) and the second, socialist government tried, unsuccessfully, to create a kind of social safety net.[1] Privatization was carried out with numerous negative economic changes such as a rise in unemployment and the phenomenon of long-term unemployment. Although the officially registered unemployment rate was stabilized at a lower level – over 10 % – than forecast by international comparative analyses in 1994 (Les, E. 1994: 4), the country faced the problem of a high number of unregistered unemployed and in their case the safety net did not function. Through fear of becoming unemployed, many elderly workers have chosen different forms of early retirement (anticipatory retirement, pre-retirement, disability retirement). As a result, the ageing of society accelerated. By 1998 more than 30 % of the population consisted of retirees. Although there were positive economic trends by 1998, the transformation also involved very serious losses, widening the gap between rich and poor. While the statistically two-digit inflation was not exceptionally high, the rapid increase in the prices of basic essentials (electricity, food, rent, medi-

---

1 Foreign financial circles – World Bank, IMF, European Union – which influenced the government, operated with the concept of absolute rather than relative poverty. Milanovic, for example, applied 120 USD uniformly for all economies in transition. According to this indicator, the number of the poor in the region as a whole rose from 8 million to 50 million between 1989 and 1993 but in Hungary the growth was only from 0.1 % to 1 % (Ferge 1996/1.25).

cine, etc.) accelerated the process of impoverishment. Various calculations of the extent of poverty were published. There were substantial differences in the order of 6–10-fold between calculations of Hungarian and foreign experts.[2] According to Hungarian estimates 30–50 % of society was poor. Groups at risk included the elderly, registered and unregistered unemployed, young people entering the labour market, women with young children, families with many or young children, youth, one-parent families, the physically and mentally disabled, drug addicts and alcoholics.

How is it possible to talk of a successful transition if there are so many social problems? Particularly in view of the fact that resolving the tensions basically became the task of more than 3,000 local authorities set up in 1990. The decentralised regional public administration units did not have adequate financial sources or flexibility and often lacked even a system of institutions to meet the growing expectations made of them by the public. How is it possible, despite this, to have positive achievements in the transition process? In recent years many studies have been produced, analysing the change from the political, economic and sociological angles. But for a full understanding of the process of change it is essential to examine certain components of the welfare model as well. In my contribution I shall concentrate on this aspect, drawing on my own recent research[3], the findings of various surveys and other studies. Compare the model existing before the systemic change and that found after. (Figure 1): the increased role of the voluntary sector within the model can be clearly seen; in 1998 there were over 50,000 registered civil organizations. In addition, by 1997–1998 the voluntary and market sectors which had previously played only a small role had begun to interact with each other and the state/local (public) authority

---

2 The World Bank recognised the monthly minimum old-age pension in the early 90s – 9600 HUF – as the poverty threshold and according to this only 5 % of the population lived beneath the subsistence minimum. According to Hungarian experts, 30 % of the population lived beneath the subsistence minimum if the threshold is taken to be around one and a half times the minimum pension (13,000 HUF), and 50 % if those living on less than the average wage (22,000 HUF) are taken into consideration. Taking into account prices at 1st June 1995, the Poverty Line Foundation drew the poverty line at around 27,000 HUF in the case of a pensioner living alone (the Central Statistical Office discontinued official calculation of the subsistence minimum). (Zs. Széman, – S. Ballock, 1998, manuscript.)

3 In early 1998 we conducted a national representative survey of local authorities and nonprofit organizations active in the social field, to explore the changes taking place within the nonprofit sector and the links between this sector and the state/local authority sphere. The sample covered 4 % of local authorities and 13 % of social nonprofit organizations. In addition, I also take into account the findings of my surveys conducted in 1996 and 1995; see also KSH 1995, 1996, 1997,1998, Gayer, Gy.-né,1998, Szalai, J. 1997, Bocz, J. 1997/1.

sphere as well as with actors outside the country, thereby influencing the development not only of Hungary but of the whole region.

*Main activities of the non-profit organizations*

Links promoting a normal life

| Cash 25% | In kind 22% | Legal, lifestyle advice 19% | Identifying needs 3% | Providing information 12% | Club for pensioners 17% | Prevention 4% | Holidays 12% | Community support 7% |

Free kitchen 3%

Day care 4%

Medical care 3%   Health care link

Technical aids 8%

Home nursing 3%

Transport 2%

Medicine 2%

Psychol. and mental aid 8%

Target group

Residential home 15%

Hospice 1%

Rehabilitation 8%

Training 9%

civil organizations thus created a social safety net within which two types of tasks can be distinguished.

1) Tasks of an emergency nature
   Among the most important tasks of the organizations are aid in cash and aid in kind, together representing around one quarter of their activity.
2) Promoting a normal and qualitatively higher living:
a) helping people to continue normal living through: legal and lifestyle counselling (19%), information (12%), holidays (12%), pensioners' clubs/special activities (17%), community support (7%), day care, prevention (4%), identifying needs (3%);
b) links providing health support: home nursing (3%), medicines (2%), medical care (3%), psychological help (8%), rehabilitation (8%);
c) services of a technical kind contributing to a better quality of life: technical aids (8%), transport (2%). This category also includes a service indispensable in the last stage of life or for those with serious health problems: hospice (1%), residential home (15%);
d) training (9%), a further indication that the non-profit organizations are aware of the fact that a great part of their tasks can only be carried out by people with appropriate training.

*The beneficiaries of the services*

*Main groups supported by the organizations*

| Group | %* |
|---|---|
| 1. Children, youth | 51 |
| 2. Elderly | 44 |
| 3. Disabled | 31 |
| 4. Persons with health impairment in general, mentally ill | 30 |
| 5. Families in difficulty | 28 |
| 6. Needy, poor in general, unemployed | 25 |
| 7. National, ethnic minorities | 18 |
| 8. Alcoholics | 10 |
| 9. Other: maladjusted, attempted suicides, neurotics, psychologically disturbed, persons with learning disorders, drug users, etc. | 19 |

* Rounded percentage.

The organizations extended the greatest proportion of support to the groups at the two poles of society: children and youth (51%) and the elderly (44%).

Knowing the disadvantaged position of these groups and the degree to which they are at risk, it is not surprising that they drew the attention of the organizations, but the target groups as a whole comprise the broadest strata of society with very high incidence rates.

*The nature of the services*

The great majority, 78%, of the services were free of charge! Only 7.5% of the organizations carried out their activities for a fee; in 3% of the organizations the service was comprised in the membership fee, while another 3% required both a fee for services and a membership fee. Around 4% provided their services in several ways simultaneously: free of charge and in certain cases for a fee.

*Charity or market nature of the services provided by the organizations*

| Nature of service | % | Number |
|---|---|---|
| Free | 78.1 | 250 |
| For a fee | 7.5 | 24 |
| Service comprised in membership fee | 3.4 | 11 |
| Both fee for service and membership fee | 3.4 | 11 |
| Free and for a fee | 3.4 | 11 |

*Scope of the organizations*
*Persons and area covered by the actual activity*

| Coverage | % | Number |
|---|---|---|
| Whole settlement | 32.8 | 105 |
| County, region | 22.8 | 73 |
| Whole country | 21.9 | 70 |
| Workers, former workers of an enterprise or institution | 16.3 | 52 |
| Smaller residential area | 9.1 | 29 |
| Hungarians beyond the border | 5.3 | 17 |
| Religious, denominational group | 4.7 | 15 |
| Ethnic group | 3.1 | 10 |
| Other | 16.3 | 52 |

The activity of one third of the organizations covered the whole settlement, in almost one fifth of the organizations it covered a county or region and in almost one quarter of cases the whole country. 16% provided services for previous workers of an enterprise or for members of particular professions and occupations. Almost one tenth of the foundations and associations operated in smaller residential areas, 5 % were also in contact with Hungarians beyond the border, another 5% with religious, denominational groups and 3% named a specific ethnic minority. A high proportion of organizations – 16% – also mentioned other target groups.

*Co-operation in the course of activity in 1997*

| Partner | Regularly | | Occasionally | |
|---|---|---|---|---|
| | % | Number | % | Number |
| Social institution | 34.1 | 109 | 12.8 | 41 |
| Local authority | 31.9 | 102 | 19.4 | 62 |
| Other non-profit organization | 28.4 | 91 | 15.3 | 49 |
| Church | 20.9 | 67 | 12.8 | 41 |
| Ministry, national authority | 17.8 | 57 | 15.9 | 51 |
| Enterprise, business | 12.8 | 41 | 20.0 | 64 |
| Foreign organization | 11.6 | 37 | 12.2 | 39 |

*Mechanism of decision-making jointly with local authorities*
*Nature and frequency of work to prepare decisions together with local authority*

| Nature of preparation | Regularly | Occasionally | Never |
|---|---|---|---|
| | % | % | % |
| As a permanent partner | 50.7 | 14.9 | 34.3 |
| In ad hoc committee | 13.4 | 26.9 | 59.7 |
| As invited expert | 13.4 | 28.4 | 58.2 |
| As participant in social welfare round-table | 37.3 | 16.4 | 46.3 |
| Other form | 16.7 | 13.6 | 69.7 |

*Percentage distribution of supporters of non-profit organizations*

| Source | Received support | If received, what kind | | |
|---|---|---|---|---|
| | | Cash | In kind | Both |
| Private persons | 70.0 | 55.8 | 9.8 | 34.4 |
| Local authority | 36.9 | 73.7 | 8.5 | 17.8 |
| Market actors | 36.9 | 51.7 | 18.6 | 29.7 |
| Other foundations, associations | 23.1 | 63.0 | 19.2 | 17.8 |
| State administration institutions | 19.7 | 82.5 | 6.3 | 11.1 |
| Other institution | 18.2 | 50.9 | 22.8 | 26.3 |
| Church | 15.3 | 34.7 | 44.9 | 20.4 |
| Foreign organizations | 13.1 | 31.0 | 33.3 | 35.7 |
| Trade union | 2.8 | 77.8 | 22.2 | |

*Major sources of receipts*

The normative support received from the central budget made up almost half the total sum the NGOs received and was distributed only among 9% (29) of the organizations. Another 14% derived from fees for service of the total sum was distributed only 28 organizations (9% of the NGOs). These two figures indicate that a few of the non-profit organizations are engaged in social welfare activity providing services within institutional frames, a) for which they receive capital, a sector-neutral, state normative support to which both state, non-profit and market actors are entitled if they perform certain tasks defined in the law or other regulations, b) the institution itself also collects a fee for service.

11% of the total income of NGOs was non-normative support received from the central budget but again only 26 organizations received this type of support.

Another 9% could be characterised as income from invested funds, interest and yields, however, this type of income was found in 31% of the sample, 100 organizations.

In addition to these sources, there was also: income derived from funds carried forward (from 1996), support from foundations, associations and churches, foreign sources, non-normative local authority support, sums estimated to be the value of voluntary work, and donations in cash from banks and insurance companies.

*Ranking of receipts*

|  | % |
|---|---|
| 1. Normative support from central budget | 49 |
| 2. Fees paid for services | 14 |
| 3. Non-normative support from central budget | 11 |
| 4. Yield from funds invested (interest, dividend, etc.) | 9 |
| 5-6. Money brought forward from 1996 | 3 |
| 5-6. Support from foundations, associations, churches, etc. | 3 |
| 7-8. Foreign source | 2 |
| 7-8. Non-normative local authority support | 2 |
| 9. Estimated value of voluntary work (calculated at average wage for the social sector in 1997) | 1.5 |
| 10. Support from market sector, banks, insurance companies, etc. | 1 |

*Support given by non-profit organizations engaged in social welfare activity*
*Support given by non-profit organizations to other persons and institutions*

| Recipient | Gave support | If given, what kind | | |
|---|---|---|---|---|
|  | Cash | In kind | Both |
| Private persons | 50.0 | 26.4 | 31.4 | 49 |
| Some other organization | 13.8 | 31.8 | 45.5 | 22.7 |
| Other foundations, associations | 11.9 | 28.9 | 52.6 | 18.4 |
| Church | 5.9 | 38.9 | 50.0 | 11.1 |
| Local authorities | 5.0 | 12.5 | 81.3! | 6.3 |
| Foreign organizations | 3.4 | 20.0 | 50.0 | 30.0 |
| State administration institutions | 2.8 | 33.3 | 55.6 | 11.1 |
| Market actors | 1.6 | 40.0 | 40.0 | 20.0 |
| Political party | 0.3 |  |  |  |
| Trade union | - |  |  |  |

Every second non-profit organization gave support in cash or kind to private persons, but close to half assisted the population in both forms. At the same time, every seventh or eighth also supported other nongovernmental, organizations and associations. It is also a significant fact that the non-profit organizations supported the churches and other religious organizations (6%) and the local authorities in almost equal proportions.

A comparison of the supporters of non-profit organizations and the recipients of their support shows that these organizations played an active part in social redistribution.

*Distribution of donations of food and medicine by settlement type*

| Settlement type | Value of food donations '000 HUF | Value of medicine donations '000 HUF |
|---|---|---|
| Budapest | 904 | 874 |
| Towns | 138 | 29 |
| Villages | 2,342 | 25 |

*Size and structure of the organizations*

*Volunteers*

80% of the civil organizations had voluntary helpers. The 320 organizations had a total of 21,760 volunteers, an average of 68 for each organization. Four organizations reported over 1,000 volunteers and one more than 7,000.

*Distribution of volunteers by number*

| Number of volunteers at the disposal of organizations | % |
|---|---|
| None | 20.5 |
| 1–5 | 26.0 |
| 6–10 | 15.7 |
| 11–20 | 14.1 |
| 21–50 | 10.6 |
| 51–100 | 6.4 |
| Over 100 | 6.7 |
| Total | 100 |

Obviously, the "big" and the "extra big" organizations, the Hungarian Maltese Charity Organization and the Hungarian Red Cross, are behind the figures over 1000.

The number of paid employees was 1,282, an average of 4 persons per organization.

These findings indicate that the social non-profit organizations played an important role in social redistribution and in doing so not only stabilized but also accelerated the transformation process.

The role in redistribution of non-profit organizations specialized for social problems and the building of their network of relations

| private persons | market | local author. | other found./ assoc. | state ad- min. instit. | other insti-tution | church | foreign organiz- ations | trade union |
|---|---|---|---|---|---|---|---|---|
| | | | | ↓ | | | | |
| | | | supports | | | | | |
| | | | | source-seeking policy | | | | |
| | | | | ↑ | | | | |
| | | | non-profit organization | | | | | |
| | | | | recipients of support | | | | |
| | | | ↓ | | | | | |
| private persons | other instit. | other found./ assoc. | local author. | church | state ad- min. instit. | market | foreign organ. | trade union |

The trend in relations between the local authorities and non-profit organizations

The local authorities also recognized the significance of the non-profit organizations. In 1993 61% of local authorities mentioned the presence of civil organizations in some form in their work, while in 1995 this figure was 71.5%[4] and by 1996 it had risen to 87.7%[5]. Between 1996 and 1998 the quantitative growth halted and qualitative change began. In 1998 84% of local authorities had relations with associations, 82% with foundations – compared to the earlier 12.5% – and 84% of local authorities also maintained relations with a church. More than two thirds also had relations with charity organizations[6]. Almost two

---

4 Compare with the results of the 1995 representative survey. Zs. *Széman*: Az önkormányzatok és a civil szféra kapcsolata (Relations between the local authorities and the civil sphere); pp. 13–21. p. 13. In: *K. Lévai –D. S. Jeffrey*(ed.): Innovatív önkormányzatok (Innovative local authorities). Budapest, Local Society Research Group.
5 L. *Harsányi* – ZS. *Széman*: A civil szféra és az önkormányzatok kapcsolata (Relations between the civil sphere and the local authorities); p. 14. In: *M. Marján* (ed.) : Az önkormányzatok kapcsolatrendszerei (Relations of the local authorities). Budapest: Council of the Federation of Local Authorities.
6 a) By 1998 the established churches which responded more slowly to social problems had undergone renewal and found the areas in which there were no "rivals" to the voluntary actors who were by then already widely recognized. b) By this time

thirds (62%) of the local authorities were in contact with interest representation organizations, and 58% with market actors, one-man businesses and firms.

*Ranking of the system of relations of local authorities*

| Partner | % |
|---|---|
| 1. Associations | 84 |
| 2. Churches | 84 |
| 3. Foundations | 82 |
| 4. Charity organizations | 67 |
| 5. Interest protection organizations | 62 |
| 6. One-man businesses and firms, market actors | 58 |

*Nature of the relations*

Together with the 77% informal relations, there was a further increase in regulated forms. 59% of local authorities had an agreement on co-operation with civil or market actors – a form ensuring relative independence, while 36% contracted out. This latter figure is *more* than double the 11% measured by the Central Statistical Office in 1996[7]. Twice as many local authorities as in 1995, 11% of the sample signed contracts with church organizations. In 1998, together with contracts and agreements on co-operation the local authorities increasingly called for tender bids for different tasks, something that had rarely occurred in their earlier practice. 44% used this form.

*Ranking of the form in which relations are regulated*

| | % |
|---|---|
| 1. Ad hoc relations | 78 |
| 2. Agreement on co-operation | 59 |
| 3. Invitations for tenders | 44 |
| 4–5. Contracts | 36 |
| 4–5. Other forms | 36 |

most of the local authorities had shed their reluctance to form contacts with the civil sphere.

7 KSH (1998), Az önkormányzatok és a nonprofit szervezetek kapcsolata 1996 (Relations between the local authorities and nonprofit organizations 1996); p. 11. KSH, Budapest.

*The most important actors for the local authorities*

More than one third of settlements regarded the churches or their institutions as their most important contact. Another third mentioned civil organizations specialized for social problems as their most important partners. One quarter of local authorities named an organization specialized in health care.

The specialization that began within the civil sector in 1995 continued in 1997 and 1998, and this process also drew the attention of the local authorities. Three years ago one quarter of local authorities mentioned a civil organization concentrating on a particular social and/or health care problem[8], but the local authorities made no distinction between the two areas. However, in 1998 one third of the local authorities mentioned non-profit organizations specialized for social problems among their most important partners and one quarter mentioned organizations dealing with health problems. This clearly indicates the strengthening of grass-roots civil initiatives and the importance of defence strategies gaining ground in the micro communities which are striving to fill the gap caused by the withdrawal of the state at macro level from social policy.

It is noteworthy that two organizations in particular stood out. Every fourth local authority was in contact with the Hungarian Red Cross and every fifth with the Hungarian Maltese Charity Service. Every sixth local authority listed an organization dealing with local development, or environmental protection among its most important civil partners. Every eighth settlement listed contacts with foreign organizations in first, second or third place. 9% of local authorities mentioned economic groupings, private businessmen and firms among their most important partners. Despite the low incidence, this points to the growing role of the *market* compared to the earlier situation.

*Non-state actors most important for the local authorities*

|  | % |
|---|---|
| 1. Churches | 36 |
| 2. Organizations dealing with social problems | 33 |
| 3. Civil organizations, sports associations | 31 |
| 4. Organizations specialized for health problems | 25 |
| 5. Hungarian Red Cross | 23 |

---

8 Zs. *Széman*: Az önkormányzatok és a civil szféra kapcsolata (Relations between the local authorities and the civil sphere); pp. 13–21. p. 13. In: *K. Lévai – D. S. Jeffrey* (ed.): Innovatív önkormányzatok (Innovative local authorities). Budapest: Local Society Research Group.

| | |
|---|---|
| 6. Hungarian Maltese Charity Service | 20 |
| 7. Organizations dealing with local development | 17 |
| 8. Foreign organizations | 12 |
| 9. Economy | 9 |

*Supporters of the local authorities*

In 1997 47% of local authorities received support for their social welfare activity from foundations, associations, church, charity or interest protection organizations. The ranking of this support presents an interesting picture.

*Sources of support for the local authorities*

| Source | % |
|---|---|
| Soros Foundation | 25.6 |
| United Way | 1.7 |
| PHARE | 1.7 |
| Other foreign source | 3.4 |
| Hungarian Red Cross | 9.9 |
| National foundations | 5.0 |
| Hungarian Maltese Charity Service | 4.2 |
| Sports associations | 4.2 |
| Non-profit organizations dealing with social problems | 3.3 |
| Ministries | 3.3 |
| Non-profit organizations dealing with ethnic minorities | 0.8 |

Support received from the Soros Foundation[9] was mentioned by 25.6%, every fourth local authority. If the United Way, PHARE and other foreign or-

---

9 Soros's original idea was to loosen the closed economic and social structure of the East European region. Consequently, his primary goal was the creation or revival of civil society in the region. In 1985, at a time when only a few privileged institutions had hard currency at their disposal which meant that machines obtainable only for foreign exchange were practically inaccessible for the masses, a modernization revolution began and continued for years, bringing the latest technological achievements to Hungary and spreading them widely. In 1985 alone the Soros Committee provided 638,000 dollars for the purchase of machines. In that year, for example, 113 libraries obtained photocopiers. In 1986, secondary schools and other cultural institutions were given assistance in obtaining photocopiers. Up to 1986 this support concerned mainly the areas of computer training, language teaching, video-sociography, health care and natural sciences. After the systemic change the priority areas were: a) activities involving original thinking (support for scientific and cul-

ganizations are also taken into account it can be seen that 28.1% of the local authority/state sector received assistance in some form from abroad. Two in particular of the Hungarian organizations stood out: the Hungarian Red Cross supported every tenth local authority and the Hungarian Maltese Charity Service supported 4.2%.

*How local authorities evaluated the role of civil organizations in social and health services*

The local authorities perceived the presence of the civil organizations most strongly in help for large families and the elderly. Only slightly more than one third stated that there are no non-profit organizations in their area dealing with these problems.

Taking into account both positive and negative evaluations and absence, the local authorities are most aware of the presence of civil organizations in help for large families and care for the elderly. On a scale of 1 to 5, 57% of the civil organizations specializing in the problems of large families and 46% of those dealing with the elderly were given a relatively positive evaluation of *3–5;* the fewest gaps were reported in this area too.

*Evaluation on a scale of 1 to 5 by the local authorities of the activity of organizations operating in their area in the field of social and/or health care (%)*

| Activity | Evaluation | | | |
|---|---|---|---|---|
| | Largely satisfied (4–5) | Average (3) | Not satisfied (2) | No civil organization active |
| Helping large families | 36.4 | 20.7 | 6.6 | 36.4 |
| Care for the elderly | 21.5 | 24.0 | 17.4 | 37.2 |
| Helping the physically/mentally disabled | 30.6 | 11.6 | 12.4 | 45.4 |
| Disadvantaged children | 28.9 | 19.0 | 5.8 | 46.3 |
| Social aid (help for the needy and poor) | 24.0 | 14.7 | 19.8 | 42.1 |

tural programs, public education, book publishing, social welfare activity, foreign study tours, participation in conferences); b) know-how program, comprehensive health care program; c) establishment of relations with the neighbouring countries; d) creation of successor foundations.

| | | | | |
|---|---|---|---|---|
| Persons with general/other help problems | 23.1 | 20.7 | 15.7 | 40.5 |
| Disadvantaged youth | 19.0 | 25.6 | 9.1 | 46.3 |
| Helping one-parent families | 17.4 | 15.7 | 18.2 | 48.8 |
| Care for the homeless | 16.5 | 9.9 | 18.2 | 55.3 |
| National, ethnic minorities | 15.7 | 12.4 | 20.7 | 51.2 |
| Support for self-help groups | 13.2 | 12.4 | 19.0 | 55.3 |
| Care for drug addicts | 12.4 | 14.9 | 14.9 | 57.9 |
| Handling unemployment | 11.6 | 11.6 | 27.3 | 49.6 |
| Care for alcoholics | 10.7 | 16.5 | 20.7 | 52.1 |

*Support given by local authorities to civil organizations*

The local authorities assisted the civil organizations not only with funds, but also in kind, e.g. with premises, bus transport, food, work, services, tax concessions and in many other ways. This assistance was directed mainly at the fields where they were satisfied with the activity of these organizations.

*Nature of the support given by local authorities to civil organizations*

| Field of activity of the civil organizations | Nature of support | | | | |
|---|---|---|---|---|---|
| | Funds | In kind | Work, service (e.g. painting) | Tax concession | Other |
| Large families | 48.8 | 40.4 | 10.8 | 0.8 | 9.1 |
| Care for the elderly | 45.5 | 40.5 | 13.2 | 5.8 | 4.9 |
| Disadvantaged children | 42.1 | 55.4 | 9.1 | 0.8 | 8.3 |
| Social aid | 42.2 | 32.2 | 10.7 | – | 5.9 |
| General health problems | 39.6 | 33.9 | 10.7 | – | 7.4 |
| Physically/mentally disabled | 39.6 | 31.4 | 9.9 | – | 9.1 |
| Disadvantaged youth | 33.1 | 28.1 | 11.5 | – | 10.8 |
| National, ethnic minorities | 37.4 | 32.2 | 12.4 | 0.8 | 11.6 |
| One-parent families | 33.1 | 29.7 | 5.8 | 0.8 | 5.8 |
| Handling unemployment | 21.6 | 14.8 | 11.5 | 3.3 | 9.1 |
| Care for drug addicts | 19.9 | 19.8 | 6.6 | – | 11.6 |
| Care for the homeless | 19.0 | 23.9 | 9.1 | 0.8 | 5.0 |
| Care for alcoholics | 17.3 | 19.8 | 8.3 | – | 8.2 |
| Self-help groups | 13.2 | 19.0 | 7.4 | – | 5.0 |

A significant proportion of local authorities give funds, support in kind and services to assist the activity of civil organizations dealing with large families, the elderly, disadvantaged children, social aid, general health problems, disadvantaged youth, national/ethnic minorities and one-parent families. Assistance in kind is almost equal in value to support in the form of funds, and in the case of disadvantaged children, care for the homeless and alcoholics even exceeds the value of monetary support. Besides these two main forms, the local authorities also provide assistance in the form of services, and in the case of care for the elderly and unemployed tax concessions also appeared as a form of support.

*Help perceived by the local authorities from civil organizations in the solution of social problems*

The civil organizations participate in a variety of ways in solving social problems found in the area of the local authorities.

*Nature of the help given by civil organizations to the local authorities*

| Form of help | % |
|---|---|
| Aid in kind (e.g. distribution of clothing, food parcels, etc.) | 62.0 |
| Organizing leisure programmes | 57.9 |
| Informing those concerned | 56.2 |
| Work with a particular group of the disadvantaged | 54.5 |
| Help with legal, lifestyle counselling, protection of interests | 49.6 |
| Handling official affairs | 48.8 |
| Help in the provision of certain services or taking them over entirely, e.g. home care, club for the elderly | 43.8 |
| Prevention | 43.0 |
| Providing services not otherwise available | 42.2 |
| Identifying needs | 41.3 |
| Help in health care (doctor, medicine) | 38.8 |
| Rehabilitation | 32.2 |
| Lending, provision of technical aids, systems, installations | 26.4 |
| Aid in cash | 24.8 |
| Recruiting voluntary workers | 24.8 |
| Maintaining an institution (e.g. home for the elderly) | 21.5 |
| Help with transport, e.g. providing a bus) | 18.2 |
| Training | 15.7 |
| Taking over public utilities services | 14.9 |
| Providing, maintaining infrastructure | 13.2 |
| Assisting with housing (rent), providing shelter | 12.4 |

Close to two thirds of local authorities receive support in kind from the civil sphere; non-profit organizations assist more than half of the local authorities in work with disadvantaged strata, providing information for persons concerned and organizing leisure programmes. Almost half of the local authorities receive help in administration, legal affairs, counselling and the protection of interests. More than 40% of local authorities perceived the presence of civil organizations in identifying needs, in prevention, providing services not otherwise available and taking over the provision of certain social services. The role of the non-profit sphere can also be considered substantial – over 30% – in health services and rehabilitation. At least a quarter of local authorities indicated that the non-profit sector also provided technical aids, aid in cash, and recruited voluntary workers. According to the local authorities, around 20% of civil organizations also took part in maintaining institutions and providing transport. It is also noteworthy that every sixth or seventh local authority indicated that they are assisted by non-profit organizations in training and in taking over public utilities services.

It can be seen that the strength of the non-profit organizations is quite substantial. Although they differ widely as regards the financial means at their disposal since the state provides a small degree of support only for the extra big organizations and it is mainly these and the larger organizations which are capable of carrying out fund-raising activity on a larger scale, the economic potential inherent in voluntary work is almost inestimable. The 320 social non-profit organizations covered by the survey but not analysed here had at their disposal more than 20,000 volunteers most of whom carried out regular tasks and many of them produced value, e.g. a group of volunteers made new wheelchairs out of old, discarded wheelchairs and lent them free of charge, extending this service over the years to an ever greater part of the country. The human capital inherent in voluntary work is also of enormous value since the leadership of the social non-profit organizations consists almost exclusively of highly trained intellectuals, the great majority of them women sensitive to social problems and trained in a number of capacities.

*Possibilities for the development of relations between local authorities and the non-profit sphere*

The many-faceted help received from the non-profit actors is encouraging local authorities to expand their relations with the civil organizations in the future through contracts or agreements on co-operation. 48% of the local authorities want to expand the whole of their relations with the civil organizations and 10.7% in part. The expansion affects the following areas.

*Activities the local authorities wish to support through co-operation or contracts*

| Activity | % |
|---|---|
| Legal, lifestyle counselling, handling official affairs or interest protection | 42.1 |
| Providing information, circulating information | 40.5 |
| Home social help, care | 38.8 |
| Day social care (e.g. club for the elderly, day care for the disabled) | 38.8 |
| Informal gatherings, pensioners' clubs, free universities, activities for different groups, promoting useful activity | 38.8 |
| Help in kind | 37.2 |
| Identifying needs | 35.5 |
| Residential home | 33.9 |
| Training | 33.1 |
| Free kitchen (meals) | 32.2 |
| Home nursing | 30.6 |
| Support with technical aids | 30.6 |
| Service related to prevention, e.g. operation of a TBC bus, measuring blood pressure, lung screening, cancer screening | 29.8 |
| Psychological, mental help | 28.9 |
| Cash aid | 28.9 |
| Rehabilitation, e.g. remedial exercises, physiotherapy | 26.4 |
| Hospice (for the dying and help for their family members) | 26.4 |
| Creation of respite care facilities | 26.4 |
| Medical care | 25.6 |
| Weekend care, help | 24.0 |
| Day warming room | 23.1 |
| Providing services not otherwise available, e.g. repairing appliances, sewing curtains, help with work around the house | 23.1 |

The leading positions are occupied by legal and counselling work, administration of official affairs, ensuring the flow of information, home social help and care, day social care, the organization of informal gatherings, providing useful activities, and aid in kind; around 40% of the local authorities would have liked to enter into contracts or agreements on co-operation with the civil actors in the field of these activities. The table above speaks for itself. However, it is worth noting that even the types of activity ranked last – day warming room and providing services not otherwise available – were mentioned by one quarter of the local authorities as fields where they wished to co-operate with the non-profit actors. It is also interesting that so many types of activities received practically the same number of comments. The local authorities are obviously aware of how serious the problems are and also that they can find excellent helpers in the civil organizations.

*Beneficiaries of the possibility for co-operation*

Of the 15 social strata and groups mentioned, the local authorities signalled their intention to co-operate with the civil organizations most frequently to help those at two poles of society. 33.1% of local authorities mentioned care for the elderly, 33.9% disadvantaged children and 32.2% disadvantaged youth. Large families (28.1%), the physically and mentally handicapped (28.9%), persons faced with other health problems (28.1%) and one-parent families (28.1%) were cited with almost the same frequency. The incidence of around 20% of the other social strata can also be interpreted as an indication of the growing attention paid by the local authorities. Alcoholics with 18.2% and self-help groups with 17.4% received the least attention. The negative social judgement, holding that they are to blame for their situation definitely plays a role in the case of the former. In the case of the latter, the fact of self-help probably explains the limited intention of the local authorities to intervene.

*Conclusion*

It can be seen that in recent years relations between the state/local authority sphere and the civil sphere have strengthened. The process that had earlier been characterized by quantitative parameters shifted into a qualitative direction in 1998. The civil organizations represent help that includes very varied and novel services for the local authorities in carrying out their social tasks, and this help concerns very broad strata and groups of society. Three non-profit organizations, two of them charity organizations, the Hungarian Red Cross and the Hungarian Maltese Charity Service and the Soros Foundation acquired an especially important role in the life of the local authorities since activities have been contracted out to them and they have been supporting the local authorities for years by funding, distributing among them modern technology (Soros) as well. The non-profit sphere has been given a very important role in social redistribution, involving both state, non-profit, civil and market sources in Hungary and sources and networks available abroad. Thanks to its flexibility and problem-solving ability, the sector is helping in stabilization and acceleration of the transformation and, at the same time, due to Hungary's special geographical position in the region, it also acts as a bridge between West and East, building a network of contacts and promoting stabilization of the region and catching up at grassroots level.

*Literature*

*J. Bocz:* Szociális non-profit szervezetek Magyarországon(Social Non-profit Organizations in Hungary). Társadalomstatisztikai Füzetek/1. 1997.
*Zs. Ferge*: A magyar segélyezési rendszer reformja (Die Reform der ungarischen Subventionsordnung). Esély/1. pp. 26-42. Háló. Feb. 1996.
*Gy.né. Gayer:* Gyorsjelentés a munkanélküli diplomások elhelyezkedésének kisérleti tanácsadásáról(Zusammenfassung der Beratungen über die versuchsweise Anstellung von arbeitslosen Akademikern). Budapest: Non-profit Vállalkozásokért a Népjóléti Szférában Alapítvány (Non-profit-Unternehmer für den Bereich der Volkswohlfahrtsstiftung). 1998.
*L. Harsányi* : A civil szféra alapjai Magyarországon (The bases of the civil sphere in Hungary); pp. 181–192. In: *Gy.né Gayer* (ed.): Non-profit vállalkozásokkal a munkanélküliség ellen, Budapest: Foundation for Non-profit Undertakings in the Welfare Sphere. 1996.
*L. Harsányi – Zs. Széman*: A civil szféra és az önkormányzatok kapcsolata (Relations between the civil sphere and the local authorities); p. 14. In: *M. Marján* (ed.) : Az önkormányzatok kapcsolatrendszerei (Relations of the local authorities). Budapest: Council of the Federation of Local Authorities. 1997.
*KSH:* Non-profit szervezetek Magyarországon 1993 (Non-profit organization in Hungary, 1993). Budapest.:KSH
*KSH*: Non-profit szervezetek Magyarországon 1994 (Non-profit organization in Hungary, 1994). Budapest:KSH.
*KSH:* Non-profit szervezetek Magyarországon 1995 (Non-profit organization in Hungary, 1995). Budapest:KSH.
*KSH*: Non-profit szervezetek Magyarországon 1996 (Non-profit organization in Hungary, 1996). Budapest:KSH.
*E. Les*: The Voluntary Sector in Post-Communist East Central Europe, D.C. Civicus. 1994.
*K. Lévai, –J. Straussman*: Innovatív önkormányzatok (Innovative local authorities). pp. 13–39. Budapest: Local Society Research Group.

*Zs. Széman*: Az önkormányzatok és a civil szféra kapcsolata (Relations between the local authorities and the civil sphere); pp. 13–21. In: K. Lévai, – D. S. Jeffrey (ed.): Innovatív önkormányzatok (Innovative local authorities). Budapest: Local Society Research Group.

*Zs. Széman – S. Ballock*: Key Issues Affecting the Social Services Workforce in Hungary and the UK. Policy Press 1998; p. 26.

**Resümee**

Mit dem grundlegenden politischen und gesellschaftlichen Strukturwandel des Jahres 1990 begann sich in Ungarn der Staat aus der Verwaltung, der Wirtschaft und Sozialpolitik zurückzuziehen, und eine lange Übergangsperiode vom Sozialismus zum Kapitalismus begann. Diese Phase brachte jedoch zahlreiche neue und vererbte soziale Probleme mit sich. Es gab viele bedrohte Gruppen: die Alten, die registrierten und nicht registrierten Arbeitslosen, Familien mit mehreren Kindern, junge Leute ohne Aussicht auf Arbeit, junge Leute mit Rauschgiftproblemen, eine dramatisch anwachsende Anzahl von Alkoholikern, Obdachlosen, viele alleinerziehende Eltern, usw.

Die im Jahre 1990 gegründeten 3000 Gemeindeverwaltungen erhielten die Aufgabe, alle diese Probleme zu lösen. Die dezentralisierten Gemeinden hatten jedoch keine entsprechenden finanziellen Mittel und oft auch nicht die Flexibilität, Infrastruktur und Institutionen zur Verfügung, um die wachsende Nachfrage der Einwohner zu erfüllen. Das alte Modell der Gesellschaftspolitik mußte geändert werden. Es hat sich vom einst staatlich dominierten zu einem neuen, den Zivil- und Privatbereich einschließenden Modell gewandelt. Wesentlich sind diesbezüglich die Ergebnisse aus der ersten Hälfte des Jahres 1997.

Große Aufmerksamkeit ist dem Vertragsprozeß zwischen den Gemeindeverwaltungen und den Zivilorganisationen zu widmen, wobei ein Unterschied gemacht werden muß, zwischen den großen und den kleinen Organisationen. Für jede vierte Gemeinde war nämlich die wichtigste Zivilorganisation das Ungarische Rote Kreuz, und für jede fünfte Gemeinde der Ungarische Malteser Caritasverband. So sind die Aktivitäten der Zivilorganisationen auf ein spezielles Gebiet konzentriert, und werden daher auch von den Gemeindeverwaltungen in speziellen Fällen als wesentliche Kooperationspartner betrachtet.

Rubin Zareski

# Societal Changes in Transition Economies
# The Case of Macedonia

*1. Societal changes*

Inevitably, processes of social and political democratization are intensively taking place in countries of Central and Eastern Europe, making for a speedy move towards building a new, more global pluralistic society. Currently, these processes are carving their way towards a more open, transparent and better functioning political system. New democracies had the task of simultaneously coping with all the problems transition was bringing and of trying to solve them with less stress. The fact is that in introducing change huge problems emerged including even war in some of the countries in question. This tells us that in practice, the most viable solutions were not always found. As a result of that we witness an increasing erosion of nation-states and internationally recognized borders, while on a smaller scale people from the same culture tend to keep together in their closed communities.

The position and role the Republic of Macedonia has played presents an interesting example of simultaneous grappling with numerous issues that arose from the situation that the country was in, starting from 1990. It can be generally observed that the process of transformation of society was done in a rather smooth way, but the results are somewhat ambiguous bearing in mind the consequences of these changes. The polarity created mostly as result of the exogenous factors have provoked divergences based mainly on religious and national factors.

Recently, "new" forms of interests advocating political representation have been created mostly along existing cleavage lines. Although pluralism refers more to establishing multipartism, it still encompasses, influences and represents other social categories too, like class, ethnic, religious and other economic groups in a particular society, which do not always have direct political representation. Historic, ethnic as well as a traditional heritage coming from various society groups, have an impact or are directly transferred upon their social and political relations in the Republic of Macedonia.

Ethnic cleavage represents one of the deepest cleavages in a society, and that is also characteristic for Macedonian society. The gap along this cleavage broadens even more, especially when other distinctive characteristics are accumulated, like: religion, languages belonging to completely different linguistic groups, different customs and culture, standards of living, and relations between urban and rural population.

An interesting subject of analysis is the definition of changes in society in relation to the question of the holder of sovereignty in the Republic of Macedonia where two standpoints can be differentiated. Firstly the role of the citizen viewed through the prism of belonging to a certain collective group as a source of sovereignty and the bearer of power which is present in most parties' programs. The notion of sovereignty in the country is already covered by the Constitution in a manner similar to the first standpoint. The second standpoint is the one of the Albanian parties which present a different concept of the future features of Macedonian society as a state of two constitutional nations (Macedonian and Albanian), with wider use of two official languages on the state level. These rather polarized standpoints might become a source of crisis and destabilization.

## 2. Education

Education as one of the most important factors influencing the development of society is perceived as an integral part of the efforts of Macedonians and other nationalities to maintain their own identity. Nourishing cultural and religious traditions and values is their primary goal. Regardless to which ethnic group they refer to, this need especially in the primary education in their mother tongue is stressed. In conceiving part of these requests there are certain inconsistencies and contradictions. This begs the comment of the idea of "cultural federalism" expressed by one Albanian political party, but only vaguely described.

Education is a sphere in which politicization succeeded in simmering as a source of potential future conflict. In it is reflected direct political interests without in reality involving an effort for substantial advancement of this field.

## 3. Family

The next segment of change in society that received plenty of attention is the definition of the family as a basic social unit. Questions concerning the emancipation of women and care for the young got most exposure. Still, emancipation is viewed as a dimension through which women would be practically secured and facilitated staying at home with the family, and not the other way around – to induce real independence and emancipation through communication with the outside world.

*4. Migration and Socio-economic Transformation in the Republic of Macedonia*

The heart of the Balkans throughout the centuries has witnessed complex migration movements. Traces are significantly marked along the transition processes and during the efforts of the current authorities in calming down the negative effects of their "traditional" influence. Economic and social transformations are very dependent on the inherited long term historic migration movements and on their causes which are evident and felt even today.

The influence except economic, cultural, traditional, might also naturally be ideological and political. By greater accuracy and a build up of information, migration from this area may be seen in an Europe-wide or world-wide context.

Population mobility and as a result of that the population's structure is closely linked with structural economic changes in the country and economic development. Bringing the final decision for migration is in high positive correlation with the level of differences between the existing and the desired social level of the individual and its family (social autodistance) and with the openness of the migrating channels from the place of emigrating towards the place (and country) of immigration in the moment of decision-making.

Emigration process in Macedonia itself was evolving for more than one century influenced by numerous factors (one being the bad economic position of the population, but at the same time it was accompanied by political events that took place in the region).

"Brain Drain" migration nowadays is very common in Macedonia. Young couples with high qualifications move out while having as their main motive economic interest in higher gains in Western countries and overseas (Canada, USA, Australia, New Zealand). Talking in economic terms this "brain drain" creates an economic loss for the country since there is large initial investment in education, health insurance etc. that in certain way can be considered as export at no price.

Among the immigrants exists a very strong wish to maintain old family values and habits deriving from their cultural heritage, and even the village and regional associations (societies) are very active.

*5. Demographic Trends in the Country*

In accordance with the theory, as factors that greatly influence the demography of Macedonia, are "population's reproduction, the internal and external migration movements and the socio-economic changes of the population and the employment problem".

*6. Demography Movements Determined by Ethnic Variety*

Today's Republic of Macedonia is an example of a state in which there live together many different ethnic groups. One very special characteristic of Macedonia is the significantly different and heterogeneous demographic trend as far as ethnic affiliation is the main criteria for distinction. This criteria may also be combined with other factors like urban-rural population, socio-economic characteristics and status, culture, religion etc. which like ethnicity also have their share of influence upon demography.

Economic change and material possibilities have not shown a big level of change and keeping pace with the novelties as far as demography is concerned over the past 40 years. Today's bad economic conditions again are not really helping for change in strict traditional habits and values. On the other hand, one of the omissions of the state in the long run was that there was no consistent, well organized and planned birth-control policy.

*7. Socio-economic changes of the population and the employment problem*

If one looks at the socio-economic position of Macedonia in the post-war period, the starting image will have 71.5% of its population in 1948 as farmers. 50 years later this percentage declined to 17%, witnessing the tumultuous population movements from agricultural to the non-agricultural sector.

On the other hand if we have a look at the number of people that got better and more qualified education, bearing in mind the rather short period, the results are satisfactory. In 1997 21,01% of the employed finished higher or further education. These data indicate the creation and existence of a high-quality potential that can guarantee a favourable development in all spheres of life.

Due to the uneven level of education and lack of qualified persons in comparison with the more or less planned economic development that was not "fine tuned" according to the real need and plans for rational economic growth, there occurred the inevitable problem – unemployment. If we consider latent reserves we arrive at the figure of around 272,000 unemployed.

Starting from the last several years there are possibilities of stimulating private initiative and emigrants to come back to their home country. Smaller and medium production initiatives are a very attractive alternative for the Republic, which fits well with the economic activities' tradition, culture and habits of the surroundings. Other strategic developmental points which are very interesting in this respect would be:

1. development of agriculture (return to the villages and their urbanization, housing, water supplies, roads, communications) and
2. taking care of current demographic movements (family planning).

One must not have illusions that if the Government does not create really attractive incentives, people will neither be urged nor motivated to come back to live and work in the country again. There are still inadequate living conditions, communication, infrastructure, good working facilities and developed social services. Future development strategies should have no alternative but also insist on diminishing the unemployment problem. These elements should be the essence of a consistent migration policy.

*8. Creation of new elites*

The dissolution of Former Yugoslavia inevitably caused changes not only in political but in the economic sphere. This process of democratic change brought a new multi party system causing a creation of new elites with no communist connotation. On the other hand a process of transformation to a market economy (although this started in the middle of eighties) and privatization established an elite comprised of newly "designed" business people with but very often without a solid high education background.

It is noteworthy that in this process of creating new elites, although in the initial stage it was more a matter of coerced process, there was no significant antagonism between the old and newly created elites.

Creation of the elites took place in two directions: horizontally and vertically. The former type of connection was mostly evident in business circles (most often perhaps identified with political ambitions), the doctors and the professors. The latter type of connection meant their mutual connection exactly based on their political interests through which everyone expected to find a better place in the newly created social structure of the State.

Guided above all by economic interest, such singling-out inevitably also initiated the process of economic division into classes of the population. The existing so-called middle class was and is a segment of the radical division into classes in the framework of a process where the greatest part of this class was 'integrated' in the less affluent stratum of citizens, while a smaller part of it now belongs to the class of rich citizens.

## 9. Changes in the System of values

The structural changes of power as result of the democratic changes and changes in the economy as result of the transformation toward market economy, lead also to initial and great changes in the system of values. This process was specially expressed in the 1991-1996 period, that was marked by radical changes both in the internal and external environment. Seen both from a macro level and from the aspect of the individual, the system of the then established values was redefined whereby the individual was attributed greater significance. The system of collective working was substituted by the individual initiative; the entrepreneurship is realized on a level of individual subject; political parties are identified with individuals in them; the mass media are segmented by their very ownership, and so on. The system of common values -- whereby the individual who acts in direction of realization of higher social development combined with activities of the legislative, executive and judicious branches, is put in the front -- is characterized by the process of interaction between the individual and society. Material values, together with intellectual affluence, constitute the new wave of relationship toward the State and society. Simply said, it is clear more than ever that as much as the State needs the individual, so does the individual need the State for the protection of his interests. The objective is clear and the process is of long-term nature.

## 10. Concluding remarks

Stable civic society as an element of contemporary society demands the softening of cultural heterogeneity and conflict cessation due to cultural differences; change from collectivism to individualism; exchange of subordination into personal autonomy; cessation of seeking "enemies" and nationalism and their transformation to tolerance and a peaceful approach to social problems; replacing passiveness with personal activism and creativity; replacement of emotional identification with their own "nation" with rational loyalty towards society and the state deriving from it (understood as "constitutional patriotism"). With these changes there can be achieved a precise historic reconstruction and a new contouring of the essence of the notion of "civic society". Following this logical line the idea of "nation" within one state should overcome the out-of-date suppositions of a particular "national identity" and seek new alternatives, more compatible to the existing modern political systems.

**Resümee**

Unaufhaltsam greift der Prozeß von sozialer und politischer Demokratisierung in den Ländern Mittel- und Osteuropas um sich, und führt zu einer raschen Herausbildung einer neuen, umfassenderen und pluralistischeren Gesellschaft. Gleichzeitig mußten die neuen Demokratien mit den Problemen fertig werden, die der Wechsel mit sich brachte, und zwar auf möglichst erträgliche Weise. Während man die Wende umzusetzen hatte, traten riesige andere Probleme und sogar kriegerische Konflikte in manchen der angesprochenen Ländern auf und machten klar, daß nicht immer die besten Lösungen gefunden worden sind. Wir sind daher Zeugen einer zunehmen Aufweichung von Nationalstaaten und international anerkannten Grenzen, während gleichzeitig zu einem geringeren Teil Menschen aus dem gleichen Kulturkreis dazu tendieren, in ihren abgeschlossenen Gemeinschaften zusammenzubleiben. Die Republik Mazedonien ist so ein Fall, wo der Transformationsprozeß vergleichsweise sanft absolviert wurde, Polaritäten meistens aus einer Einflußnahme von außen resultieren, die vor allem auf religiösen und nationalen Faktoren beruhen.

Das historische, ethnische und traditionelle Erbe rührt von mehreren sozialen Gruppen her, und beeinflußt direkt das soziale und politische Beziehungsgeflecht in der Republik Mazedonien. Die Kluft des Grabens wird immer tiefer, vor allem wenn andere unterschiedliche Eigenheiten besonders hervorgestrichen werden, wie zum Beispiel die Religion, Sprachen, die zu völlig anderen Sprachgruppen gehören, Unterschiede in den Gebräuchen und der Kultur, der Lebensstandard sowie die Beziehung zwischen Stadt- und Landbevölkerung.

Das Ziel der Republik Mazedonien einer stabilen zeitgemäßen Gesellschaft erfordert eine Aufweichung der kulturellen Heterogenität und Konfliktverzicht aufgrund von kulturellen Unterschieden, den Wechsel von Kollektivismus zu Individualismus, den Austausch von Subordination in persönliche Autonomie, den Verzicht, fortwährend „Feinde" zu suchen und Nationalismen zu beschwören, und sich besser in Toleranz zu üben und einen friedlichen Zugang zur Lösung sozialer Probleme zu finden. Passivität sollte persönlicher Aktivität und Kreativität Platz machen, die emotionelle Identifikation mit der eigenen „Nation" sollte einer vernünftigen Loyalität zu Gesellschaft und Staat weichen, die sich als „konstitutioneller Patriotismus" versteht. Wenn man dieser logischen Linie folgt, wird die Idee der „Nation" innerhalb eines Staates die überholten Annahmen einer partikularen „nationalen Identität" ersetzen und neue Alternativen suchen, die mit dem existierenden modernen politischen System kompatibler sind.

# Politik

Stanislav J. Kirschbaum

# The Democratic Process and Political Culture in Central Europe
## The Historical Dimension

It has been suggested that the years 1919 and 1991 are dates that represent the beginnings of "new European orders"[1] in Central Europe.[2] Whether future historians will concur, in particular with the latter date, remains to be seen.[3] None, however, is likely to contest the fact that the seven decades between these two years represent a period that marked the political development of the states of Central Europe. On the morrow of the First World War, the region not only divested itself of the feudal and imperial order that it had experienced in the preceding centuries to reorganize the region on the basis of the principle of self-determination, but it also proceeded to embrace democratic government. The democratic experience, however, was short-lived and within two decades, under the pressure of two hegemonic powers, first Germany, then the Soviet Union, most of the peoples of the region were subjected to the constraints of totalitarian rule, for the most part Communist. While no two states had completely similar experiences, these two periods, the inter-war and the post-war years, left a legacy that marked their development and, since the fall of the Berlin wall, has also been influencing the functioning of their democratic process and the growth of their

---

1  "The dates 1919 and 1991 were chosen as symbols of their eras. Beyond numerology, they both have significance. Better than any other year, 1919 with the pageantry and drama of the Versailles conference and the major U.S. role in shaping the peace symbolizes the post-World War I order. The year 1991 is less inclusive of all the trends ... but it saw many events critical to the shaping of a post-cold war order." Samuel F. Wells, Jr., "Introduction" in *S. F. Wells, Jr., and P. Bailey Smith* (eds.): New European Orders 1919 and 1991. Washington DC: The Woodrow Wilson Center Press, 1996; pp. xi-xii.
2  While the term might not be totally satisfactory, it picks up from and refers to the states and their successors that were members of the Soviet bloc during the Cold War: Albania, Bulgaria, Croatia, the Czech Republic, Hungary, Macedonia, Poland, Romania, Serbia (Yugoslavia), Slovakia, and Slovenia. The Baltic states are included when referring to the interwar period.
3  For some, it is 1989, the year of the anniversary of the bicentennial of the French Revolution, that represents "the re-establishment of democracy in Eastern Europe;" see *R. Bideleux and I. Jeffries:* A History of Eastern Europe. Crisis and Change. London: Routledge, 1998; p. 407. 1989 is also seen as marking the end of the Soviet Empire; see *J. Lévesque:* 1989. La fin d'un empire. L'URSS et la libération de l'Europe de l'Est. Paris: Presses de Sciences Po, 1995.

democratic political culture. How they have done so and their effect on their post-cold war development is the subject of this paper.

*The Inter-War Period*

Each historical experience was defined by varying degrees of success of its political system but also the opposition to it. National states and democratic government were introduced in the region at the end of the First World War not merely to replace the feudal dynasties that had been reigning over the nations and national minorities in their respective states, but above all to put into effect the principle of self-determination for the more politically powerful among them. Since the "Spring of Nations" in 1848, national movements had been developing in Central Europe, exerting irresistible pressure on royal and imperial governments to give their subject nations the right to govern themselves. Democracy, more specifically universal suffrage, had also been making inroads, albeit not as steadily as in Western Europe, and the region had been undergoing industrialization and modernization as well as the growth of a middle class. But it took the pronouncements of an American president to weld self-determination and democracy together and, with this programme, bring about the reorganization of the region in 1919.

On 27 May 1917, in a speech before the League to Enforce Peace, Woodrow Wilson enumerated for the first time the three ideas that would be at the basis of his Fourteen Points and American policy in Europe: (1) the right of each people to choose the state in which it wishes to live; (2) the same rights for small and great nations; and (3) peace through the creation of a universal association of nations. He also told his audience that he had not come to discuss a political programme, but "to avow a creed." As Victor S. Mamatey writes:

> The assurance, perhaps unintentional, was textually true. The President's proposals were not a program but a creed. He had not given, and for a long time was not to give, any thought to their concrete implementation. The principle of government by consent of the governed or national self-determination, which the Founding Fathers had invoked to justify the American Revolution, was for him a self-evident truth, a natural right, an indispensable corollary of democracy – but not a principle of action. He was unaware of the revolutionary implications of this principle if applied to the Austrian or the Russian and Ottoman Empires. ... [T]he speech did not pass unnoticed. It established him as the champion of the small nations and subject nationalities.[4]

---

4 *V. S. Mamatey*: The United States and East Central Europe 1914-1918. A Study in Wilsonian Diplomacy and Propaganda. Princeton: Princeton University Press, 1957, pp. 41-42.

It must also be pointed out that Wilson's enumeration of his Fourteen Points before Congress in January 1918, did not announce "an idealistic program of peace aims made in a political vacuum but primarily a tactical move in psychological warfare, made up in pragmatic fashion from varied sources and suggestions."[5] For example, the Tenth Point proposed the transformation rather than the dismemberment of Austria-Hungary. It is only under the weight of military developments in Europe and well organized political pressure on Wilson that its break-up was sealed. Mamatey is correct to indicate that the Paris Peace Conference "did *not* create the new national states of East Central Europe. They came into existence quite spontaneously as soon as the Allied armies crushed the main obstacle to their independence, the military might of the Central Powers."[6] The results were nonetheless revolutionary but also portent of new difficulties and challenges.

The treaties arising out of the Paris Peace Conference created a new Central Europe, but they did not automatically anchor democracy in the region. After its initial thrust, American involvement in its development was limited, especially after the United States Senate refused to ratify American membership in the League of Nations. More importantly, the new states had to deal with a series of domestic and international problems. In the first place, there was the dilemma of how to organize themselves and in the process put into effect the principles of democratic government, in particular after the challenge posed by the Bolshevik revolution. Secondly, the states created by the peace treaties represented a compromise in the application of the principle of national self-determination; all of them had to deal with more or less important national minorities in their midst and, in many instances, also with unsatisfactory territorial settlements.[7] In addition, two, Czechoslovakia and Yugoslavia, were multinational states. Thirdly, there were serious social and economic problems that had to be addressed, some arising simply out of the destruction of the former economic units that the empires represented. Finally, the new states had to find ways to deal with two major European powers, Germany and the Soviet Union, that were treated as pariahs and kept on the margin of European politics, at least in the first decade. The challenge of democracy was thus compounded by political, economic, social, national, and geopolitical pressures and it is to these that the region eventually succumbed.

Nevertheless, democracy was initially given a chance whether in a republican form of government as in Czechoslovakia, Estonia, Latvia, Lithuania, and Poland or in a constitutional monarchy as in Bulgaria, Hungary (where the crown but not the monarch was retained), Rumania, and Yugoslavia. Parliaments were created,

---

5 Ibid., p. 172.
6 Ibid., p. ix. Italics in the original.
7 For a critical evaluation of the principle of self-determination which they describe as "a fallacious doctrine," see Bideleux and Jeffries, pp. 407-417.

elections were held. There was no shortage of competing political parties that represented different interests and segments of the population. However, most parties had one characteristic in common, namely the absence of governmental experience. In addition, the political systems were copied from those of the Western European democracies, in particular France; they were not the product of an indigenous development. Similarly, the political experience of most Central European populations was limited, and certainly not comparable to that found in the developed Western European states. Even in Czechoslovakia, the one state that maintained democratic government in the inter-war years, there is sufficient evidence that point to the prevalence of "political attitudes which made people easy victims of totalitarian regimes."[8] As a result of the suddenness and intensity of the political, social, and economic change that the Great War brought about most of the political systems of Central Europe succumbed to anti-democratic tendencies and authoritarian practices within a short time. As Alan Palmer writes:

> Unfortunately, the grafting of alien institutions on to political bodies of native growth was bound to produce turmoil and facilitate the spread of corrupt practices. Moreover, in each of the states there were influential groups who resented the very existence of the governmental machine and who sought to engineer the collapse of the parliamentary system; and by the end of the [first] decade the democratic ideal seemed irredeemably tarnished everywhere except Czechoslovakia.[9]

Despite the failure of democracy to take root, the two decades that followed the Treaty of Versailles represent a period when democracy and democratic ideals remained political objectives considered worth striving for in most Central European states. The attacks on parliamentary democracy, whether by the left or the right, the various coups that brought about authoritarian regimes in Poland and Lithuania in 1926, in Yugoslavia in 1929 and in Bulgaria and Estonia in 1934, and the appeal of totalitarian ideologies which some parties were to embrace in the second decade of the inter-war years, may be seen as a rejection of democracy; but they also testify to its appeal. It is the revolutionary conditions that existed in the immediate post-war years, the social and economic difficulties, later the Great Depression and its social and economic aftermath, and the challenge by Germany in the 1930s to the international order created at Versailles that did not give democracy a chance to consolidate; but the ideal remained. Its importance was reaffirmed during the Second World War first with the signing of

---

8 E. *Schmidt-Hartmann*: "People's Democracy: The Emergence of a Czech Political Concept in the Late Nineteenth Century". In: *S. J. Kirschbaum* (ed.): East European History. Columbus, OH: Slavica Publishers, Inc., 1988, p. 137.

9 *A. Palmer*: The Lands Between. A History of East-Central Europe since the Congress of Vienna. London: Weidenfeld & Nicolson, 1970, p. 174.

the Atlantic Charter, and secondly, with the recognition by the Allies of the governments-in-exile in London that proclaimed their allegiance to it; almost all of the prewar Central European states did so. Also reaffirmed was the Versailles settlement which, except for the Baltic states, underwent only minor modifications at the end of Europe's second major conflict in favour of the Soviet Union.

Whatever the strength of democracy's appeal during the Second World War, it is the experience of authoritarian government in the inter-war years that marked the populations and left a significant political legacy.[10] Although pressured to choose between totalitarianism and democracy, particularly in the 1930s, the political elites, except for those in the Communist party, were characterized more by their acceptance or rejection of parliamentary democracy and how it related to the defence and security of the new state than by ideological programmes. Czechoslovakia was the only country to retain a democratic system in the interwar period but it had weaknesses that ultimately contributed to its breakup. Among other things, it was ruled by an informal, in some respects extraparliamentary, group, a Committee of Five known as "Pětka".[11] Furthermore, as Manfred Alexander writes: "the structure of the Czechoslovak Republic as a *Czech* national state proved to be the greatest danger to democracy."[12] The other Central European states, for their part, experienced some form of authoritarian rule and government, usually under the leadership of an individual: first Józef Piłsudski and later the colonels in Poland; King Carol in Rumania; King Boris in Bulgaria; King Alexander and Prince Paul in Yugoslavia; Ahmet Zogu (later King Zog) in Albania; Antanas Smetona in Lithuania; and Konstantin Päts in Estonia. In Hungary, where the crown was retained but not offered to a Habs-

---

10 According to Valerie Bunce: "The so-called democratic experiments of the interwar period lasted less than a decade and are best understood, in any case, as authoritarian politics in democratic guise." See *V. Bunce:* Comparing East and South. In: *Journal of Democracy* 6 (3), 1995, p. 89.

11 According to Victor S. Mamatey, "The origin of the committee was fortuitous. The non-party Černý cabinet resembled a ventriloquist's dummy: it had no political will or voice of its own. To give it political direction and to provide it with parliamentary support, representatives of the five major parties or parliamentary blocs--Antonín Švehla (Agrarian), Alois Rašín (National Democrat), Rudolf Bechyně (Social Democrat), Jiří Stříbrný (National Socialist) and Jan Šrámek (Populist)--began to meet informally and discuss and decide political measures for the Černý cabinet to take, which their parties supported in the National Assembly." See *V. S. Mamatey*: The Development of Czechoslovak Democracy 1920-1938. In: *V. S. Mamatey* and *Radomír Luža* (eds.): A History of the Czechoslovak Republic, 1918-1949. Princeton: Princeton University Press, 1973, p. 108.

12 *M. Alexander*: Leistungen, Belastungen und Gefährdungen der Demokratie in der Ersten Tschechoslowakischen Republik. In: Bohemia. 27. 1. 1986; p. 85. Italics in the original.

burg, Miklós Horthy became regent after the overthrow of Béla Kun and wielded a great deal of power while the pre-war conservative magnates controlled parliament and ruled the country. However, all of these elites, including the democratic ones in Czechoslovakia, departed the scene either during or after the Second World War thus paving the way for almost a half century of Communist rule.

The legacy of the inter-war years was bound up not only in the success or failure of the democratic experiment, but above all in the fate that befell the principle of national self-determination. Although democracy and self-determination were intrinsically linked in President Wilson's mind, it is the latter that was of greater concern to the populations and elites of Central Europe. This is not to suggest that democracy and self-determination were incompatible or mutually exclusive in the social, economic, and political circumstances of the inter-war years; simply, the way Central Europe was reorganized, leading to the German challenge of the Versailles settlement, and the different levels of economic development in each new state which were the objects of national rather than regional policies – although there were attempts to find regional solutions – focused attention on the preservation and development of national independence. The tension between self-determination and democracy can also be gauged by the fact that the two multinational states of the region, Czechoslovakia and Yugoslavia, were challenged in their existence and eventually subjected to a further application of self-determination for the Slovaks and the Croats in 1939 and 1941 respectively. Perhaps most telling is the fact that it is the personalities that could be identified with national self-determination, whether in the creation of the state or the struggle to achieve the principle, that found their place on national honour rolls: among the more prominent are Tomáš G. Masaryk for the Czechs and Slovaks, Andrej Hlinka for many Slovaks, Stjepan Radić for many Croats, and Piłsudski for the Poles. However, for all the importance that the principle had in the politics of the region at that time, self-determination still had not run its course nor had many of its contradictions been addressed when Europe was plunged into another armed conflict. When it was over, new conditions and new imperatives prevailed.

*The Communist Period*

The Second World War had a major impact on the region and its politics. In the first place, as Philip Longworth writes, "the gearing of most of Eastern Europe's economy to the German war effort, the dislocation of society, and the sheer destruction caused by the war created a situation in which the only hope of recovery, at least in the short term, lay in state domination of the economy. ... The elimination of a vital part of the entrepreneurial and professionally qualified classes was one of several consequences of Nazi domination that tended to favour the Communist cause afterwards."[13] While the state sector, in particular the public service, had been an important source of employment in the interwar years, free enterprise was also able to flourish; now it was seriously attacked. Another consequence involved the principle of self-determination. Despite the affirmation of its importance in the Atlantic Charter, the very fact of recognizing the validity of the Versailles settlement with only certain modifications for Poland, Czechoslovakia, and Rumania allowed for the emphasis in the post-war era to be placed on modernization and economic development. Furthermore, the division of Europe into spheres of interest with Central Europe falling into the Soviet orbit allowed for the imposition of a radical and ideologically driven version of industrialization and social organization. As a result, self-determination was put on the back burner and replaced by the theory and practice of proletarian internationalism. The nationalist agenda was superseded by the Communist one.

The Second World War also left a particular legacy for two Central European nations that had seen their drive for self-determination thwarted in the inter-war years. The Slovaks and the Croats were able to create national states within the parameters of the German reorganization of Europe. The timing of independence was anything but felicitous, nevertheless, in the case of the Slovak Republic, it gave the Slovak people an opportunity for self-government as well as social and economic development.[14] But this experience also came with a cost, namely participation – through deportations in Slovakia – in the Nazi extermination of Europe's Jewry. At the end of the war, in the vortex of their involvement with Germany's "New Order," the Marxist approach to national self-determination, and the ideological agenda of the Communist parties, there was no modification for the Croats and the Slovaks to the application of the principle as it had been put into effect in 1919. In both cases, it was primarily the Communists who bore the responsibility for the end of Croat and Slovak independence. The appropriateness of this decision would depend on the success of an ideological experiment of revolutionary magnitude that was henceforth on the agenda.

The imposition of Communism in Central Europe marked the peoples and nations of the region in ways that had not been experienced anywhere else before except in the Soviet Union. It reached every aspect of political, economic, social, and personal life as Slovak historians point out:

---

13 Philip Longworth, *The Making of Eastern Europe. From Prehistory to Postcommunism.* Houndmills: Macmillan Press, Second ed., 1997, p. 121.
14 For more on the first Slovak Republic see *S. J. Kirschbaum:* A History of Slovakia. The Struggle for Survival. New York: St. Martin's Press, 1996, chapter 9.

The dictatorships of the Stalinist type are different from other European dictatorial systems of the twentieth century by being even more "total," more complete. In contrast to the dictatorships of Hitler, Mussolini, Franco or Salazar, they interfere more profoundly in the economy, they bind each citizen to the governing system not only with an ideological chain and political organization, but also in his daily life, his livelihood, [and] his family existence.[15]

Marxist ideology justified not only the extent and pace of economic and social transformation, but also the absence of any opposition. A high degree of conformity was imposed in a process that was dictated by the Kremlin. It produced, as Zbigniew Brzezinski pointed out in one of the first studies of the Soviet bloc, both unity and conflict.[16] Over the span of two generations, the social and economic landscape was so transformed that it created what two authors define as a "new Central Europe."[17] But far more significant than any accomplishments in the economic and social spheres was the legacy of reaction and opposition to Communist rule. It underwent cycles that had a region-wide dynamic as well as specifically national characteristics. Each Communist regime was marked by the transformation that the country underwent and the type and degree of opposition that it brought about. The post-Communist period would be marked by it.

The first signs of opposition, the workers' revolts in Berlin and Plzeň in June 1953, were economic in nature and did not threaten seriously the Communist regimes. But they did define the major challenge that the regimes faced, even if the message was not entirely clear at the time. The demands of reconstruction at the end of the war had demanded a great deal of sacrifice, not just from the population, but also from the working class, in whose name the Communists had taken power. But there were limits to the sacrifices that could be imposed and the two revolts sent such a signal. Both were easily crushed, thereby signaling the determination on the part of their leaders to stay the course set by the Soviet Union, a course that included the collective ownership of the means of production, the collectivization of agriculture, and, above all, central planning. The success or failure of communism would be determined by the system's ability not only to modernize rapidly and efficiently the national economies, but also to give the populations a standard of living superior to that in the West.

The initial period of economic reconstruction and, in some cases, also intensive industrialization and collectivization, was accompanied by political measures whose aim it was to ensure total obedience to the decisions of the regime by

---

15 *R. Marsina, et al:* Slovenské dejiny. Martin: Matica slovenská, 1993, p. 271.
16 Z. K. Brzezinski: The Soviet Bloc. Unity and Conflict. New York: Frederick Praeger, Revised ed., 1956.
17 *A. Šnejdárek et Casimira Mazurowa-Château:* La nouvelle Europe centrale. Paris: Notre Siècle, Imprimerie nationale, 1986.

the populations as well as the Communist elites. While the purges of the late 1940s and early 1950s also had international causes – the defection of Yugoslavia from the bloc and the Arab-Israeli conflict – they were meant in fact to ensure compliance to the ideological agenda. The role of the Soviet Union was fundamental in this process; it created, on the other hand, an imperial rule against which there was the danger of revolt. It was Soviet tanks that crushed the workers' revolt in East Germany and they were also used to crush the national revolution in Hungary in November 1956 when the Hungarian people, under the leadership of prime minister Imre Nagy, proceeded to overthrow their Communist regime. Despite the de-Stalinization process in the Soviet Union, it was clear that challenges to the ideology and to the Soviet Union were not tolerated. This was the message behind the Soviet response not only to the Hungarian revolution but also to the "Polish October" of that same year. In the latter case, the Kremlin understood that it was preferable to give power to Polish Communists who had some measure of popular support than to impose their own candidate. Ultimately, as a result of Soviet intervention, the area had found by the 1960s a certain degree of order and uniformity. Among other developments, the Sino-Soviet conflict imposed solidarity.

The economic and social agenda that had been set in the early years nevertheless demanded modifications for each Central European state. In their rush to prove themselves superior to the capitalist West, the Communist leaders did not take into account the differences in social, economic, and political development that the populations of the area had undergone since the end of the First World War. The imposition of Soviet communism with its rapid tempo of industrialization, its collectivization of agriculture, its culture of socialist realism, and its proletarian internationalism in interstate relations could not but create a reaction. The Hungarian revolution had been the first such reaction, but it also indicated that if a challenge to the socialist experiment was to be successful, it had to have parameters other than national ones. When the economy of Czechoslovakia, which up to that point had been growing, began to slow down, it is Czech and Slovak Communist intellectuals who proceeded in the 1960s to ask questions about the appropriateness of the Stalinist model. After Hungary's national revolution, the challenge was modified and became Czechoslovakia's "intellectual revolution."[18]

---

18 The term is Eugen Löbl's who was one of the fourteen accused in the Slanský trial; *E. Löbl and L. Grünwald:* Die intellektuelle Revolution. Hintergründe und Auswirkung des "Prager Frühlings". Düsseldorf 1969. See also *P. Hrubý*: Fools and Heroes. The Changing Role of Communist Intellectuals in Czechoslovakia. Oxford 1980; and *V. Kusín*: The Intellectual Origins of the Prague Spring. Cambridge 1971.

Soviet tanks, helped on this occasion by the forces of other Warsaw Pact states, as they had done in 1953 and 1956, crushed the "Prague Spring" in August 1968. However, unlike Nagy, Alexander Dubček, first secretary of the Czechoslovak Communist Party, had not sought to take his country out of the Warsaw Pact. Rather, he wanted to give his people a degree of personal freedom that had, until he came to power in January 1968, been severely curtailed. But there was more to the liberalization process in Czechoslovakia than just freedom. The intellectual and political elite that challenged the regime, thereby also that of the Soviet Union, wanted to move away from the Soviet model to introduce, in the terminology of the period, "socialism with a human face." Not only did the Stalinist past, with its political violence, have to be overcome, but there had to be a future that respected both human and national values.

The liberalization process in Czechoslovakia also made clear that process of self-determination still had not run its course despite the absence of any such manifestation since the end of the war. One of the reforms that was enacted by the regime in the spring and summer of 1968 was the federalization of the Czechoslovak state. The Slovak drive to self-determination had come to the fore and forced a Communist regime that had otherwise declared the "national question" solved to acknowledge the right of the Slovak nation to govern itself, even if it could only take place within the confines of a common state with another nation. The Soviet Union and its allies crushed the liberalization experiment and forced Czechoslovakia to "normalize," but the Kremlin remained respectful of the federal reform. Still, the federal system was transformed in the normalization process, and, as it was subjected to the dictates of the one-party system, raised thereby yet again the issue of whether the Slovak nation could achieve self-determination in Czechoslovakia. Another two decades would pass before the question could be asked again. In the meantime, in 1971-72, Yugoslavia which, under Josip Broz Tito's leadership, was forging ahead with its own brand of worker's councils socialism, was also challenged by Croat nationalist demands, resulting in constitutional reforms of 1974 that favoured not only the Croats, but also the Slovenes. It was the Serbs who proved dissatisfied with this solution.[19]

The neo-Stalinism of the Brezhnev era in the Soviet Union boasted foreign policy successes, in particular in the Third World, as well as parity in the arms race with the United States,[20] but the Soviet bloc was unable to match the West in economic development and regional cooperation. The European Economic Com-

---

19 L. J. *Cohen*: Broken Bonds. Yugoslavia's Disintegration and Balkan Politics in Transition. Boulder 1995; p. 52.
20 For an analysis of Soviet foreign policy during this period, see *H. Carrère d'Encausse*: Ni paix, ni guerre. Paris Flammarion 1986.

munity was far more successful than the Council for Mutual Economic Assistance in ensuring regional economic cooperation and the North Atlantic Treaty Organization had no record of invading its own member states as had the Warsaw Pact. The states of Central Europe were turning to the West for economic assistance, in particular financial loans. But, as Edward Gierek's Poland showed, the socialist economic system, even with Western help, was not up to the task of ensuring economic modernization. As a Slovak economist remarked about Czechoslovakia: "In its basic characteristics, the management of the Czechoslovak national economy retained the features of the management system of the period of industrial growth (from the beginning of the fifties)."[21] A new challenge was inevitable and it came from that one group in whose name the socialist experiment had always been carried out and justified: the workers. Like the previous national and intellectual ones, this proletarian challenge too was doomed to failure.

The creation of Solidarność in Poland in 1980 and its recognition by the Communist regime was the final overt challenge to Soviet communism in Central Europe. The imposition of martial law in December 1981, a substitute for another invasion by forces of the Warsaw Pact, signaled the loss of legitimacy not only for the regime, but also for the ideology. In Central Europe, the dialectic of economic development and ideological failure brought about not only the creation of what Ben Fowkes calls the second society, but also dissident movements: "The second society (a passive rejection of the system) shades into the dissident movement (an active rejection of it), but on this view the dissident movement was merely the tip of the iceberg, or at least the directly political articulation of initially non-political trends."[22] It took a change of leaders in the Kremlin before the populations of the Central European states could consider divesting themselves of their Communist leaders and choose alternative forms of government. Initially, the new Soviet leader, Mikhail Gorbachev, had hoped to move the Soviet Union and the Soviet bloc in the same social democratic direction, but once he gave the Central European states the freedom the choose the system best suited to their needs, not only did the era of post-Communism begin, but the Soviet bloc and, in 1991, also the Soviet Union were dissolved.

In comparison with the inter-war years, Central Europe experienced in just over four decades of Soviet imperial rule a great degree of political cohesion, economic development, and social transformation. For all the inefficiencies of the central planning system, the disregard for the ecological needs of the area, and the stifling limitations of socialist realism, communism gave the states and

---

21 *J. Markuš*: Zaujem o plánovanie a zaujmy v plánovani. Bratislava 1988; p. 123.
22 *B. Fowkes*: The Rise and Fall of Communism in Eastern Europe, New York 1993; p. 176.

nations of the region the opportunity for modernization. But it was not an even process throughout the region. In Hungary, for example, from 1960 on, the Communist regime, when compared to that of other countries was relatively liberal. In Czechoslovakia, as a Slovak historian puts it: "The Czechs became definitely opposed to communism, especially after 1968, while the Slovaks came to identify with its material growth. Slovakia was transformed from a wooden to a modern residence only under communism (in the Czech Lands this process took place in the first half of the twentieth century). The Slovaks became accustomed to communism, even though, in contrast to the Czechs, they had rejected it in 1946."[23] But the ideology, in whose name the process was carried out and the political system defined, had also posited a historic competition with the capitalist West. It was a competition that the Communist states could not and did not win. By ensuring that the comparison with the West was sustained throughout the entire period, the Communist regimes gave the peoples of Central Europe not only a basis for the evaluation of their own system, but also the link with their pre-Communist past. As soon as the stifling requirements of Marxist ideology were removed, not just in scholarship, but also in the press, the legacy of the past was brought forward to help the democratisation process that the peoples of the region were once again undergoing.

*The Historical Legacy*

The holding of free elections within months of the overthrow of the Communist regimes signaled the return of democracy and self-determination on the agenda of Central Europe.[24] The rapidity with which this happened caught most observers by surprise but also ensured that the clock would not be turned back, at least not in the near future. There were other immediate tasks, among them the transformation of their command economy into a market one and, probably the most important, immediate, but also the most difficult and elusive, decommunization. As J.F. Brown writes: "Decommunization is a multi-faceted problem involving matters of law, moral and political justice, excess or moderation, governmental efficiency and expediency, mass psychology, social cohesion, and political

---

23 *J. Mlynárik*: Historia česko-slovenských vztahov. In: R. Kipke and K. Vodička (eds.): Rozloučení s československem. Praha 1993; p. 31.
24 For more on this process and also its link to the Communist period, see Longworth, chapters 1 and 2; *J.F. Brown*: Hopes and Shadows. Eastern Europe After Communism. Durham, NC 1994; *G. Schöpflin*: Politics in Eastern Europe 1945-1992. Oxford 1993; *Z.A.B. Zeman*: The Making and Breaking of Communist Europe. Oxford 1991; and *Fowkes*.

demagogy."[25] What those elections did not define was the political system, the democratization process, and the political culture that would characterize each state in the post-communist period. These would be defined in part from the experience each society had undergone in the preceding seven decades, but even more by the success those in government would have in the post-Communist period.

During the inter-war years, as we indicated above, the nations of Central Europe had been divided not only between those that enjoyed self-determination and those that did not, but also between those that experienced either democracy or a form of authoritarian government. The list of the nations that did not fully enjoy self-determination is found in the two multinational states of the region, Czechoslovakia and Yugoslavia. While it was argued at the time that they were experiencing it as members of their respective states – the Croats and the Slovenes more than the Slovaks whose national existence was not officially recognized[26] – in actual fact they were locked in a political battle to determine not only their participation in the governing of the state, but also their ability to run their own affairs. All three were fighting a state ideology, Czechoslovakism and Yugoslavism, that gave the state legitimacy but that also favoured the majority nation. In all three cases, the latter was unwilling to acknowledge the validity of their demands. While for the remaining nations of Central Europe, the Albanians, the Baltic nations, the Bulgarians, the Hungarians, the Poles, and the Rumanians, but also the Czechs and the Serbs, self-determination was no longer the issue it had been in the nineteenth century – even with national minorities, the new states were perceived as national states –, for the Croats, the Slovenes, and the Slovaks, given the composition of the state in which they found themselves and the policies of the majority nations, this historical development still had to run its course.

The imperatives of the Croat and Slovak struggle also left the impression that the attainment of self-determination was more important than democracy. For some nationalist elites and right-wing parties, this was true. However, the extent to which this was the case depended on the political system and the political environment. The Hlinka Slovak People's Party, the main articulator and defender of Slovak national demands in the First Czechoslovak Republic, not only kept its activities within the rules of Czechoslovakia's democratic system, but defended

---

25 *Brown*, p. 3.
26 When it was created, Yugoslavia was officially called the Kingdom of the Serbs, Croats, and Slovenes. Even Czechoslovakia recognized the existence of the Slovaks when it was created, spelling the name of the country with a hyphen, Czecho-Slovakia. This was abandoned in the constitution of 1920 and the use of the old spelling became an offense under the law. The hyphenated spelling returned after the Munich Conference until the declaration of Slovak independence in March 1939.

throughout the integrity of the common state.[27] Radical and non-democratic elements within the party played an important role only after Germany intervened in the affairs of the first Slovak Republic in 1940. Croat politics became more radical with authoritarian rule in Yugoslavia after 1929, the death of Radić, and the banning of the Croat People's Peasant Party, the main articulator of Croat demands. After 1941, radical Croat nationalists controlled the Independent State of Croatia. But it was the fact that both nations achieved statehood under German aegis and were involved in Germany's "New Order" that was the principal reason why independence was denied them in the post-war era. By the same token, this decision ensured that the struggle for self-determination remained on their respective national agendas.

As for democracy, it left a less important legacy in the inter-war years than self-determination for most nations with the exception of the Czechs and Slovaks and the Hungarians. The fact that Czechoslovakia remained a democratic state from its creation until its dissolution in March 1939 was a tradition that was so powerful that under the Communist regime an effort was made to erase it, or at least to minimize its impact. But it was also a legacy that had some ambiguity for many Slovaks. The democratic process was perceived by many as thwarting the Slovak drive for self-determination. They could point to the fact that the Czechoslovak National Assembly, in which Czech political parties were in the majority, refused on the three occasions, in 1922, 1927, and 1938, to discuss the bill on the autonomy of Slovakia submitted by the Slovak People's Party. It is possible, had the existence of Czechoslovakia not been threatened by Nazi Germany, that a satisfactory solution might have been found. When autonomy was granted to Slovakia after the Munich conference, Czecho-Slovakia was a truncated state whose existence was at best uncertain. Within six months it ceased to exist. As for Hungary, the shadow of Horthy's regency and the power of the landed magnates left an authoritarian imprint on its inter-war political system.

Whatever are the domestic and international factors that explain the failure of democracy in the other Central European states in the inter-war period, its absence as well as the ravages of the Second World War facilitated the imposition of one-party rule at the end of the war. But there were also other factors at work. In the first place, the political elites that had been involved with Germany, regardless of the level of their involvement and the reasons for it, were eliminated

---

27 A recent study, based on newly available documentary evidence, suggests that the Hlinka Slovak People's Party was willing to pursue its goals even at the cost of the breakup of Czechoslovakia; however, even with this documentation, the author does not succeed in proving this point. See *J. Ramon Felak*, "At the Price of the Republic": Hlinka's Slovak People's Party, 1929-1938. Pittsburgh 1994. A critical review of this book can be found in *Slovakia* XXXVI (66-67), 1998 pp. 131-134.

from the political scene after the war. In addition, in the immediate post-war period, the representatives of democratic parties that had formed the governments-in-exile were often disunited and in open competition with each other. The Communist parties, on the other hand, had party discipline and an economic programme that was not without appeal to the peasants and the workers. Furthermore, many party members had distinguished themselves in resistance movements against the German occupation. Finally, the fact that the Soviet Union was one of the victorious powers and an ally of the United States and Great Britain made many forget the brutal nature of the Soviet system, the political purges of the 1930s, and thus welcome Soviet help in the task of reconstruction. Few understood that a complete transformation of society was the ultimate objective and total power the means to achieve it. With the exception of Albania and Yugoslavia where they were in power already at the end of the war, the Communists in the other states used at first the democratic system, just like the National Socialists had done in Germany in 1933, to take power. Whatever the results in the first post-war elections – in none did they get an absolute majority –, as the Hungarian Communist leader, Mátyás Rákosi, so aptly described it, they used "salami tactics" against their political opponents to weaken and ultimately throw them out of power. The presence of the Red Army, or, as in the case of Czechoslovakia just before the February 1948 coup, direct Soviet diplomatic intervention, were additional factors that ensured the victory of the Communist parties. After a brief but unsuccessful attempt to re-establish democracy, Central Europe entered a second period that had far greater repercussions on democracy and self-determination than the first one.

In the inter-war period, the Communists had been one of the political forces at work against democracy. For this reason they had been declared illegal; the only exception was the party in Czechoslovakia which had deputies elected to the Czechoslovak National Assembly. After the war, apart from their objective of total power, they had a score to settle with those who had persecuted them. But they had also been in competition with right-wing and fascist parties and the battle between them had been uncompromising. The war enabled the Communists to eliminate the latter and their strategy and tactics, with Soviet help and the division of Europe into spheres of influence, allowed them in the immediate postwar years to defeat the democratic parties and bring them to power. Thereupon they imposed their ideological agenda and in so doing gave the legacy of democracy a further blow in Central Europe; they subjected it to a new interpretation of history. Two generations were not only taught the laws of dialectical and historical materialism, how these made socialism inevitable and Communist rule necessary, and the ideological vacuity of self-determination, but also how to deprecate all other political systems.

This ideological propaganda was meant to bolster the regime in order to enable it to meet the major challenges that Communist ideology faced, namely their ability not only to deliver on their historical objectives, but above all to surpass the West in the process. This propaganda, however, had an unexpected boomerang effect: it made the populations aware of alternatives to Communist rule and offered reasons to oppose it, especially when it became clear that the regimes were losing the race that they had imposed on the West. Added to that the fact that Communist rule was seen as having been imposed by the Soviet Union, its imperial nature was an additional reason for opposition. As those societies modernized and the lives of the people improved, there was a "change in consciousness... a growth or resuscitation of religious, populist, nationalist, and liberal attitudes."[28] The period of Communist domination in Central Europe is thus characterized not only by the efforts of the regimes to modernize the region, but also by opposition to both the Kremlin and native Communist leaders.

A dialectic of legitimacy and opposition was thus played out in less than half a century; the opposition won because the Communist elites proved not to be up to the task they had set themselves – a task that was in any event unattainable; however, they believed otherwise and this justified the maintenance of one-party rule. Democracy was the alternative once the regimes lost their legitimacy. How it would develop depended on the strength and role of the opposition to Communist rule, the democratic tradition of each nation and state, and the ability of the new elites to re-establish and make it work.

The return of democracy in Central Europe also brought very quickly to the fore the unfinished self-determination agenda in Czechoslovakia and Yugoslavia. A similar agenda also played itself out in the Soviet Union, bringing about in 1991 its dissolution and the creation of fourteen successor states in addition to Russia. There was nothing inevitable about the break-up of all three states. In fact, strong forces were at work, particularly in Czechoslovakia and Yugoslavia, to retain the federal state while looking at the same time for solutions that would give the challenging nations the opportunity for a greater self-government. Two factors determined the outcome: first the historical legacy and the experience under communism; and secondly the perceptions of each nation of its future in a common state.

During the debate that took place in Czechoslovakia in the years 1990-1993 on Czech-Slovak relations, the history of these relations was constantly evoked by most commentators. With few exceptions, it was not perceived in Slovakia as a positive history and this included the period under communism. The pressure to resolve the issue of Czech-Slovak relations had always been fundamental in

---

28 *Fowkes*, p. 176.

Czechoslovak political life and the federalization of Czechoslovakia in 1968 had been the Communist contribution to it; in the end, it too proved inadequate. On the other hand, federalization had given a framework in which to work out these relations and a good part of the post-Communist debate also centred on new power sharing arrangements between the federal government and the two constituent republics. When the elections of June 1992 produced two different and divergent perspectives on the transformation process from a command to a market economy in the Czech Republic and in Slovakia, the historical legacy was an important factor in Slovakia in justifying the independence option. Fortunately, the breakup was agreed upon peaceably and constitutionally. At the same time in Yugoslavia, the Slovene and Croat declarations of independence of 25 June 1991 were the result not only of the failure of constitutional discussions but above all of the Serbian reaction to the constitution of 1974 and the ambitions of Serbian leader Slobodan Milošević. Despite convincing referendum results on independence in the two Yugoslav republics, war ensued; Slovenia resisted successfully but Croatia lost approximately 30 percent of its territory which it recovered almost entirely in an August 1995 counter-offensive. Macedonia also declared its independence in 1991.

By 1 January 1993, when Czechoslovakia ceased to exist, the application of the principle of self-determination in its Wilsonian sense was an issue only in the Balkans. Its mosaic of nations, minorities, languages, and faiths was the backdrop for the war in Bosnia, the policies of ethnic cleansing carried out by all warring parties, and the Dayton Accords that brought a modicum of peace. Yet Serbian policies towards the Albanian majority in Kosovo in the summer of 1998 indicate that the Balkan politics can still jeopardize stability in the region. The challenge of ethnic conflict, democracy, and self-determination finds its greatest articulation there.[29] However, a corollary of self-determination, namely the status of national minorities, also represents in the eyes of some observers an important challenge to the rest of Central Europe in the post-Communist era.[30] Once again, the weight of the past plays a crucial role in the search for solutions. What characterizes, for example, the Slovak reaction to the autonomy demand by its Hungarian minority is the reference to the treatment of the Slovaks in Hungary before

---

29 For an examination of the various dimensions of this challenge see *D. Ronen*: The Challenge of Ethnic conflict, Democracy and Self-Determination in Central Europe. London 1997, pp. 77-105.

30 See for example, *G. Brunner*: Nationality Problems and Minority Conflicts in Eastern Europe. Strategies for Europe. Gütersloh 1996; and *A. Liebich*: Les minorités nationales en Europe centrale et orientale. Geneve 1997.

1918 and Hungarian irredentism with regards to Slovakia after 1918.[31] Equally important for the Slovak government is the treatment of the Slovak minority in Hungary by the Budapest government. There a also a suspicion in Slovak circles that the international community is applying a double standard toward Slovakia on this and other issues, due in great part to a campaign of disinformation.[32] The search for solutions for national minorities[33] thus represents one of the challenges to democracy in the region, indeed in all of Europe as André Liebich writes:

> History has decreed that a good portion of Central and Eastern Europe is to retain certain traits which disappeared in Western Europe, in particular the plurality of languages and peoples in the bosom of one state. At a time when both Europes are coming closer together, a second chance is offered to build democracy which this time respects the minorities. Would it not be better to grab this opportunity than to fall back on past formulas?[34]

If the treatment of national minorities is a major challenge of democracy in the post-Communist states, the ultimate test for them is building democracy itself. Here the past has been playing itself out in two ways. In the first place, with one exception, there was no democratic legacy for most nations upon which to fall back even if its appeal had been strong in the inter-war years. The bases for its development were missing and most states, as we have seen, had adopted a form of authoritarian government which then facilitated the imposition of Communist rule after the Second World War. Only Czechoslovakia could boast a real democratic tradition. However, this tradition had a double impact after the Second World War; in the first place it justified the harshness of the Communist regime not only in the 1950s, but also after 1968, when Gustáv Husák's brought back a type of neo-Stalinism, fortunately less violent than its original version, with his policy of "normalization." Secondly, it fueled opposition to the regime, underpinning first the reform movement of the 1960s and later Charter 77. Despite, or perhaps because of the fact that the reform movement was quashed and Charter 77 persecuted, the democratic tradition re-asserted itself when the Communist regime was overthrown in November 1989, particularly in the Czech Republic but also in Slovakia.

In fact, it is the Communist past, in a paradoxical way, that has greatly contributed to the legitimacy of democracy after the overthrow of the Communist

---

31 See for example the series of articles by *F. Ruttkay*: Maďarská iredenta a Slovensko. *Slovenské národné noviny*. 31/98. 4 August 1998.
32 See *V. Fábry*: Kto nám to radí? Slovenské národné noviny. 34/98. 25 August 1998, p. 1.
33 For an examination of various solutions, see *Brunner*, pp. 103-157.
34 *Liebich*, p. 173.

parties. In those states where the opposition played an important role in challenging the regime, it immediately took over from the Communists. This is particularly the case of Solidarność in Poland and Charter 77 in Czechoslovakia. Lech Wałęsa and Václav Havel came to symbolize the historical victory of the opposition to communism. Elsewhere the process unfolded differently; in Hungary, reformist politicians within the Communist party led the way to a peaceful transition to democracy after sweeping away the Communist past symbolically with the reburial of Imre Nagy on 16 June 1989. They were then swept away in the post-Communist period. In the remaining states, the overthrow of communism turned out to be more of a palace revolution that included one violent ouster, that of Rumania's Nicolae Ceaușescu. None of these states, however, was able to clean the slate completely; the former regimes left another important legacy that can also be seen as making a contribution to the anchoring of democracy in Central Europe. If, by the end of 1989, the main Communists leaders, Wojciech Jaruzelski in Poland, Husák in Czechoslovakia, János Kádár in Hungary, Todor Zhivkov in Bulgaria, and Ceaușescu in Rumania were out, Communist party leaders and functionaries at lower levels were merely down. They only needed to bide their time, but also accept to play by the rules of democracy. Within half a decade, many were back on the political scene.

For many observers, this was an unexpected development. It is its early occurrence, its frequency, and scope that made Brown note in 1995: "The tidal wave in politics that has returned so many "communists, "neo-communists," or "post-communists" to power in so many countries continued apparently unabated. Who in 1989 or 1991 would have believed it?"[35] They also reinforced the perception of lingering authoritarian rule. Democratic politics in Central Europe retained some of the personalized characteristics that it had under communism with too much power and/or responsibility placed on one individual. Some political leaders like Iliescu of Rumania, Mečiar of Slovakia, Videnov of Bulgaria, or Wałęsa of Poland behaved or were accused of behaving in an authoritarian fashion and thereby polarizing public life. For Brown, this was portent of negative consequences: "The broad democratic basis on which competitive politics should be conducted, instead of being strengthened, is in danger of being weakened by a deepening polarization in public life."[36] What was perhaps poorly understood is

---

35 *J.F. Brown:* Introduction. A Year of Reckoning. In: Open Media Research Institute. The OMRI Annual Survey of Eastern Europe and the Former Soviet Union 1995. Building Democracy. Armonk, NY 1996, p. 1.
36 *Ibid.*, p. 13.

that political style and its consequences are part of a process that has been defining the development of democracy in the region.[37]

The nations and states of Central Europe had shed themselves of their Communist past with a rapidity and a determination in 1989-1990 that had been breadth-taking; but this rapidity had also become a contributing factor to some of the problems that soon appeared. One that they all experienced and that will remain with them for some time to come is the volatility of political life. It has had not inappreciable consequences on the development of democracy in a number of countries. In the first round of elections in the spring of 1990, most states saw alliances of movements, parties, and people who had been dissidents under communism achieve power.[38] There was no party that gained a majority. These were the elections of rejection of the Communist system, not the elections of adoption of a specific programme or platform. The new elite, whether former dissidents or reformers, was handed the task of beginning the process of political and economic transformation, a task for which most were little, if not ill prepared. It is not surprising that at the next elections, given the economic downturn that the region experienced in the early years of the transformation, the initial elite was turned out and replaced in many instances by old Communists who had transformed themselves into Social Democrats. Poland returned a socialist majority to the Sejm in 1993 and elected Aleksander Kwaśniewski, a former Communist, rather than Wałęsa as president in 1995, while socialists won the elections in Bulgaria and Hungary in 1994. Brown sums up well what happened: "From velvet revolution to velvet restoration, therefore, in six years at the most!" He also adds: "But amid all the objections to the new order and the selective nostalgia that goes with them, there is still no mass repudiation of either democracy or even the market."[39] By 1997, the pendulum seemed to be swinging the other way: the electorate tossed out the socialists in Poland and Bulgaria. In 1998, the Slovak electorate opted for change by giving more votes to a coalition of parties than to Mečiar whose party still managed to win a plurality of seats in the National Council.

What has been going on is something quite in line with democratic behaviour. As Brown writes: "A swinging pendulum (steady, not crazy) is another demo-

---

37 For another perspective on the development of democracy that examines the interplay between authoritarianism and democratization in Central Europe see the essays on most of the Central European states in K. Dawisha and B. Parrott (eds.): The Consolidation of Democracy in East-Central Europe. Cambridge 1997.

38 For more on the fist six months of post-communism see S. J. Kirschbaum: Europe de l'Est: ensemble ou chacun tous azimuts? In: A. Legault (ed.): Les six mois qui ont ébranlé le monde. Québec 1991; pp. 81-98.

39 Brown, Introduction. A Year of Reckoning, pp. 8 and 9.

cratic essential and those changes were good in themselves."[40] Hungary perhaps best illustrates this process: "Since 1990, Hungarian voters have turned out ex-communists in favour of a right-of-center government, and then, as a protest against that government's failings, brought the ex-communists back – only to be highly dissatisfied again."[41] The democratic process in Central Europe has developed many twists and turns and is creating a specific regional democratic political culture. Still, there is suspicion that some aspects of the Communist past were making a comeback. As one observer notes:

> The revival of popular interest in communists in some countries so shortly after the end of their long period of repressive and inept rule is worrisome. With the ascendancy of the former communists and parties aligned with them, the rate of change to a free market is likely to slow down. The former communists can also be expected to show an interest in fostering greater political discipline in the name of more efficient administration. They could even reach out to and make common cause with like-minded groups in Russia, in particular, the Russian Communist Party.[42]

A poll conducted by the Paul Lazarsfeld Society in Vienna at the end of 1995 on popular approval of democratic versus Communist regimes, although far from conclusive and all-inclusive of the region – the results for seven countries only were published –, indicates that the respondents preferred the current regime and that they felt freer than they had before; there was, however, an interesting approval gap between past and present regimes. In the Czech Republic, Poland, and Rumania, where the Communist regime had been repressive, particularly in the last decade before its demise, at least twice as many people endorsed the new regime than the old Communist one; 76 to 27 percent in the Czech Republic; 76 to 25 percent in Poland, and 60 to 28 percent in Rumania. In the other four states, Bulgaria, Hungary, Slovakia, and Slovenia, only in Hungary was the approval rating of the old regime superior to that of the present – 56 to 50 percent –; otherwise the poll showed gaps that indicated a stronger endorsement for the current democratic regime than for the Communist: 66 to 58 percent in Bulgaria; 61 to 52 percent in Slovakia; and 66 to 36 percent in Slovenia. Overall for the region, the current democratic regime scored 65 percent whereas the Communist received 40 percent.[43] On the Hungarian result Rose writes: "to interpret this as

---

40 *J.F. Brown:* Introduction. A Year of Productive Discontent. In: Open Media Research Institute, The OMRI Annual Survey of Eastern Europe and the Former Soviet Union 1996. Forging Ahead, Falling Behind. Armonk, NY 1997; p. 2.
41 *R. Rose:* Choosing Democracy as the Lesser Evil. In *ibid*, p. 332.
42 *M. F. Golman:* Revolution and Change in Central and Eastern Europe. Political, Economic, and Social Challenges. Armonk, NY 1997; p. 403.
43 For the results of the poll and their analysis, see *ibid.*, pp. 331-334.

evidence that Hungarians want the return of Soviet troops and a Marxist-Leninist regime is absurd. The old regime was the most liberal in the Soviet bloc and was cynical in its view of communism."[44] Similarly, it is not at all clear that one has to conclude, as a Slovak sociologist did, based on a poll taken in May 1992, that "there is indeed a deficit in political culture and especially in the level of democratization among Slovak citizens."[45] Perhaps it is time to treat post-Communism, as Leslie Holmes suggests, as a *sui generis* system,[46] one that is selective in how it treats its past and that also exhibits different rhythms of democratic development.

*Conclusion*

From the reorganization of Central Europe at the end of the Great War until the demise of communism, the politics of the states of the region were subjected to the vagaries of international politics. The two principles that were to have governed their development, self-determination and democracy, underwent modifications that ultimately left an historic agenda unfulfilled and an objective to attain. Both principles came back in full force in the post-Communist period and both now govern the politics of the region. The issue of national minorities is self-determination's current challenge, affecting in its wake the development of democracy but also raising the spectre of regional instability as the war in Bosnia and Serbian activities in Kosovo in 1998 indicate. For its part, democracy in Central Europe is still subject to the legacy of the Communist period, but it is a legacy that is uneven and in some cases, also paradoxical. But no society seems to be threatened by it. At worst, some of its remnants are now part of the political process.

It would seem that the majority of peoples in Central Europe have moved away from their past and now look to the future as their applications for admission into the North Atlantic Treaty Organization and the European Union indicate. Whether, when, and how they will succeed is a matter that they alone cannot determine as the NATO decision taken in Madrid in July 1997 to invite only three to accession talks indicates. Whether this was a wise decision on the part of the Atlantic Alliance remains to be seen, especially as the selection was made on Western perceptions of their democratic development. It is not at all clear that this is the best way to encourage the development of democracy in the region, but

---

44  *Ibid.*, p. 332.
45  R. Roško: *Smer moderné občianstvo*. Bratislava 1995; p. 36.
46  L. T. *Holmes*: Post-Communism. An Introduction. Durham, NC 1998; p.15-16.

also the best way to deal with the security concerns of the region.⁴⁷ Perhaps, rather than to look for "deficits in democracy," it might be preferable to recognize that the Central European regimes, each in its own way, have heeded a recommendation Ralf Dahrendorf made in 1990:

> to check and balance ruling groups, and to replace them from time to time by peaceful means, such as elections. More than that, these groups are needed. Democracy is a form of government, not a steam bath of popular feeling.⁴⁸

Democracy has taken root and is developing in Central Europe. The process has been uneven and in some instances, like Albania, perhaps also Serbia, its future seems at times uncertain. Still, unless there is an unforeseen economic catastrophe that threatens stability in the region, democracy is also in the process of coming into its own, successfully meeting the challenges that the revolution of 1989 brought about: "First came the replacement of communist *rule*, its institutions and procedures; that was the easy part. The second phase involves progress away from the communist *system* and toward democracy, the market, and "Europe"; this is the immensely difficult part."⁴⁹ Despite the many difficulties that they have encountered and the apathy that they have provoked,⁵⁰ the peoples of Central Europe have yet to show that they wish another alternative to the course that they embarked upon since 1989.

Finally, there is the broader historical perspective. Larry Wolff argues in a remarkable book that Western Europe "invented" Eastern Europe: "The invention of Eastern Europe was a subtly self-promoting and sometimes overtly self-congratulatory event in intellectual history, whereby Western Europe also identified itself and affirmed its own precedence."⁵¹ What the Central European states are doing is to try to put an end to this division and to reclaim their full adherence

---

47 For more on this issue see S. J. Kirschbaum: Central Europe. In: J. Hanson and P. Hammerschmidt (eds.): The Canadian Strategic Forecast 1998: World 2000: Conflict, Chaos or Civilizations? Toronto, Ont. 1998; pp. 4-14.
48 R. Dahrendorf: Reflections on the Revolution in Europe. New York 1990; pp. 12-13.
49 *Brown*, Hopes and Shadows, p. 22. Italics in the original.
50 On the apparent apathy in many countries, Bruce Parrott writes: "The fact that significant proportions of citizens believe that their new governments are unresponsive or corrupt may be taken as a loss of faith in democracy. But it may also be interpreted quite differently — as an accurate assessment of current political realities, and as the social foundation for further efforts to achieve a full-fledged democratic order." B. Parrott: Perspectives on postcommunist democratization. In: *Dawisha and Parrott*, p. 27.
51 L. Wolff: Inventing Eastern Europe. The Map of Civilization on the Mind of the Enlightenment. Stanford 1994; p. 360.

to and participation in European civilization. As Ivan T. Berend indicates: "The historical question is whether Central and Eastern Europe will be an equal part of the new Europe, or only a peripheral part of it, as it has been in its entire early modern and modern history."[52] The answer will be in the affirmative if the Western democracies acknowledge that the post-Communist states are changing in their own way and on their own time. This process is, after all, also a consequence of the legacy of their past.

**Resümee**

Welche Rolle spielt die Geschichte im gegenwärtigen Demokratisierungsprozess und in der politischen Kultur der Völker Mitteleuropas nach dem Zerfall der kommunistischen Regimes? Zwei geschichtliche Faktoren, die im politischen Leben Mitteleuropas eine wichtige Rolle gespielt haben – das demokratische System und das Selbstbestimmungsrecht der Völker – sollen hierbei untersucht werden.

Nach dem Ende des Ersten Weltkrieges hatten viele Nationen in Mittel- und Osteuropa die Gelegenheit bekommen, erstens, einen Nationalstaat aufzubauen, und zweitens ein demokratisches System einzuführen. Diese zwei Prinzipien der Nachkriegsordnung haben aber weder Sicherheit noch Frieden in Europa gebracht und auch nicht politische Systeme installieren können, die diesen Prinzipien im Leben der Völker zu Bedeutung verhalfen. Die Tschechoslowakei war der einzige Staat, der in der Zwischenkriegszeit die Demokratie aufrechterhalten hat; alle anderen nahmen einen autoritären Kurs und hatten mit nationalen Minderheiten oder kleineren Nationen entweder Verfassungs- oder politische Probleme. Obwohl der Versuch Deutschlands, in den dreißiger Jahren die europäische Ordnung zu ändern, nicht gelang, so gehörte zu den späteren Folgen dieses Versuchs das Scheitern der Demokratie und die Dominierung Mittel- und Osteuropas zuerst durch Deutschland und nach dem Krieg durch die Sowjetunion. Die Probleme des Selbstbestimmungsrechts für Nationen wie z. B. die Kroaten, die Slowaken und die Slowenen sind auch in der Nachkriegszeit nicht gelöst worden.

Mit dem Zerfall des Kommunismus sind beide Fragen auf die Tagesordnung Mittel- und Osteuropas zurückgekommen. Die beiden multinationalen Staaten des Pariser Friedens, die Tschechoslowakei und Jugoslawien, sind in mehrere Staaten aufgesplittert, so auch die Sowjetunion; während die Demokratie, dank der Erfah-

---

52 *I. T. Berend*: Central and Eastern Europe, 1944-1993. Detour from the Periphery to the Periphery. Cambridge 1996; p. 380.

rungen aus der Zwischenkriegszeit und des Kommunismus in allen Staaten neue Wurzeln geschlagen hat. Der kommunistischen Vergangenheit als neuer Faktor in der Geschichte der Völker Mitteleuropas kommt in ihrer Entwicklung zur Demokratie eine wichtige Bedeutung zu. Aus ihrer politischen Erfahrung aus der Zeit vom Ende des Ersten Weltkrieges bis zum Zerfall des Kommunismus werden alle Völker Mitteleuropa ihr eigenes politischen System schaffen können, das diese Erfahrungen als historisches Erbe auch reflektiert.

Urs Altermatt

# Plädoyer für die Staatsbürger-Nation in einem multikulturellen Europa

Noch in den 1960er Jahren waren die meisten Historiker überzeugt, daß mit dem Zweiten Weltkrieg die Epoche des Nationalismus in Europa zu Ende gegangen sei.[1] Nach den millionenfachen Völkermorden im Zweiten Weltkrieg erschienen nationalistische Bewegungen keine Chancen mehr zu haben. Der Nationalismus wurde für tot erklärt.

Diese Annahmen erwiesen sich als trügerisch. Bereits die gegen die Kolonialmächte gerichteten nationalen Befreiungsbewegungen in Asien und Afrika zogen dieses Geschichtsbild in Zweifel. Auch die regionalen Autonomiebewegungen von Quebec über Schottland bis nach Korsika, vom Baskenland über den Schweizer Jura bis nach Südtirol hinterließen in den Nationalstaaten Krisen. Doch erst der Zusammenbruch des sowjetischen Imperiums und Jugoslawiens brachte die eigentliche Wende in der Nationalismus-Debatte.

*Ethnonationalismus im Vormarsch*

Das Aufkommen des ethnonationalen Diskurses hat auch mit dem Wachstum der modernen Gesellschaft zu tun, die ihrerseits das Produkt einer gewaltigen Mobilität und Migration ist.[2]

In Umbruch- und Krisenzeiten ziehen sich die Menschen auf kollektive Identitäten zurück, die ihnen größere Sicherheit vermitteln. Die geistige Desori-

---

1 Siehe die Literaturschau von *D. Langewiesche*: Nation, Nationalismus, Nationalstaat: Forschungsstand und Forschungsperspektiven. In: Neue Politische Literatur. Berichte über das internationale Schrifttum. 1995. Nr. 1. S. 190-236. Einen guten Überblick über die Nationalismus-Debatte bietet nach wie vor: *H. A. Winkler* (Hg.): Nationalismus. Königstein /Ts. 1985; dort insbesondere die Einführung, S. 5-46. Aus französischer Sicht: *J. Rupnik* (Hg.): Le déchirement des nations. Paris 1995.
2 Ausführlicher behandle ich das Thema der Ethnisierung der Politik in: *U. Altermatt: Das Fanal von Sarajevo. Ethnonationalismus in Europa*. Zürich 1996. Siehe dazu etwa *A. Wimmer*: Der Appell an die Nation. Kritische Bemerkungen zu vier Erklärungen von Xenophobie und Rassismus In: *H.-R. Wicker/J.-L. Alber/C. Bolzman/R. Fibbi/K. Imhof/A. Wimmer* (Hg.): Das Fremde in der Gesellschaft: Migration, Ethnizität und Staat – L'altérité dans la société: migration, ethnicité, Etat. Zürich 1996. S. 173-198.

entierung stärkt das Apartheid-Denken, hinter dem irrationale Ängste vor dem Andern und Fremden stehen. In Zeiten sozialer Konflikte erscheinen Fremde als Bedrohung des Status quo; die Einheimischen appellieren an ihre Nation, um den Staat als Sachverwalter ihrer herkömmlichen Besitzrechte zu vereinnahmen. Seit den achtziger Jahren verbreiten sich neue Wörter und Begriffe. Was in den dreißiger Jahren Rasse hieß, nennt sich heute Abstammung, was damals Volksgeist war, heißt heute Kultur, Region steht an Stelle von Lebensraum. Die Ethnisierung von Politik und Gesellschaft beruht auf der Vorstellung, daß Volk, Nation und Ethnie als natürliche Wesenheiten angesehen und durch objektive Merkmale bestimmt werden können. Ein «begriffsessentialistisches Vorurteil» liegt am Ursprung dieses Mißverständnisses.[3] Damit werden die Unterschiede zwischen den Menschen ontologisiert, was der österreichische Politikwissenschaftler Joseph Marko richtigerweise mit «Naturalisierung des Unterschieds» kennzeichnet.[4]

In Europa und Amerika löste die Moderne Individualisierungsprozesse aus, deren positive Seiten bekannt sind: größere Selbstbestimmung, größere soziale Mobilität, größere Arbeitsflexibilität. Gleichzeitig emanzipierten sich die Menschen aber aus traditionellen Primärbindungen wie Familie, Dorf und Kirche. Damit begann das soziale Beziehungsnetz zu zerfallen, Desintegration und Orientierungslosigkeit waren die Folgen. Verstärkt wurden diese Phänomene durch die Krisenerscheinungen im ökonomischen Bereich. Arbeitslosigkeit und Verteilungskonflikte verschärfen die Entsolidarisierung.

In dem Masse, in dem sich die moderne Gesellschaft anonymisiert, wächst das Bedürfnis nach Kommunitäten, die die ethnisch-kulturelle Volks- oder die religiös-fundamentalistische Glaubensgemeinschaft in den Vordergrund rücken. Wie der deutsche Politologe Hans-Gerd Jaschke betont, werden Ethnizität, Volk und Nation zu Mitteln der sozialen und politischen Strategie.[5] Kategorien wie Sprache, Religion oder Rassenzugehörigkeit nehmen den Charakter von Instrumenten zur politischen Mobilisierung an, in der die soziale Ungleichheit als Ungleichwertigkeit propagiert wird. Durch die Ethnisierung sozialer Konflikte ergeben sich verschärfte Konkurrenzbeziehungen entlang ethnischer oder religiöser und nicht schicht- oder klassenspezifischer Grenzen.

---

3 K. Salamun: Ideologie und Aufklärung. Weltanschauungstheorie und Politik. Studien zu Politik und Verwaltung. Bd. 24. Wien 1988. S. 22.
4 J. Marko: Autonomie und Integration. Rechtsinstitute des Nationalitätenrechts im funktionalen Vergleich. Wien/Köln/Graz 1995. S. 56.
5 H.-G. Jaschke: Formiert sich eine neue soziale Bewegung von rechts? Folgen der Ethnisierung sozialer Konflikte. In: Blätter für deutsche und internationale Politik. 1992. Nr. 12. S. 1437-1447.

Der Ethnonationalismus stellt eine machtvolle geistige und soziale Bewegung dar, die sich gegen die multikulturelle Moderne und die pluralistische Demokratie wendet. Er instrumentalisiert die Ängste der Menschen und bietet einfache Erklärungen und Lösungen für gesellschaftliche Probleme. Als Reaktion auf die gesellschaftlichen Auflösungstendenzen suchen die verunsicherten Menschen nach neuen sozialen Bindungen, orientieren sich stärker als bisher an scheinbar naturbedingten Kategorien wie Nation und Rasse, Religion und Volk und führen soziale Probleme wie die Arbeitslosigkeit, die Wohnungsnot, die Bildungsdefizite und die damit verbundenen sozialen Ungleichheiten auf kulturell-ethnische Andersartigkeiten zurück. Im Gegensatz zu früher appellieren sie in ihrer Gesellschaftskritik nicht mehr in erster Linie an das soziale Klassenbewußtsein, sondern an angeblich natürliche Unterschiede wie Nation, Religion und Ethnie.

Wirtschaftliche, soziale und politische Konflikte wurden schon früher von ethnischen und sprachlichen, religiösen und kulturellen Gegensätzen überlagert. Das ist kein neues Phänomen. Neu sind die Häufigkeit und die Schärfe, mit der im letzten Drittel des 20. Jahrhunderts ethnische Fragen auftreten. Dabei besitzen die ethnonationalen Konflikte vielfältige Gesichter.[6] In Westeuropa tauchen sie vor allem im Zusammenhang mit der Ausländer- und Asylpolitik, in Osteuropa mit der Gründung der neuen Nationalstaaten auf. In ganz Europa machen sich in den Wahl- und Abstimmungskämpfen vermehrt neonationalistische und neorassistische Stereotype bemerkbar. In vielen Beziehungen erinnern die Debatten an die zwanziger und dreißiger Jahre des 20. Jahrhunderts.

Auch der Antisemitismus zeigt sich wieder vermehrt. Nach den Greueltaten der Nationalsozialisten und ihrer Kollaborateure ist der Antisemitismus als politische Ideologie in den westeuropäischen Gesellschaften zwar diskreditiert und öffentlich nicht mehr akzeptabel, dennoch besteht ein latentes antisemitisches Potential weiter.[7] Die siebziger und achtziger Jahre machten deutlich, daß der

---

6 Siehe dazu das umstrittene Buch: *S. P. Huntington*: The Clash of Civilizations and the Remaking of World Order. New York 1996.

7 Ich verweise für die Zeit nach 1945 u.a. auf: *A. Silbermann/J. H. Schoeps* (Hg.): Antisemitismus nach dem Holocaust. Bestandsaufnahme und Erscheinungsformen in deutschsprachigen Ländern. Köln 1986; *H. A. Strauss/W. Bergmann/C. Hoffmann* (Hg.): Der Antisemitismus der Gegenwart. Frankfurt/New York 1990; *W. Bergmann/R. Erb* (Hg.): Antisemitismus in der politischen Kultur nach 1945. Opladen 1990. Zu erwähnen sind hier auch die Jahrbücher, welche sich mit antisemitischen Ereignissen in einzelnen Ländern befassen: Antisemitism World Report, hg. vom Institute of Jewish Affairs in London und vom American Jewish Committee in New York und Extremism in Europe, hg. vom Centre européen de recherche et d'action sur le racisme et l'antisémitisme in Paris. Für den Rechtsextremismus in der Schweiz, in dem antisemitische Strömungen vorhanden sind, siehe: *U. Altermatt/H.*

neue Antisemitismus oft in den Kleidern des Antizionismus daherkommt. In zahlreichen Ländern stehen antisemitische Tendenzen mit den Diskussionen um die sogenannte „Vergangenheitsbewältigung" in Verbindung. Fünfzig Jahre nach Kriegsende bewegt eine moralische Geschichtsdebatte mehrere europäische Länder. Zu lange hatten die Österreicher ihre „Opfer"-Rolle zelebriert, die Franzosen die Kollaboration des Vichy-Regimes verdrängt und die Schweizer ihre Sonderstellung im Widerstand heroisiert, ohne sich der ganzen geschichtlichen Wahrheit zu stellen und ihre Mitverantwortung an den grauenhaften Verbrechen an den Juden, Sinti und Roma und andern gesellschaftlichen Minderheiten in ihr kollektives Bewußtsein aufzunehmen.

*Territorialität: der entscheidende Punkt*

Der Diskurs über Ethnie, Nation und Nationalismus führt unweigerlich zum Problem des Staates, der nach moderner Auffassung die Souveränität über ein bestimmtes, genau begrenztes Territorium innehat. Der Staat bringt politische Macht und menschliche Gesellschaft räumlich zur Deckung. Selbst der Vatikanstaat umfaßt ein kleines Territorium in Rom. Damit wird die Territorialität zum entscheidenden Punkt. Um die Beziehungen zwischen Nation und Ethnizität auf der einen und Staat und Territorium auf der andern Seite zur Deckung zu bringen, stelle ich hier vier Modelle vor:

1. Das Einwanderungs- oder Assimilationsmodell: In Nord- und Südamerika, in Australien und Neuseeland strömten während des 19. und 20. Jahrhunderts Hunderttausende von Einwanderern unterschiedlicher Kulturen, Sprachen und Religionen in riesige, ursprünglich nur von Ureinwohnern lose bewohnte Gebiete. Sie verteilten sich dort über das ganze Territorium und mischten sich untereinander. Aus dieser ethnisch-kulturellen Vielfalt ging in den USA die amerikanische Gesellschaft hervor, die sich als Schmelztiegel verstand. Im Unterschied zu Europa, woher die meisten weißen Immigranten stammten, strebten die sprachlichen Einwanderergruppen in Nordamerika kein ethnisch-kulturell begrenztes und staatlich sanktioniertes Territorium als Heimstätte an. Nirgendwo beanspruchten die Volksgruppen ein Territorium für sich allein, selbst wenn sie in einzelnen Gebieten wie etwa die Deutschen in Wisconsin oder die Iren in den Neuengland-Staaten konzentriert vorkamen. In verschiedenen Regionen und

---

*Kriesi* (Hg.): Rechtsextremismus in der Schweiz. Organisationen und Radikalisierung in den 1980er und 1990er Jahren. Zürich 1995; *K. Armingeon:* Der Schweizer Rechtsextremismus im internationalen Vergleich. In: Schweizerische Zeitschrift für Politische Wissenschaft. 1. 1995. Nr. 4. S. 41-64.

Städten herrscht die eine oder andere Volksgruppe vor. Was die Sprache betrifft, bildete sich Englisch als Verkehrssprache heraus. In der amerikanischen Gesellschaft begnügten sich die ethnischen Gruppen damit, die Gleichberechtigung mit den ursprünglich dominanten Angelsachsen zu verlangen, weshalb ihre Postulate in erster Linie die soziale Gleichstellung und die politische Gleichberechtigung betrafen. Der territoriale Raum spielte keine Rolle.

Anzumerken ist an dieser Stelle, daß die eingeborenen Indianer von den weißen Einwanderern von ihrem Land verdrängt wurden und jahrzehntelang geschichts- und rechtlos blieben. Die amerikanische Einwanderungsgesellschaft vertrieb sie von ihrem Territorium und ignorierte die präkolonialistische Geschichte Amerikas.

Im Unterschied zu Amerika, wo sich die Einwanderer im Lande durcheinander mischten und als Nationalitätensprengel zerstreut lebten und leben, stoßen Fremde in Europa überall auf eingesessene Volksgruppen, die ihren angestammten Platz hartnäckig verteidigen. In Europa besitzen die Ethnien und Völker historische Territorien. Auch wenn in den Kriegen der europäischen Geschichte immer wieder Millionen von ihren Heimstätten vertrieben, umgesiedelt oder vernichtet wurden, blieb die Erinnerung der Menschen an ihr Land mit oder ohne Staat erhalten. Polen überlebte im Bewußtsein seiner Bevölkerung mehr als 125 Jahre staatlicher Teilung. Im 19. Jahrhundert anerkannte die öffentliche Meinung Europas die Polen völkerrechtlich als «Nation», obwohl sie keinen eigenen Staat besaßen und unter deutscher, österreichischer und russischer Fremdherrschaft litten. Darin besteht der große Unterschied zu Amerika, wo die weißen Einwanderer die Indianer und ihre Tradition praktisch auszutilgen vermochten.

2. Das Gemenge-Modell: Ähnlich wie in Nordamerika im 19. und 20. Jahrhundert erlebte Zentral- und Osteuropa im 17., 18. und 19. Jahrhundert eine massive Immigration verschiedenster Volksgruppen. Die Siedlungen der deutschen und jüdischen Bevölkerungsgruppen gehen ins Mittelalter zurück. Als die Juden in Westeuropa und in Deutschland im ausgehenden Mittelalter verfolgt wurden, boten ihnen die polnischen Könige Wohnsitz an. Im späten 18. und frühen 19. Jahrhundert erlebten Ungarn, Polen und in kleinerem Ausmaß auch Rußland eine deutsche Einwanderungswelle. Kurz vor der Jahrhundertwende von 1900 waren Wien, Budapest, Prag und andere mitteleuropäische Städte Prototypen multikultureller Gesellschaften, die man am Ende des 20. Jahrhunderts in New York, London, Paris, Berlin oder Zürich erleben kann. Mehr als andere Städte waren sie Zentren multikultureller Laboratorien der Moderne. Im Gefolge der Industrialisierung wuchsen diese Städte in rasantem Tempo an, Hunderttausende wanderten auf der Suche nach Arbeit ein.

Im Alltag war die Multikulturalität dieser Städte weitgehend eine segregierte Koexistenz.[8] Man lebte friedlich neben- und nicht miteinander. Darüber haben Elias Canetti, Joseph Roth und andere ostmitteleuropäische Schriftsteller anschauliche Berichte hinterlassen. Bis zum Anfang des 19. Jahrhunderts besaß zum Beispiel Prag stark deutsches Gepräge.[9] Die Prager Universität war 1783 von der lateinischen zur deutschen Unterrichtssprache übergegangen. Überhaupt war das Deutsche in der ersten Hälfte des 19. Jahrhunderts die Sprache der kulturellen und politischen Eliten, die Handwerker und die Dienstboten sprachen mehrheitlich tschechisch. In den letzten Jahrzehnten des 19. Jahrhunderts veränderte sich dieses Bild grundlegend. Die Zahl der Deutschsprachigen sank stetig. 1880 waren es 15 Prozent oder 42'000 und zwanzig Jahre später, 1900, noch 7,5 Prozent oder 34'000. Davon waren 40 Prozent Juden, deren «nationale» Zuordnung von Volkszählung zu Volkszählung änderte. Ihre Muttersprache war zwar Deutsch, in den Volkszählungen wurde aber nach der Umgangssprache gefragt. Im Alltag sprachen zahlreiche Juden tschechisch. Um 1900 benutzten 55 Prozent der Juden deutscher Muttersprache Tschechisch als Umgangssprache.[10] Wirtschaftlicher und sozialer Hintergrund der fortschreitenden Tschechisierung Prags war die Industrialisierung, die eine starke Zuwanderung von Tschechen aus Böhmen auslöste und damit die sprachliche Zusammensetzung der Stadt veränderte. Das Tschechische gewann im Alltagsleben der Stadt an Boden und drängte das Deutsche in den Hintergrund. 1882 trennte sich die Prager Universität in einen deutschen und einen tschechischen Teil auf. Am Vorabend des Ersten Weltkrieges war das Tschechische bereits in den kulturellen Bereichen vorherrschend, und die tschechische Kultur verfügte über eigene Schulen, Vereine, Theater und literarische Zirkel.

Diese moderne Entwicklung führte dazu, daß die Menschen mit verschiedenen Sprachen und Kulturen ihr ethnisch-nationales Bewußtsein schärften und sich nun gegenseitig voneinander abzugrenzen begannen. Von einem wirklich

---

8 Vgl. dazu etwa *C. Giordano:* Ethnizität und das Motiv des mono-ethnischen Raumes in Zentral- und Osteuropa. In: *U. Altermatt* (Hg.): Nation, Ethnizität und Staat in Mitteleuropa. Wien, Köln, Weimar 1996. S. 22-33; ders.: Il sogno dello Stato monoetnico. In: Stati, etnie, culture, a cura di Pietro Scarduelli. Milano 1996. S. 57-87.

9 Für die Sozial- und Kulturgeschichte der Sprach- und Volksgruppen Prags stütze ich mich hauptsächlich auf die Angaben in *Jacques Le Riders* Buch zu Mitteleuropa: Mitteleuropa. Auf den Spuren eines Begriffs. Wien 1994. Le Rider seinerseits verweist auf *J.-P. Dancs'* Werk: De Kafka á Schweik. Etudes, Versailles 1989. Unentbehrlich ist Otto Urbans monumentales Werk zur zweiten Hälfte des 19. Jahrhunderts. Vgl. *O. Urban:* Die tschechische Gesellschaft 1848-1918. Bd. 1. Wien, Köln. Weimar 1994.

10 Auf diese interessanten Verhaltensweisen weist *Le Rider*, Mitteleuropa, S. 108 hin.

harmonischen Zusammenleben der Sprachgemeinschaften konnte nicht die Rede sein Kenner der Prager Geschichte kommen zum Schluß, daß die Tschechen und die Deutschen nebeneinander lebten und die geringstmöglichen Beziehungen zwischen den beiden Sprachgruppen pflegten. 1892 wurden in Prag auf Druck der tschechischen Nationalisten zweisprachige Straßenschilder angebracht. Die Karpfengasse hieß nun auch Kaprowa. Die deutschsprachigen Prager gingen ins Kasino, die Tschechen in den Bürgerklub. Treffpunkt der Tschechen war die Ferdinandstraße, Korso der Deutschen der Graben.

Die Menschen waren zwar im privaten Leben mehrsprachig, aber im öffentlichen Bereich bestanden sie darauf, Deutsche oder Tschechen zu sein. Das Sprachterritorium begann im Kopf konkrete Formen anzunehmen, die Territorialität gewann an Gestalt. Der öffentliche Raum wurde in einen deutschen und in einen tschechischen Sektor eingeteilt. Die Gemengelage der ostmitteleuropäischen und osteuropäischen Städte verhinderte indessen eine klare territoriale Aufteilung. Die Menschen lebten miteinander vermischt. Solange sie im sozialen Leben aufeinander angewiesen waren, ging alles gut. Erst die moderne Gesellschaft löste die alten Gesellschaftsformen und Aufgabenteilungen auf.

Ähnliche Tendenzen können wir in den 1980er und 1990er Jahren in Westeuropa beobachten. Die ausländischen Einwanderer, die als Arbeitskräfte oder Asylanten einwandern, bilden zwar keine eigenen Territorialbezirke, ballen sich aber wie etwa die Türken in Berlin oder die Nordafrikaner in Paris in gewissen Stadtteilen zusammen.

3. Das Autonomie-Modell: Die meisten westeuropäischen Nationalstaaten organisierten sich im 19. Jahrhundert nach dem Programm: ein Staat – ein Volk – eine Nation – eine Kultur – eine Sprache – eine Schule usw. Vom Westen nach Osten schritt die Nationalisierung, die Staats- und Nationenbildung in der Form von Nationalstaaten voran. Nach wie vor stellt der Nationalstaat die erfolgreichste Erfindung der europäischen Geschichte der letzten zweihundert Jahre dar. Nach dem Zusammenbruch der Sowjetunion setzt sich auch in Osteuropa der Nationalstaat endgültig durch. Als Konsequenz der Nationalisierung hatten die regionalen Sprach- und Volkskulturen keinen Platz mehr im öffentlichen Raum der Nationalstaaten, sie verschwanden oder wurden unterdrückt.[11]

Nach dem Zweiten Weltkrieg begannen sich in früheren Regionen Westeuropas Widerstände gegen die kulturelle Hegemonie der von der Hauptstadt dominierten Staatskultur zu regen. Als Reaktion gegen die kulturelle Vorherrschaft

---

11 Siehe dazu *V. Heuberger/A. Suppan*: Nationen und Minderheiten in Mittel-, Ost-, und Südosteuropa seit 1918. In: *V. Heuberger/O. Kolar/ A. Suppan/E. Vyslonzil*: Nationen, Nationalitäten, Minderheiten. Probleme des Nationalismus in Jugoslawien, Ungarn, Rumänien, der Tschechoslowakei, Bulgarien, Polen, der Ukraine, Italien und Österreich 1945-1990. Wien 1994. S. 11-32.

der Hauptstädte entstanden Autonomiebewegungen, die Autonomie forderten. Die Bestrebungen liefen in der Regel auf folgende Postulate hinaus: kulturelle Autonomie, bessere politische Vertretung in der Zentralregierung und wirtschaftliche Stützungsmaßnahmen für die peripheren Regionen. Den Nationalstaat als solchen stellten die Autonomiebewegungen nicht ernsthaft in Frage, denn Zentrum und Peripherien hatten sich bereits derart miteinander verflochten, daß eine Trennung nur mit großen Nachteilen für beide Seiten vollzogen werden konnte. Einen großen Erfolg erzielte die Autonomiebewegung im deutschsprachigen, aber zu Italien gehörenden Südtirol. Hervorzuheben ist ferner die Dezentralisierung Spaniens, die nach dem Ende der Diktatur Francos zur Bildung von eigentlichen Regionen führte.

Wenn man die Debatten um die Ethnizität und die Nationalität in den westeuropäischen Autonomiebewegungen genauer untersucht, stellt man fest, daß die Territorialität eine größere Rolle als in den Einwanderungs- und Gemengemodellen spielt. Die Kulturregionen stellen mehr oder weniger geschlossene Territorien innerhalb von alten Nationalstaaten dar. Für Sprachgemeinschaften wie etwa für die Katalanen oder die Basken bilden die Territorien Gebiete, die für sie einen großen praktischen und symbolischen Wert besitzen. Viel klarer als im östlichen Mitteleuropa sind diese Sprach- und Kulturgemeinschaften territorial verankert, wenn auch die moderne Mobilität eine fortschreitende Durchmischung der Territorien zur Folge hat. Ähnlich wie einzelne Schweizer Kantone nehmen die Territorien oder Regionen die Funktion von pseudo-staatlichen Einheiten wahr, die es als ihre Aufgabe ansehen, die angestammte Kultur zu bewahren und zu schützen. Wer in diesen Fällen von ethnisch-kultureller Gemeinschaft spricht, meint einen Territorial- und nicht einen Personalverband. Obwohl die meisten Nationalstaaten die Föderalisierung des Zentralstaates fürchten, beweist die europäische Geschichte, daß eine weitestgehende kulturelle Autonomie die politische Stabilität des multikulturellen Nationalstaates am meisten fördert.

4. Das Trennungs-Modell: Mit dem Sowjet-Imperium brach das letzte Vielvölkerreich auf europäischem Boden zusammen, ein Reich, das verschiedene Rassen und Religionen, Ethnien und Sprachgemeinschaften zusammengehalten hatte. Darin waren die Russen die herrschende Bevölkerungsgruppe, die nicht nur ihre politische Herrschaft, sondern auch ihre Sprache und Lebensweise den andern Volksgruppen mehr oder weniger aufoktroyiert hatten. Wie die Tschechen und die Slowaken nach dem Zusammenbruch des Habsburgerreiches, ergriffen nach 1989 die Balten, die Weißrussen, die Ukrainer, die Georgier usw. die günstige Gelegenheit der internationalen Lage, um sich vom alten Staatsverbund abzutrennen und einen eigenen Nationalstaat zu errichten. Auf diese Weise entstanden am Ende des 20. Jahrhunderts mehrere neue europäische Staaten.

Das Selbstbestimmungsrecht der Völker erwies sich dabei als äußerst ambivalent. In zahlreichen Fällen mobilisierten die neuen politischen Machthaber zwar ethnisch-nationale Gefühle, verteidigten aber bestehende territorialstaatliche Grenzen, die nicht mit ethnischen, sprachlichen und kulturellen übereinstimmten. Ein Beispiel: Nach der Annexion der baltischen Staaten durch die Sowjetunion waren diese einer starken Russifizierung ausgesetzt.[12] Der Anteil der einheimischen Bevölkerung sank, da Moskau eine staatlich gesteuerte Einwanderungspolitik betrieb, Deportationen vornahm und Oppositionelle zur Auswanderung zwang. Die russischen Einwanderer gehörten in den baltischen Staaten, in Weißrußland, in der Ukraine und anderswo der Schicht der qualifizierten Arbeiter und Angestellten oder der verhaßten Gruppe der Besatzungssoldaten an. In Litauen betrug der Anteil der Russen 1989 rund 9 und in Estland 30 Prozent. In Lettland machten zu Beginn des Jahres 1994 die Letten noch 54,2 Prozent der gesamten Wohnbevölkerung aus, die Russen als größte Minderheit 33,1 Prozent. Vor dem Zweiten Weltkrieg waren die Letten mit einem Anteil von 77 Prozent der Gesamtbevölkerung noch eindeutig in der Überzahl gewesen. Die Angst vor einer Russifizierung, wie sie die Letten während der Sowjetzeit erfahren hatten, schlug sich nach der Unabhängigkeit zunächst in einem restriktiven Einbürgerungsgesetz nieder. In der Perspektive der Einheimischen wurden die Russen mit der früheren Besatzungsmacht in Verbindung gebracht, weshalb man sie zunächst als Ausländer und nicht als Angehörige von inländischen Minderheiten behandelte. Die Einheimischen hatten die russische Einwanderung als Überschichtung durch die fremde Besatzungsmacht erlebt und betrachteten die Russen als Okkupanten und Fremdlinge, zumal sich diese vor 1989/90 um die einheimische Kultur und Sprache wenig gekümmert hatten. Nach dem Zusammenbruch des sowjetischen Imperiums versuchte die autochthone Bevölkerung das Rad der Geschichte zurückzudrehen und brachte das Kriterium der sogenannten

---

12 Vgl. zu den baltischen Staaten: *K. Ludwig*: Die Russen im nahen Ausland. In: ders., Ethnische Minderheiten in Europa. Ein Lexikon. München 1995. S. 181-188. Eine gute Übersicht bilden die Artikel im Staatslexikon zu den baltischen Staaten: Staatslexikon. Recht – Wirtschaft – Gesellschaft, hg. von der Görres-Gesellschaft, Sonderausgabe der 7. völlig neu bearbeiteten Auflage, Bd. 6, Freiburg, Basel, Wien 1995. S. 170, 242, 246-247. Zu Estland: Esten 1939: 88,2%; 1989: 61,5%. Russen 1939: 8,2%; 1989: 30,3%. Vgl. Staatslexikon, Bd. 6, 170. Zu Litauen: Litauer: 1923 ohne Wilnagebiet: 80%; 1989: 79,6%. Russen in Litauen: 1923: 2,3%; 1989: 9,4%. Polen 1989: 7%. Die Russifizierung und Einwanderung von Bürgern aus anderen Sowjetrepubliken stieß aufgrund des katholischen Charakters Litauens auf Widerstand. Zu Lettland: Letten 1935: 75,7%; 1989: 52%. Russen 1935: 10,6%; 1989: 34%. Vgl. Staatslexikon, Bd. 6, 242. – Zu Lettland vgl. auch: *N. R. Muiznieks*: Ethnopolitics and Citizenship in Post-Soviet Latvia. Paper präsentiert im Seminar «Nation, State and Ethnicity» vom 19.-20. Mai 1995 am Collegium Budapest.

Volkszugehörigkeit in die Debatte ein. Mit Hilfe des Prinzips des «ius sanguinis» stellte sie ethnisch-kulturelle Stammbäume auf und grenzte damit die als Fremde angesehenen Russen aus.

*Staatsbürger-Nation als Modell*

Solange das politisch begrenzte Staatsterritorium die Grundeinheit für die internationale Ordnung darstellt, kommt man nicht um den Nationalstaat herum. Er bildet das Fundament für die nationale Souveränität und für den Rechtsstaat. Die praktische Umsetzung der universalen Menschenrechte geschieht in diesem nationalstaatlichen Rahmen. [13]

Für Europa bleibt es ein Kennzeichen, daß sich seine ethnische, religiöse und kulturelle Vielfalt in einer großen Zahl von Staaten ausdrückt. Nach dem Ersten Weltkrieg versuchte man, die geopolitische Karte Europas nach dem Nationalitätenprinzip neu zu entwerfen. Doch das ethnonationale Prinzip klappte nicht, die neuen Nationalstaaten in Osteuropa waren zum Teil genauso multinational wie die vorausgegangenen Reiche. Was sich änderte, war die Größe der Staaten. Die fortschreitende Nationalisierung führte zu einer Zerstückelung, die man Balkanisierung nannte. Wie der Historiker Eric Hobsbawm bemerkt, folgte auf den Versuch, den Kontinent säuberlich in zusammenhängende Territorialstaaten mit ethnisch und sprachlich homogener Bevölkerung aufzuteilen, die Barbarisierung, das heißt die massenhafte Vertreibung oder Vernichtung von Minderheiten.[14] Dabei gingen kleinere Staaten mit ihren minoritären Volksgruppen genauso menschenverachtend um wie die früheren Reiche. Bis 1914 hatte sich der Nationalismus hauptsächlich gegen multinationale Reiche gerichtet, nach 1919 wandte er sich gegen die Nationalstaaten, die nach den Wilsonschen Vorstellungen eigentlich befriedet sein sollten. Der Ethnonationalismus erwies sich als Sackgasse. Heute wissen wir, daß der Versuch, Europa nach dem Nationalitätenprinzip territorial-staatlich zu formen, zur permanenten Selbstzerstörung führt.

Es wäre naiv, die Abschaffung der Nationalstaaten zu postulieren. Die Nationalstaaten bilden in der Weltordnung nach wie vor Gefässe für den Rechtsstaat. Das heisst aber nicht, daß die Nationalstaaten nach dem ethnonationalen Prinzip aufgebaut werden müssen. Ethnische Abstammung oder die Sprache sind keine Kriterien, um politische Gemeinwesen zu begründen. In den Krisen des gegen-

---

13 Zu meinem Modell der Staatsbürger-Nation siehe ausführlich: *U. Altermatt*: Das Fanal von Sarajevo. Ethnonationalismus in Europa. Zürich 1996.
14 *E. Hobsbawm*: Nationen und Nationalismus. Mythos und Realität seit 1780. Frankfurt am Main ²1992. S. 157.

wärtigen Wandlungsprozesses neigen die Menschen dazu, ihre Gemeinschaften mit vorpolitischen Kriterien zu bestimmen, was dem Ethnonationalismus, der Xenophobie und dem Rassismus Vorschub leistet.

Am Ende des 20. Jahrhunderts ist es notwendig, an die Grundregeln der Staatsbürger-Nation zu erinnern. Wer auf dem Gebiet eines Staates geboren ist oder dort längere Zeit Wohnsitz nimmt, gehört der politischen Gemeinschaft an, die dieses Territorium regiert. Das Konzept der Staatsbürger-Nation stellt das Prinzip der Gleichheit und Gemeinsamkeit in den Mittelpunkt.[15] Die subjektive Entscheidung des einzelnen Menschen steht an ihrem Ursprung. Der einzelne Staatsbürger gehört dem Staat direkt an, ohne die Vermittlung einer Zwischeninstanz, die sich Nation oder Ethnie nennt.

Wer die Nation als ethnische Abstammungsgemeinschaft versteht, hängt einem ahistorischen und biologizistischen Weltbild an. Alle Staatsbürger-Nationen sind gewachsene Einheiten, die durch jahrhundertelange Wanderungs- und Siedlungsprozesse zustande gekommen sind. Je mehr die multikulturelle Gesellschaft in Europa Wirklichkeit annimmt, desto mehr wird diese Konzeption des Nationalstaates zum kategorischen Imperativ. Damit wird der Nationalstaat in einem gewissen Sinne entnationalisiert.[16] Moderne Staaten können nur bestehen, wenn sie die politische Staatsbürgerschaft von der kulturellen und ethnischen Identität entkoppeln.[17] Wenn ein Staat die kulturelle Vielfalt respektiert, ist es nicht notwendig, die Volksgruppen nach ethnischen Kriterien auszusondern oder neue kleinere Nationalstaaten zu gründen. In Europa gibt es mehrere Staaten, die Staat und Kultur nicht vereinheitlicht haben. In erster Linie ist hier die Schweiz zu nennen, die als europäisches Modell einer Staatsbürger-Nation bezeichnet werden kann.

In modernen Gesellschaften lassen sich die Menschen nicht durch eine allumfassende Identifikation vereinnahmen. Aus Umfragen in Katalonien geht hervor, daß zahlreiche Bewohner von Nordspanien stolz darauf sind, zugleich Katalanen und Spanier zu sein.[18] 1982 bezeichneten sich in Katalonien 32 Prozent der Befragten als Spanier oder zumindest mehr spanisch als katalanisch, 40 Prozent ordneten sich beiden Identifikationsgemeinschaften gleichmäßig zu, 17 Prozent sahen sich mehr als Katalanen und weniger als Spanier, nur 9 Prozent

---

15 Vgl. dazu auch *P. Alter*: Nationalismus. Frankfurt am Main 1985. S. 19-21.
16 Diese Ansicht vertritt auch *J. Fisch*: Die Explosivkraft des Nationalismus. In: unizürich. Informationsmagazin der Universität Zürich. Nr. 6. Zürich 1993. S. 7.
17 Vgl. dazu *M. Walzer*: Zivile Gesellschaft und amerikanische Demokratie. Berlin 1992.
18 Vgl. zu den Umfragen in Katalonien: *J. J. Linz*: Staatsbildung, Nationbildung und Demokratie. Eine Skizze aus historisch vergleichender Sicht. In: Transit. 1994. Nr. 7. S. 52, 61.

bezeichneten sich als reine Katalanen. Auf die Frage «Wie stolz sind Sie, Spanier zu sein?» antworteten in den 1980er Jahren 33 Prozent der Menschen in Katalonien mit «sehr stolz», 40 Prozent mit «ziemlich stolz». Der Durchschnitt in Gesamt-Spanien lag bei 45 und 40 Prozent. Bei der in Katalonien gestellten Frage «Wie stolz sind Sie, Katalane zu sein?» betrugen die Anteile in den genannten Kategorien 36 und 48 Prozent. Daraus läßt sich folgern, daß ein hoher Anteil der Befragten auf beide Identitäten stolz ist. Da 30 Prozent der katalanischen Bevölkerung aus anderen Teilen Spaniens stammen, liegt zudem die Annahme nahe, daß eine beträchtliche Anzahl dieser Zuwanderer stolz darauf ist, Katalane zu sein.

Nur wenn die Menschen keine andere Wahl besitzen, wählen sie mit innerem Widerstreben die eine oder die andere Identität. Doppelte und mehrfache Identitäten gehören in manchen europäischen Ländern zur Normalität. In Spanien fühlen sich Katalanen und Andalusier gleichzeitig als Teile ihrer Volksgruppe und des spanischen Zentralstaates. In der Schweiz gehört die doppelte Identität zu einer Sprachgemeinschaft und zur politischen Nation Schweiz zur Selbstverständlichkeit.

Die Staatsnation erlaubt ihren Bürgern, mehrere Identitäten öffentlich – und das ist das Entscheidende – zum Ausdruck zu bringen. Das schließt nicht aus, daß sich der einzelne Mensch mit einer Volksgruppe stärker verbunden fühlt. Aus der Biographie vieler Menschen wissen wir, daß sie ihre Identifikationen im Verlaufe ihres Lebens geändert haben. Menschliche Identifikationen sind komplexer, als man dies aus der ethnonationalistischen Perspektive glaubt. In der französischsprachigen Schweiz finden sich an höchsten Stellen in Politik, Wirtschaft und Kultur Bürger, deren Vorfahren vor Jahrzehnten, wenn nicht Jahrhunderten im Zuge der Industrialisierung aus der deutschen Schweiz zugewandert sind, einen deutschen Familiennamen besitzen, sich aber trotzdem voll und ganz als Französischschweizer fühlen. Familiennamen sagen in der Schweiz nichts über die persönliche Vorliebe des einzelnen aus.

*Ethnos und Demos in Europa*

Diese Ausführungen über die Staatsnation veranschaulichen, daß ein künftiges Europa nur auf Staatsbürger-Nationen aufbauen kann. Eine Europäische Union kann nur funktionieren, wenn sich die Menschen offiziell und öffentlich als Bürger ihres historisch gewachsenen Staates und als Angehörige einer Kultur fühlen können. Daß sie darüber hinaus noch eine europäische Identität entwickeln, bleibt die Zukunftshoffnung der europäischen Integrationsbewegung.

Ist Europa in erster Linie ein kulturelles Gebilde und erst in zweiter Linie ein politisches, oder ist es gerade umgekehrt? Unter dem Eindruck der nationalistischen Exzesse des Ersten Weltkrieges hatte der französische Dichter Paul Valéry Angst, Europa könnte zu einem bloßen Begriff der Geographie absinken, zu «ein[em] kleine[n] Vorgebirge des asiatischen Festlands».[19] Mao Zedong sprach später abschätzig vom Wurmfortsatz Asiens.

Die Frage nach der Zukunft Europas ist mit der Frage nach der europäischen Identität verbunden, die im Verlaufe der Geschichte von Intellektuellen und Politikern auf unterschiedlichste Weise beantwortet wurde. Man mußte bestimmte Kriterien erfüllen und bestimmte Qualifikationen besitzen, um Europa anzugehören. Ob Rußland, Griechenland oder der Balkan zum engeren Europa gezählt wurden, hing von den jeweils vorherrschenden Weltbildern in Westeuropa ab.

Für die Debatte über die europäische Integration ist es hilfreich, die beiden aus dem Griechischen stammenden Begriffe «Ethnos» und «Demos» beizuziehen. Meine These lautet: Wenn man in der Europa-Diskussion von „Volk" im Sinne von Abstammungsgemeinschaft (Ethnos) ausgeht, bleibt das Fundament mehr als fraglich.[20] Die USA sind in dieser Hinsicht kein Vorbild für Europa, denn die Entstehung der amerikanischen Nation ist nicht wiederholbar. Während sich Europa aus alteingesessenen Völkern und ihren politischen Gemeinwesen zusammensetzt, ist die USA in verschiedenen Einwanderungswellen zustande gekommen. Die USA stellen eine multiethnische Einwanderungsgesellschaft dar, die durch einen gemeinsamen Staat zusammengehalten wird. Demgegenüber ist Europa aus Staaten und Nationen mit eigenen Geschichten zusammengefügt. In den USA besitzen die Menschen – vorläufig noch – eine gemeinsame Kommunikationssprache und verstehen Englisch, in Europa verwenden sie mehrere, zum Teil gegenseitig völlig unverständliche Sprachen. Aus der Weltgeschichte kann man sich die Bildung einer «europäischen Nation» nur unter den furchtbaren Bedingungen eines Zivilisationskrieges vorstellen.

Versteht man unter Volk den politischen Volks-Begriff, steht die politische Souveränität im Vordergrund. Wie der «Demos» in den einzelnen Nationalstaaten Träger der Volkssouveränität ist, kann er auch in einem vereinigten Europa die Grundlage der europäischen Demokratie bilden.[21] Daß eine solche Entwick-

---

19 *P. Valéry*: Die Krise des Geistes. Wiesbaden 1956. S. 16. Das französische Original erschien bereits 1924 unter dem Titel: La crise de l'Esprit.
20 Diese These deckt sich mit *M. R. Lepsius*: Interessen, Ideen und Institutionen. Opladen 1990, S. 253-254, der sich auf Emerich Francis stützt: *E. Francis*: Ethnos und Demos. Soziologische Beiträge zur Volkstheorie. Berlin 1965.
21 Die folgenden Gedanken folgen stark *J. Habermas*: Staatsbürgerschaft und nationale Identität. Überlegungen zur europäischen Zukunft. In: *N. Dewandre/J. Lenoble*

lung in Europa möglich ist, beweist die neuere Schweizer Geschichte, die unterschiedlichen Kultur- und Sprachgemeinschaften ein gemeinsames Kollektivbewußtsein und eine gemeinsame politische Kultur vermittelte.

Ähnlich wie die Schweizer müssen die Europäer sich hüten, die verschiedene Bedeutungsebenen des Wortes Volk miteinander zu vermischen. Wo «Demos» und «Ethnos» gleichgesetzt werden, führt dies zu Zwangsassimilation und Unterdrückung oder zu Vertreibung und Völkermord. Wenn die politische Staatsbürgerschaft an ethnische, kulturelle oder religiöse Voraussetzungen gebunden ist, werden einzelne Teile der Gesamtbevölkerung unweigerlich diskriminiert.

Aus der europäischen Integration kann niemals eine «Nation Europa» entstehen. Europa wird die Gestalt eines föderativen und vielsprachigen «Nationalitätenstaates» annehmen, der die einzelnen Staaten und Nationen in einem Staatenbund oder Bundesstaat zusammenfaßt. Das föderative Modell schließt keineswegs aus, daß sich die Bürger staatsbürgerlich mit der neuen Gemeinschaft identifizieren. Das setzt allerdings voraus, daß die Europa-Bürgerschaft die kulturelle Vielfalt des Kontinents anerkennt und streng zwischen dem politischen und kulturellen Bereich unterscheidet. Die politische Identität Europas gründet auf dem Bekenntnis zu einer gemeinsamen politischen Kultur und nicht auf der Erinnerung an eine gemeinsame kulturelle Vergangenheit. Diese Bemerkung mag für manchen Kultureuropäer unverständlich tönen, sie ist aber die logische Konsequenz aus dem Primat der Politik.

Die Europäer werden sich zwar in der Nachfolge der Aufklärung für die universalen Menschenrechte einsetzen, was aber nicht ausschließt, daß Europäer in Ost und West die gleichen Menschen- und Bürgerrechte aufgrund anderer kultureller Traditionen anders interpretieren. Diese Toleranz führt nicht zu einem Wererelativismus, stärkt aber die gegenseitige Achtung in einer multikulturellen Gesellschaft.

Die Europäische Union setzt voraus, daß die Bürger Europas eine gemeinsame europäische Identität, vielleicht sogar eine gemeinsame politische Kultur oder einen gemeinsamen europäischen Verfassungspatriotismus entwickeln. Gewiß, die gewaltigen Migrationsbewegungen von den ärmeren Regionen des Südens und Ostens nach Westeuropa verschärfen die Spannungen zwischen den sogenannten Volksgruppen. Einem friedlichen Ausgleich steht indessen nichts im Wege, wenn wir konsequent zwischen «Demos» und «Ethnos» unterscheiden und die Ethnisierung der Politik vermeiden.

Wenn Europa keine Abstammungsgemeinschaft bildet, rücken die Eintrittsrechte im Sinne der Bürgerrechte in den Vordergrund. Die universalen Grund-

---

(Hg.): Projekt Europa. Postnationale Identität: Grundlage für eine europäische Demokratie? Berlin 1994. S. 11-29.

sätze der Menschenrechte und des Rechtsstaates können dann leichter mit den partikularen Interpretationen der eigenen kulturellen Lebenswelt zur Deckung gebracht werden. Wie der deutsche Philosoph Jürgen Habermas richtig sagt: «Die Identität des politischen Gemeinwesens, die auch durch Immigration nicht angetastet werden darf, hängt primär an den in der politischen Kultur verankerten Rechtsprinzipien und nicht an einer besonderen ethnisch-kulturellen Lebensform im ganzen.»[22] Die Einwanderer sollten allerdings willens sein, die in einem historisch gewachsenen politischen Gemeinwesen bestehenden Regeln anzuerkennen.[23] Die Einwanderer passen sich an die politische Kultur ihres Gastlandes an, ohne damit ihre eigenen religiösen oder kulturellen Lebensformen aufzugeben. Dazu sind freilich Grundkenntnisse der Sprache der betreffenden Region unerläßlich, da diese die gegenseitige interkulturelle Kommunikation erst ermöglichen. Umgekehrt müssen die eingesessenen Bürger auf Abwehrmechanismen verzichten, die vielfach bloß Ausdruck eines Wohlstandschauvinismus sind.[24]

Die strikte Trennung von «Ethnos» und «Demos» macht möglich, daß in einem künftigen Europa verschiedene kulturelle Lebenswelten koexistieren. Nur wenn sich die Staatsbürgerschaft, ob national oder europäisch, nicht gegen außen abschließt, bleibt sie offen für die Weltbürgerschaft.

Ein politisches Gemeinwesen kann – wie Michael Walzer und Jürgen Habermas schreiben – von seinen Mitbürgern zwar politische Loyalität, keinesfalls aber kulturelle Assimilation verlangen.[25] Der Staat stellt bloß den politischen Rahmen zur Verfügung, in dem die Zivilgesellschaft ihre eigenen Regeln entwickelt. Auf dem Boden der kulturellen Neutralität des Staates kann sich die Zivilgesellschaft formen, die die kulturelle Toleranz bejaht. Die Bürger besitzen eine doppelte Loyalität: eine politische und eine kulturelle und werden damit – um eine glückliche Formulierung von Horace M. Kallen und Otto Kallscheuer aufzunehmen – Bindestrich-Bürger: Deutsch-Schweizer und Italienisch-Schweizer, Afro-Amerikaner und Anglo-Amerikaner, Ungarn-Europäer und Austro-Europäer.[26]

---

22 *Habermas*, Staatsbürgerschaft und nationale Identität, S. 27.
23 Vgl. *H.R. van Gunsteren*, zitiert bei: *Habermas,* Staatsbürgerschaft und nationale Identität, S. 27.
24 Dazu aufschlußreich auch *D. Cohn-Bendit/T. Schmid*: Heimat Babylon. Das Wagnis der multikulturellen Demokratie. Hamburg 1992. S. 315-348.
25 Ich folge hier den Gedankengängen von: *M. Walzer*: Zivile Gesellschaft und amerikanische Demokratie. Berlin 1992; *J. Habermas*: Staatsbürgerschaft und nationale Identität (Anm. 21).
26 Horace Meyer Kallen war ein entschiedener Gegner der Amerikanisierungskampagnen und verfocht anstelle der Politik des "melting-pot" das Prinzip des Zusammenlebens verschiedener ethnischer Gruppen in den USA. Er wurde 1882 in Deutsch-

Für die ethnisch-nationale, religiöse und kulturelle Gemengelage, die durch die enormen Wanderungsströme zur europäischen Normalität wird, stellen weder die Segregation innerhalb eines Staates noch die Vertreibung aus irgendeinem Staat eine menschenwürdige Lösung dar.[27] Die Segregation geht davon aus, daß eine zu große Differenz zwischen der einen und der andern ethnischen, religiösen oder kulturellen Volksgruppe besteht und diese daher durch organisatorische Trennungen aufrecht erhalten werden muß. Offen oder versteckt geht eine solche Konzeption vom Apartheid-Denken aus, das den Fremden aus der Gemeinschaft ausschließt. Ein ähnlicher Denkansatz steht hinter der Separationsstrategie. Auch die totale Assimilation stellt für die Minderheiten keine Lösung dar, denn sie geht grundsätzlich davon aus, daß die Unterschiede aufgehoben werden sollen. Nur die Kombination von Autonomie und Integration bietet die institutionellen Möglichkeiten, um auf der Basis der Gleichheit kulturelle Unterschiede mit einer pluralistischen Perspektive anzugehen. Erst wenn unterschiedliche Kulturen als legitim betrachtet werden, ist Multikulturalität möglich. Die Anerkennung der Differenz macht in der Praxis des Staatenlebens eine gewisse politische Autonomie notwendig. Allerdings bleibt ein Spannungsfeld zwischen Autonomie und Integration bestehen, um auf der einen Seite die totale Assimilation und auf der andern Seite die schleichende Ghettoisierung zu verhindern.

Die Römer gestalteten ihr Imperium rund ums Mittelmeer in erster Linie politisch-rechtlich und erst in zweiter Linie kulturell. Diese Formel gilt – so meine ich – auch für die Architektur des künftigen vereinten Europas. Aus der europäischen Integration kann niemals eine Nation Europa hervorgehen. Das Zusammenleben auf dem engen Kontinent gefährden nicht die Nationen an sich, sondern deren Nationalismus, der als Kompensationsideologie die Völker aufputscht. Europa muß daher entnationalisiert werden.

---

land geboren und wanderte als Kind in die Vereinigten Staaten aus. Er gehörte zu den wichtigsten Intellektuellen der zweiten Generation der jüdischen Einwanderer zu Beginn des 20. Jahrhunderts. 1924 erschien sein Plädoyer für eine Angleichung in wirtschaftlichen und politischen Angelegenheiten, aber für die Aufrechterhaltung der kulturellen Eigenart. Vgl. *H. M. Kallen*: Culture and Democracy in the United States. New York 1924. Siehe auch: *O. Kallscheuer*, Einleitung zu: *Walzer*, Zivile Gesellschaft und amerikanische Demokratie.

27 Dazu instruktiv: *J. Marko*: Autonomie und Integration. Rechtsinstitute des Nationalitätenrechts im funktionalen Vergleich. Wien/Köln/Graz 1995. S. 25-36.

**Summary**

Until the 1960s, most historians were convinced that, after World War II, the era of nationalism in Europe was over. A new debate on nationalism started only after the collapse of the Soviet empire and Yugoslavia. The discourse on ethnicity, nation and nationalism leads inevitably to the problem of the state confined to a clearly circumscribed territory. The relationship bewteen nation/ethnicity, state and territory can be seen in the four following models: assimilation model, model of segregated coexistence, model of autonomy and model of separation.

So long as the politically defined territory of the state forms the standard of international order, I argue for a nation state of citizens where the principles of equality and common interests are the focal point. With regard to the European Union, it will only be successful as long as its inhabitants feel officially and publicly like citizens. European integration will never become a „European nation". It will materialise as a federalist and multilingual union of nation states. Citizens will have a double loyalty viz. a political and a cultural one.

# Wiener Deklaration zu Multikulturalität und Multiethnizität in Mittel-, Ost- und Südosteuropa

## Wien, 30. September 1998

Vom 28. bis 30. September 1998 trafen im Rahmen des österreichischen Ratsvorsitzes in der Europäischen Union Experten aus 25 europäischen Staaten in Anwesenheit von Vertretern der Europäischen Kommission und der UNESCO in Wien zusammen, um eine Diskussion über verschiedene Aspekte der Multikulturalität und Multiethnizität in Mittel-, Ost- und Südosteuropa sowie über die Rolle der Kultur im europäischen Integrationsprozeß zu führen.

Die europäische Erweiterungsdebatte darf sich nicht nur auf Politik, Wirtschaft und Recht konzentrieren, sondern muß auch die gesellschaftlichen und kulturellen Aspekte wesentlich mitberücksichtigen. Die Wiener Deklaration faßt daher Standpunkte und Überlegungen zu Kultur, Sprache, Religion, Medien, Gesellschaft und Politik zusammen, deren Berücksichtigung für eine erfolgreiche Fortführung des europäischen Einigungsprozesses von größter Bedeutung ist.

Diese bedeutenden Themen und Problemstellungen sollten europaweit von „Akademien der guten Nachbarschaft" erforscht, gelehrt, diskutiert und für die praktische Anwendbarkeit aufbereitet werden. Dabei wird auf bestehende Netzwerke aufzubauen sein.

*Kultur*

1) Europa als umfassendes Friedensprojekt bedarf der Kultur in allen ihren Ausformungen. Alle kulturellen Entwicklungen sind von den politischen, wirtschaftlichen und gesellschaftlichen nicht zu trennen.
2) Kultur ist sowohl Mittel des Dialogs als auch mögliches Instrument des Dissenses und Konfliktes zwischen Menschen und Völkern.
3) Die Gestaltungskraft der Kultur muß für die Festigung von Toleranz und demokratischen Strukturen genutzt werden. In diesem Sinne haben in Europa sowohl nationalkulturelle Identität als auch kultureller Pluralismus – darunter sind auch Mehrfachidentitäten zu verstehen – ihren Platz. Diese kulturelle Vielfalt entspricht dem europäischen Erbe und ist in jeder Hinsicht weiter zu fördern.
4) Die kulturelle „Cohabitation" ist krisen- und konfliktträchtig, da immer auch Ängste gegenüber dem Fremden und Neuen bestehen. Zugleich fördern

Mobilität und moderne Kommunikationsformen den kulturellen Austausch. Daher ist das Nebeneinander- oder Zusammenleben immer wieder neu zu erlernen und einzuüben.

5) Europa muß die Mittel der modernen Informations- und Kommunikationstechniken nützen, um den kulturübergreifenden Dialog zu intensivieren. Nur durch Kenntnis des Anderen kann man alte Feindbilder überwinden. Das Bewußtmachen des kulturellen Pluralismus als Bereicherung nicht als Bedrohung stärkt zugleich die Rolle Europas in einer sich globalisierenden Welt.

*Sprache*

1) Sprache ist nicht alleine Kommunikationsmittel, sondern zugleich wesentlicher Ausdruck von Identität und Kultur. Jegliche Ideologie und Politik, die von unterschiedlicher Wertigkeit einzelner Sprachen ausgeht, ist auf das Entschiedenste zurückzuweisen. Im Sinne der Normen der Europäischen Union ist die grundsätzliche Gleichberechtigung aller Sprachen sicherzustellen.
2) Eine der wichtigsten Aufgaben Europas in den nächsten Jahren ist die Gewährleistung von Chancengleichheit aller Sprachgemeinschaften. Hierbei ist insbesondere auf die praktische Umsetzung bereits bestehender rechtlicher Rahmenbedingungen – in öffentlicher Verwaltung, Justiz- und Schulwesen – zu achten.
3) Das Bewußtsein über den Wert weniger verbreiteter Sprachen muß europaweit entwickelt und gefördert werden.
4) Zur Förderung der interkulturellen Verständigung ist verstärkt Mehrsprachigkeit zu propagieren und zu verwirklichen. Die Förderung des Fremdsprachenunterrichts, insbesondere von Nachbarsprachen, sollte – vom Grundschulalter an – aktiv betrieben werden.
5) Die Übersetzung und Publikation wichtiger wissenschaftlicher und literarischer Veröffentlichungen auch aus weniger verbreiteten Sprachen ist zu fördern.
6) Angesichts des steigenden Bedarfs an qualifizierten Übersetzern und Dolmetschern sowohl in den Internationalen Organisationen als auch auf den globalen Märkten ist dafür Sorge zu tragen, daß in allen europäischen Staaten reguläre Übersetzer- und Dolmetscherstudiengänge auf Hochschulebene einzurichten sind.
7) Wegen der zentralen Bedeutung der Terminologie für die Fachkommunikation, im Informationswesen sowie beim Wissens- und Technologietransfer ist

der Aufbau von Terminologiezentren auf der Grundlage bewährter Erfahrungen und harmonisierter Methoden in allen Staaten erforderlich.

*Religion*

1) Die Religionen werden ihre Traditionen wahren, nicht jedoch in einem Konkurrenzverhältnis gegeneinander bestehen können. Vielmehr müssen sie ihre gemeinsame Aufgabe darin sehen, die gesellschaftlichen Kräfte und kulturellen Formen zu beeinflussen, ihnen Ziele und Wege zu zeigen, die der gegenseitigen Verständigung und dem Frieden dienen.
2) Der ökumenische Dialog der christlichen Kirchen westlicher und östlicher Tradition ist für die Zukunft Europas ebenso wichtig wie der interreligiöse Dialog zwischen Christentum, Judentum und Islam.
3) Kirchen und Religionsgemeinschaften können im ständigen Dialog mit Gesellschaft, Wirtschaft und Kultur Orientierungen anbieten, dürfen jedoch nicht mißbraucht werden, um Gräben aufzureißen.
4) Teil der kulturellen Vielfalt Europas ist ein unterschiedliches Verhältnis von Kirche und Staat in den Mitgliedsländern. Generell sollten in allen Teilen Europas auch die jeweils kleineren Kirchen und Religionsgemeinschaften anerkannt werden.
5) Der autochthone Islam im östlichen und südöstlichen Europa ist integrativer Bestandteil der europäischen Kultur.

*Medien und Images*

1) Die Medien haben die kulturelle, ethnische und sprachliche Vielfalt Europas zu achten und zu berücksichtigen.
2) Fremdenfeindlichkeit, Rassismus und nationalistische Anschauungen sind zurückzuweisen.
3) Verantwortlicher Journalismus übt Toleranz und ist wachsam gegenüber Diskriminierung in jeder Form. Insbesondere gilt dies bei Benachteiligung aus Gründen der ethnischen Zugehörigkeit, der Nationalität oder des Glaubens.
4) Die Medien sind aufgerufen, das Verständnis für die Vielfalt und Besonderheiten anderer Kulturen, Gesellschaften und Lebensformen zu fördern.
5) Grenzüberschreitende Medienprojekte tragen zum Abbau von Feindbildern bei und sind daher entsprechend zu unterstützen.

6) Da auch in Schulbüchern intoleranter Nationalismus ganzen Generationen von Schülern eingepflanzt wird, ist dringend zu empfehlen, solche Lehrmittel überstaatlich bzw. multinational zu erarbeiten und zu verbreiten.
7) Die gleichen Forderungen nach Toleranz gelten gegenüber der Popularliteratur, die Millionen von Menschen nachhaltig beeinflußt.

*Gesellschaft*

1) Durch den Fall des Eisernen Vorhangs wurde ein tiefgreifender Transformationsprozeß in den Gesellschaften Mittel-, Ost- und Südosteuropas eingeleitet, der zu grundlegenden politischen, wirtschaftlichen und sozialen Veränderungen führt. Diese Veränderungen beinhalten große Chancen, aber auch Probleme und Herausforderungen, die es im europäischen Kontext solidarisch zu lösen gilt.
2) Wichtigstes Thema – nach der Erringung oder Sicherung der Eigenstaatlichkeit – ist für die meisten Bürgerinnen und Bürger die Sicherung des Lebensunterhalts. Deshalb hängt die Entfaltung von Zivilgesellschaften entscheidend von der ökonomischen Entwicklung ab.
3) Wesentlich für die Gesellschaften ist nicht bloß der Aufbau, sondern vor allem die Festigung der Zivilgesellschaft. Dazu gehört auch die Ermunterung und Stärkung privater Initiativen sowie das Entstehen und die Einbindung von NGOs.
4) Entscheidend für die Zukunft der Staaten Mittel-, Ost- und Südosteuropas und ihre Beziehungen zur Europäischen Union ist die Verringerung bestehender ökonomischer und sozialer Ungleichgewichte wie auch die Schaffung einer klaren Integrationsperspektive. Nur so kann es gelingen, daß sich eine Mehrheit der Bürger Mittel-, Ost- und Südosteuropas aktiv am Projekt des Aufbaus einer Zivilgesellschaft beteiligt und die Chance auf eine gesicherte Zukunft im eigenen Land sieht und wahrnimmt.

*Politik*

1) Politische Systeme müssen die kulturelle und ethnische Vielfalt widerspiegeln und berücksichtigen. Zur europäischen Demokratie zählt auch eine vielfältige Parteienlandschaft, die das Spektrum der gesellschaftlichen Vielfalt zum Ausdruck bringt und somit auch zur gesellschaftlichen Stabilität beiträgt.

2) Diese demokratischen Standards sind zu gewährleisten und durch entsprechende nationale und internationale Kontrollmechanismen zu überwachen. Zur Entwicklung der demokratischen Standards ist es notwendig, Demokratie auf mehreren Ebenen zu verstehen und zu gewährleisten:
   - Demokratie ist Mehrheitsherrschaft, aber ebenso ist Demokratie auch durch die Garantie von Individual- und Minderheitenrechten gekennzeichnet;
   - Demokratie ist ein System der politischen Beteiligung (z.b. Wahlen) und ebenso ein System der politischen Ergebnisse (z.b. Befriedigung von gesellschaftlichen Bedürfnissen);
   - Demokratie ist zunächst ein Prinzip des Staates (Verfassungsstaat, Rechtsstaat), dann aber ebenso auch ein Prinzip der Gesellschaft (Entwicklung der Zivilgesellschaft, z.b. in Form von NGOs).
3) Demokratie ist gerade in Mittel-, Ost- und Südosteuropa sowohl Produkt nationalstaatlichen Denkens als auch Ergebnis des Protestes gegen konkrete Formen des Nationalstaates. Mehrfachidentitäten gehören in mehreren europäischen Staaten zur Normalität.
4) Je mehr diese kulturell pluralistische Gesellschaft Gestalt annimmt, desto mehr wird die Konzeption der Staatsbürgernation zur Notwendigkeit, die ihren Bürgerinnen und Bürgern mehrere Identitäten ermöglicht. Das schließt nicht aus, daß sich der Einzelne mit einer ethnischen, religiösen oder kulturellen Gruppe stärker verbunden fühlt. Pluralistische Staaten können indessen nur bestehen, wenn sie die politische Staatsbürgerschaft von der kulturellen und ethnischen Identität entkoppeln.
5) Die europäische Integration kann in verschiedener Weise und durch verschiedene Institutionen zur demokratischen Gestaltung der Politik beitragen. EU, NATO, OSZE, Europarat und andere bilden einander ergänzende Angebote, die sowohl eine Friedens- wie auch eine Wohlstandsfunktion besitzen.

# Vienna Declaration on Multiculturalism and Multiethnicity in Central, Eastern and South-Eastern Europe, September 30$^{th}$, 1998

From 28$^{th}$ to 30$^{th}$ September 1998, experts from 25 European countries met in Vienna under the auspices of the Austrian presidency of the European Union, in the presence of representatives of the European Commission and UNESCO, to discuss various aspects of multiculturalism and multiethnicity in Central, Eastern and South-Eastern Europe and the role of culture in the process of European integration.

The European debate on enlargement must not be restricted to political, economic and legal aspects; significant attention must also be paid to social and cultural aspects. The Vienna Declaration therefore summarises viewpoints and ideas on culture, language, religion, media, society and politics, consideration of which is of vital significance for the successful continuation of the process of European unification.

These major themes and problems will be researched, taught, discussed and adapted for practical application throughout Europe by "European Academies for Good Neighbourly Relations". Existing networks should be used for these processes.

*Culture*

1) As a broadly based project for peace, Europe needs culture in all its forms. All cultural developments are inseparable from political, economic and social developments.
2) Culture is both a means of dialogue and a potential instrument of dissent and conflict between individuals and peoples.
3) The shaping force of culture must be exploited to strengthen tolerance and democratic structures. In this sense, both national cultural identities and cultural pluralism – including multiple identity – have their place within Europe. This cultural diversity is in accordance with the European heritage and must be encouraged further in every respect.
4) Cultural "cohabitation" is a potential source of crisis and conflict, since everything foreign and new is always the object of fear. At the same time, cultural exchange is encouraged by mobility and modern forms of communication. Thus contiguity and co-existence must constantly be learned anew and acquired through practice.

5) Europe must exploit all the instruments of modern information and communications technology to intensify cross-cultural dialogue. Only through familiarity with other cultures can one shake off old hostile attitudes. Creation of the awareness of cultural pluralism, not as a threatening, but as an enhancing force, will simultaneously strengthen Europe's role in a world of increasing globalisation.

*Language*

1) Language is no mere means of communication, but is also a quintessential expression of identity and culture. All ideological and political tendencies based on different assessments of value for individual languages must be wholeheartedly rejected. In accordance with the normative values of the European Union, the fundamental equality of all languages must be guaranteed.
2) One of Europe's most important tasks over the next years is the anchoring of equality of opportunity for all linguistic communities. Here especial attention must be paid to the practical implementation of existing legal frameworks – in public administration, judicial and school systems.
3) Awareness of the value of less widespread languages must be developed and encouraged throughout Europe.
4) The propagation and realisation of multilingualism must be amplified in the promotion of international understanding. Foreign language teaching, especially that of neighbouring languages, must be actively supported from primary school age onwards.
5) Translation and publication of important scientific and literary works, including those in less widespread languages, is to be promoted.
6) In view of the increasing demand for qualified translators and interpreters, both in the International Organisations and in global markets, attention must be paid to the establishment of university and college level courses in translation and interpreting as standard in all European countries.
7) Since specialised terminology is essential for specialist communication in the fields of information and of transfer of knowledge and technology, it is vital for all countries to establish terminology centres based on proven experience and employing harmonised methods.

*Religion*

1) While religions will succeed in preserving their traditions, they will not be able to survive if competing with each other. Instead, they must come to regard their joint tasks as influencing social forces and cultural forms, and presenting them with paths and goals which serve mutual understanding and peace.
2) The ecumenical dialogue of the churches from the Western and Eastern traditions of Christianity is as vital to Europe's future as the inter-religious dialogue between Christianity, Judaism and Islam.
3) Churches and religious communities can offer orientation in continuous dialogue with society, business and culture, but must not be abused to create divisiveness.
4) An intrinsic aspect of Europe's cultural diversity is the variety of relationships between Church and state in its member countries. As a general principle, smaller churches and religious communities are also to be recognised throughout all parts of Europe.
5) The autochthonous Islamic community in Eastern and South-Eastern Europe is an integral part of European culture.

*Media and Images*

1) The media have the responsibility of respecting and recognising Europe's cultural, ethnic and linguistic diversity.
2) Xenophobia, racism and nationalistic views must be condemned.
3) Responsible journalism exercises tolerance and is on the alert for all forms of discrimination. This applies especially to discrimination on the grounds of ethnic affiliation, nationality or religion.
4) The media are called upon to encourage tolerance of the diversity and uniqueness of other cultures, societies and ways of life.
5) Cross-border media projects contribute to the breakdown of hostile attitudes and are to be supported.
6) As schoolbooks can also instil intolerant nationalism into whole generations of pupils, the supranational or multi-national production and distribution of such teaching aids is strongly recommended.
7) The same requirements of tolerance apply to popular literature, which has a profound effect on millions of people.

*Society*

1) The fall of the Iron Curtain sparked a far-reaching process of transformation in the societies of Central, Eastern and South-Eastern Europe, which is leading to fundamental political, economic and social changes. These changes involve enormous opportunities, but also problems and challenges which must be solved within a European context on a fundament of solidarity.
2) For most citizens, the most important theme – after the achievement or anchoring of sovereignty – is the safeguarding of subsistence. For this reason, the development of civil societies is largely dependent on economic development.
3) Of primary importance to the societies in these countries is not only the construction, but, more importantly, the consolidation of a civil society. This includes the encouragement and support of private initiatives and the creation and integration of NGOs.
4) A factor of vital importance for the future of the countries of Central, Eastern and South-Eastern Europe and their relationship with the European Union is the reduction of existing economic and social imbalances and the creation of a definite prospect of integration. Only thus can the majority of the inhabitants of Central, Eastern and South-Eastern Europe participate actively in the project of establishing a civil society, and perceive and grasp the opportunity to create a secure future in their own country.

*Politics*

1) Political systems must reflect and respect cultural and ethnic diversity. An integral part of European democracy is also a wide range of political parties, expressing the spectrum of social diversity and thus also contributing towards social stability.
2) These democratic standards must be upheld and monitored by appropriate control mechanisms at national and international level. It is essential to the development of democratic standards that democracy is understood and guaranteed on a number of levels:
    – Democracy is majority rule, but democracy is also characterised by the anchoring of the rights of individuals and minorities;
    – Democracy is a system of political participation (e.g. elections) and also a system of political results (e.g. fulfilment of social needs);

- Democracy is first and foremost a principle of the state (constitutional state, state governed by the rule of law), but is equally a principle of society (development of civil society, e.g. in the form of NGOs).
3) Democracy, especially in Central, Eastern and South-Eastern Europe, is both a product of a nation-state mentality and the result of protests against concrete forms of the nation-state. Multiple identities are normal in various European countries.
4) The more this culturally pluralist society takes shape, the more essential becomes the concept of the citizen-state, enabling its citizens to adopt several identities. This does not exclude the possibility of individuals feeling stronger ties to an ethnic, religious or cultural group. Pluralist states can only exist by detaching political citizenship from cultural and ethnic identity.
5) European integration can contribute to the democratic shaping of politics in a variety of ways and through a variety of institutions. EU, NATO, OSCE, the Council of Europe and other organisations form complementary options with functions concerned both with peace-keeping and prosperity.

# Déclaration de Vienne sur le multiculturalisme et la multiethnicité dans les pays d'Europe centrale et orientale et dans les pays des Balkans, 30 septembre 1998

Dans le cadre de la présidence autrichienne du Conseil de l'Union européenne, des experts de 25 pays européens se sont réunis à Vienne du 28 au 30 septembre 1998, en présence de représentants de la Commission européenne et de l'UNESCO, afin de débattre des divers aspects du multiculturalisme et de la multiethnicité dans les pays d'Europe centrale et orientale et dans les pays des Balkans, ainsi que du rôle de la culture dans le processus d'intégration européenne.

Le débat sur l'élargissement de l'Europe ne doit pas se limiter aux aspects politiques, économiques et juridiques, mais prendre également en compte la dimension sociale et culturelle. La déclaration de Vienne expose donc, sur la culture, la langue, la religion, la presse, la société et la politique, des points de vue et réflexions dont la prise en considération revêt une importance extrême pour la poursuite du processus d'unification de l'Europe.

Les thèmes et questions majeurs qui ont été soulevés devront être étudiés, enseignés, discutés et préparés dans le but d'une application pratique par des „Instituts de bon voisinage" dans toute l'Europe. Il faudra à cet effet étendre les réseaux existants.

*Culture*

1) L'Europe en tant que projet de paix global a besoin de la culture dans toutes ses manifestations. Les développements culturels ne peuvent être séparés de leurs corollaires politiques, économiques et sociaux.
2) La culture est aussi bien un outil de dialogue qu'un vecteur potentiel de dissension et de conflit entre les hommes et les peuples.
3) Le pouvoir structurant de la culture doit servir à renforcer la tolérance et les structures démocratiques. C'est dans ce sens que l'identité culturelle nationale, tout comme le pluralisme culturel – et cela inclut également la pluri-identité – ont leur place en Europe. Cette diversité culturelle reflète l'héritage européen et doit être promue sous tous ses aspects.
4) La „cohabitation" culturelle est également source de crises et de conflits dans la mesure où tout ce qui est nouveau et étranger est susceptible d'engendrer la peur. Mais en même temps, la mobilité et les formes modernes de communi-

cation encouragent l'échange culturel. Il faut donc réapprendre à vivre ensemble ou "en cohabitation pacifique", et s'y exercer constamment.
5) L'Europe doit utiliser les outils que représentent les techniques d'information et de communication modernes pour intensifier le dialogue au-delà du culturel. Seule la connaissance de l'autre peut nous permettre de vaincre les préjugés à son encontre. La perception du pluralisme culturel, non plus comme une menace, mais comme un enrichissement, renforcerait la position de l'Europe dans un monde en voie de globalisation.

*Langue*

1) La langue n'est pas simplement un outil de communication, mais également un vecteur essentiel de l'identité et de la culture. Toute idéologie ou politique attribuant une valeur différente aux diverses langues, doit être combattue avec la plus grande fermeté. Il faut garantir l'égalité de traitement fondamentale de toutes les langues, en vertu des principes de l'Union européenne.
2) Une des principales missions que devra remplir l'Europe au cours des prochaines années consiste à garantir l'égalité des chances à toutes les communautés linguistiques. A cet égard, il faut s'attacher tout particulièrement à l'application concrète des normes générales juridiques déjà établies dans la fonction publique, la justice et l'enseignement.
3) La conscience de la valeur des langues moins répandues doit être développée et encouragée dans toute l'Europe.
4) Pour promouvoir l'entente entre les différentes cultures, il faut propager et développer le multilinguisme. On devrait encourager activement l'enseignement des langues étrangères, et notamment celles des pays voisins, dès l'école primaire.
5) Il faut développer la traduction et la publication des principaux écrits scientifiques et littéraires, même dans les langues les moins répandues.
6) En ce qui concerne le besoin croissant en traducteurs et interprètes qualifiés, aussi bien dans les organisations internationales que sur les marchés mondiaux, il faut veiller à mettre en place dans tous les pays européens des cursus d'études supérieures en traduction et en interprétation.
7) En raison du rôle essentiel que joue la terminologie dans la communication professionnelle, dans les services d'information, ainsi que pour le transfert des connaissances et de la technologie, il faut mettre sur pied dans tous les pays des centres de terminologie fonctionnant sur la base des expériences acquises et avec des méthodes standardisées.

*Religion*

1) Les religions pourront conserver leurs pratiques traditionnelles, sans toutefois s'imposer les unes contre les autres dans un rapport de concurrence. Elles doivent plutôt se fixer pour mission commune d'influer sur les forces sociales et sur les formes culturelles et de leur indiquer des objectifs et des voies à suivre dans l'intérêt d'une entente réciproque et de la paix.
2) Le dialogue œcuménique des églises chrétiennes de tradition occidentale et orientale est tout aussi signifiant pour l'avenir de l'Europe que le dialogue entre le christianisme, le judaïsme et l'islam.
3) Les églises et les communautés religieuses peuvent proposer des orientations dans le cadre d'un dialogue permanent avec les structures sociales, économiques et culturelles, mais ne doivent pas servir de prétexte à creuser de nouveaux fossés.
4) Les rapports différents qui existent entre l'Etat et l'Eglise dans les Etats membres font également partie de la diversité culturelle de l'Europe. De manière générale, les églises et communautés religieuses les moins représentées doivent également être reconnues dans toutes les régions d'Europe.
5) L'islam tel qu'il est pratiqué en Europe de l'Est et dans les pays des Balkans constitue une partie intégrante de la culture européenne.

*Le monde des médias et l'image de l'autre*

1) Les médias doivent respecter et tenir en compte de la diversité culturelle, ethnique et linguistique de l'Europe.
2) La xénophobie, le racisme et les idées nationalistes doivent être combattus.
3) Une pratique responsable du journalisme se caractérise par sa tolérance et par sa vigilance à l'égard de toutes les formes de discrimination. Cela vaut notamment vis-à-vis de tous ceux qui sont défavorisés pour des raisons d'appartenance ethnique, de nationalité ou de croyance.
4) Les médias sont appelés à promouvoir la compréhension pour la diversité et les particularismes des autres cultures, sociétés et formes de vie.
5) Les projets médiatiques plurinationaux contribuent à détruire les préjugés et doivent donc être soutenus.
6) Dans la mesure où les manuels scolaires contribuent eux aussi à inculquer à des générations entières un nationalisme intolérant, il est urgent de rédiger et de diffuser des outils pédagogiques sur un mode supranational ou plurinational.

7) Les mêmes exigences de tolérance s'appliquent à l'égard de la littérature populaire qui exerce un impact durable sur des millions de personnes.

*Société*

1) La chute du rideau de fer a engendré un profond processus de transformation dans les sociétés de l'Europe centrale et orientale et des Balkans. Des changements fondamentaux – politiques, économiques et sociaux – sont intervenus. Ces changements ouvrent de larges perspectives, mais sont également une source de problèmes et d'obstacles, qu'il s'agit de résoudre de manière solidaire dans le cadre de l'Europe.
2) Pour la plupart des citoyens, le problème essentiel – une fois leur souveraineté établie ou garantie – est d'assurer leur subsistance. C'est pourquoi l'évolution des sociétés civiles dépend étroitement du développement économique.
3) Le développement d'une société civile n'est toutefois pas la seule préoccupation de ces sociétés; il faut également la consolider. Pour ce faire, il faut encourager et renforcer les initiatives privées, ainsi que la création et l'engagement des ONG.
4) Ce qui est décisif pour l'avenir des pays d'Europe centrale et orientale et des Balkans, c'est la réduction des déséquilibres économiques et sociaux actuels et la création de perspectives d'intégration claires. Cela seul permettra à une majorité de citoyens de ces pays de participer activement au projet de construction d'une société civile et de prendre conscience de la possibilité d'un avenir assuré dans leur pays.

*Politique*

1) Les systèmes politiques doivent refléter et prendre en considération la diversité ethnique et culturelle. En tant qu'expression de la diversité sociale, la multiplicité des partis, contribue également à la stabilité sociale et constitue elle aussi un des facteurs de la démocratie européenne.
2) Ces principes démocratiques doivent être préservés et garantis par des mécanismes de contrôle appropriés, sur le plan national et international. Pour assurer le développement des principes démocratiques, il faut comprendre et garantir la démocratie à plusieurs niveaux :
   – La démocratie, c'est le règne de la majorité, mais elle se caractérise également par la garantie des droits des individus et des minorités;

- La démocratie est un système de participation politique (par ex. le vote) et également un système reposant sur les résultats politiques (par ex. satisfaction des besoins sociaux) ;
- La démocratie est d'abord un principe de l'Etat (Etat constitutionnel, Etat de droit), mais également un principe de la société (développement de la société civile, par ex. sous forme d'ONG).

3) La démocratie est, précisément dans les pays d'Europe centrale et orientale et dans les pays des Balkans, aussi bien le produit de la mentalité de l'Etat national que le résultat de la contestation d'aspects concrets de l'Etat national. Dans plusieurs pays européens, la pluri-identité représente la normalité.

4) Plus cette société caractérisée par le pluralisme culturel prend forme, plus la notion de nation des citoyens s'avère nécessaire, et plus on aura besoin d'une nation qui permette à ses citoyens d'avoir plusieurs identités. Cela n'exclut pas que l'individu se sente plus proche d'un groupe ethnique, religieux ou culturel spécifique. Les Etats pluralistes ne peuvent exister que si la citoyenneté politique est séparée de l'identité culturelle et ethnique.

5) L'intégration européenne peut contribuer de diverses manières et par le biais de différentes institutions à la construction démocratique de la politique. L'UE, l'OTAN et l'OSCE, le Conseil de l'Europe et d'autres organes sont des structures qui se complètent les unes les autres et doivent contribuer aussi bien à la paix qu'à la prospérité.

# Verzeichnis der Mitarbeiter

*Altermatt, Urs*, Univ.-Prof. Dr., Institut für Zeitgeschichte an der Universität Fribourg/Freiburg

*Bihl, Wolfdieter*, Univ.-Prof. Dr., Institut für Geschichte der Universität Wien

*Brezovszky, Ernst-Peter*, Dr., Gesandter im Bundesministerium für auswärtige Angelegenheiten, Wien; seit September 1999 Österreichischer Generalkonsul, Kraków/Krakau

*Choliolčev, Christo*, Univ.-Doz. für Germanistik, Direktor des Bulgarischen Forschungsinstitutes in Österreich, Wien

*Corbea-Hoisie, Andrei*, Univ.-Prof. Dr., Professor für Germanistik an der Universität Iaşi

*Forstner, Martin*, Univ.-Prof. Dr., Direktor des Instituts für Arabische Sprache und Kultur, Johannes Gutenberg-Universität Mainz

*Galinski, Christian*, Dr., Infoterm, Wien

*Geier, Wolfgang*, Univ.-Doz. Dr., Direktor des Instituts für Kulturwissenschaften der Universität Leipzig

*Kazancigil, Ali*, Director, Division of Social Sciences, Research and Policy, Executive Secretary, MOST-Programme, UNESCO, Paris

*Kirschbaum, Stanislav*, Univ.-Prof. Dr., Professor für Internationale Studien und Politikwissenschaft am Glendon College, University of Toronto

*Kletzander, Helmut*, ORF, Wien

*Musil, Jiří*, Univ.-Prof. Dr., Central European University, Praha/Prag

*Oplatka, Andreas*, Dr., Korrespondent der Neuen Zürcher Zeitung, Zürich

*Reuss, András*, Univ.-Prof. Dr., Evangelisch-Lutherische Theologische Universität, Budapest

*Roth, Klaus*, Univ.-Prof. Dr., Institut für deutsche und vergleichende Volkskunde, Ludwig Maximilians Universität München

*Salner, Peter*, Dr., Slowakische Akademie der Wissenschaften, Bratislava/Preßburg

*Schmidt, Carmen*, Dr., Institut für Ostrecht, Universität Köln

*Staikos, Michael*, Dr., Erzbischof, Metropolit von Österreich, Exarch von Ungarn und Mitteleuropa, Wien

*Stříteský, Jaroslav*, Univ.-Prof. Dr., Professor für Kultursoziologie, Philosophische Fakultät der Masaryk-Universität Brno/Brünn

*Suchocka, Hanna*, Dr., Justizministerin der Republik Polen, Warszawa/Warschau

*Suppan, Arnold*, Univ.-Prof. Dr., Professor für osteuropäische Geschichte am Institut für Ost- und Südosteuropaforschung der Universität Wien; Präsident des Österreichischen Ost- und Südosteuropa-Instituts, Wien

*Széman, Zsuzsa*, Univ.-Prof. Dr., Zentrum für die Erforschung gesellschaftlicher Konflikte, Ungarische Akademie der Wissenschaften, Budapest

*Turczynski, Emanuel*, Dr., em. Univ.-Prof. für die Geschichte Osteuropas und Südosteuropas an der Ruhr-Universität Bochum

*Zareski, Rubin*, Msc., Assistant Minister, Head of the sector for EU, Government of the Republic of Macedonia

Bartoloměj Daniel

# Geschichte der Roma in Böhmen, Mähren und der Slowakei

**Bearbeitet, mit einem Vorwort und Ergänzungskapitel versehen sowie herausgegeben von Joachim S. Hohmann**

Frankfurt/M., Berlin, Bern, New York, Paris, Wien, 1998.
221 S., 4 Abb., 1 Karte, 6 Dok.
Studien zur Tsiganologie und Folkloristik.
Herausgegeben von Joachim S. Hohmann. Bd. 23
ISBN 3-631-31987-8 · br. DM 69.–*

Die Studie beschreibt die Einwanderung, Ausbreitung, Lebensweise und Konfrontation der Roma mit der Mehrheitsgesellschaft in Böhmen, Mähren und der Slowakei und nimmt dabei Bezug auf das 14. bis 20. Jahrhundert. Mit zahlreichen, teilweise bislang unveröffentlichten oder der Forschung unbekannten Dokumenten schildert sie anschaulich die soziale Situation der Roma und ihre Rechtsstellung in unterschiedlichen Zeitverläufen. Das Buch enthält ein Vorwort von Helena Hübschmannova und von Joachim S. Hohmann ein Ergänzungskapitel zur Situation der Roma nach 1945.

*Aus dem Inhalt*: Die ältesten Zeugnisse über die Roma in Böhmen und der Slowakei · Ihre Stellung von der ersten Hälfte des 16. Jahrhunderts bis zum Ende des 18. Jahrhunderts · Wirtschaftlich-gesellschaftliche Entwicklung der Roma in Südmähren · Roma auf dem Gebiet der einstigen CSSR

Frankfurt/M · Berlin · Bern · New York · Paris · Wien
Auslieferung: Verlag Peter Lang AG
Jupiterstr. 15, CH-3000 Bern 15
Telefax (004131) 9402131
*inklusive Mehrwertsteuer
Preisänderungen vorbehalten